袁昌英年谱

陈建军 戚慧 著

创于1897 商务印书馆 The Commercial Press

涵芬楼文化 出品

袁昌英像

1921年，袁昌英爱丁堡大学毕业照
（刊北京《晨报星期画报》周刊1925年
9月6日第1卷第1号）

袁昌英在巴黎（1926—1928）

1926年，袁昌英赴法国巴黎大学留学前与送行亲友合影
（刊上海《图画时报》1926年8月22日第315号）

袁昌英像

（刊1932年《国立武汉大学第一届毕业纪念册》）

袁昌英像

（刊1936年《国立武汉大学第五届毕业纪念册》）

袁昌英像

（刊上海《宇宙风》半月刊1937年1月1日第36期）

1921年10月23日，袁昌英与杨端六结婚照
（刊上海《妇女杂志》1922年1月1日第8卷第1号）

袁家普像
（刊济南《山东财政公报》1929年第1期）

杨端六像
（刊1936年《国立武汉大学第五届毕业纪念册》）

1 | 3
2

1. 1926年，袁昌英与杨端六、杨静远合影（摄于上海）

2. 1943年，全家合影。前排左起：杨端六、袁昌英、杨弘远；后排左起：杨叔湘、杨静远、杨宜福、杨安祥（摄于四川乐山）

3. 1957年，袁昌英与杨端六、儿子杨弘远、外孙女严崇合影

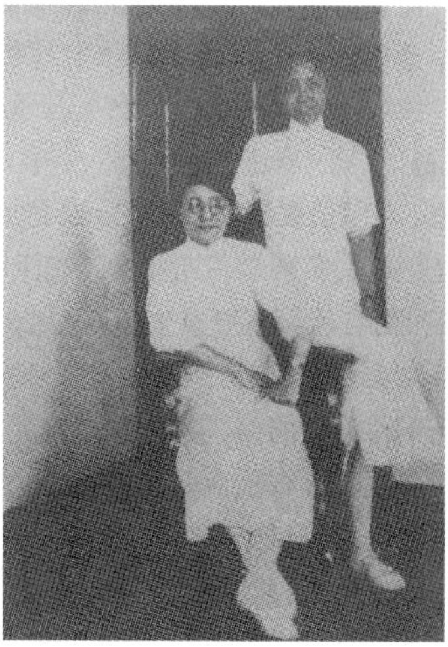

1930年代，袁昌英与周如松
（周鲠生长女）合影

1954年，袁昌英与外孙女严崇合影

袁昌英与王星拱夫人（左一）、刘秉麟夫人（左二）合影（朱利安·贝尔摄于1936年，原件藏武汉大学档案馆）

袁昌英（朱利安·贝尔摄于1936年，原件藏武汉大学档案馆）

1932年11月，袁昌英与胡适、武汉大学部分教职员及武大附小学生合影。最后一排：胡适（中间），周鲠生（胡适右边），王星拱（周鲠生右边）。小学生后面一排女士：李四光夫人（左一）、刘秉麟夫人（左二）、袁昌英（左三）、周鲠生夫人（左四）、王世杰夫人（左五）

1932年11月，袁昌英与胡适及武汉大学部分教职员合影。第一排：刘秉麟（左三）、胡适（左四）、苏雪林（左五）、凌叔华（左六）、袁昌英（左七）、刘博平（右一），刘秉麟后为王世杰，王世杰后戴眼镜者为陈源，胡适后左为陈登恪、右为李儒勉

1933年元旦，武汉大学一区教职员及家属新年恳亲会合影

上图局部。第二排右二为袁昌英，第一排右二为杨静远

1940年，袁昌英赠罗家伦夫妇照片（原件藏罗家伦后人处）

1940年5月，袁昌英（左二）游成都、灌县、青城山，与陆维亚（左一）、周如松（左三）、顾如（左四）合影

1948年，袁昌英与罗家伦、王世杰、胡适、周鲠生合影

《法兰西文学》书影（上海商务印书馆1923年1月初版）

《法兰西文学》书影（上海商务印书馆1929年10月初版）

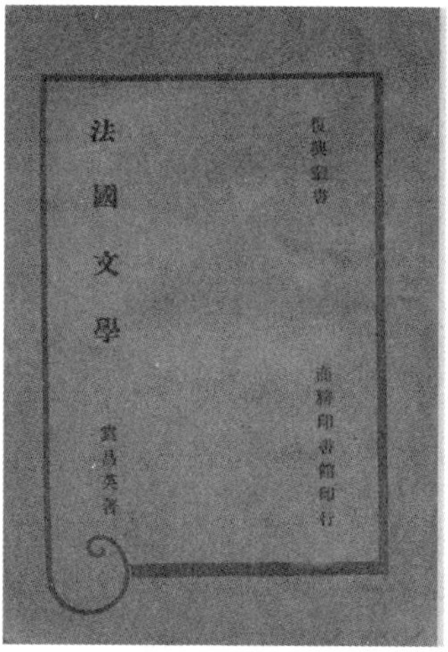

《法国文学》书影（商务印书馆1944年8月重庆初版）

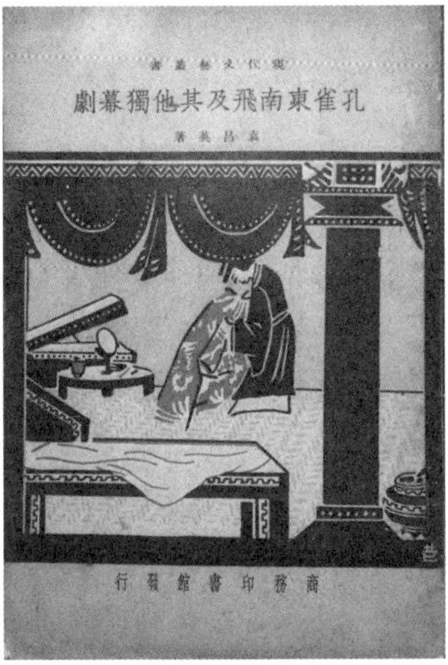

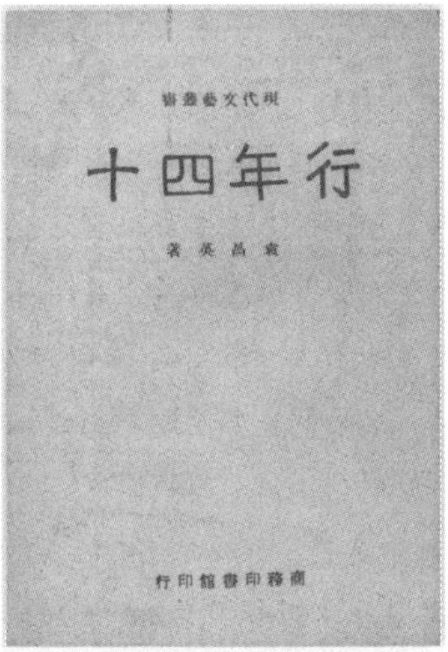

1.《孔雀东南飞及其他独幕剧》书影（上海商务印书馆1930年10月初版）

2.《山居散墨》书影（上海商务印书馆1937年3月初版）

3.《玛婷；痛苦的灵魂》书影（上海商务印书馆1930年8月初版）

4.《行年四十》书影（商务印书馆1945年4月重庆初版）

《饮马长城窟》书影（上海正中书局1947年1月初版）

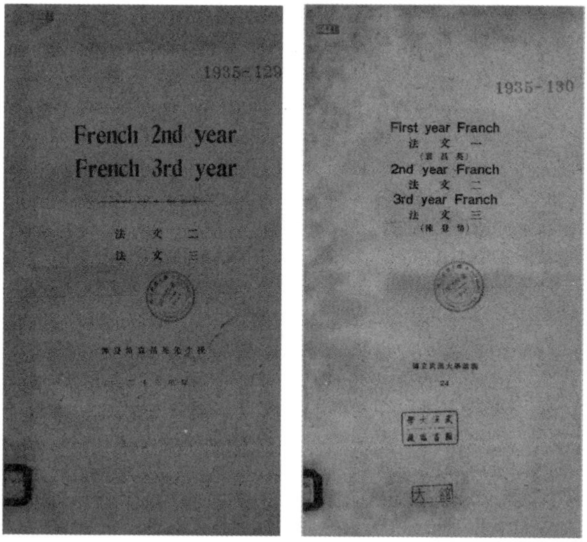

袁昌英与陈登恪合编《法文》讲义

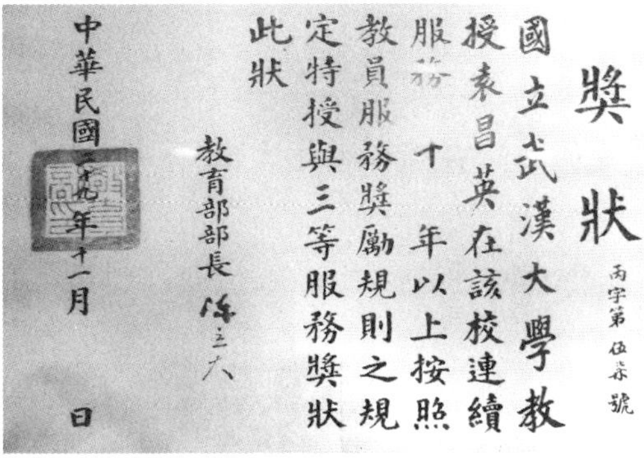

獎狀

丙字第伍柒號

國立武漢大學教授袁昌英在該校連續服務十年以上按照教員服務獎勵規則之規定特授與三等服務獎狀

此狀

教育部部長 陳立夫

中華民國二十九年十一月　日

三等服务奖状

袁昌英像及书杜甫《天末怀李白》手迹（刊上海晨光出版公司1947年10月版《无题集》）

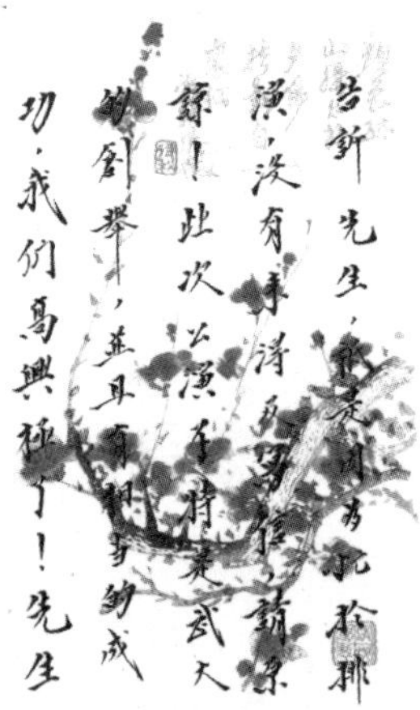
告訴先生，我是因為忙於排演，沒有來得及寫信，請原諒！此次公演，可算是武大的創舉，並且有相當的成功，我們高興極了！先生

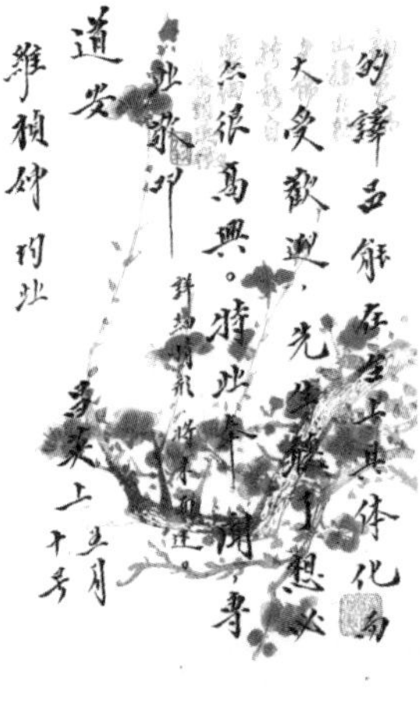
的譯本能在台上具體化，而大受歡迎，先生聽了想必很高興。特此奉聞，專此敬叩

道安

拜煩尉䌹將本函送進。

昌英上 五月十號

維楨叩 均此

志希先生：此次武大公演了一個獨幕劇：四月起；一、Escape（逃）；咖啡店的一夜。其中第一幕是用先生的譯本。此事本應早

袁昌英致罗家伦手札（原件藏罗家伦后人处）

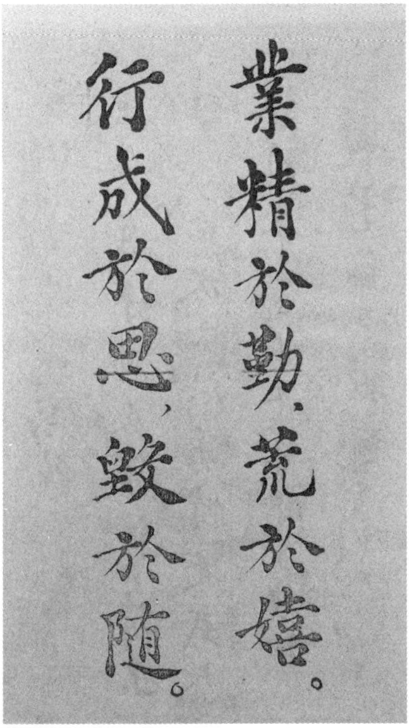

業精於勤，荒於嬉。
行成於思，毀於隨。

袁昌英赠侄孙袁德香手迹

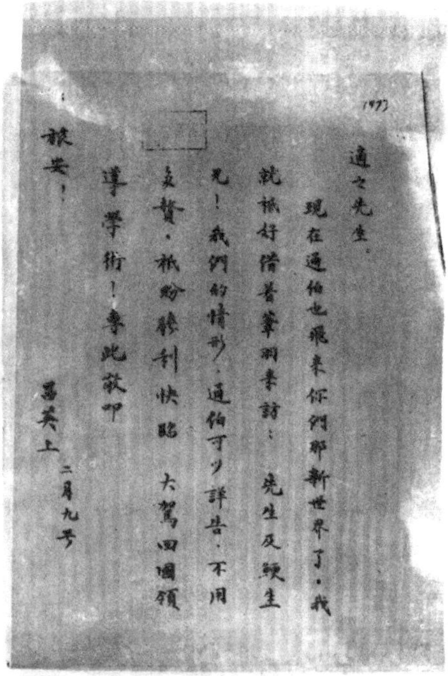

適之先生：
現在通伯也飛來你們那新世界了。我就祇好借着筆來奉訪：先生及鯁生兄！我們的情形，通伯可以詳告，不用多贅。祇盼勝利快臨，大駕回國領導學術！專此敬叩
旅安！
昌英上
二月九号

袁昌英致胡适信手迹

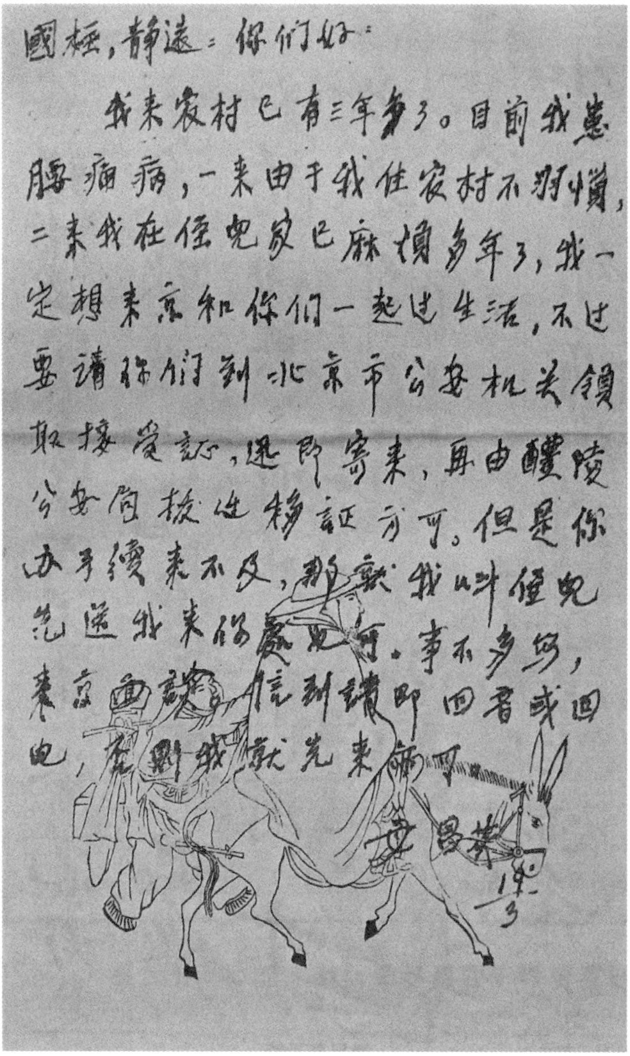

國楹，静遠：你们好：

我来农村已有三年多了。目前我患腰痛病，一来由于我住农村不習惯，二来我在侄兒家已麻烦多年了，我一定想来京和你们一起过生活，不过要請你们到北京市公安机关領取接受証，速即寄来，再由醴陵公安局核准移証方可。但是你办手續来不及，那就我叫侄兒先送我来你處也可。事不多写，来京面談。信到請即回信或回电，不然我就先来了。

昌英

19.3

1973年3月19日，袁昌英写给女儿杨静远的最后一封信

序

袁昌英，是"珞珈三女杰"中的年长者，又是经历最为坎坷的一位。"三女杰"的另外两位凌叔华与苏雪林，前者是新月派的才女，后来随丈夫陈源移居英国，兴趣转向绘画。苏雪林在武汉大学执教18年，后到台湾的成功大学又执教18年，享年102岁。虽然苏雪林在大陆因反鲁迅而引起非议，但她晚年在台湾是被视为稀世的"五四老人"而受到尊崇的。三人中只有袁昌英在长达半个多世纪中几乎被完全埋没，而她实际是中国现代出身官绅之家、结交名流，文学创作与学术研究皆卓有成就的一代才女。

袁昌英的父亲袁雪安，早年毕业于日本早稻田大学，后来担任过云南、湖南、山东、安徽财政厅厅长等职。袁昌英的丈夫杨端六从湖南师范学堂毕业后赴日本留学，在日本参加了同盟会。回国后因反对袁世凯而被捕，后得到黄兴资助去伦敦大学攻读货币银行学。1920年，杨端六、赵元任等陪同美国哲学家杜威和英国哲学家罗素在全国巡回演讲。杨端六本人也在湖南第一师范讲了《社会与社会主义》与《和罗素先生的谈话》等专题。演讲词《和罗素先生的谈话》，题下标明"杨端六讲 毛泽东记"，刊于1920年10月31日、11月1日、11月4日、11月6日、11月8日的长沙《大公报》。

袁昌英于1916年留学英国，在英国认识了徐志摩、周鲠生等人。1921年7月，她在爱丁堡大学获硕士学位，是中国女性在英国获文学硕士的第一人，学位论文研究的是莎士比亚名剧《哈姆莱特》。1926年，她又留学法国巴黎大学，在巴黎认识了朱光潜、陈学昭、郑振铎、戈公振等中国留学生。1929年9月开始，袁昌英执教于武汉大学文学院，开设了"希腊罗马神话及圣经故事""戏剧入门”“欧洲戏剧沿革”“法文”“近代戏剧”“戏剧选读”“莎士比亚”和“中英翻译”等课程。她具有英国淑女风范，天资聪慧，讲课深受学生喜欢。

袁昌英的才华，更突出地表现在文学创作方面。她1920年开始发表作品，先后出版了《山居散墨》（散文集）、《行年四十》（散文集）、《孔雀东南飞及其他独幕剧》（剧作集）、《饮马长城窟》（五幕剧）、《玛婷：痛苦的灵魂》（译剧）等。三幕剧《孔雀东南飞》，是她的成名作。1983年6月，胡乔木跟《中国新文学大系》编选人员谈话时说，“袁昌英的《孔雀东南飞》这些历史题材的作品也是不能忽视的”。《中国新文学大系》第15集收录了《孔雀东南飞》全文。美国哥伦比亚大学出版社出版的《现代中国女作家》，也收有这部剧作。

是不是可以说，袁昌英凭借她的家庭背景以及个人的勤奋与聪慧，在青壮年时期英姿勃发，如鱼得水？但在时代大潮中，人常常难以驾驭自己。老子的“祸兮福之所倚”给人带来的惊喜并不多见，“福兮祸之所伏”的警句却常常灵验。袁昌英的丈夫杨端六由国民党元老钱昌照介绍，曾为蒋介石讲学，蒋介石器重他，要他出任军事委员会审计厅厅长。杨端六坚辞不受，蒋不允，最后以“不离校、不离讲台、不穿军装”的条件而接受，实际只是在假期去南京兼职，蒋竟然授其上将军衔。杨端六还是国民参政会参议员。1945年国民党六大，杨拒绝出席，蒋却提名选他为国民党中央执行委员。袁昌英自己，1948年也以社会贤达当选为“国大”代表。这些都是当年一般人难以得到的“荣耀”，却成了他们后来人生悲剧的伏笔。

当凌叔华远走英伦、苏雪林东渡台湾之时，袁昌英留在了武汉。20世纪50年代前期，袁昌英夫妇的生活和心情还是可以的。他们交代清楚了历史，受到社会的尊重和信任。袁昌英入了中国民主同盟，当选为省政协委员，又出席武汉文学艺术工作者代表大会，当选文联执委。全国高校院系调整，武汉大学外文系撤销，她奉命到中文系讲授外国文学。为译介苏联资料，她苦学俄文；为表达对领袖的敬爱，她把毛泽东诗词译成英文。杨端六也继续在武汉大学执教，同时兼任中南军政委员会财政委员。

哪曾想，生活的秩序被1957年的一场风暴彻底打破。

现在可以看到，1957年5月10日《光明日报》第1版报道了光明日报社在5月

4日至7日邀请武汉知识界的教授和专家二十余人召开了两次座谈会，听取对党群关系和高等教育问题的意见。作为民盟盟员的袁昌英与时任武汉大学教务长、法律系主任的韩德培等人先后发言，报道中用了小标题“武大党群关系问题更为突出 一堵铜墙铁壁横在中间”：

> 袁昌英先生说，由于这堵铜墙铁壁的存在，有人把武大人员分为三种人，党员是甲方人员，党外知识分子是乙方人员，而积极分子是丙方人员。她说这样把人分成几方，不当作一家人，要想团结改造知识分子是完全不可能的。到会的武大教授一致认为，该校的人事处是一个独立王国，对学生毕业以及留助教问题，不但不征询系主任和教授的意见，提了意见也置诸不理。有的学生，系里认为不能毕业，但人事处只要那个学生是党团员便额外照顾，不但准其毕业，还留作助教，而且也不通知一声。他们认为这是典型的宗派主义作风。到会的教授希望学习了毛主席的讲话后，党员和群众双方都动手来打破这堵铜墙铁壁。

据《光明日报》的这一报道，可以推测，正是由于这一座谈会上的发言等“事实”，袁昌英被打成了“右派”。袁昌英已经说清楚的旧事被重新提起，被定性为“极右分子”，剥夺教职，下放到图书馆劳动。一年后，湖北省高级人民法院又宣判她为“历史反革命”，开除公职，管制两年。袁昌英年老体弱，没有遣送外地劳改，留在校园内，由街道干部监督劳动，每天拿扫把扫满地落叶和尘土。在此期间，她遭遇了丈夫离世、儿子迫于政治压力而与之彻底划清界限的沉重打击。1970年1月，林彪“第一号令”发布，学校限令“五类分子”袁昌英月底离开武汉。她便带着一床小被卷、一条跛脚方凳和两口装满中外书籍的木箱，告别她生活了四十余年的珞珈山，由一个远房侄儿陪同，回到了故乡醴陵骆家坳。

1973年，80岁的袁昌英归于尘土。

从一个留学英法的学生，武汉大学的教授，著名的戏剧家、英法文学专家，到一个无处存身的“右派”，袁昌英的一生是个巨大的悲剧。她的命运的悲剧性，不仅印证了个人在时代面前的渺小，还包含了亲情的违拗等今天的人可能难以理解的痛苦，但也见证了中国知识分子的坚强，比如她在风烛残年里依然期盼着命运的转机。

据袁昌英的女儿杨静远的回忆，1973年春，有关部门落实政策，袁昌英被定为“人民内部矛盾”。文件尚未下达，但已个别通知。“母亲闻讯异常高兴，说：‘现在我自由了，可以去静远那里了。’”可是仅仅几天，她的病情转重，带着美好的愿望离开了人世。弥留之际，身边空无一人。

一代才女，就这样走完了她80岁的人生。

正式的平反昭雪，还有待于新时期的到来。

我对袁昌英的了解，是从来到武汉大学后开始的。越知道她的身世，越觉得命运对她太不公平。我总是在想，一个风烛残年的老人，孤独地应付生存的挑战，还想拿起笔写些东西，那是一种什么心境？我感觉这样的心境里，有一代代读书人的坚强。

今天，袁昌英的学术著作和文学作品都已经重新与读者见面。这说明美的人、美的事、美的艺术不会埋没。是金子，总会发光。

建军教授和他的博士生戚慧，倾力搜集材料，精心编排，写出了这么一部厚重的《袁昌英年谱》。这是珞珈后人对袁昌英的一份隆重纪念，也是珞珈文脉在今天的一个发扬光大。他们要我写几句话，我就写这么几句，借以表达对袁昌英先生的敬意。

是为序。

陈国恩

2022年6月15日凌晨3时

凡　例

一、本谱包括“正谱”和“谱后”两部分，“正谱”记述谱主生平主要事迹，“谱后”主要记载与谱主有密切关系的事件。

二、本谱采用公历纪年，谱主年龄按虚岁计算。

三、谱文按年、月、日先后次序编排。凡知年、月而无日可考者，系于本月之末，条目前标月份；年份明确而无月可据者，系于本年之末，条目前标“是年”。同一日期若涉及多条事项，首条前标明月日，其他条目前标“同日”。

四、谱主已刊作品，均详细著录发表、出版、收集、题名更易、署名（除本名外）等信息。未刊手稿，交代来源或现藏何处。文末所署写作时间和地点，一并入谱。

五、谱中引文，凡书信，一律全文过录；其他文字（如时人日记、当事人回忆、评论文章、新闻报道、档案材料、图书广告、编者按、访问记等），或全引，或节录。所有引文，除明显错误径改外，其余尽量保留原貌；讹字、衍字、漏字，酌予订正，并分别用〔　〕、〈　〉、（　）标示，将所改动者以小一号字置于其内；无法辨识之文字，以□标示；无标点者，按现行国家规定的用法重新标点；书名、篇名酌加书名号。

六、为方便读者查考，关于谱主的生平事迹或与其有密切关系的事件以及所有引文，均加脚注，以交代具体出处。同一文献若多次引用，首次引用者详注，其余酌情简注。外文和外文书名、人名，择要翻译中文大意，说明今通译中文名。

七、附录有二，一为《袁昌英著译年表》，一为《袁昌英研究资料目录》。

目录

正谱

谱　后

附　录

正谱

1894年

1岁

10月11日 清光绪二十年农历甲午年九月十三日，袁昌英出生于湖南醴陵一个乡绅家庭，字兰子、兰紫，笔名昌英、杨袁昌英、袁美等。

父亲袁家普（1873—1933），字雪安，亦作雪庵。少就读于渌江书院，23岁补博士弟子，后留学日本法政大学，学成归国，依例授法政科举人。1912年起，先后任云南省财政司司长、国税厅筹备处处长、财政厅厅长。1912年4月，与蔡锷发起成立统一共和党，后合并于国民党，任国民党滇支部副支部长。1915年，充经界评议委员会委员，护国讨袁时离京至沪，后任北京中国大学校长、国立法政学校教务长。1916年8月，任湖南省财政厅厅长。1921年任全省公路局局长，募款得数十万元，修筑湘潭至宝庆公路，后创办湖南省第一纺纱厂。1923年，任京兆永清县知事。1926年，国民革命军入湘，任湖南军资处委员长。后历任三十五军秘书长、武汉铁路运输司令、湖北省政府委员兼秘书长。1929年初，任财政部湖南特派员。5月，任山东省政府委员和财政厅厅长。1930年9月，任安徽省政府委员兼财政厅厅长，后改任安徽财政特派员。1931年2月，因积劳成疾，坚请退职。1933年9月，卒于江西庐山。

母亲邹氏是一位农家妇女，生了四个女儿，袁昌英是老大，其余三个相继夭亡。

母亲去世后，父亲在云南任职时娶李逸（原名李云仙）为继室，生有二男一女，名昌雄、昌豪、昌杰。弟弟袁昌豪，曾读武汉大学政治系。袁家普逝世后，李逸改嫁丁西林，袁昌豪为丁西林义子，改名丁克刚，后赴美国。

1902—1905年

9—12岁

在醴陵乡下私塾读书，接受启蒙教育，由一位老塾师讲授《三字经》《百家姓》和“四书五经”等。老塾师颇严厉，一次，袁昌英因背不出书，老塾师用铜头旱烟袋重重敲了一下她的额角，后来被敲伤的额角附近过早地生出白发。

> 第一次是幼时在家乡上私塾，由于背不出书，被老塾师用铜头旱烟袋重重敲了一下额角。被打的地方，很早就生出了一绺白发，爱美的母亲总是设法将它涂黑。[1]

1905—1909年

12—16岁

在江西萍乡正本女子学堂读书。

1905年，江西萍乡正本女子学堂在萍乡县劝贤堂成立，设工艺、师范二科。袁昌英就读于师范科。

1 杨静远:《母亲袁昌英》,《飞回的孔雀——袁昌英》，人民文学出版社2002年1月版，第77页。

1912年

19岁

1912年5月27日　袁家普被北洋政府临时大总统袁世凯任命为云南财政司司长[1]。

是年　在长沙遵道女学校读书，兼培德小学教员。

长沙遵道女学校于1906年成立，为教会学校，以外籍教师为主。

1913年

20岁

4月13日　上海《申报》第14432号第7版刊发消息《留学女生又有暗潮》，称袁昌英等36名女生通过教育司留学分科考试，但当局不打算遣送女生出国，女生们不平，拟联合团体诘问教育司。

6月7日　袁家普被北洋政府任命为云南省国税厅筹备处处长[2]。

1 《命令》，上海《申报》1912年5月29日第14105号第1版。

2 《命令》，上海《申报》1913年6月10日第14490号第2版。

1914年

21岁

5月25日　袁家普被北洋政府任命为云南省财政厅厅长[1]。

9月2日　上海《申报》第14930号第6、7版刊发《云南女学界与财政厅长为难》，称袁家普娶云南女子师范学校二年级学生李云仙为继室。

是年　袁昌英就读于上海教会学校中西女塾。中西女塾由美国牧师林乐知于1892年春在上海创办，由美国妇女监理会提供经济援助，派女传教士海淑德（Laura Haygood，1845—1900）主持学校管理。中西女塾主要招生对象为上海富商家的闺秀，其目标是培养贵族气质、淑女风范的上流社会女子。中西女塾特别注重英语教育，其章程规定"中西并重，不事偏枯"，造就亦中亦西的通才。

1915年

22岁

7月6日　上海《申报》第15229号第17版刊登消息《交通银行收款清单》，称袁昌英为救国储金捐献2元。

12月13日　北洋政府颁布大总统策令，授袁家普为少大夫[2]。

1 《命令》，上海《申报》1914年5月28日第14833号第2版。

2 《命令》，上海《申报》1915年12月15日第15391号第2版。

1916年
23岁

6月23日 袁家普被北洋政府任命为湖南省财政部部长[1]。

8月15日 北洋政府任命袁家普署理湖南省财政厅厅长[2]。

是年 毕业于上海中西女塾，后自费赴英国留学，初进伦敦布莱克希恩学校（Blackheath High School）。

> 中学肄业后，袁昌英于一九一六年靠父亲的供给，自费留学英国。初抵异国，她需要迅速地掌握口语，便住到了英国人家里。房东太太管理极严，从餐桌上的礼貌到古老西方的谈吐都认真地指点。头一年，袁昌英成绩不佳，房东太太禁止她出大门，她闭门苦读了六个星期。在那里，生活极其艰难，几乎每天吃的都是黑面包，但这位中国姑娘已经感到很满足了，她觉得学到知识，比什么都重要。她很快从中学跳入苏格兰最高学校——爱丁堡大学，学习英国文学。[3]

是年 在伦敦，与杨端六、刘孝叔、邵畹堂等人庆祝圣诞，并祝贺曾国藩曾孙女曾宝荪从伦敦大学西田学院毕业。

> 圣诞节我回伦敦，那时伦敦已经灯火管制，也不很热闹。但是我们三个人，还请了几位中国朋友——袁昌英、杨端六、刘孝叔、邵畹堂等，邵君能玩魔术，助兴不少，既庆祝圣诞，又贺我们毕业，可真是乱世一点安慰！[4]

---

1 《命令》，上海《申报》1916年6月24日第15576号第2版。

2 《命令》，上海《申报》1916年8月17日第15630号第2版。

3 李杨：《作家、学者袁昌英》，《新文学史料》1981年第4期。

4 曾宝荪：《曾宝荪回忆录》，岳麓书社1986年8月版，第62页。

是年　结识周鲠生、李四光、张奚若、皮宗石、陈源（西滢、通伯）等人，并经父亲介绍，与杨端六展开绅士淑女式的恋爱。

杨端六（1885—1966），原名冕（一作勉），又名超。祖籍江苏苏州，出生于湖南长沙。经济学家，会计学家，教育家，中国货币银行学开拓者，商业会计学的奠基人。1903年，毕业于湖南省师范学堂。1906年，自费赴日本留学，就读于弘文书院。1908年，补为官费生，考入东京正则英语学校，后转入东京第一高等学校、冈山第六高等学校。留日期间，加入孙中山、黄兴领导的中国同盟会。1911年回国，和同盟会留日学生到上海成立“海军陆战队”，任秘书长。清帝退位，部队解散后回家省母，担任《长沙时报》撰述。1912年春，在湖北汉口参与创办《民国日报》，任经理。1913年3月，因《民国日报》发表申讨“袁（袁世凯）贼”“赵（赵秉钧）犯”文章，被国民政府逮捕，后被营救释放。不久得黄兴资助，赴英国求学，入伦敦大学政治经济学院，攻读货币银行学。1920年5月回国，任商务印书馆《东方杂志》编辑、会计主任，兼吴淞中国公学教授。1921年10月23日，在上海与袁昌英结婚，育有一女一子。1923年，任商务印书馆会计科科长。1926年冬，经杨杏佛介绍加入国民党。1928年10月，任中央研究院社科所研究员、经济组主任兼代所长、会计主任。1930年8月起，任国立武汉大学法学院教授，主讲“工商组织”“货币与银行”“货币学”“会计学”“簿记学”等课程。其间，1930年8月至1933年6月，任商学系主任；1933年4月至1937年7月，任法学院院长；1945年8月至1947年2月，任武汉大学教务长；此外，还兼任武汉大学图书、乐山迁校等委员会主任，以及《社会科学季刊》、财务、教员住宅、公共经济等委员会委员。1933年至1937年，兼任国民政府参政员、军事委员会第三厅（审计厅）厅长。后任国民政府经济委员会委员、国立北平研究院学术会议会员。1945年，当选为国民党第六届中央执行委员。1948年冬，受留英同学陈剑修之邀到广西桂林讲学。1949年初，举家迁回珞珈山，继续担任武汉大学经济系教授，并兼任中南军政委员会财经委员会委员。1956年，参加中国国民党革命委员会。1957年，被错划为“右派”。1966年9月5日病故。著有《商业管理》《信托公司概论》《货币浅说》《银行要义》《货币与银行》《清代货币金融史稿》等。

1916年

杨端六入伦敦大学政治经济学院专攻金融财会。他早在国内就认识我外公并深受器重与信赖。通过外公的介绍，他在英国和我母亲见面并订了婚。在假期，他们曾结伴旅游欧陆，每到一地，买一把小茶匙做纪念。后来我常翻出家中的那一小把各色各样精致的小银匙，一面把玩，一面想象着他们那半新半旧的绅士淑女式恋爱的情景。[1]

1 杨静远:《母亲袁昌英》,《飞回的孔雀——袁昌英》，人民文学出版社2002年1月版，第68页。

1917年
24岁

9月12日　袁家普因病辞去湖南省财政厅厅长[1]。

1918年
25岁

9月　参加苏格兰爱丁堡大学入学考试[2]。

10月1日　正式进入爱丁堡大学，学号为“794”。据爱丁堡大学所藏袁昌英成绩单，她主修了7门课程，一年级（1918—1919）2门：“英国历史”“政治经济学”；二年级（1919—1920）3门：“英语”“道德哲学”“教育”；三年级（1920—1921）：“法语”“哲学（逻辑和形而上学）”。

大学期间，她和英国同学海伦·布莱克利（Helen Blackley）结下深厚情谊。回国后，二人仍保持通信，直至被迫中断。

> 在她的交往中，最感人的要数她和英国同学海伦·布莱克利（Helen Blackley）的友情。海伦是学医的，当时她俩同房，结下了深厚情谊，假期一同骑自行车去200哩以外的苏格兰乡间旅游。母亲回国后，她们一直保持通信，直到被迫中断。海伦终生未婚，把我母亲当作亲姐妹。我家不断收到她寄来的圣诞节礼物。她送给我的一条苏格兰百褶裙，我穿过我女儿穿，

1 《命令》，上海《申报》1917年9月15日第16016号第2版。

2 据爱丁堡大学所藏“Preliminary Examination［Chang-Ying Yuan］”。

然后弟弟的女儿穿，几十年色泽鲜艳如新。我在美读完硕士后，她热情地为我申请到爱丁堡大学的入学证，又应允每年资助我200英镑，可惜没有去成。这样的跨越国界的友情，只有在两个赤诚相待的朋友中才存在。[1]

1920年
27岁

1月12日　于英国爱丁堡大学致李剑农信，载上海《太平洋》双月刊1920年6月5日第2卷第5号“通讯”栏，题为《大学男女同校说》，后附李剑农复信。

剑农先生：

别后久未通问。惟时在《太平洋》杂志，获读大作，不啻面聆伟论，启我顽愚。去夏过巴黎歇暑，累承贵社鲠生君促令投稿大志，讨论新时代女子教育，及其他社会问题。英既以学识浅薄，不敢下笔；且校课忙繁，无暇他顾，是以至今无以报命。近日鲠生君自法惠书，询及对于男女大学同校一事意见。英对于此问题，稍有感想，因略述私见所及。或亦可借补贵杂志之余白。战后今日之世界进步，有一日千里之势。数年前世人所目为蹈空的思想，今则见诸实行者，比比皆是。女子问题，即其最显之一例。不惟多数文明国家女子，在国内政治上，社会上地位，一跃而与男子完全平等；且万国联盟之世界新组织，首先承认男女同等任职权利。则欧美社会中女子之地位，今已增进至何程度，可以想见。然回顾我国内女子之现状，则何如者？自种种方面观之，视欧美各国女子之地位，不啻有霄壤之别。教育程度不及，不能谓非大因。吾国素来重男轻女，视女子无才为有

1　杨静远：《咸宁干校一千天》，长江文艺出版社2000年1月版，第210页。

德。女子教育，向不讲求。近受欧美文明之影响，吾国女子，始破数千年之坚狱而准入学校，受各种教育。然吾国现在之女子教育状态，可称满足乎？由国家利益一方面视之，可谓已达功用极端点乎？由男女平权互相营生之原则一方面视之，吾国柄权有力之男子，抚心自问，岂无愧乎？吾国有识之女子，竟甘长此安于固有地位，而不高树新帜，为二万万同胞姊妹一战乎？西语有云，"智识乃权力"（Knowledge is Power）。吾国女子柔弱不能自立之首因在无智识。高等教育，大学教育，乃智识之源泉。故吾意如吾国女子，欲争在政治上，法律上，社会上，与男子完全平等，以举男女平权之实，则非首从教育平等之问题争起不可。今日增进吾国女子地位及其营生方策，既为吾同胞之天职，而亦爱国为政之士所须急注意之问题。今设有一人，左手不能动，右足跛而不能行，果可称彼为一完全人耶？既不称彼为完全人，当亦不称半数国民缺乏活动能力之国家，为一完全之国家。是以苟吾国民，欲立于世界，而不受天演之淘汰者，高等女子教育，万不可忽视。今国内初浅及中等女子学校，虽不如男子学校之多，然为数尚不少，可以徐图普及。惟从大学一方面言之，则现状令人愧煞。除南京美国教会一小女子大学外，吾不见有女子大学教育。而男子大学虽不完备，国内颇有数校。其故安在？岂因吾国女子之脑筋特别愚钝，不能与男子并驾齐驱，求高深学问乎？吾知稍有常识者，当不能下此武断的见解也。抑因经济不足，不能创设女子大学乎？既无女子大学可入，吾国有志之女子，为何不能求学于男子大学中乎？欧美大学男女同学之事，久已通行。吾国既仿欧西学制，授女子以初等中学教育，为何不能更进一步，而授女子以高等教育乎？既因经济问题，不能为女子特设大学，为何不能仿文明各国通例，令男女共学于同一大学中乎？反对者或曰：吾国风俗，与西方不同，不能任使青年男女接近，以致生出不德之行为。吾可以答之曰：不德行为之发生，并非男女多有接近之结果；反之而实可谓由男女过于隔绝及其他社会不良风俗所致。俗语有云，"俗人多怪，见骆驼言马肿背。"吾国男女素鲜相见机会，未克养成正当交际习惯。其结果则偶相接近，或不免缺少自制力；甚至发生不德行为，亦或有其事。然苟令男女常有接近之机会，彼此惯于正当交际，而以学问游戏及其他正当事业相投契，男女关系，成一种寻常交谊，为益不反大乎？欧美大学男女同学，大见成效。男女大学生，皆以求学之趣味深重，无暇纷心他事；且因同学时深知彼此人格学问，出学校后，男女共同办事，裨益极大。此层益处，吾人不可忽视。凡事有利害两面，吾人当就其比较的价值以定取舍。大学男女同学，可以造就男女人才养成男女交际习惯，及共同办事之性质，而省去特为女子设大学之困难。其利已显然。而所谓害者，则想像无据之事为多。吾国教育家，社会改良家，诚欲为国民造福者，于此当知所抉择矣。愚见如此，先生以为然乎？顺颂著祺。

袁昌英

九年一月十二日草于英国爱丁堡大学

李剑农复信：

昌英先生：

来书所说的极是。现在北京大学听说已经开了女禁。不过中国的中等教育，程度极不齐一。男子的中等教育，已经是不满足；女子的中等教育，比起男子的来，更不满足。北京大学虽然开了女禁，只怕能入大学的女子学生，还是不多。我希望你毕业后回到中国，创设一个极完美的女子中等学校，把女子受大学教育的基础筑好，那真是女界之幸了。祝你的进步。

剑农

3月19日　于英国爱丁堡大学致信《新青年》记者。

记者足下：

读贵志第七卷第三号里面的《与支那未知的友人》。这一篇文章，我觉得这里头的主义很与我的心意表同情。我觉得世上的人，无论属于什么种族，被治于什么国家，都应该把“增进多数人类的幸福”做立身的标准，并且这个大主义将来必定要战胜其余的偏狭，而且有毒害的主义。但是我读这篇文章的时候，心中生出一个大疑问。我自己抱了头额想了半天，仍是没有见解。所以我的最后的法子，只有到先生面前来请教。我的疑问就是——贵志在我们青年中是最有势力的。先生们的主义，差不多就是我们全国未来的主人翁的主义。假若我们青年都照蔡陈及武者三先生的意思，把国家思想全然丢斟，“都委身于真理”。但是同时多数的日本人及他国的人仍是主张侵略，把我们的生存的财源都要慢慢的一一抢去了。那时候如果我们要保护我们的国家，为我们自己及我们的子孙救一块立脚的地位。要做这样的事，自然要国民有爱国心思，才可以成功咧！照先生们的教训，我们青年人都要变成一种“守良心的反对人”（Conscientious objector）了。那么，我们不特是不能够为全数人类增进幸福，就是我们的及我们后人的生命都不能够保存啊！所以我以为如果多数的日本人或他国的人没有把野心政策抛弃以前，我们也不可以把我们的爱国思想完全丢斟了。先生可是用什么话来教我呢？此叩

著安。

女生袁昌英草于英国爱丁堡大学校

三月十九日[1]

5月 杨端六回国，在上海商务印书馆编译所任编译，并参与《东方杂志》编辑工作，同时兼上海吴淞中国公学经济学、会计学教授。

7月23日 作论文《论女子留学的必要》，载上海《太平洋》双月刊1920年12月5日第2卷第8号，文末署“九年七月二十三日草于巴黎”。

夏 杨端六从英国回国后，到长沙接母亲和小妹杨润余（雪可）到上海定居。在长沙，杨端六代表中国公学和北京大学等团体陪同美国哲学家杜威和英国哲学家罗素在中国演讲，并担任翻译。他自己也对长沙的听众讲了三个专题，其中《和罗素先生的谈话》经时为湖南新民学会领导人兼长沙《大公报》特约记者的毛泽东记录、整理，连载于长沙《大公报》1920年10月31日第1634号、11月1日第1635号、11月4日第1638号、11月6日第1640号、11月8日第1642号。

---

1 耿云志主编:《胡适遗稿及秘藏书信》第31卷，黄山书社1994年12月版，第657—658页。

1921年
28岁

1月27日　下午7时，在爱丁堡参加学术研究会留英分会召开的欢送周、吴、李三君离开英国大会并发言。

学术研究会留英分会本年一月廿七日下午七时，在爱丁堡开欢送周、吴、李三君去英大会。其概况分志如下：①主席刘百昭君致欢送词，谓今日集会欢送吴、李、周三君去英，以昭个人，将别良友，感慨百端，何况诸君，兹代表本会略述欢送之意。……⑦会餐　席中李君谓袁昌英女士为本会第一女会员，今日第一次与会，诸君当为袁女士贺，为本会贺，并为我国女界同胞之前途贺。袁女士答，为国为民，男女应同负责，幸得加入本会，谨本宗旨，竭力为之。其他会员，复互谈衷曲，交相劝勉。时已夜半，乃宣告散会。[1]

5月12日　在爱丁堡大学，与中国学生会及中华学术研究会留欧分会会员一起，欢迎考察欧美大学教育及学术研究机关的蔡元培一行。时任中国学生会副会长。

十二日　晨七时到爱丁堡（Edinburgh）。……午，中国学生会招饮，会长林君可胜，为文清[2]博士之子，现在大学医学院任生理学助教。副会长袁昌英女士，为杨君端六之夫人。[3]

5月21日　中华学术研究会留欧分会举行选举会，当选为文科科长，并做演

1　于世秀：《学术研究会留英分会之欢送会》，上海《申报》1921年3月28日第17274号第6版。

2　“文清”当为“文庆”，即林文庆。

3　高平叔编：《蔡元培全集》第7卷，中华书局1989年7月版，第349页。

讲：*The Teaching of Socrates in its relation to, and in its distinction as it from that of Sophists.*[1]

7月14日　爱丁堡大学在麦克尤恩大厅举行毕业典礼，袁昌英被授予文学硕士学位，其毕业论文是研究莎士比亚名剧《哈姆莱特》。袁昌英是在英国获文学硕士学位的第一位中国女性，英国《苏格兰人报》（*The Scotsman*）、《晚间电讯报》（*Evening Telegraph*）和《中国学生杂志》（*The Chinese Stutent*）等报刊为此做过专门报道。国内报刊转载时，将其英文名误作“Chang Ying-yuan”。

> On Miss Chang Ying Yuen being presented with the M.A.degree at Edinburgh University ,it was stated that she is the first Chinese lady to take the full course of Master of Arts in Edinburgh University. She had attained great distinction in many of her classes. Professor Whittaker said she was married to a Chinese gentleman who had also taken a distinguished degree in one of our Universities.[2]

9月　徐志摩和张幼仪在沙士顿居住时，曾请一位从爱丁堡大学来的中国女留学生来家里吃晚饭。晚年的张幼仪称她为“明小姐”。“这个明小姐，极有可能就是袁昌英。”[3]

> 有天早上，徐志摩对我宣布：“今天晚上家里要来个客人，她是从爱丁堡大学来的一个朋友，我要带她到康桥逛逛，然后带她回来和我一道吃晚饭。”……说也奇怪，我竟然想不起那晚来访的女人的名字，干脆叫她明小姐好了。我唯一真正记得的一件事，是她的外表。她非常努力想表现得洋里洋气，头发剪得短短的，擦着暗红色的口红，穿着一套毛料海军裙装。我顺着她那穿着长袜的两条腿往下看，在瞧见她双脚的时候，惊讶得透不

1 《中华学术研究会留欧分会通告（第七号）》，《民铎杂志》季刊1921年12月1日第3卷第1号。

2 “A CHINESE ROMANCE.— M.A. of Edinburgh Going Home to Wed”, *Dundee Evening Telegraph and Post*, 14 July 1921. 引文大意：袁昌英女士被授予爱丁堡大学文学硕士学位，据说她是首位在爱丁堡大学修满文学硕士课程的中国女士。在她的许多课程中，她都取得了优异的成绩。惠特克（Whittaker）教授说她嫁给了一位中国绅士，他也在我们的一所大学获得了杰出的学位。

3 韩石山：《徐志摩传》，北京十月文艺出版社2001年2月版，第474页。

过气来，那是双挤在两只中国绣花鞋里的小脚。原来这新式女子裹了脚！我差点放声大笑。……明小姐说她也是在上海市郊长大的，而且提到了我认识和不认识的几家人。她父亲在外交部任职，可是我没听说过他。我只有一个想法：如果明小姐家里这么新潮，肯让她只身到海外求学，为什么还把她的脚缠了？[1]

我母亲的脚应是解放足，而不是小脚。小脚和解放足，二者在外观上和社会历史文化内涵上是截然不同的两个概念。小脚是中国妇女受压迫摧残玩弄的丑恶现象，而解放足是近代妇女解放运动为争人权的拼搏中部分女性所遭受的局部牺牲，带有过渡的性质。二者尽管不同，受害的却都是女性，她们是应受同情尊重而不是嘲讽的对象……

我母亲出身在落后农村，幼时被长辈依俗强行缠足，幸而在外为官思想开明的外祖父加以制止，才没有落个地道的三寸金莲的小脚。但是骨已受伤，成为不同于天足的解放足……我估摸，我母亲同徐志摩的友情，确乎超越一般文友间的泛泛之交。她的朋友很多，但几十年间，她绝口不提徐的名字。在战前珞珈山她的书架上，我见到并读过《涡堤孩》一书，却不知那是徐的译作。在抗战期间的乐山，有一次她为了开导我，以身作则地说起在英国时，曾因演戏而与某人发生过一段感情，后来她自己以理智和意志加以制服了。那人是谁，她没有说，我也没问，但绝没有往徐志摩那儿猜想。直到近年，在《徐志摩传》上看到，泰戈尔一九二四年访华时，在北平，由徐志摩、林徽因主持并饰演泰氏的剧作《齐德拉》，袁也参与饰演了一个角色。这使我想到，在英国，为演戏而发生恋情的，除徐志摩还能有谁？[2]

10月上旬　与周鲠生等人由欧洲返回中国[3]。

1　张邦梅：《小脚与西服——张幼仪与徐志摩的家变》，黄山书社2011年9月版，第118—121页。

2　杨静远：《又见“小脚”》，《万象》2007年第10期。

3　《留英学生联翩返国》，上海《申报》1921年10月14日第17474号第15版。

10月15日　太平洋外交商榷会在中华路劝业女子师范学校举行演讲会。袁昌英因感冒未参加[1]。

10月16日　晚上，学术研究会在兴华川设宴欢迎其会员袁昌英、周鲠生、李毓垚等自欧洲回国[2]。

10月23日　下午4时，在上海一品香，与杨端六举行婚礼。证婚人为周鲠生。

> 杨端六君与袁昌英女士昨日下午四时，举行结婚礼于一品香。袁女士文学造诣极深，为我国毕业于英国爱丁堡大学之第一女学士，与杨君同籍湖南，同学英伦，为朋友者七八年，爱好既笃，缔为佳偶。证婚者为杨君之总角交周鲠生博士，主婚者杨袁二老太太，对此佳妇快婿，喜溢宇眉。行礼毕，证婚人周博士致颂词，述新人之历史，极详尽，并诵爱丁堡报纸在袁女士毕业时之赞美的纪载，以证杨为绝好青年，袁为绝好女子，并袁女士之尊人袁家普择婿之经过。次由来宾代表李石岑致颂词，略谓新人由纯洁之朋友关系，进而为圆满之配偶，与不经朋友阶级而缔婚，与经朋友阶级而非真正朋友之缔婚者不同。又杨君为我国经济学大家，经济家大都偏重物质方面，如马克斯之唯物史观。袁女士于心理学研究极精，注重精神方面，故杨先生与袁女士之结婚，为灵肉一致之结婚。换言之，即十八世纪文明和十九世纪文明之结婚云云。次由新郎致答词，次由新妇致答词，略谓有今日之愉快，而不能致力社会，则无以对今日诸亲友之盛意，兹承厚祝，知所勉矣云云。始终掌声不绝。礼毕，摄影欢宴。来宾极多，在沪之学术研究会会员，殆全体莅止。盖新郎及证婚之周博士，皆该会会员也。[3]

10月24日　上海《民国日报》第2061号第11版刊登消息《杨端六与袁昌英昨日结婚》。

1 《外交商榷会开演说会》，上海《申报》1921年10月15日第17475号第14版。

2 上海《时事新报》1921年10月17日第4952号第3张第1版。

3 《杨端六袁昌英之结婚美谈》，上海《申报》1921年10月24日第17484号第15版。

同日 上海《时事新报》第4959号第3张第2版刊登消息《新结婚的一对 杨端六与袁昌英女士》。

11月13日 上午，学术研究会假寰球中国学生会邀请俄国盲诗人演讲《近代中国之忧患》，由袁昌英译述[1]。

11月14日 上海《时报图画周刊》第73号刊登袁昌英与杨端六结婚照片并附说明文字："经济学专家杨端六君与文学家袁昌英女士于上月二十三日在上海结婚。新郎新娘同籍湖南，同学英伦，志同道合，堪称佳偶。杨君著作等身，名满海内，今又得此贤助，将益有以贡献于社会也。"

12月1日 《民铎杂志》季刊第3卷第1号刊登《学术研究会留欧分会会员录》，其中著录袁昌英中国通信处为"上海中华新报馆袁雪安转"，外国通信处为"C.Y.Yuen, Bchanan Hostel, East Suffolk Road"。

12月10日 发表《女权论》，载上海《时事新报·时事新报五千号纪念增刊》，署名杨袁昌英。又载奉天《盛京时报》1922年1月1日第4543号第11版，署名杨袁昌英。

是年 由王世杰、周鲠生介绍，在北京女子高等师范学校教英国文学，主讲莎士比亚。同时，兼北京法政大学讲师。

1 《俄国盲诗人演讲大概》，上海《民国日报》1921年11月14日第2082号第3张第10版。

1922年

29岁

1月1日　上海《妇女杂志》月刊第8卷第1号刊登《杨端六先生与袁昌英女士结婚摄影》。

1月4日　在大东旅社参加上海学术研究会总会宴席。

> 学术研究会总会，昨假大东旅社邀宴报界人士，列席者十余人。由该会李大年、李石岑、喻育之、林养园诸君款待，并有该会会员杨袁昌英女士列席。六时开宴，李君大年致迎宾词，并详述该会成立数年来之情形，现有《民铎》杂志按月出版，将更续编学术丛书。外埠已有分会数处，后此将益合众进行也。次由数宾致答词，复畅谈，至八时半散。[1]

2月14日　上海《申报》第17590号第15版“学校汇刊”栏刊登消息称，袁昌英受聘于上海神州女学，任大学文预科西文学教授。全文如下：

> 北四川路神州女学，办理十一年，驰誉中外。本届各科，尤多改进，其大学文预科，程度甚高，今更延聘英国爱丁堡大学文学硕士袁昌英君（即杨端六夫人）任该科西文学教授。其余教员，亦皆知名之士。昨二月十三日举行开学礼，校长张默君，教务主任陈仲沂均有报告。新旧生极众，校务亦发达极矣。

2月　发表论文《释梦》，载上海《太平洋》双月刊第3卷第4号，署名杨袁昌英。

4月23日　在南京，与父亲袁家普重聚。袁家普特作七绝二首，炼人、听花、直叟（叶祖鼎）、铁汉、邬骢等友朋依原韵应和。

---

1 《学术研究会总会宴报界纪》，上海《申报》1922年1月5日第17557号第14版。

1922年

秦淮父女重会喜赋

雪安

四月二十二日，乘津浦特别快车出都。二十三日午后二时半抵金陵。少倾，兰子、端六亦到。父女长年隔别，喜极而泣，至性至情，不能自已也。二十四日，聚秦淮河金陵春酒楼，表现一种天伦至乐。偶成二绝，以为纪念。录寄亦诗世界主人，倘承中外骚人赐和，则欢感不置。

一别长沙已六年，梦魂相见剧堪怜。学成万里踏来日，把酒秦淮四月天。昌英去秋毕业爱汀堡大学，得文学士学位。中国女子在该大学授学位者，此为第一人。其时全英各报奖励有加。

好将艰苦付江流，走马湖边看莫愁。杨柳依依人得意，慈亲爱婿一同游。

和雪安父女秦淮重会原韵

炼人

接书并大诗，欣悉金陵与昌英女侄、端六贤坦欢会，喜极而泣，诚见儿女情长矣。两截字字从心坎中流出。弟和虽不及兄，然尚语语纪实。弟数年前赠昌英女侄有云：吾家千里驹何去，不在诸郎在大家。今果验之，可见余诗非虚誉也。

星沙一别几经年，父女遥离亦可怜。今日秦淮重见面，悲欢都付奈何天。

算是裙簪第一流，家驹今在复何愁。一言寄汝仓山叟，女族光荣是此游。

奉和雪安秦淮父女重会原玉

听花

骨肉遥离阅六年，楚云秦树也堪怜。金陵今正春如海，相见依依四月天。

相逢何必泪俱流，万里归来应莫愁。自此家庭饶至乐，秦淮河畔纪清游。

和雪安秦淮父女重会原韵并柬炼人

直叟

一别庭闱几许年，归时相见倍生怜。茫茫家国前途感，话到悲欢别有天。

一家父女尽名流，春酒楼头话莫愁。难得秦淮同揽胜，肯教孤负此清游。

赠昌英女学士依雪安先生秦淮重会原韵并柬炼人

铁汉

归来海外会高年，月满秦淮动爱怜。话到悲欢离合处，不由热泪洒云天。

巾帼居然第一流，生男何喜女何愁。六年阔别今重聚，应有诗篇纪胜游。[1]

和雪安秦淮父女重会原韵

邬骢

絮飞春尽减流年，隋柳秦楼剧可怜。吹到玉箫同觐帝，妇翁女婿飨钧天。

六年岁月叹如流，今日相逢在莫愁。莫作等闲湖水看，女儿曾到海西游。[2]

其中，听花诗又载北京《顺天时报》1922年7月2日第6596号第5版“艺林”栏，题为《奉和雪安先生秦淮父女欢会喜赋原玉》；直叟（叶祖鼎）诗又载北京《顺天时报》1922年7月9日第6602号第5版“艺林”栏，题为《和雪安秦淮父女欢会原韵并柬炼人》；铁汉诗又载北京《顺天时报》1922年7月19日第6612号“艺林”栏，题为《赠袁昌英女学士（依雪安先生秦淮原韵并柬炼人）》。

6月　发表译作《创作与批评》，法国莫泊三（Maupassant，今通译莫泊桑）著，载上海《太平洋》双月刊第3卷第6号，署名杨袁昌英。

7月1日　发表杂感《敬告新当选之女议员》，载上海《妇女杂志》月刊第8卷第7号，署名杨袁昌英。题下有记者按语：

> 我国在共和告成的时候，就有女子参政运动的发生，但终于没有成功。近来湖南广东浙江等省制定省宪法，女子亦有选举权，在我国妇女运动史上，实在是应该特记的一件事。袁昌英女士为杨端六先生的夫人，曾留英研究政治经济有年，特撰成这篇文章，为新当选的女议员告。篇中主张男女教育平等，财产平等，并打破大家庭制度，确是我国目前最切要的办法。如果这三件事都能成功，我国妇女的地位，一定可以增进不少哩！

1　北京《交通丛报》月刊1922年第87期。

2　北京《交通丛报》月刊1922年第89期。

7月3日至8日　中华教育改进社在山东济南举行第一次年会，袁昌英提交的议案是：

（1）各省至少应设立女子中学一所，经费由省政府支出；（2）各中学应以兼收女生为原则；（3）各大学及专门学校应提出常年经费百分之五以上津贴贫寒女生，但以实行后十五年为限。杨袁昌英[1]

7月15日　作《〈两老〉引论》，载上海《太平洋》双月刊1922年12月第3卷第8号，署名杨袁昌英。《两老》（*Les Vieux*），法国A.Daudet（今通译都德）著，杨润余译。

10月1日　上海《申报》第17819号第7版刊发消息《湘女界之政治运动》，称袁昌英、陈儆、曾宝荪等作为女界人才，完全有资格参加湖南省议员竞选。

10月3日　上海《申报》第17821号第7版"长沙通信"栏刊发《湘省女子之新希望》，称袁昌英、陈儆等"皆一时人杰"，为中国女界的希望。

11月2日　作杂感《公意之源》，载上海《太平洋》双月刊1922年12月第3卷第8号，署名杨袁昌英，文末署"民国十一年十一月二日草于北京女子高等师范学校"；又载上海《兴华报》1923年1月31日第20卷第5期，署名杨袁昌英。

11月7日　作论文《中国妇女参政运动之前途》，载上海《妇女杂志》月刊1923年1月第9卷第1号"妇女运动号"，署名杨袁昌英，文末署："民国十一年十一月十七日，草于北京女子高师。"

1 《分组会议记录：第七女子教育组》，上海《新教育》月刊1922年10月30日第5卷第3期"第一次年会报告号"。

1923年

30岁

1月　专著《法兰西文学》列为王岫庐主编“百科小丛书”第1辑第12种，由上海商务印书馆出版，署名杨袁昌英。本书目次：“概论”“诗词”“戏曲”“散文”“参考书”。

2月　发表《改进中国女子教育之计划（附表）》，载上海《新教育》月刊第6卷第2期，文末署“中华教育改进社女子教育委员会刘吴卓生、朱其慧、杨袁昌英拟”；又载北京高等师范《教育丛刊》第3卷第7、8集合刊，题为《改进中国女子教育之计划草案》。收入梅生编《妇女年鉴》第1回第1册，上海新文化书社1924年6月初版。

2月8日　女儿杨静远在北京砖塔胡同出生。

5月23日　北京《晨报》第1531号第2版刊登消息《介绍大音乐家》，称梁启超、林长民、蒋梦麟、徐志摩和袁昌英等人拟商请世界著名小提琴家喀拉士拉（Kreisler，今通译克莱斯勒）在上海真光剧场表演并进行公启。全文如下：

> 大“梵和琳”家（Violinist）喀拉士拉君（见十八日《晨报》）为近代希有之天才，今来中国实不易得，欲聆音乐之真，欲感欧化之粹，不可失此良会。喀君已定在平安奏演，然售价过昂，且定位几满，故拟商请喀君另在真光剧场演艺一次，以饷我国人士。俟接洽一定，由真光剧场露布日期及价格，特此介绍。
>
> 梁启超　林长民
>
> 张嘉森　汤　漪
>
> 王　徵　陈博贤
>
> 发起人　杨袁昌英　蒋梦麟　公启
>
> 黄　潋　徐志摩

瞿世英　江　庸

蒋方震　孙伏园

5月28日　下午5时半至7时，克莱斯勒北京东安门大街真光电影剧场举行演奏会[1]。

8月12日　作读后感《顾仲起君的〈最后的一封信〉》，载上海《小说月报》1923年9月10日第14卷第9号“读后感”栏，文末署“（昌英）十二，八，十二”。顾仲起《最后的一封信》载上海《小说月报》1923年8月10日第14卷第8号。

10月　专著《法兰西文学》由上海商务印书馆再版，署名杨袁昌英。

11月　被湖南省女联会推举为候选司长。

> 十二年十一月间，省议会选举各司司长，女联会为此事也曾开会一次，群谓女界人才，现时虽感缺乏，但学识才望足以充任司长者，亦不为无人，因即提出曾葆荪、袁昌英、陈俶、吴家瑛、童锡桢、欧阳雅文等六人为候选司长，并将此六人介绍于省议会；后来虽然一个都不曾选出，但舆论界却不少公正的批评，说女联会所提出的候选司长六人，假使真个当选，纵不敢断如何胜任愉快，总不见得一定弱于本届男界之当选者！[2]

12月5日　发表译作《灵魂之探险》，法国法朗士（Anatole France）著，载上海《太平洋》双月刊第4卷第4号，署名杨袁昌英。

12月10日　发表读后感《顾仲起君的〈归来〉》，载上海《小说月报》第14卷第12号“读后感”栏，署名昌英。顾仲起《归来》载上海《小说月报》1923年9月10日第14卷第9号。

12月14日　受邀至林语堂家参加晚宴，同席者有胡适夫妇、钱玄同、陈渊泉、陈源等。

---

1 《介绍世界大音乐家》，上海《晨报》1923年5月28日第1536号第2版。

2 《大公报十周纪念特刊》，湖南大公报1925年编印，第129页。

午后四时半至林玉堂家，他今天请适之夫妇吃饭，约我们作陪也。同席者为——适之、冬秀、杨袁昌英、陈渊泉、顾孟馀、张鑫海、孙公、陈西滢、主人夫妇（林玉堂、廖翠凤）、我也。[1]

1 杨天石主编:《钱玄同日记》(中)，北京大学出版社2014年8月版，第563页。

1924年
31岁

1月17日　致信《现代评论》记者，载北京《现代评论》周刊1925年2月7日第1卷第9期，题为《觉悟与时机——致〈现代评论〉记者》，署名杨袁昌英。

记者先生：

我的朋友S女士最是热心国事的。她对于教育，政治及社会事业都肯帮忙，并且很想将来为女界做点事体。不过近年来眼见国势的衰颓，社会的恶劣，虽然不抱消极的悲观，也不知发过了多少牢骚。她昨日有一封信给我。其中对于此次女子参政运动及她自己的觉悟，言之颇详。可惜我是一个无能的女子，不能趁着良好机会来做一番事业。我把她的信披露出来。志学才能兼备的姊妹们看了，或者为她所感动，起来做出一番为国争光，为女子造福，为自己扬名的伟大事业来，亦未可知。想来先生表同情的。

杨袁昌英 十三，一，十七。上海

后附S女士写给袁昌英的信。

兰姊左右：

荏苒光阴，隔别又是半年了。六个月以前的我，与你们在一起玩，一起谈论，何等的苦中作乐，黑暗里寻出明光来！今则我寂寞无聊极了。然而人格的修养，自身的觉悟，莫善于寂静。昔日热闹场中的我，你是知道的。那时候优游度日，似乎不知道世上有甚了不起的事！经过这数月来的寂寥生活以后，心中自觉有一番领悟。今后望吾姊时加督责，使我抛弃昔日无意识的生涯而为一种有希望有价值的奋斗生活。然而凡事行之难，言之固甚易呵！环境之于我们的精神生活，正如空气之于我们的身体。生长在龌龊空气之中，身体何能十分强健？优游于腐败环境之内，精神何能十分健全？实在讲起来，世上的人，除了一二特别天才以外，都不过是环境捏成的活动偶像而已呵！所以我觉得我们如果要提高女子的精神生活最要紧的是改造环境：从一班女子混混沌沌的生活中找出价值与意义来。要改造环境固不是容易的事，不过时机有利与不利耳。凡事顺时而行，一举即成，逆时而行，徒损无益。我国女权运动闹的不止十年了，然而成效莫著。其原因固甚复杂而其最大的原因实在是时机未到。你看英国女子参政运动，闹了不知多少年载，一直等到欧战之后，才得小小的胜利。英国内阁里面女子已经有位置了，至于议员及他各行政机关女子所占的地位，也渐渐的加多起来。俄国原称全世界最专制的国家，女子闹了很久，起初毫无结果。后来革命一起，女子居然得了男女平等的权利。女子在政治上很是活动。现在俄国驻那威国的公使就是一位女士。土耳其，更不待言，是欧人所谓近东病夫，不料安格利亚革命政府成立之后，男女平权，遂成为天经地义，女子竟做了教育总长。诸如此类，不胜枚举。然而时势是被动的，见时而不作，悔之晚了。这次北京的政变及执政政府之设立，本含有革命的性质。我们女子正宜趁着这个革命的潮流来收回天赋我们的人权。善后会议条例已经公布了。其中有由该会订定国民代表会议组织法一条。这个善后会议除了有解决军事行政的意义外，可谓国民会议的一个预备会。我们女子这次不要求加入国民会议，还等何时呢？既要求加入国民会议，做一个充分的国民，借此收回我们久被男子夺去的人权，那我就应该从这个国民会议的预备会着手。女子能否被许加入国民会议，全靠组织法之规定。北京的女士们为何还不毅然起来，树起女子参政的旗帜，要求政府及社会在组织法上规定女子可以参入国民会议呢？姊妹呀！这真是千载一时之机会呀！英俄德各新进的女子得到完全男女平权的法律与事实都是因为她们没有失却机会呵！假使我们这次还不能成功，我们黑暗的无意识的生涯就不知伊于胡底呵！姊呵！我希望你和我有一样的觉悟，出来替二万万同胞担此重任！她们的将来之黑暗与光明全在我们这一次为她们奋斗与否。报载上海及各省都会已有组织，吾姊身居首要之地，天时地利已经有了，岂可不谋人和吗？望吾姊及各位同志勉之！……

4月5日 发表小说译作《磨坊里的威罗》(*Will of the Mill*)，英国史蒂文生(Robert Louis Stevenson，今通译史蒂文森)著，载上海《太平洋》双月刊第4卷第6号，署名杨袁昌英。

5月6日 泰戈尔"应燕大及协和之招，在燕大女校演讲一生求学之经过。十一时许由王剑三氏陪往，在燕大女校午餐，席间华人方面有鲍明钤夫妇及杨袁昌英女士等，余均两校西人居多数。餐毕由鲍明钤介绍泰氏于听众，次由泰氏讲演，讲毕有女校学生唱英文诗，全体欢欣而散。泰氏返寓已下午四时余云"[1]。

5月8日 北京文化界借协和大礼堂为泰戈尔举办64岁寿辰晚会，组织排演泰戈尔根据印度史诗《摩诃婆罗多》中的一段故事改编而成的诗剧《齐德拉》，徐志摩饰爱神，林徽因饰公主，张歆海饰王子，袁昌英、王梦渝饰村姑，林长民饰四季之神阳春，丁西林、蒋百里饰路人村民。张彭春导演，梁思成负责舞台美术。晚会由梁启超主席，胡适英语致辞。陈源、鲁迅、梅兰芳等应邀观看，盛况空前。

6月5日 发表小说译作《磨坊里的威罗(续)》，英国史蒂文生著，载上海《太平洋》双月刊第4卷第7号，署名杨袁昌英。

6月17日 夏(钱玄同)在《晨报副镌》1924年第138号"杂感"栏发表《零碎事情》。节录如下：

> "《天风堂集》与《一目斋文钞》忽于昌英之妐之日被ㄐㄧㄣ ㄓ了!"这句话是我从一个朋友给另一个朋友的信中偷看来的，话虽然简单，却包含了四个谜语。《每周评论》及《努力》上有一位作者别署"天风"，又有一位作者别署"只眼"，这两部书大概是他们作的罢。"ㄐㄧㄣㄓ"也许是"禁止"，我从这两部书的性质上推去大概是不错的。但什么是"昌英之妐之日"呢?我连忙查《康熙字典》看妐是个什么字。阿，有了!《字典》"妐"字条下明明注着:【集韵】诸容切，音钟，夫之兄也。中国似有一位昌

1 《泰戈尔昨在燕大讲演》，北京《晨报》1924年5月7日第1867号第6版。

英女士，其夫曰端六先生，端六之兄不是端五吗？如果我这个谜没有猜错，那么，谜底必为《胡适文存》与《独秀文存》忽于端午日被禁止了。但我还没有听见此项消息。可恨我这句话是偷看来的，不然我可以向那位收信的或发信的朋友问一问，如果他们还在北京。

7月　中华教育改进社编印《中华教育改进社同社录》，其中记载袁昌英为女子教育委员会委员和英语教学委员会委员，通讯地址为北京石驸马大街高等师范学校。

9月5日　上海《申报》第18507号第20版“学务丛载”栏刊登消息《虹口澄衷中学昨开学》，称袁昌英被澄衷中学聘为教员。

12月23日　下午7时，与杨端六一起参加中国公学举行的国语演讲比赛，担任评委，并为获奖者颁发奖品。

中国公学大学部举行国语演说竞赛会，于二十三日下午七时该会举行决赛，特聘杨袁昌英硕士、曾友豪硕士及大夏大学校务行政委员张介石教授担任评判，结果张庆桢第一，周镕第二，蔡正中第三。竞赛毕，复请杨端六先生演说，并由杨袁昌英硕士分发奖品。[1]

12月　发表论文《短篇小说家契呵夫（Chekhov）[2]》，载上海《太平洋》双月刊第4卷第9号，署名杨袁昌英。收入《女作家散文选》（张立英编），上海开华书局1933年12月初版。

是年　加入中国天文学会[3]。

---

1 《中公大学部演说会》，上海《申报》1924年12月25日第18618号第10版。

2　今通译契诃夫。

3 《会员名录》，《中国天文学会一览》，中国天文学会秘书处1934年3月编印。

1925年

32岁

1月9日　长沙专电称，第一师范女生要求省议员推荐袁昌英任该校校长[1]。

3月10日　发表小说《玫君》，载上海《小说月报》第16卷第3号，署名杨袁昌英。

4月24日　莺嗔女士发表《杨袁昌英的〈玫君〉读后感》，载北京《京报副刊》日刊第128号。全文如下：

昨晚十来点钟正在伏案妄想中外古今的时候，忽然间邮差送来《小说月报》第十六卷第三号一册；心里头一时欢欣鼓舞，以为今晚我个人的七情六欲，至少要比往常转换得快；所以就胡乱地翻来覆去的看。一展眼就翻着杨袁昌英的创作《玫君》。这一篇是写完满的两性恋爱，对于女子一方面的爱恋，忌妒的心理，写得非常深切；这个的确是这篇文章非常新鲜别致的地方。又她描写玫君的心理，一面写玫君要绝对的做贤妻良母以外的新女人，所以非常决断地主张独身主义；一方又与子湘两心相印，热烈的情感迫她非与子湘营夫妇生活不可，结果是玫君的姨母交给她一封她母亲临终时叫她的姨母看机会交给她的信，叫她不要固执成见，于是玫君就做了子湘的爱人。读罢不禁为玫君叫好不止。因为我觉得独身主义，无论在社会学，人类学，生理学，优生学那一方面讲，都没有正当的理由，可以做为理想的人生的目标。无论那一个金刚菩萨，两性的结合，是谁也没有不是热烈的希望的。那些咒骂两性的人们，不是失恋的，就是假道学的先生们。他们的潜在的悲哀与肮脏的心理，祸根比常人还要大。这个本来是很明显的事实，但是很少的作家敢大胆地戳破这个纸老虎，尤其是数千年礼教屈服下的女子，不敢这样率真。这一层我们更不能不佩服杨袁先生的

1 《教育消息》，上海《申报》1925年1月11日第18635号第7版。

描写人生的忠实，打破因袭的社会制裁的勇敢。不幸她的母亲给她的信中，平空添进子湘童年入水救了玫君，使玫君起了报恩之愿，以此作为玫君意志决定的主动力；那是我非常为袁杨〔杨袁〕先生唯一不满的地方。我想她这种婚姻思想，是与从前那些旧小说中叙的一个男人救了一个女子的命，那女子就感激救命的人，死心塌地的做那救命的人的妻妾一样吗？并且这种叙述方法，不是与旧小说每逢才子佳人危难的时候，平空就有一个太白星君或观世音菩萨来救他一样吗？这个至少也有批评的必要。结婚与救命，如何能够联为一起？有时节不是救命还是恋爱的敌人吗？救我们命的人，我们尽可以用别的许多法子去报答他，并不是除此一条路外就没有别一条路好走的呵！假使两性生活，只结合于救命这一条原则上，其结果不用说是会变成她的丈夫的泄欲器的，因为她为感恩图报起见，才肯做他的妻子，这不是根本上就已经默认这一个条件吗？所以我们只承认恋爱是两性的正当结合，决不可承认救命是两性结合的正当理由。依我个人的意思，杨袁先生只要把她的母亲给玫君的信上，约略改换几句，就会变成一篇好的作品。她的母亲不是一个少年的孀妇吗？她那封信上只须用眼前的事实，把自己孀居时的凄风冷月零雨狐〔孤〕灯的苦况，陪衬独身的非人生活，叫她的女儿不要走错了道儿，人之将死，其言也哀，叫她的女儿看了，那有不深深地惊栗感动？若给其他固执着独身主义的痴心女子看了，其暗示力，至少也要比现在这样写来得大；并且同时亦可以给节操观念划一下深深的伤痕，那是多么好的新人生呢？但是照她这样写了，至少使阅者要发生下述的疑问；就是假使子湘少年时没有救过她的命，似乎玫君的俯允，是不合道德的事情。那么，这样的作品，实在不能算是心坎里非吐不可的东西，其价值也就可想而知了。这些地方，希望杨袁先生以后多多加以注意才好。

7月10日　发表独幕剧译作《生存的时间》，奥地利显尼志劳（A. Schnitzler，今通译施尼茨勒）著，载上海《东方杂志》月刊第22卷第13号，署名杨袁昌英。

9月6日　北京《晨报·星期画报》周刊第1卷第1号刊登袁昌英爱丁堡大学毕业照片，题为《杨袁昌英女士》。照片左侧附文：“女士为杨君端六之夫人。英国爱丁堡大学文科硕士，曾任北京女子师范大学英文系主任。吾国女子在英取得学位者，女士为第一人。”

12月25日 发表独幕剧译作《最后的假面孔》，奥地利显尼志劳（A. Schnitzler，今通译施尼茨勒）著，载上海《东方杂志》半月刊第22卷第24号，署名杨袁昌英。

是年 在上海，结识苏雪林。在袁昌英家，苏雪林与陈源、凌叔华夫妇和徐志摩相识。

> 在上海我认识了袁昌英（兰子）。她是杨端六的夫人，我里昂中法学院同学杨润余的嫂子。我回国，润余尚留，写信介绍我去见她。我持润余信登她门，竟一见如故，成为平生好友。在她家我见到她同留英现任北大教授陈源字通伯笔名西滢的人，及其夫人凌叔华。[1]

1 苏雪林:《苏雪林自传》，江苏文艺出版社1996年12月版，第73页。

1926年

33岁

1月1日　发表论文《智识主观说》，载北京《现代评论》周刊第一周年增刊，署名杨袁昌英。

3月9日　上海《申报》第19041号第2版刊登《大新潮报启事》，称袁昌英与杨端六等为汕头《大新潮报》名誉撰述。

5月10日　发表戏剧译作《寂寥似的》(*Lonesome-like*)，英国勃拉得霍士(H. Brighouse，今通译哈罗德·布里格豪斯)著，载上海《东方杂志》半月刊第23卷第9号，署名杨袁昌英。

8月13日　上海《申报》第19198号第11版刊发消息《明日放洋之赴法学生》："明日法邮船米辛介将军号轮出口，本埠之赴法留学生，共有复旦大学之斐复恒、吴颂皋，光华大学之陈训恕、赵昌言，及许庆煊、许庆韶、余兴良、女生袁昌英等，计有八人，均系到里昂巴黎各大学留习专科者，统概于明日午刻放洋。"

8月14日　从上海启程，乘轮船前往法国巴黎大学研究院，进修法国文学和近代欧洲戏剧。

8月22日　上海《图画时报》第315号刊登袁昌英赴法国巴黎大学留学前与送行亲友合影，照片下方有文字说明："袁昌英女士毕业于英国爱丁堡大学，为经济学家杨端六君之夫人，回国后历任各大学教授，著作等身，久为世所钦仰。今不自满，假又赴法入巴黎大学研究文学。此影为袁女士及送行之亲友。后立(一)杨端六君，(二)吴稚晖君，(三)褚民谊君。"

8月　专著《法兰西文学》由上海商务印书馆第三次印刷。

11月19日　作书评《读王独清君〈诗人谬塞[1]之爱的生活〉》，载北京《现代评

1　今通译缪塞(A. de Musset)。

论》周刊1927年1月1日第5卷第108期，署名杨袁昌英，文末署“民国十五年十一月十九号草于巴黎寓次”。初收入《山居散墨》。王独清所译《诗人谬塞之爱的生活》是法国摩南（Paul Monin）在广东大学的讲演，载上海《创造月刊》1926年6月1日第1卷第4期。

12月5日　翻译法国Georges Eugène Bertin（今通译乔治·欧仁·贝尔坦）的小说《一只手》，载北京《现代评论》周刊1927年1月1日第二周年纪念增刊，文末署“民国十五年十二月五号完稿于巴黎寓次”。

12月18日　致信胡适。

适之先生：

我早就知道你因公来欧，路经巴黎，现在伦敦。不幸我抵法迟了，未能与你在巴黎晤面，甚为懊丧！你写给我的那信（由高元先生转交的）直至前两天才到手。我得了，极为欣喜。我原来久想写信给你。一来问你的好，二来微表我对于你的景仰。不料在巴黎纷纷沉沉过着日子，总没有得着机会。昨晚由许楚僧、许君展二位处得着你的消息并地址。我此刻就正襟危坐地来写这封信给你。

胡先生，我近来心目中只有两个英雄，（你晓得妇女的心目中总不能不有英雄的。）一文，一武。文英雄不待言是胡适，武的也不待言是蒋介石。这两个好汉是维持我们民族运命的栋梁！我的静坐的时候颇不多，然而一得之则默祝这两人的福寿与成功！我前次在《东方杂志》拜读了你的那篇《我们对于西洋文化的态度》，心里十二分的欢喜。你所说的话正是我所欲扬擘高呼的！我一时因高兴得了不得，就做了几首诗送你。诗做得太不好，我此刻还不欲写给你。待将来，真正成了诗（假使有那一天）的时候，我再写给你，请你教正之后，再写在一本书上送你做个永远的纪念，好吧？

我此刻在巴黎专研究法国近代文学。拟俟有心得之时，写几本书。我这些计画，将来有机会都要请教你的，你肯帮我的忙吧？

端六常有信来，仍在商馆混饭吃！听说刘南陔及陈通伯都有入商馆的消息。许楚僧君不久将返国，知注特以奉闻。听说你不久就要往新大陆，那怕我就不能在外国见你的面了呵！胡先生！我此刻祝你的旅安并叩新禧！

杨袁昌英 上言

十二月十八号上午[1]

1 耿云志主编:《胡适遗稿及秘藏书信》第31卷，黄山书社1994年12月版，第649—650页。

1927年
34岁

2月5日　王独清发表《〈诗人谬塞之爱的生活〉——致〈现代评论〉记者》，载北京《现代评论》周刊第5卷第113期。这是王独清对袁昌英的批评所做的回应。后附《现代评论》记者按语。全文如下：

今日看见最近《现代评论》，有杨袁昌英君批评我《诗人谬塞之爱的生活》的文字。我把全文看了一遍，本觉得无辩论之必要。因为作者和我底态度根本不同：我译的谬塞那几段纯为意译，而作者硬要以直译相绳，这已使我根本和作者没有辩论的余地了。不过作者既自命“教训”我，我便不得不来答复几句以报作者底好意。

第一段作者以为我没有把de字译出，不错，若是直译是应该译出的，但可惜我的却是意译，不能如作者底意思。“a peine”我所以译作“狠艰难”者，正是用中国底熟语，所谓“艰难成人”，也正是相当的意译。作者不懂这层，以为我是看错了字，作者自己不是也在译作“勉强”吗？试问“勉强”与“艰难”有甚么大不了的差别？

第二段中后五行诗完全是手民印错，我早想更正，却屡被忘记了。现在作者能替我指摘出来，这层我觉得颇可感谢。我底原译是这样的：

你能到我腹中把我灵魂毒破，
假如有个没心肠的妇人来用你玩赏。
但我却愿刀刺着似的使我受伤，
不愿接受着痛苦像个废人一样。
唉，就是我死，也要有绝你的胆量！

第三段我真不知道我底译文有甚么错误。我底

深夜曾护我们底爱情，
我们底心儿曾轻轻地摇动，
那已超过了我们寻常的生命，
我们像是另入在一个隐约的世界之中。

我相信是对于原诗的神韵完全体会出来的。像作者“那还不仅是一个生命，唉！消减去了的，简直是一个世界！”这样的诗，我可真看不懂了。

第五段我底

我只有把她放在心内，常念着她的鬓容。

正是原文mon cœur, encore plein d’elle, errait sur son visage的正当译法。就以作者所译的英文wandered on her face来说，也应该译作“念她底鬓容”。必然要译作“在她脸上彷徨”，不但不是诗，并且不成话。

第七段我怎么把il me semble都弄错了呢？原文说“她对于我正像个不识的妇人一样”，我因为要我译文的神气一贯，意译作

我装作一个路人

有甚么不可？

最后的两句诗，我也是意译，所以作者说我把句法弄错。其实作者底译文又有甚么“强劲动人”的地方呢？

我译谬塞底《纪念》中的那四段诗，我不愿在此自颂，我相信把原诗底神韵是可以相当表出的。译诗决不能逐字的直译，凡是知道译诗的道理的人决不能把别人的译诗以直译相绳。因为译诗最重要在捉住诗中的神韵，还等于自己在创作一样。我译谬塞，也是在“译诗”，并不是在讲堂上授课。作者既住在欧洲，请把欧洲译诗的方式涉猎一下：如法国底Verlaine，也常常被德国底Dehmel 翻译，但是他底译文是否能原诗逐字对照？所以要谈译诗，最好自己先学作诗。作者以为翻译界非常幼稚，这个我也承认，但是我觉得批评界也是一样的幼稚，我同作者底意思一样，批评界也应该

给"一顿教训"！

王独清十六年一月十六日

我们一向以为意译和直译并不是截然不同的两回事。直译是逐字逐句译，意译是不逐字逐句译，可是两种方法的最后目的都是叫读者读了译文后得到的印象，和读了原文得到的印象一样。因此，只要是真确的翻译，字句虽然会很不同，根本的意义一定没有很大出入的。可是我们只要比较一下本刊一〇八期杨袁昌英女士书评中所引王先生的译文和杨袁女士的译文，你有许多地方，谁也看得出不但是字句间的出入，简直是根本的意义大不相同。这个我们不能仅仅认为直译与意译的差别吧。究竟杨袁女士的译文有没有"强劲动人的地方"，我们不敢说，可是我们觉得它至少把原文的意思传达过来了。王先生的译文，究竟有没有把"原诗底神韵相当表出"，我们也不敢说，可是我们觉得它与原文的意义，有些地方是相去得很远的。例如第二段中的后五行，王先生也承认是错了，虽然是手民的过失——不过五行内手民不但印错了不知多少字句，而且把句子都大大改动了，难道这都是他的过失吗？再举第三首做例，原文的意思是回忆昔年的往事，说它一去不复来了。王先生的译文里有这样的意思吗？诗人是说那个爱情消失了，他非但丧失了一个生命，简直丧失了一个世界，他何曾说"那已超过了我们寻常的生命，我们像是另入在一个隐约的世界之中"呢？这不是原文和译文走了苦乐两个极端了吗？要是这样的翻译可以算意译的话，那么其余几段也就没"有甚么不可"，要不然，我们就不得不期期以为不可了。

记者

2月16日　致信胡适（明信片）。

适之先生：

你仍在新大陆吗？我自从接了你由伦敦复我那封信后，每日想写信给你。但是因为赠你的诗没有做得妥当，不好意思写。现在你差不多要回国了，我不给信与你，你一定以为我忘记你了！其实这是不会的。祝你幸福健康！

袁昌英顿首

二月十六号[1]

6月26日　中午，在巴黎万花楼，遇郑振铎。万花楼为广东华侨所开，位于索邦大学附近。

遇见袁昌英女士（杨太太），她是天天在万花楼吃饭的。谈了一会，因为倦甚，即回到旅馆，和衣躺在床上睡着。也不知道到了什么时候才醒，只晓得元和冈已在说，“时候不早了，要去吃晚饭了。”晚饭也在万花楼吃。回家时，见杨太太留下一张名片，在我的挂门上钥匙及放信件的木格上，知道她已来过。与元等谈了一会，即去睡，因为昨夜的“睡眠不足”，到今天还没有补够。[2]

6月30日　戈公振将袁昌英介绍给陈学昭。陈学昭同郑振铎一起自费留学法国，进入巴黎大学文学院附设的法语补习学校学习。

二七年六月二十九日，我到达巴黎，当晚戈先生托人送了一个信给我，说次日上午来看我。次日上午十一时左右，他来了，告诉我他在七月一日要去英国。他把我介绍给袁昌英女士和陈行叔先生，说生活上的一切小事都可以请教昌英女士；找房子、搬家、找学校这些事情都可以请教陈行叔先生。此后，昌英姊对我是非常仁慈的，照顾得我那么周到，除了自己的母亲之外，我是不能再有比她更好的女朋友了，到今天我还没有忘记她。记得每当夜半看戏回来，必定把我送到寓所，房间里的电灯开亮，她才走，而她却是独个人回去的。[3]

1　原件藏中国社会科学院近代史研究所胡适档案内。

2　郑振铎:《郑振铎日记》(上)，商务印书馆2008年1月版，第41页。以下仅著录书名和页码。

3　陈学昭:《追念戈公振先生》，重庆《新华日报》1944年10月22日第2354号第4版《新华副刊》。

7月2日　在万花楼宴请郑振铎、朱光潜、吴颂皋等人。朱光潜当时在英国爱丁堡大学留学，因学校放暑假，暂住巴黎。

> 杨太太请我和朱光潜，吴颂皋等在万花楼吃晚饭。今天的菜特别的好，因为是预先点定的。[1]

7月8日　在万花楼吃晚饭，遇郑振铎，邀其到歌剧院看《洛罕格林》[2]。

> 在万花楼吃夜饭，遇杨太太，她约我同到歌剧院（Opera）看《洛罕格林》（*Lohengrin*）。歌剧院位巴黎城之中心，为巴黎城最繁华之地点，无论哪一次汽车过赛因河北岸之后总要经过这个地方，至少也要望见那蓝色的圆屋顶。……自八时上场，至此已十二时了，出歌剧院时，外面细雨蒙蒙，连忙雇了一部汽车同回，车价乃较白天贵至三倍。送杨太太到她的寓所后，即步行而归。睡时，已一时。[3]

7月9日　郑振铎在万花楼请袁昌英、梁宗岱、朱光潜、吴颂皋、戈公振吃晚饭[4]。

7月16日　午饭时，与郑振铎、朱光潜、吴颂皋等人相遇，一同坐汽车到白龙森林划船。后郑振铎邀袁昌英、朱光潜到其住处喝茶。

> 午餐时，遇光潜，颂皋，杨太太等，同坐汽车到白龙森林划船。……在森林随意散步了一会。偕光潜及杨太太同到我的旅馆里来。元已先在。他替我买了酒精灯及火炉来。我很高兴的立刻烧茶请他们吃。[5]

7月28日　早上，郑振铎来访，请袁昌英介绍法文教师。

1　郑振铎:《郑振铎日记》(上)，第47页。

2　今通译《罗恩格林》。

3　郑振铎:《郑振铎日记》(上)，第51—52页。

4　郑振铎:《郑振铎日记》(上)，第53页。

5　郑振铎:《郑振铎日记》(上)，第60—61页。

早晨，到杨太太那里去。因为不知她的房间在几楼，看门人又不在，无人可问，共去了三次，方才见到她。因欲找她介绍一位法文先生。先生乃一老妇人，即住在她的楼下。约定下星期一起上课，每月一百五十佛郎的薪水，每星期教五点钟。[1]

8月6日　郑振铎准备不再去上法文课，想托袁昌英送法文老师一个星期的授课费。

昨天下午，上法文课时，先生说，请在下星期一，把钱带来。然而我一计算，家款要月底才可，而身边的钱，已不大够维持到月底了，哪里还有钱读法文！很想就此不念，托杨太太对她说，送了她一个星期的钱。她的教授法，本不大高明。自己在家里念，也是一个样子的，如果肯用功的话，不一定要教员督促着。[2]

8月7日　在万花楼吃晚饭。郑振铎把一星期的授课费托其转交法文老师。

晚饭，在万花楼吃，遇杨太太，交给她五十佛郎，请她转交给Madame Conëssin，作为上一个星期的薪金，并请她代为婉辞之。也许款到时，再从她念也不一定。[3]

8月26日　下午，与陈学昭访郑振铎。袁昌英脸上生了一个小疖子，郑振铎约她第二天来他住处，请蔡医生诊治。

归家坐了不久，陈女士与杨太太来谈。……杨太太脸上生了一个东西，她说，很痛，一边的脸都肿了。我约她明天饭后到我这里来，给蔡医生诊看，他正是专门的外科，要得到他的指示后，才可安心些。七时，她们回去。[4]

1　郑振铎：《郑振铎日记》（上），第69页。

2　郑振铎：《郑振铎日记》（上），第73页。

3　同上。

4　郑振铎：《郑振铎日记》（上），第90—91页。

8月27日　到郑振铎处，请蔡医生诊看。

饭后，蔡医生在我房里谈了一会。杨太太来，他看一看她脸上的小疖子，那是很不要紧的。[1]

8月31日　在万花楼吃晚饭后，与郑振铎、陈学昭一同到喜剧院（Opéra Comique）看《维特》（*Werther*）。

七时，到万花楼，与元同吃晚饭，和杨太太及学昭女士同到喜剧院（Opéra Comique）看《维特》（*Werther*），戏票前几天已由杨太太替我买好了。座好在三层楼，但还算宽舒可坐。《维特》亦为Massenet所编，系依据于德国诗人歌德（Goethe）所著的小说《少年维特的烦恼》者。那个绿衣黄裤的热情少年，活泼泼的现于我们之前。……散戏后，坐公共汽车回。送杨太太她们回家后，我到了自己的房里，已经是第二天一时了。[2]

10月20日　上海《申报》第19615号第8版刊登专电《南京女中校长委杨袁昌英继任》："南京女子中学校长林宝权辞职，行政院当局拟即改聘留学英德〔法〕之杨袁昌英女士继任（十九日下午七钟）。"

10月21日　上海《民国日报》第4137号第6版刊发消息《南京女中校长改聘杨袁昌英》：

第四中山大学发表林宝权为南京女学中学校长以来，林迄未到校，校务由教务主任主持。内部职员意见不一，致未能合作，前曾发生驱程风潮，嗣经中大行政院派课员顾质先前往调查。顾为息事宁人起见，风潮已可平息，程已可到校，惟林宝权本人因另有事，一时不能来省，校务久旷非计，决计呈请辞职。现由中大行政院改聘留学英德〔法〕之杨袁昌英继任，目前由扩充教育部长俞庆棠女士代理，杨袁昌英大约年内可以回国云。

1　郑振铎：《郑振铎日记》（上），第92页。

2　郑振铎：《郑振铎日记》（上），第95—96页。

11月1日 上海《申报》第19627号第10版刊登消息《南京女子中学之风潮》，称“南京女子中学发生风潮，第四中山大学已另聘杨袁昌英为校长”。

12月31日 发表论文《黑〔墨〕特林的静默论》，载上海《现代评论》周刊第7卷第160期。初收入《山居散墨》，文末署“民国十七年草于上海”。

1928年

35岁

春 作散文《游新都后的感想》，载上海《现代评论》周刊1928年4月21日第7卷第176期。初收入《山居散墨》，文末署“民国十七年春”。另收入《新学制中学国文教科书初中国文（第二册）》（王侃如等编注，南京书店1931年10月版）、《初中国文（第5册）》（叶楚伧主编，汪懋祖编校，孟宪承校订，正中书局1934年7月版）、《现代女作家随笔选》（俊生编，上海仿古书店1936年5月版）、《初中当代国文（第四册）》（朱雯、施蛰存等注释，柳亚子、金宗华等校订，上海中学生书局1934年2月版）、《简易师范学校及简易乡村师范学校国文（第三册）》（叶楚伦主编；汪茂祖、叶溯中校，许文雨、唐卢文选注，南京中正书局1936年8月版）等。

3月17日 发表论文《妥玛斯·哈底》，载上海《现代评论》周刊第7卷第171期。初收入《山居散墨》，文末署“民国十七年草于上海”。

3月31日 发表论文《皮兰得罗》，载上海《现代评论》周刊1928年3月31日第7卷第173期。初收入《山居散墨》，文末署“民国十七年草于上海”。

4月6日 上海《申报》第19775号第11版刊登消息《大学院进行审查教科图书》，称袁昌英任大学院国文国语组审查教科书委员会委员。

4月7日 发表论文《跳舞的哲理观》，载上海《现代评论》周刊第7卷第174期。初收入《山居散墨》。

4月15日 上海中国公学大学部《吴淞月刊》第1期刊登“本校职教员表”，著录袁昌英信息为：“姓名：杨袁昌英，字：兰紫，籍贯：湖南，职务：本科教授，通讯处：上海施高塔路四达里一二九号。”

5月3日 发表短篇小说译作《红蛋》（法国法朗士原著），载上海《中央日报·文艺思想特刊》第21号。

5月10日 发表短篇小说译作《红蛋（续）》（法国法朗士原著），载上海

《中央日报·文艺思想特刊》第22号。

5月12日　发表独幕剧《前方战士》，载上海《现代评论》周刊第7卷第179期。初收入《孔雀东南飞及其他独幕剧》。

6月7日　下午4时，大学院三民主义考试委员会召开第二次会议，定于6月16日下午2时至4时，公私立专门以上学生举行三民主义考试。袁昌英被聘为上海三民主义考试委员会委员[1]。

6月16日　上午11时，上海三民主义考试委员会召集全体委员在东亚酒楼杏檀厅聚餐，同时分发试卷试题。下午2时至4时，举行考试，上海国立音乐院考场由袁昌英负责[2]。

6月17日　上海《申报》第19846号第10版刊登消息《三民主义考试昨已举行》，称袁昌英为实到考试委员。

6月　发表论文《法国近十年来的戏剧新运动》，载上海《现代评论》周刊第三周年纪念增刊。初收入《山居散墨》，文末署“民国十七年草于上海”。

7月1日 《今代妇女》月刊第2期“妇女界的消息”栏有一则消息，题为《袁昌英女士》，并附袁昌英爱丁堡大学毕业照片。全文如下：

> 女士字兰紫，湖南醴陵人，父家普，官云南财政厅长，嗣为湖南财政厅长兼代理省长。民国三年女士肄业上海中西女塾，五年留学伦敦入苏格兰之爱丁堡大学，攻文科，毕业得文学硕士学位。吾国女生在苏格兰大学中得学位者女士为第一人，后复游学巴黎。十年返国与商务印书馆会计主任杨端六君结婚，任女子高等师范学校英文教授，兼法政大学讲师，著作甚富，多发表于上海各杂志月报及《现代评论》中。

7月16日　致胡适信。

> 适之先生：

1 《三民主义考试后日举行》，上海《申报》1928年6月14日第19843号第11版。

2 《三民主义考试今日举行》，上海《申报》1928年6月16日第19845号第12版。

我眼都望穿了的《白话文学史》居然到了，真是百廿分的谢谢你。我的胃病近来颇有起色，希望不久就可以埋首在你这部书里面了！

近日来天气异常炎热，住在家里如同居火洞，不知先生作何消暑。我已经两三个月不持笔不读书的了，今日始知不能读书的苦，以后对于病者当要多表同情了。

尊夫人已由皖返申了吗？府上都人好吗？余不多述，此叩

撰安！

袁昌英谨上

七月十六号

端六付笔问候[1]

7月　被国立中央大学商学院聘为英文讲师[2]。

8月6日　新任南京国民政府大学院（后改为教育部）院长蔡元培发布大学院院令，任命刘树杞为国立武汉大学代理校长。

9月5日　南京《中央日报》第217号第2张第2面“教育与体育”栏刊登消息《中国公学的两种刊物》：

吴淞中国公学自改组后，所聘教授，皆为海内著名学者。现拟组织吴淞季刊及中国公学周刊，发表全校师生平日之学术研究，并揭载校外来稿之经过审查认为有价值者。本日在该校开发起会，选举胡适为编辑正主任，杨袁昌英为副主任，杨亮功、高一涵、张慰慈、刘秉麟、陆侃如、杨鸿烈、全增嘏、凌舒谟、程仰之、丁縠音等为编辑。议决周刊创刊号于本月二十二日出版，季刊则于十一月十五日出版。

9月29日　发表剧本译作《时间是梦幻》，法国H. R. Lenormand（今通译亨利·勒内·勒诺曼）原著，载上海《现代评论》周刊第8卷第199期。

1　耿云志主编：《胡适遗稿及秘藏书信》第31卷，黄山书社1994年12月版，第651页。

2　《中大商学院之新猷》，上海《申报》1928年7月20日第19879号第12版。

9月　陈源到武汉大学，被聘为外文系教授。凌叔华作为家属随往，住武昌昙华林。

10月6日　发表《时间是梦幻（二）》（法国H. R. Lenormand原著），载上海《现代评论》周刊第8卷第200期。

10月13日　发表《时间是梦幻（三）》（法国H. R. Lenormand原著），载上海《现代评论》周刊第8卷第201期。

10月20日　发表《时间是梦幻（四）》（法国H. R. Lenormand原著），载上海《现代评论》周刊第8卷第202期。

10月27日　发表《时间是梦幻（五）》（法国H. R. Lenormand原著），载上海《现代评论》周刊第8卷第203期。

10月31日　武汉大学在东厂口校舍正式开学。

10月　中央研究院成立，杨端六任社会科学研究所研究员、经济组主任，兼代所长。

11月　国立中央大学商学院编印《国立中央大学商学院一览》，"现任职教员表"中对袁昌英的介绍为：

> 姓名：杨袁昌英；别号：兰紫；担任职教务：英文讲师；经历：英国爱丁堡大学文科学〔硕〕士，前北京女子高等师范学校教授。担任课程：
>
> 英文丁组（English D）
>
> 担任教员　讲师杨袁昌英　半年每周四小时
>
> 本学程为二年级下学期课程。以现代长篇名著为读本。其文字仍以不十分艰深为主旨，故选择威尔斯氏（H.G. Wells）之《空中作战》（*The War in the Air*）一书为教本。此外，修辞学方面，则由节段而至成章，俾学生对于修辞有全部之了解。每周除修辞学练习外，亦须缴作文一篇。
>
> 教本：
>
> （一）Gardiner, Kittredge and Arnold:Manual of composition Rhetoric.
>
> （二）H.G. Wells: The War in the Air
>
> 参考书：

（一）W.Brown, H.G. Wells

（二）R.Labw: literature Angalise

12月19日 发表独幕剧《结婚前的一吻》，载上海《现代评论》周刊第9卷第209期。初收入《孔雀东南飞及其他独幕剧》。另收入《戏曲甲选》，谢燕子编，上海群众图书公司1935年10月版。

是年 回国。从父亲处接女儿到上海与杨端六团聚，住在上海北四川路四达里129号，与周鲠生邻居。经刘秉麟（南陔）介绍，在胡适主校的上海吴淞中国公学文理学院任教，讲授莎士比亚和英文散文。

> 一九二八年，她回国以后，就把我接到上海，一家三口团聚。这时，我父亲已经离开了商务印书馆，在当时新成立的中央研究院的经济所任研究员和所长（当时的中央研究院一共有三个所，那两个所长是李四光和傅斯年）。我母亲则在上海的中国公学任教，教莎士比亚，并著有《法兰西文学》、《孔雀东南飞》和《西洋音乐史》等书。这时候我家住在上海北四川路四达里，和周鲠生先生住处紧邻。当时我们家常来往的朋友还有李四光、刘秉麟、汤操〔璪〕真、杨振声先生等。我们家在上海居住的时间约两年。[1]

> 我于是由徐志摩介绍认识了胡适之，到他（当时）负责的中国公学教小说习作。也频夫妇则由陆侃如介绍，过山东中学教书。我教书也只像是一种名分，因为自己读的书毫无系统，教人习作又少经验。不过因此有点固定收入，可多学些，也可把写作提高一些。学校同事有黄白薇、罗隆基、高一涵、袁昌英、郑振铎等人，学生有张桂（原名桂屈）、刘宇、李连萃、胡素英等人。[2]

1 杨静远：《回忆我的母亲袁昌英教授》，《株洲文史》第10辑，中国人民政治协商会议湖南省株洲市委员会文史资料研究委员会1986年12月编印，第143页。

2 沈从文：《沈从文自传》，《沈从文全集》第27卷，北岳文艺出版社2009年9月版，第146页。

1929年
36岁

1月1日　发表独幕剧《究竟谁是扫帚星》，载上海《真美善》“女作家号”，署名昌英女士。初收入《孔雀东南飞及其他独幕剧》。张若谷在“女作家号”《编者讲话》中称，“尤其要特别感谢庐隐，昌英，白薇，雪林诸位女士，伊们都是从课忙多病中抽暇执笔的”。

> 袁昌英女士，经济学家杨端六先生的夫人，新自法国回来，现担任中国公学教职。编著有《法兰西文学小史》，列为百科小丛书之一。在《现代评论》上发表创作与翻译文学作品，为该刊重要基本作家之一。精通法国文学，擅长音乐，现正在编著《西洋音乐史》一书。伊的译作在量上虽不及陈衡哲、沈性仁两女士的那么多，但在文坛上，伊们的地位与名誉是并立的。《法兰西文学小史》与《西洋音乐史》，在文学与艺术界中，是极有价值的两种文献。女作家中致力于文学与艺术史研究者，以杨袁昌英女士为第一人。[1]

1月8日　上海《申报》第20048号第14版刊登消息《〈真美善〉女作家号出版》：

> 东亚病夫父子主干之《真美善》杂志，自请张若谷先生编辑女作家以来，久已轰传国内外读书界。该书已于昨日出版，全书二十万余言。女作家执笔者三十余人，冰心女士的《赞美所见》，露丝女士的《征者的恋歌》，绿漪女士的《烦闷的时候》，庐隐女士的《畸侣先生》，陈学昭女士的《最后的信》，吴曙天女士的《疯了的父亲》，刘舞心女士的《安慰》，娜嫚女士的《且慢喝得醉醺醺的》，顾志筠女士的《故家》，白微〔薇〕女士的《蔷薇酒》，袁昌英女

1　张若谷：《中国现代的女作家》，上海《真美善》1929年1月1日“女作家号”。

士的《究竟是谁〔谁是〕扫帚星》，吴续新女士的《贤良的母亲》，赵慧深女士的《重逢》，方于女士的《来加米的夫人》，雪林女士的《梅脱灵克的青鸟》，张娴女士的《创作与批评》，林宝权女士的《孔德实证哲学与原理》。要目甚多，不及备述。闻第一日开售一千余册，初版印一万册，供不应求，现正在重版印一万册。该书每册实价八角，上海河南路五二五号真美善书店发行。

3月16日　绿漪（苏雪林）在上海《真美善》月刊第3卷第5期上发表《和彳的谈话》。此文收入台湾成功大学中国文学系2007年10月版《苏雪林作品集·短篇文章卷》第3册，题为《与兰子讨论人类的痛苦——与兰子的一夕谈》。

5月11日　作《孔雀东南飞及其他独幕剧》之《序言（一）》，文末署“民国十八年五月十一号 作者识”。

5月19日　胡适复信袁昌英。

昌英女士：

你问的两项，都不易回答。

（一）《孔雀东南飞》的时代的生活同日本现在的生活略相像，是席地而坐的。但诗中有“阿母椎床”，“小姑始扶床”，“媒人下床去”，“移我琉璃榻，出置前窗下”，等语，证以《木兰辞》“坐我西阁床”，似其时已用一种榻床为坐具。大概南方卑湿，不能席地而卧，故有床榻，因用为坐具，遂为桌椅的祖宗。古时所谓“案”，略如日本人现时的矮桌；所谓“举案齐眉”，其小而易举可知。桌椅之制似在唐宋之间。近年直隶南部有一地因河水改道，露出宋徽宗时淹没的一个城，有桌椅之制，今皆在北京历史博物馆。唐以前似无有。

（二）服装绝不可用戏台的服装作根据。可靠的根据也不少：（1）古画（如宋人临唐人的《捣练图》等），（2）近年出土的土俑，为数甚多，男女皆有，其服装皆可据。

以上随笔答复，不知有当否？

适之。十八，五，十九。[1]

1　袁昌英：《孔雀东南飞及其他独幕剧·序言（二）》，上海商务印书馆1930年10月版。

5月　国民政府教育部任命王世杰为武汉大学校长。

6月25日　与苏雪林、林宝权、白薇等在上海《申报》第20207号第1版联名刊登《苏雪林、袁昌英、林宝权、吴续新、白薇、方于启事》:“鄙人等前虽曾在《真美善》所发行之‘女作家号’内投稿，但与现在报纸所载之女作家杂志及征友之女作家无涉。特此声明。”

6月28日　再与苏雪林、林宝权、白薇等在上海《申报》第20210号第5版联名刊登《苏雪林、袁昌英、林宝权、吴续新、白薇、方于启事》:“鄙人等前虽在《真美善》所发行之‘女作家号’投稿，但与现在报纸所载之女作家杂志及征友之女作家无涉，恐有无耻之徒以文学为营业，假借鄙人等名义在外招摇。特此郑重声明。”

7月6日　“不痛”在《上海画报》第484期上发表《袁昌英痛骂张若谷》。全文如下：

一位张若谷先生，似乎是近来文坛上一个不可缺少的人物。听说《真美善》杂志社请他编了一期女作家号，销数竟打破从前的纪录。本来一本文学杂志的真价值，是不能以销数多寡来评定它的，所以女作家号的受人欢迎，并不一定是编者文才的高妙。不过张先生因女作家三个字的容易动人，觉得倒可利用他来做一笔文学的生意，但不晓得怎样竟和许多负着盛名的女作家龃龉起来了。所以龃龉的原因，或者不是我这样一个平凡的人所能晓得，然而前几天的新闻纸上，竟登着袁昌英、苏雪林、方于女士等启事，说甚么近有无耻之徒，假借女作家的名字，到处招摇，利用文学来骗钱等等。这启事里所指的无耻之徒，大概就是说张先生了。张先生我们都知道是文学家，如何会做无耻之徒，这倒要在他的女作家杂志里寻一寻怎样无耻的办法，来证明这几位女士的说话了。

7月19日　“桐心”在上海《申报》第20231号第24版发表《中公之女教职员》，对袁昌英、冯沅君、劳君展、张舜琴、张蕙凝5位中国公学女职员做了介绍。节录如下：

中公之有女教员，历史很早。在何鲁时代有一位谢先生，是文学家谢无量先生的第二女公子，在预料担任英文。到胡博士长校，女教职可兴旺起来了，除去了一位音乐教授冷韵清先生、生理教授某先生之外，现在还有五位。

袁昌英　湖南人，商务印书馆编辑杨端六先生的夫人，英国爱丁堡大学文学士，曾任北京女子高等师范教授，擅长外国文学，现在担任着本校外国文学系的英文名著选读。

7月　武汉大学在南京、上海招生，袁昌英参与阅卷，并向校长王世杰推荐苏雪林参加国文科目阅卷工作。

9月初　携女儿从上海到达武昌，成为武汉大学第一批教职员，被聘为文学院外文系教授。因教授住宅区尚在建设中，暂住武昌昙华林，与陈源、凌叔华夫妇同住一座教会人士的院落。

1929年，母亲带上我，溯江西下来到武昌，成为创建武大的第一批教职员。父亲暂留上海中央研究院，一年后才来武大。

东湖边的珞珈山（原名罗家山）还是一片荒郊，教职员暂住武昌城内，在东厂口一带上课。我家起初住在昙华林，和陈源（西滢）、凌叔华夫妇同住一所教会人士的院落。院里有几株高大的梧桐树，十分清幽。母亲和陈、凌早在"新月社"和《现代评论》时期的北平就结识交好，还让出生不久的我认他们为干爹干妈。到武昌后，陈源任武大文学院院长，凌叔华没有任职。或许是陈源为避任用亲属之嫌，凌叔华在武大十几年，始终只是陈源夫人。但她主持创办了《现代文艺》周刊，撰稿者多是当时有名的女作家。[1]

9月23日　参加武汉大学在大礼堂举行的开学典礼。

1　杨静远:《咸宁干校一千天》，长江文艺出版社2000年1月版，第199页。

10月4日　武汉大学召开第48次校务会议，被推选为训育委员会委员[1]。

10月18日　下午，武汉大学召开第50次校务会议，议决设立群育委员会，袁昌英被推定为委员[2]。

10月20日　上午8时，校长王世杰偕法学院院长皮宗石，工学院代理院长叶雅各及教授周鲠生、燕树棠、袁昌英、陈源等三十余人，乘武豹长途汽车前往珞珈山视察新校址，下午4时始返校[3]。

10月　专著《法兰西文学》列为王云五主编“万有文库”丛书第1集，由上海商务印书馆出版。

11月2日　上海《申报》第20336号第3版刊登商务印书馆“万有文库”第1期出版广告，袁昌英的《法兰西文学》在列。

本学年　为外文系一年级讲授必修课程“希腊及罗马神话”，每周3小时。

1 《国立武汉大学周刊》1929年10月7日第30期。

2 《国立武汉大学周刊》1929年10月21日第32期。

3 《校闻》,《国立武汉大学周刊》1929年10月21日第32期。

1930年

37岁

1月 上海商务印书馆出版陈源译《梅立克小说集》，其书末广告称，“现代文艺丛书”所收袁昌英《孔雀东南飞及其他独幕剧》《玛婷；痛苦的灵魂》正在“印刷”，《希腊神话研究》正在“编辑中”。

2月20日 武汉大学召开第64次校务会议，决议设置女生指导委员会，袁昌英被推定为女生指导委员会委员长[1]。

3月9日 《国立武汉大学周刊》第49期刊登《图书馆启事》，称袁昌英向武汉大学图书馆捐赠《法兰西文学》《中国鸦片问题》各一本。

5月1日 武汉大学召开第74次校务会议，议决校旗、校徽、校歌案，推举闻一多、陈源、袁昌英和时昭瀛等会商、拟制数种并通告全校教员、学生，再由闻一多审定后提交校务会议决定[2]。

6月上旬 闻一多离开武汉大学，前往山东青岛大学任教。陈源接任文学院院长。

7月8日 北平《新晨报·新晨报副刊》第656号发表季叔《译名统一》，涉及袁昌英《法兰西文学》中的译名问题。节录如下：

> 前天偶然翻阅杨袁昌英女士的《法兰西文学》，见到永业、妙则等等和尚尼姑式的许多怪名字，不觉莫名其天主堂者久之。朋友，她把A.de Musset译作妙则，A.de Vigny译作永业，Lamartine译作那马斤，Chateaubriand译作沙驼不韦安，Balzac译作巴罗则克，Victor Hugo 译作许俄，Guy de Maupassand译作莫柏森，如果下面不驻〔注〕原文，你能够猜得着这是些什么怪物吗？

---

1 《国立武汉大学周刊》1930年2月23日第47期。

2 《国立武汉大学周刊》1930年5月4日第57期。

8月　译作《玛婷；痛苦的灵魂》（法国斑拿[1]著）列为“现代文艺丛书”之一，由上海商务印书馆出版。本书包括：（一）《约翰·夏克·斑拿传》（*Jean-Jacques Bernard*，保罗·白郎夏著）；（二）《玛婷》（*Martine*）（五幕）；（三）《痛苦的灵魂》（*L'Ame en Peine*）（三幕）。

8月　杨端六到武汉大学任教。

秋　作论文《Shylock》，载武昌《新时代半月刊》1931年5月15日第1卷第2期。初收入《山居散墨》，改题为《歇洛克》，文末署“民国十九年秋草于武大”；又载国立戏剧学校1937年6月编印《介绍莎士比亚纪念特刊》。

9月8日　袁家普被国民政府任命为安徽省政府委员兼财政厅厅长[2]。

9月13日　武汉大学开学。

本学年（1930年9月—1931年6月）　在武汉大学文学院讲授必修课程3门、选修课多门。其中，为外文系一年级学生讲授必修课“希腊神话及圣经故事”，每周3小时；为外文一年级讲授必修课“第二外国语（1）· 法文”，每周3小时；为外文系二年级讲授必修课程“第二外国语（2）· 法文”，每周3小时；为中文系一年级讲授选修课“希腊罗马神话及圣经故事”，每周3小时；为中文系一年级讲授选修课“第二外国语（一）· 法文”，每周3小时；为中文系二年级讲授选修课“第二外国语（二）· 法文”，每周3小时；为史学系、哲学教育系一年级讲授选修课“第二外国语（一）· 法文”，每周3小时；为史学系、哲学教育系二年级讲授选修课“第二外国语（二）· 法文”，每周3小时；与格拉塞等人为文预科二年级和理预科二年级讲授“第二外国语”（德文法文日文中任选一门），每周3小时。

第一年法文（每周三小时，一年授完）

本学程为各学院公同功课，其目标在使学生对于普通日用法文能够了解；教材注重基本发音，浅近语体短文选读，日用字句，及浅近文法。除读课本外，有造句，翻译，默写各练习。

1　Jean-Jacques Bernard，今通译贝尔纳。

2　《命令》，上海《申报》1930年9月10日第20637号第4版。

第二年法文（每周三小时，一年授完）

本学程为各学院公同功课，其目标在训练学生能读法文书籍之能力及写作日用法文；教材注意浅近名著选读及较深文法。除读课本外，有作文翻译各练习。

希腊罗马神话及圣经故事（每周三小时，一年授完）

本学程之目的，在使学生了解西洋文学及艺术之背景。每学年之上半部时期，对于希腊罗马之重要神祇，英雄故事，及荷马诗集之内容，均加以详细解释。下半部时期，对于圣经新旧约中，各种重要故事，以文学的眼光，加以研究与批评。

课本*Tales of Ancient Greece*. By Sir G.Cox. *Myths and Legends of Greece*. *Old Testament Stories and the New Testament Stories*. Selected by Richard Moulton.[1]

9月16日 沈从文到武汉大学文学院任助教，讲授“新文学研究”和“小说习作”。不久，沈从文因营救胡也频及陪同丁玲回湖南，辞去武汉大学教职。

10月 戏剧集《孔雀东南飞及其他独幕剧》作为“现代文艺丛书”之一，由上海商务印书馆出版。此书收三幕剧《孔雀东南飞》及独幕剧《活诗人》《究竟谁是扫帚星》《前方战士》《结婚前的一吻》《人之道》6个剧本。前有作者序2篇。扉页题“此篇赠雪林以纪念我们这一年来的友谊”。

《现代女作家戏剧选》（俊生编，上海仿古书店1936年6月初版）、《模范戏剧读本》（朱绍之编，上海三民图书公司1936年版）、《现代最佳剧选第五集》（昌言编选，上海现代戏剧出版社，1942年12月初版），均收有《孔雀东南飞》。《女作家戏剧选》（张立英编，上海开华书店1934年1月版）、《现代中国女作家创作选》（雪菲编，上海文艺书局，1932年12月版。昆明中华书局，1936年12月发行，1940年11月3版）均收有《活诗人》。《女作家戏剧选》还收有《究竟谁是扫帚星》。

1 国立武汉大学编:《中华民国十九年度 国立武汉大学一览》，国立武汉大学1931年1月版，第9—116页。

10月　赠苏雪林《孔雀东南飞及其他独幕剧》。

12月3日　上海《申报》第20720号第4版刊登《孔雀东南飞及其他独幕剧》和《玛婷；痛苦的灵魂》书讯：

袁昌英著《孔雀东南飞及其他独幕剧》

定价九角　邮费二分半

此系袁女士所著的戏剧集，共收剧本六种：（一）《孔雀东南飞》，（二）《活诗人》，（三）《究竟谁是扫帚星》，（四）《前方战士》，（五）《结婚前的一吻》，（六）《人之道》。其中《孔雀东南飞》一剧尤为著者杰作。《孔雀东南飞》原是一首极妙的好诗，著者将它编成一出悲剧，写来极哀艳动人。其余五种都是独幕剧，文笔优美，描写人情，为最近创作界一大成功，凡爱好文艺者尤宜一读。

袁昌英译《玛婷；痛苦的灵魂》

定价一元　邮费二分半

此集包含戏剧两篇：（一）《玛婷》，（二）《痛苦的灵魂》，系法国当代著名剧作家斑拿（Jean-Jacques Bernard）所作。斑拿作品之所以负盛名，并不是因为他的故事新奇丰富，或是怪诞惊人。他的剧情常是简单不过的，本集所收两篇，亦复如是。卷首附译白郎夏所著斑拿传一篇，约万余言，对于斑氏之生平及著作，叙述甚详，足助理解。

12月27日　阿英作《后记——关于袁昌英的〈孔雀东南飞〉》，载《现代中国女作家》，上海北新书局1931年8月初版。全文如下：

在这一本小册子付排以后，袁昌英出版了她的戏曲集《孔雀东南飞及其他独幕剧》。这一部戏曲集，除开在《袁昌英》一文里所介绍的几篇而外，又发表了作为她的主要的剧本的三幕剧《孔雀东南飞》。

《孔雀东南飞》在她的剧本里，可说是最大最优秀而又最足以代表的著作。在全剧里，她用了全部的力量，表现了她对于这一首古名诗的一种新的认识。

这一种新的认识，可以在下面的对话里看将出来。那就是她用了另一种方法，解释了焦母为什么驱逐兰芝的理由。

她在剧本里写着：

> 姥——其实痛苦不在守节，苦是苦在我们这颗心没有地方安放。
>
> 母——自然安放在你儿子身上呵！没有儿子的守节，那自然是想像不到的痛苦了。
>
> 姥——自然，儿子小的时候，他的心里还有你安心儿的地方，也可说就只够你安放的地方。可是他一天一天长大了，心的容量也大了，只有母亲这颗心放在里面，他觉得太空虚了，定要有别的心插进去，塞得满满地他才快乐哩！
>
> 母——可是母亲的这颗心总该占在中间呀！
>
> 姥——那可是应该的。不过四围的东西把你围挤起来也够你不舒服的了。
>
> 母——姥姥说的太可怕了。
>
> 姥——也没有什么！好在这种痛苦，虽然够受，可不久就有舒痛的良药：等到孩儿出世了，我们的心就可以搬到孩儿那片嫩柔的心里面去占个地位。
>
> 母——好！等到孩儿长大了，别人又把你从他心里挤出来！
>
> 姥——那时候年纪老了，一切也就淡漠了，还怕挤？
>
> 母——你老人家的话可真令人寒心！
>
> 姥——我们生来做寡妇的人，就认定要把这苦杯饮到底。

这就是焦母驱逐兰芝的理由。所以，自从她的儿子结婚以后，“她差不多无日不暗中流泪”。她见她儿子“夫妇和好，就气愤不过”，她恨她的儿子爱兰芝。她“好像被弃的新妇一样，孤寂得着实可怜”。在她气忿极了的时候，她就很痛快的说：“天地神明呀！你们给我们女子做母亲的种种痛苦，我，吃了受了。报酬，报酬呢？报酬就是从我们怀内把我们的儿子一把夺去，一股儿送入别人的怀内!”她之所以驱逐兰芝，完全是因为她儿媳的相爱，完全的因为她的一颗寂寞的心没有地方安放。

这就是袁昌英的新的认识。她认定这一理由是织成这一悲剧的主要原因。她把这一原则在全剧各处加了详细的阐明。

她分析了兰芝的悲剧的产生背景，她以无限的同情之泪付与了兰芝……

资产阶级的人道主义的意识，是非常强烈的反映在这三幕剧的《孔雀东南飞》里，如同反映在另一个独幕剧《人之道》里一样。

她也非常罗曼谛克的构造了全剧的剧情——事实的全部过程，和其他的独幕剧《结婚前的一吻》等相似。

总之，从袁昌英的大部分剧本里看去，反映在作品里的作者的意识，主要的是资产阶级的人道主义者的意识，是一种并不十分强固的不能作为典型的资产阶级的意识。

这是我想在这一《后记》里补充的话。

最后，我请附带的抄下她的独幕剧《活诗人》里的几句话，来说明作者对于文艺的认识：这一个独幕剧，主要的是阐明这一思想。

这是《活诗人》的结束：

“诗人必有诗人的人格，诗人必有诗人的情感。没有真挚的情感与高尚完美的人格，任你的诗写得如何天花乱坠，也不能成为真正的诗人，活生生的诗人！活诗人不比那些做死诗的，毫无裨益于人类。”

一九三〇年十二月二十七日作者补记。

是年 凌叔华的女儿陈小滢出生。袁昌英和凌叔华两家交往密切，女儿杨静远认陈源、凌叔华为干爸、干妈，陈小滢认杨端六、袁昌英为干爸、干妈。

1931年
38岁

年初 罗家伦（志希）致信袁昌英夫妇。罗家伦于1930年10月被聘为武汉大学史学系教授，1931年1月离开武汉大学，前往南京任职。

端六先生、昌英夫人著席：

身非孔雀，已向东南，别时回望仙宫（涵三宫也），未及五里，已徘徊者数矣。近当战士归来，已扫尽欃枪恶焰，遥祝诗人活动，应昭苏痛苦灵魂。贤伉俪竺爱过于婚前，定合远人之颂也。闲话少说，名著谢谢！设非恭读一遍，得烟士披里纯者，则于百忙叫苦之余，安能奋笔得此逸兴乎？世间苟有人写信能使朋友一笑者，或亦有几微贡献于人之道也。别后生活繁顿异常，回想在武汉时，朋友相聚之乐，颇生人间天上之感。京寓尚未觅定，维桢尚在沪，读彼来信亦常以武汉朋友为念，嘱代致候。暇时乞常赐教言。如再有大著奉赐，尤感。专此，即颂

俪祺

罗家伦敬启[1]

父亲在北大主修外国文学，留美时期课余特别爱读独幕剧，并陆续翻译过十篇，1931年出版了一本《近代英文独幕名剧选》。他和袁先生同在武汉大学教书的半年中，由于共同的爱好，两家的往来十分投契。1931年初父亲离开珞珈山不久，收到她寄赠的新作《孔雀东南飞》，特为写信向她和杨端六（1885—1966，武大经济学教授）伉俪道谢（见后附）。信中前一半的文体不像父亲惯用的白话，可能是因为杨先生偏爱古典文学所致。[2]

1 罗久芳：《文墨风华 罗家伦珍藏师友书简》，北方文艺出版社2014年7月版，第255页。

2 罗久芳：《文墨风华 罗家伦珍藏师友书简》，北方文艺出版社2014年7月版，第253—254页。

1月21日　沈从文在致胡适信中称："此间《新月》如南京一样，不许出卖，罗志希从申来带有一号一本，从袁昌英先生手转入通伯先生处，又转入其他人手中，成为一宝物，亦可记之一事也。"[1]

1月30日　发表散文《何迷斯》，载南京《文艺月刊》第2卷第1号，文前附记末署"民国二十年春 作者识于武汉"。初收入《山居散墨》。

2月1日　方家达在《婉云》之《"二版"序言》中说："是去年的暑天，学校放了假，从上海回到长沙，经过武昌的时候，到昙花林去看袁昌英先生，袁先生对于文学有高深的研究和修养，而我呢，自从在哈尔滨初进中学的时候，就很欢喜看看那时候所出的所谓新小说，自己又常常地写些似通非通的诗；不久我便发现了我是十分爱好文学，后来在北平流浪的时候，在那公寓的斗室里也曾写过几篇小说，这次和袁先生谈起，她给了我许多高深的指教，使我发现了许多到文学境界里去的途径。那次我回到了长沙，就在那炎热的六月中，写了几篇东西，写好了后，寄给袁先生，请求她给我高深的批评。过了暑天，我回到上海，一天接着袁先生的信，说我那几篇东西已送给某一书局出版了，当时，我心中很觉得惭愧，我这第一次的尝试，是多么幼稚呢，不过，袁昌英先生的好意，我是十分十分感谢的。"[2]

2月21日　李健吾发表《〈孔雀东南飞〉》，载北平《华北日报副刊》第399号。全文如下：

> 这是第三个关于那首古诗的剧本，但是作者另给了一种想像的解释，作者虽然是女性，已经不是女孩子了，所以能够跳出爱情的浪漫的悲剧，而仔细地思维：于是她替那凄苦的寡妇着想。这里变成了一出母亲的悲剧。全剧只是母爱与情爱冲突底结果。焦母之所以休退兰芝，不是一味霸横，是如作者在叙中的宣称，由于"吃醋"二字作祟。作者体验到实生活；作者采用了浮洛伊德的新的性的观念。母亲辛辛苦苦一手将童子抚养成人，一旦被一个毫不相干的别个女子占去，心里总有点忿忿。这出三幕剧便利

1　沈从文：《致胡适》，《沈从文全集》第18卷，北岳文艺出版社2002年12月版，第118页。

2　方家达：《"二版"序言》，《婉云》，上海广益书局1931年10月版，第1—2页。

用这一点做中心思想。

作剧的技术惜乎幼稚。仿佛一个女孩子在深闺里偶而想到一种刺绣的花样，带着隐秘的喜悦，谐着抒情的歌调，信针而行。第二幕在第一幕的两三年之后：第一幕是成婚前六日；第二幕便到了婆婆休儿媳。作者的意思是这样故事就齐全了，又加重母亲的嫉妒的慈爱。作者唯恐观众不识苦心，又怕焦母没有伴侣，特烦了一位姥姥出台诠解；姥姥是过来的自苦底母亲。她没有演出焦母的悲剧。但是作者的笔有些年轻，衬不住那种上了年纪的姥姥。作者爱诗底心太切了，于是在夫妻泣别时，使他们唱道：

> 仲　我定来迎你的。我们的恩情是坚固的。我当如磐石。你当如蒲草。
>
> 兰　蒲草韧如丝！
>
> 仲　磐石无转移！
>
> 兰　但是我有亲父兄，生性暴如雷。

这里忽然变成了诗句，有欠谐和。其实对话都嫌斯文，不如剧中人物的身份。全剧呈出一种稚嫩的颜色。如果作者有意，或者有力，我想读者一定欢迎把它写成诗剧。

究竟有亏作者，把母亲从一位无理取闹的老太太，一变而为悲剧的宏丽的主角。这是《孔雀东南飞》的传说中的较好的演变。从前把母亲看做无上的家主，旧道德的化身，或者恶运。现在她是人，而且是挣扎的主要成分：这里有内心的挣扎，人与人的挣扎。不仅仅是演述动情的故事了。但是仅仅这一点思想还是不能使故事成为戏剧。

2月27日　袁家普请辞安徽省政府委员、财政厅厅长[1]。

4月24日　武汉大学召开第116次校务会议，袁昌英被推定为住宅委员会委员[2]。

1 《命令》，上海《申报》1931年2月28日第20798号第3版。

2 《国立武汉大学周刊》1931年4月26日第93期。

5月10日　致罗家伦信。

志希先生：

此次武大公演了三个独幕剧：（一）《月起》，（二）*Escape*，（三）《咖啡店的一夜》。其中第一幕是用先生的译本。此事本应早告诉先生，只是因为忙于排演，没有来得及写信，请原谅！此次公演不特是武大的创举，并且有相当的成功，我们高兴极了。先生的译品能在台上具体化而大受欢迎，先生听了想必亦很高兴。特此奉闻，专此，敬叩

道安

详细情形，将来面述。

维桢姊均此。

昌英上

五月十号[1]

袁先生给父亲的信，特意告知武大公演的三个独幕剧之一《月起》，采用的是他翻译的爱尔兰女文学家葛莱戈蕾夫人（Lady Augusta Gregory）的名著*The Rising of the Moon*.[2]

夏　武汉洪水泛滥，市区一片汪洋，灾情异常严重。袁昌英一家恰好到庐山避暑，躲过水灾[3]。

6月23日　丁玲致信沈从文，请他代约袁昌英、谢冰心、凌叔华、陈衡哲、冯沅君为其主持的左联机关刊物《北斗》做特约长期撰稿员[4]。

7月18日　中国太平洋国际学会中国支会年会在上海沧洲饭店举行，袁昌英被拟定为大会备选会员。

8月　黄英（阿英）的《现代中国女作家》由上海北新书局出版，内中对袁

1　罗久芳：《文墨风华 罗家伦珍藏师友书简》，北方文艺出版社2014年7月版，第256—257页。

2　罗久芳：《文墨风华 罗家伦珍藏师友书简》，北方文艺出版社2014年7月版，第254页。

3　杨静远：《飞回的孔雀——袁昌英》，人民文学出版社2002年1月版，第80页。

4　沈从文：《记丁玲》，江苏教育出版社2005年4月版，第204页。

昌英做了评介。全文如下：

“……构造十分简单，然而读下去，不知怎的动荡我们的情感，使我们又不是快乐，又不是忧愁的眼泪，由心弦上直热恋恋地流到眼眶来。悲剧与喜剧是我们人类生活的经纬线：要做人总逃不脱它们的。”——《寂寥似的》

引言

和提到谢冰心就会想到黄庐隐一样，只要一提到陈衡哲也必然的会联想到袁昌英。

为什么原故呢？

因为这两位女性作家的工作方式与生活形态，与一般的女性作家有迥然不同的地方；而她们之间，又具有相当的类似之点——虽然有些地方又完全的不类似。

第一，陈衡哲与袁昌英这两位作家，她们不是以创作生活为主要事业，而专门在这上面努力的人。陈衡哲是一位史学者，她的精神差不多全部的耗费在史学上。袁昌英却把她的大部分力量“致力于艺术史与戏剧的研究”。陈衡哲的主要著作是《文艺复兴史》《西洋史》等书，而作为袁昌英的主要的著作的，也不是文学的创作，而是《法兰西文学小史》与《西洋音乐史》等书。创作的工作，在她们，差不多成为一种“余业”。

第二，陈衡哲与袁昌英这两位女性作家，她们的意识形态和新文艺运动初期(也可以说1927年以前)的一般女性作家有很不相同的所在。她们俩克服了一般女性作家所具有的个人主义的倾向，她们俩比较的没有伤感厌世的气分；没有像一般女性作家的那么浓厚的感情，没有被封建思想所蚀衷，所征服（这一点是由于她们同是在西洋受了资产阶级的教育的原因）。总之，一般的女性作家，虽然和她们同样的不为封建阶级所有；但在一般女性作家所表现的资产阶级的意识看来，却潜藏了相当浓重的残余的封建意识，而陈衡哲与袁昌英所反映到创作中的意识形态，至少，在所有的女作家的前面，是典型的资产阶级的意识形态。

就从这最主要的两点看去，在大体上是可以把握到陈衡哲与袁昌英和一般女性作家不同的所在，以及她们类似和互异的地方了。

关于陈衡哲与袁昌英之间的互异之点，除一个是“史学”的研究者，一个是“艺术史”的研究者之外，也还有值得说明的。那就是陈衡哲是一个小说的作者，袁昌英却是一个戏剧的作者。陈衡哲在当时专门创作小说，袁昌英除创作戏剧以外，更以不少的力量从事于戏剧的翻译，以及戏剧家的介绍，以及对于戏剧的批判。

她们俩的创作都不多，她们的成就是相类似的……

从上面，已经很明白的，说明了袁昌英是一个戏剧的作家了。

但是，她以怎样的态度在从事于剧本的制作呢？

这是第二个问题。

所以，这里，有进一步的介绍她的创作的态度的必要。

“任你的生命怎样黄金色，——袁昌英在《法国近十年来的戏剧新运动》(《现代评论》第三周纪念增刊）里写着：——终免不了痛苦，烦闷，无聊……各种杂色的侵犯。你若是为着满足好奇心或其他缘故要在我们这蕞尔的地球上来考察一下人类生活的色彩，你所得的结果恐怕是：一大部分是糊涂一团，漆黑深红淡蓝浅紫堆得眉目不清；一小部分是不痛不痒的一片灰色，至于纯金色的生命怕比凤毛麟角还要希罕。人生既不免要常被屈伏于这些劲敌的威势下，那末，在缧绁中，谁不求羁绊之解脱？所以我们的精神须要脱离现实苦境，虽只一瞬之暂，亦为情理中所应有。”

“叔本华的学说以为人类最感痛苦与压迫的是那种‘求生的意志’(Will to live)。无论你穷得怎样，病得怎样，你总还是兢兢地牢攀着生命，愈生愈苦，愈苦愈要生。千年如一日，‘求生的意志’总不给你一刻的休假。然而人类到底是比较的聪明些：在牢不可破的桎梏中竟找着了遁逃的路。这路就是艺术。我们赏一幅画，看一出戏，听一曲琴，读一首诗，都是为逃避那空气紧迫，威严胁人的现实境界，来到一种优游自如，耳目清净的另一境地。所以，艺术之于人生正如水之于鱼。戏剧为各种艺术的一种综合的有机体，于人生更有若血与肉的密切关系。”

这是她自己说明了她对于艺术是如何的认识。

“……构造十分简单，然而读下去，不知怎的动荡我们的情感，使我们又不是快乐，又不是忧愁的眼泪，由心弦上直热恋恋的流到眼眶来。悲剧与喜剧是我们人类生活的经纬线：要做人总逃不掉它们的。……这篇是眼泪与微笑杂然毕露的，读下去，令人特别心酸，然而又特别愉畅。我希望我们新进的文艺家，读了此篇之后，也会被感动越发去实地研究我国下层社会的悲苦或慰安的情形，来多多创造维新戏剧，有生命的戏剧。因之可以影响及于改良社会，改良生活。”

这是袁昌英译的英国勃拉得霍士（H. Brighouse）的《寂寥似的》独幕剧（《东方杂志》23卷9号）的引言。由这一节合前面所引的话去看，可以整个的把握到袁昌英对于创作的态度。

她对于创作的态度究竟如何呢？

袁昌英，她是把文艺当排遣痛苦，烦闷，无聊，以及一切的使精神从“现实苦境”解脱开来的一种方法，一种工具，是人类从桎梏中逃脱的“精神的路”，在另一方面，“有生命的戏剧，可以影响及于改良社会，改良生活”，她认为，所谓人生，只是“悲剧与喜剧的综合与杂陈”。所以，她对于戏剧，所得着的感觉，最欢喜那“又不是快乐，又不是忧郁的眼泪”，主张要“眼泪与微笑杂然毕露”，使人读了时，“特别心酸而又特别愉畅”。这是她的对于创作的态度。

她的这一种对于创作的态度，以及她对于人生的解释，是全般的反映到她的剧本中去。

《结婚前的一吻》(《现代评论》209）是如此。

《究竟谁是扫帚星》(《真美善》女作家号）也是如此。

在其他的剧本之中也表现了这一种倾向。

在《结婚前的一吻》的结束处虽然写着——

鲍君信——嘿！你总是怀疑女子，这回怎样？

王练之——女子之中毕竟有高尚的，纯洁的！不过这是千中万中之一。

鲍君信——女子有英雄性格的人很不少，我说只不过她们受压迫太重，教育不深，常将那种伟大豪杰的人性自小就一点点的磨灭了。

王练之——我以后什么话都相信你，这一般巾帼的豪气竟一下把我的Cynicism扫尽了。

而事实，却并不完全是要表现“女子有英雄性格”，是在这一点意义之外，还具着另一意义——那就是作者写出了她对于进步的封建社会的婚姻制度的“嘲笑”以及写出她对于婚姻制度的正确主张，而以喜剧的态度加以阐明。

《究竟谁是扫帚星》却是对于褊狭的男性的攻击，而用两个性格不同的男性说明了两种关于恋爱的不同的主张。同时，也指出了女性在这种不同的环境中的觉醒与态度，而相当的以喜剧的态度表现之。

这里，她写出了对于漂亮人物的时髦主张的嘲笑。

作为男主人公之一的惟我是主张着——

“不过……你也得承认我这般磅礴的大气也是于社会有益的。假如社会上的人个个都是兢兢业业不肯越雷池一步，那末，这个社会也是死水一泓，没有多大保存的意味！我们这种人自然是一种不守常规的怪物，如天空的扫帚星一样，然而却是一剂兴奋补剂丸，社会吞下去了，总是益多害少。”

对于这样的只有新的议论的人物，她是毫无余情的把他嘲笑了……

就从这所举出的两篇看去，不但结构简单，而且所得到的（尤其是《结婚前的一吻》）竟是“又不是快乐，又不是忧愁”的眼泪，“眼泪与微笑”杂然毕露的悲剧与喜剧的综合。

在这些地方，她微微的表现了一点乐天的伤感的倾向，在其他的戏剧里，如《前方战士》(《现代评论》179）等，在有一些地方，也说明了她是一个资产阶级的狭义的国家的信念者。

至于她的描写的技术，虽然在有些地方相当的有着成就，在另一些地方，却还表示了她的幼稚；口齿的伶俐，布局的开拓，取材的适当，这是她的好处，情节的有时显着矛盾（如《结婚前的一吻》，男性与女性以前既有过二次谈话，何以那时不误认而必得待到结婚时就是其一），表现力的有时贫弱（如《前方战士》的技术），思想的不正确，却是她的缺陷。

不过，在大体上，在戏剧的一方面，虽然她并不把全力放在这一运动上，但她的作品确实是女性作品中之值得我们注意的。

一九三〇年八月二十八日

附记：袁昌英的单行本著作，预告的有商务印书馆出版的《孔雀东南飞及其他》，和《痛苦的灵魂；玛婷》〔《玛婷；痛苦的灵魂》〕。目前无单印本，稿件散布在《现代评论》及《东方杂志》等刊物上。[1]

8月　苏雪林被武汉大学聘为特约讲师，讲授“基本国文”，暂住武昌东厂口。自此，袁、苏、凌三位女作家齐聚武汉大学，并称“珞珈三女杰”。

那时国立武汉大学将在武昌城外珞珈山成立。校长预定是王世杰先生。记得有一回武大在京沪招生，王先生邀集多人共阅国文及三民主义考卷。袁兰子向王推荐我也参加阅卷工作。我阅卷甚快，半日间便阅了近百本，共同阅卷的周鲠生等颇惊异，兰子又极力为我宣扬，所以民国二十年我得入武大任教。[2]

我在安大教了一年，武汉大学来函相邀，并寄来聘书一纸。那时袁昌英夫妇、凌叔华夫妇均来武大，熟人如此之多，我便辞安大而任武大。那是民国二十年下半年，正当长江流域大水灾之后。……我抵达武昌后，因珞珈山建筑未完工，暂住东厂口，暑假将残，武大尚未开课，袁兰子等都来会过，我问她，“我在安大已获教授职位，为什么武大给我聘约是‘特约

1　黄英：《现代中国女作家》，北新书局1931年8月初版，第99—108页。

2　苏雪林：《苏雪林自传》，江苏文艺出版社1996年12月版，第73页。

讲师'，岂非叫我连降二级吗?”兰子道:“武大为尊重名器，所有教师都称副教授。一个正教授都没有。你这特约讲师，等于别校的副教授，将来升格为副教授，就等于别校的正教授。”我听了才得明白。至于我将要教的功课是中文系基本国文一班，别院别系国文一班，中文系《中国文学史》一班，每周有十三个钟头的功课。[1]

9月18日　“九一八”事变爆发，武汉大学师生纷纷捐款捐物。袁昌英曾亲自参加和引导女生为抗日将士募捐、赶制寒衣。

9月25日　武汉大学开学。

本学年（1931年9月—1932年6月）　在武汉大学文学院讲授必修课程3门，选修课程2门。其中，为中文系二年级讲授选修课程“戏剧入门”，每周3小时；为中文系三年级讲授选修课程“第二外国语（三）· 法文”，每周3小时；为外文系一年级讲授必修课程“希腊罗马神话及圣经故事”，每周3小时；为外文系二年级讲授必修课程“戏剧入门”，每周3小时；为外文系三年级讲授必修课程“第二外国语（三）· 法文”，每周3小时。

第三年法文（每周三小时，一年授完）

本学程为各学院公同功课，其目标在促进学生读书之能力及写作普通之法文；教材选读名家作品及高深文法。有作文及翻译各练习。

戏剧入门（每周三小时，一年授完）

本学程为入门功课，其目的在使学者多读近世欧美有名之剧本，并研究其艺术。[2]

10月10日　发表小说《我也只好伴你消灭于这一切的黑暗中了》，载上海《小说月报》第22卷第10号。

1　苏雪林:《苏雪林自传》，江苏文艺出版社1996年12月版，第78—80页。

2　国立武汉大学编:《中华民国二十年度 国立武汉大学一览》，国立武汉大学1932年5月版，第3—31页。

10月16日　武汉大学召开第135次校务会议，袁昌英被推定为训育委员会委员、群育委员会委员、女生指导委员会委员长[1]。

10月　江苏水灾，捐献衣物1包[2]。

10月　浩文（邵洵美）发表《孔雀东南飞及其他》，载上海《新月》月刊第3卷第12期“书报春秋”专栏。全文如下：

不讲什么文学的定义，也不讲什么戏剧的条件，一出戏至少要有“戏剧的动作”（Movement Dramatique）。假使单有了对话有了情节而只是呆板板地在讲着一件故事；那么尽使你分了幕，分了段，描写了布景，标明了服装，它还只是一篇小说，一篇论文或竟是一篇演讲。当然一出戏的成功，并不只是靠着“戏剧的动作”，有时反而为了专注意了而竟变成所谓Piece bien faite了。

在这剧坛枯寂的今日，本来不容易得到杰出的作品；偶然有一两出独幕剧印行出版，（有大结构的作品更不用讲），也已是千载难逢的机会。虽然不时有欧美剧本的移译，但是很多为了译者对于语言的缺少研究，竟然不能上演。熊佛西先生译的《软体动物》最近在北平得到相当的成功，据说一半靠了扮演者的努力。西林先生最近有独幕剧集出版，但也只是几年前的旧作；袁昌英先生的剧集在这个时候出版实在可说是深山里的足音了。

集名《孔雀东南飞及其他》，商务出版，内含剧六出。——《孔雀东南飞》，《活诗人》，《究竟谁是扫帚星》，《前方战士》，《结婚前的一吻》，《人之道》。现在让我来讲讲《孔雀东南飞》。

《孔雀东南飞》这首诗，差不多每一个写剧的都想把来编成戏。熊佛西先生曾经写过一出《仲卿与兰芝》，也便是讲的这件故事，只是和袁昌英先生的立脚点不同罢了。袁先生在自序里说得很清楚：

“我一向读《孔雀东南飞》就爱这首绝妙的好诗。近年来研究戏剧，更觉得这是一出绝好的悲剧材料。然而总不敢动手。这次由长沙回来，一晚

1　《国立武汉大学周刊》1931年10月26日第105期。

2　上海《申报》1931年10月18日第21027号第6版。

灯下无事，又把它读了几遍。越读越觉得悲惨。那夜梦中惊觉，不由的想到这诗上面去，不由的自问焦母遣退兰芝到底是什么理由。自然在中国做婆的自古就有绝对的威权处置儿媳的。焦母之遣退兰芝不过是执行这威权罢了。然而这个答复不能满足我。我觉得人与人的关系总有一种心理作用的背景。焦母之嫌兰芝自然有一种心理作用。由我个人的阅历及日常见闻所及，我猜度一班婆媳之不睦，多半是‘吃醋’二字的作祟。我的意思并不是说母亲与儿子有什么暧昧的行为才对媳妇吃醋的，委实是说：母亲辛辛苦苦亲亲爱爱一手把儿子抚养成人，一旦被一个毫不相干的别个女子占去，心里总有点忿忿不平。年纪大了或是性情恬淡的人，把这种痛苦自然默然吞下去了。假使遇着年纪还轻性情剧烈而不幸又是寡妇的，这仲卿与兰芝的悲剧就不免发生了。”

写一篇历史剧本来和自己的创作不同，有许多的牵制。他得去查考当时的风俗，习惯，装束与器具，他更得去想像剧中人的思想与态度。还有一件事的起因，与旁生的枝节，也得招呼周到。简单地说：写剧的应当把自己去活在他所想像的当时的环境里。袁先生特别留意到种种琐微的地方，即一衣一桌也曾和许多考据家如胡适之先生等详细地讨论过。

在本剧里我们处处可以看出作者对于戏剧艺术的经验，尤其是对话方面。作者最善用“插科”：譬如说，一个人如其要发很长的议论的时候，无论他措词怎样有精彩，但是常会使听众感觉干燥，我们的作者在这个时候便会使另一个人，对话者或是第三者，在旁加上“插科”，使全场增添了不少的生气。有时因“插科”我们可以完全明了剧中人每一个的性格，和当时的心理。这种最不容易应用的最紧要的技巧，竟被我们的作者毫不费力地把捉住了。

《孔雀东南飞》幕启时形容仲卿的“恋爱病”和焦母与姥姥的一段关于守节的议论：全场的空气从忧郁到狂喜，甚为紧张。从那一段守节的谈话里，我们更可以看出焦母的性格。依着作者的意思，焦母是一个“三十六七的妇人”，她从“十九岁就守起节”；她这守节是“十几年就只觉得我的心由丈夫身上搬到儿子身上也还很安宁妥贴的。”姥姥关于守节的观念却是

“一来为丈夫承宗接后，二来为暮年图个族表。”我不懂作者为什么使焦母的守节会没有“为丈夫承宗接后”的念头？当然作者的意思是要我们觉到焦母的自私，但是事实上受到传统思想极深的当时的焦母未必便会没有像姥姥一般的思想吧？“难道我们立志守寡，就是要宰我们的心吗？”这种话恐怕焦母未必说得出吧？不过话虽这样，我们还得佩服作者形容性格的手段。一个性情刚愎，意志坚强的妇人不是活活地显现在我们面前吗？我再想，假使作者在幕启时描写焦母“守了十几年节今天总算把儿子抚育成人”的自乐，以后等仲卿结了婚再渐渐感觉到心的无处安放而生出妒忌，不是更多了一个心理描写的曲折吗？

《孔雀东南飞》的写成，作者的确曾费了许多苦心。对于技巧方面，那么，开场收场那种紧张，似乃得益于皮蓝得娄Pirandello，而每一个人的对话的流利又似乎是受着不少王尔德Wilde的影响，我们敢预言袁先生将来更大的成功！

我和袁先生曾见过一面。他〔她〕在欧洲留学多年，尤其在戏剧方面努力。名剧家如培那Jeans-Jacques Bernard，蒲爱利Saint-George de Bouhélier等和他〔她〕交谊很深；现在武汉大学授课，听说不久将到上海来，希望这次在该地见到了大水灾的情景，又可写出篇杰作来。

11月19日　徐志摩罹难。袁昌英听闻噩耗后，心情非常沉痛。

记得我那时正就聘国立武汉大学不久，我的朋友袁兰子教授和诗人原有多年的友谊，以万分沉痛的心情写了篇悼文，我也写了一篇，文中曾以雪莱、拜伦、济慈，来比拟这位天才的诗人，并套外国某诗人的话，说徐志摩这位诗哲，活着时像天空一道灿烂的长虹，死，则像平地一声春雷。[1]

一九三一年末徐志摩坠机遇难，袁的悲痛确实非同一般。这一点，我是从《苏雪林自传》（江苏文艺出版社一九九六年版）和其他回忆文中得

1　苏雪林:《苏雪林自传》，江苏文艺出版社1996年12月版，第271—272页。

知一二。苏著中《我所认识的诗人徐志摩》一章提到，袁与徐“原有多年的友谊”，“相知之厚”等语，她自己是在上海时通过袁的介绍认识徐的。徐遇难后，袁立刻写了一篇悼文，并力促苏也写一篇。袁的悼文名《毁灭》，但未见刊出。直到一九三七年，该文才归入“随笔”类收入商务版她的《山居散墨》文集（全书一九九四年由河北教育出版社列入钟敬文主编的“中国现代小说经典”重印）。那其实是一篇改头换面的小说。但开篇的《纪念一个诗人》一诗，则泄露天机地表明那就是悼念徐志摩的那篇悼文。为了弄清该文发表的来龙去脉，我求教于韩石山、陈子善、陈建军几位现代文学研究家，得知该文确写于一九三一年徐去世后，一九三五年发表于凌叔华主编的《武汉日报·现代文艺》，一九三七年收入《山居散墨》文集。该文以爱情故事的面貌出现，故事发生地点设定为巴黎，遇难的男子改为工程师。陈子善和韩石山先生都认为，它确实超越了一般悼文的范畴，而带有爱情悲剧的色彩。还有一个吐露信息之处是，小说中的男女主人公，娥和智，不正是“我”和“志”的谐音吗？[1]

11月23日　上海《文艺新闻》周刊第37号刊登消息《杨袁昌英态度甚超然》：

最近听人说：有一次沈从文问杨袁昌英要稿子，她说我不颇〔愿〕把稿子给与政党有关系的刊物登，你为那个杂志要我的稿子咧？先给我看看那杂志的内容。沈就拿了文艺月刊出来。她看完就又说：这是……的刊物，我不愿给它。

11月　作小说《毁灭——纪念一个诗人》，载《武汉日报·现代文艺》1935年4月19日第10期（原刊误作“第九期”），文末署“写于民国廿年十一月”；又载新京《大同报》1935年5月19日、22日第1157号、第1160号第9版《大同俱乐部》。初收入《山居散墨》，文末署“民国二十四年草于武大”。

12月11日　武汉大学召开第143次校务会议，袁昌英被推定为校内附设小学

1　杨静远:《又见“小脚”》,《万象》2007年第10期。

部筹备委员会委员[1]。

12月16日 下午3时，在武汉大学第十七教室参加教职员全体大会，被选为东省事件委员会委员[2]。

1 《国立武汉大学周刊》1931年12月13日第112期。

2 《武大教职员组织东省事件委员会，研究东省问题从事国际宣传》，《武汉日报》1931年12月17日第887号第6版。

1932年

39岁

1月3日　上海《文艺新闻》周刊第43号刊登消息《超然，不超然？杨袁昌英的态度，有人指出事实来》：

> 南京中国文艺社缪君，近致记者函，提及杨袁昌英的态度问题，略谓“杨袁氏在文艺月刊二卷一期里有稿发表，态度也好像不超然的”。又谓：杨袁君态度之所以超然，系“原因于文艺月刊之……”，指此为本报对该刊之“中伤”。按本报所刊该消息，系由沈从文知友处得来，仅为作新闻载，“中伤也者”，实当初所未料想：谬〔缪〕君揣测，实在有些神经过敏。特刊此聊当更正。

1月　为支持马占山在东北抗战，武汉大学发起募捐活动。袁昌英与杨端六各捐款100元[1]。

2月　作论文《文学的使命》，载武昌《新时代半月刊》1932年10月2日第3卷第4期。初收入《山居散墨》，文末署“民国二十一年二月草于武大”。

3月　武汉大学由东厂口迁往珞珈山上课。教职工住宅区按教授级别划分，袁昌英一家住山前一区18栋。此处地势开阔，避风向阳，山下有附属小学（此时女儿杨静远正上附小）。

4月5日　国联调查团团长李顿一行参观武汉大学，袁昌英与周鲠生、周天泱、方重等人招待茶点[2]。

8月8日　费鉴照发表书评《法兰西文学》，载天津《大公报·文学副刊》第240期。

1 《本校捐款援马披露》，《国立武汉大学周刊》1932年1月13日第116期。

2 《调查团在汉第二日》，上海《申报》1932年4月8日第21196号第7版。

这是一部用文言写的介绍法兰西文学的小册子。书分四章：第一章概论，叙述法兰西文学的分期和各个时期的特点；第二章叙述诗歌的史；第三章略叙戏剧的梗概；第四章叙述散文作家。

这部小册子虽是只有四十四页，但是，著者能够运用很经济的笔来写一个时代和一个作家的特点。著者说得很扼要而明白，同时她也没有离开她对于文学的定义“文学者所以代表一民族一时代之精神意志及其生活之状态者也”。她用这种方法来写文学史是一个很好的方法。因为，这样读者读了这本小册子对于法兰西文学可以得到明白的概念，著者也便完成史家的职责了。所以这本小册子是著者的成功。它的收入万有文库是学术界的幸运。

夏 为治妇科病，携女儿去北平，在景山东街李四光家住了一夏[1]。

9月8日 武汉大学开学。

本学年（1932年9月—1933年6月） 在武汉大学文学院讲授必修课程4门，选修课程4门。其中，为中文系一年级讲授选修课程“第二外国语（一）· 法文”，每周3小时；为中文系二年级讲授选修课程“戏剧入门”，每周3小时；为外文系一年级讲授必修课程“第二外国语 · 法文”，每周3小时；为外文系一年级讲授必修课程“希腊罗马神话及圣经故事”，每周3小时；为外文系二年级讲授必修课程“戏剧入门”，每周3小时；为外文系三年级讲授必修课程“第二外国语（三）· 法文”，每周3小时；为史学系一年级讲授选修课程“第二外国语（一）· 法文”，每周3小时；为哲学教育系一年级讲授选修课程“第二外国语（一）· 法文”，每周3小时[2]。

秋 与杨端六、女儿一起到长沙，庆祝父亲六十大寿。凌叔华随往，与袁家十余人同游衡山、湘潭等地[3]。

---

1 杨静远：《咸宁干校一千天》，长江文艺出版社2000年1月版，第210页。

2 国立武汉大学编：《中华民国廿一年度 国立武汉大学一览》，国立武汉大学1933年1月版，第13—48页。

3 凌叔华：《衡湘四日游记》，天津《大公报 · 文艺副刊》1933年11月29日第20期、12月2日第21期、12月6日第22期。

10月 作书评《庄士皇帝与赵阎王》，载北平《独立评论》周刊1932年11月20日第27号，文末署："一九三二年，十月，武大。"初收入《山居散墨》，文末署"民国二十年秋草于武大"。

11月27日 胡适受校长王世杰邀请访问武汉大学。

11月30日 中午，在家宴请胡适。下午2时，到附小参加欢迎胡适大会，与胡适及武汉大学部分教职员、附小师生合影。3时半，胡适到文学院茶会[1]。在武汉大学招待所（听松庐）前，胡适与王世杰、刘秉麟、陈源、袁昌英、苏雪林、凌叔华合影。

12月7日 彦祥（马彦祥）发表《赵阎王与庄士皇帝》，载天津《益世报·戏剧与电影》第5期。全文如下：

> 《独立评论》第二十七期上有一篇袁昌英先生的《庄士皇帝与赵阎王》，他（我不知道袁先生是男性还是女性，有时候看见袁先生的署名是"杨袁昌英"，又好像是位女性，这里无从判断，姑以"他"字代之，"不知者不怪"，如有错误，尚希原谅。）说洪深先生的创作《赵阎王》一剧，与美国奥尼尔的《庄士皇帝》颇多雷同之处，所以他怀疑到赵阎王的血统问题，赵阎王是不是庄士皇帝的儿子。大意如此，原文不在手边，无从引证。袁先生一定以为这问题的提出是一个惊人的发现，但这意思是已有人说过了。民国十七年，上海的《民众日报》上，左明君曾怀疑《赵阎王》是抄袭《庄士皇帝》的，去年南京《中央日报》上又有一位某君也表示过同样的怀疑。我说"怀疑"，是因为他们自己都说不曾见过奥尼尔的原剧，不过是得之传闻，以《赵阎王》是否是抄袭《庄士皇帝》，连他们自己都没有把握。但是袁先生这一次的发现，情形完全不同，第一，他是读过《庄士皇帝》的原文的，所以他的结论不是怀疑，而是确信《赵阎王》是抄袭奥尼尔的。其实，奥尼尔这本戏很普通，凡是研究文学的人大都看过，不能算是独得之见。
>
> 对于这两个剧本，我也都曾读过，但我并不敢像袁先生那样武断，说

1 《胡适日记全编（1931—1937）》第6卷，安徽教育出版社2001年10月版，第180页。

《赵阎王》是抄袭《庄士皇帝》；我觉得这两本戏各有它们自己的内容，各有它们自己的生命。《庄士皇帝》所写的，是一个黑人在西印度岛上做了皇帝，为当地的人所反对，于是他匆匆地拿了一支手枪向他的王国之边境跑去，希望从树林那边寻到脱逃的方法，潜赴美国，结果被土人们追上，在树林中打死了。《赵阎王》所写的是一个兵士，他忠心于他的主人，不愿做对不起他主人的事；他确是想做个好人，可惜他的意志太薄弱，而且环境逼迫太甚，终于不能把这上进维持到底，于是便犯了罪逃了，结果在树林中被追兵乱枪打死。

在这里，我们可以很明显地看出这两个剧本，非但故事不同，而且主题（Theme）也是完全两样的。

然而《赵阎王》和《庄士皇帝》并非绝无类似之处，这一点不待袁先生说，连洪深先生自己也承认的。他说："……这种编法，是学美国奥尼尔的《庄士皇帝》，就是那在林中见鬼，转圈子，白费枪子，给人追着打死等等，也是学他的。"（见民国十八年上海剧艺社《赵阎王》公演特刊。）洪深先生所说的编法，其实就是剧情（Situation）。剧情相同，在戏剧史中不知曾有过多少例子。

据Georges说，戏剧的情节只有三十六种。二千余年来的几千万部的剧本的剧情，都不曾超出过这三十六种的范围。我们知道，莎士比亚从未创作过任何剧本，当他要写一篇戏剧的时候，他总是把前人所编过的剧本，重新再编制一遍；或是把他在书中所读过的传说和故事作为自己的题材。例如《罗米欧与朱丽华〔叶〕》一剧的剧情在二千年前的*Antigone*里早已有过，但我们不能说是莎士比亚是抄袭莎福克尔的；这剧情后来在十九世纪的*Huckle berry Finn*中又曾有过，同样地我们也不能说马克吞是抄袭莎士比亚的。

我们常以为伟大的戏剧家们决不愿意去改编或假借前人用过的情节，这是错误的。戏剧史上最有名的三位戏剧家——莎福克尔，莎士比亚和莫利哀——就都不曾有过新的剧情的发明。莫利哀甚至说："我把我所拾得的，算作我自己的了。"

应用别人的剧情并不是一件可耻的事。一本戏剧的新鲜有趣，不必是一个新的情节，而是作者能将旧有的情节与以新的组织，新的安排。所以剧作家在做着编剧的工作时，假如他发现某一剧中的情节可以充分地表现他的主题，那么他采用这节好了，不必有什么顾忌。不过要紧的一点，就是他一定得用了他自己的思想和情感去处理它的。就在这一点上，我们可以看出伟大的作者和初步的作者的区别所在了。

歌德说得好："最重要的不是情节的来源，而是情节的运用。"所以一切戏剧的情节，并非属于第一个发现的人，也不属于最后一个应用的人，而是属于应用得最为巧妙的作者。一个戏剧家不能说，某一剧的情节，是用了别人的，所以它没有价值了；他应当首先考察剧作者对于所用的别人的情节，曾否用了自己的思想，自己的情感加上了新的解释，新的生命。假如已经加上了，那么这情节便是属于他的，因为思想和情感都是他自己所有的。

以上的话，我只想说明一点，《赵阎王》的剧情，虽然是模仿欧〔奥〕尼尔的，但它仍是洪深先生的创作，因为它自己有它的生命。

像这样的例，不必说欧美的剧本，即以中国的戏剧而论，有谁敢说他的作品中的情节是属于他自己的？最明显的，是我们近来所时常看见的所谓历史剧。历史剧的材料都是旧的，但我们从没有听什么人说《潘金莲》是抄袭《挑帘裁衣》，或《岳飞》是抄袭《风波亭》的。我们不能这么说，就是因为我们知道它们的情节虽是旧的，是前人的，但它们的意义是新的，是自己的了。

1933年

40岁

1月11日　发表评论《为庄士皇帝与赵阎王答彦祥先生》，载南京《旁观》旬刊第8期。初收入《山居散墨》。

1月25日，2月1日　马彦祥发表《再谈庄赵问题——答袁昌英先生》，载天津《益世报·戏剧与电影》第12期、第13期。全文如下：

在本刊第五期中，我写过一篇《赵阎王与庄士皇帝》，是因《独立评论》上所载袁昌英先生的《庄士皇帝与赵阎王》一文而作的。最近袁先生在南京出版的《旁观》旬刊第八期上又写了一篇《为庄士皇帝与赵阎王答彦祥先生》，其中提出了几点对于我的意见"不能不表示异议"的地方。承该刊编者不弃，特地将该刊寄了一份来给我，并说明如果我有答辩的文字，他们愿为发表。对于该编者的盛意，我是非常感激；答辩的文字当然也是要写的，不过问题既由本刊引起，为求一贯起见，似乎仍以在本刊继续发表为妥，所以本文就决定在这里刊载；并且希望《旁观》旬刊的编者，以后该刊如有关于这问题的文字时，仍请寄我一份。

袁先生的答文中，说明了她在《独立评论》上发表的那篇文章，原文共有六千字，因嫌过长，被编者胡适之先生删去了三分之一，结果失去了袁先生的许多原意。据说，其中有"……我（袁先生自称）虽认赵大是庄士的儿子，然而赵大是赵大，庄士是庄士，各有各的生命，各有各的意志，各有各的人格，未可混而为一谈的"及"……可是洪先生竟能超出群众心理，创造出一个虽是不无许多败德，却也有许多可恕的地方的赵大"等原文，袁先生的意思是要表示她对于《赵阎王》一剧并不否认它的价值，但我觉得她的这几句话正可以证明《赵阎王》是《赵阎王》，《庄士皇帝》是《庄士皇帝》，二者决不可混为一谈了。

对于袁先生所不同意我的四点，其中有的是苛求，有的是成见，有的是误解，现在我即就其原文逐条说明并答复如次：

一、袁先生以为洪深先生在《赵阎王》原书数百页中，从头至尾并无只字提及曾受奥尼尔的《庄士皇帝》的影响，即使后来在别处再作声明，仍不能证明他无过。然而我却觉得，洪先生在《赵阎王》出版时，于书中能顺便说明一声，固然很好，即不加说明，亦未必能算是过。因为洪先生模仿奥尼尔的是《庄士皇帝》中的几个Situations，是关于技巧上的。在技巧上，我们编剧从不曾自己有过新的创见。即以袁先生而论，她也不会承认她所创作的剧本，在技巧方面从不曾模仿过别人，或受过别人的影响；然而她也决没有在她的剧本中处处加以说明的必要与义务。洪先生的《赵阎王》不过模仿奥尼尔的地方比较多一点而已。

二、袁先生说编剧最难有两件事：一是剧情的构造与组织，二是人物的创造与描写，《赵阎王》只尽了第二部分的力，第一部分已由奥尼尔代做了，所以说洪先生的《赵阎王》并不是创作，只能算是编译（adapt，通称改译）。这一点，我觉得袁先生颇有误解adaptation的意义的地方。所谓改译，虽说是不妨“改”，但究竟还是得“译”。译的是剧的内容，改的是剧的外形。我们上演西洋的戏剧，有时因为西洋戏剧所表现的风俗人情与我们的国情不同，不易为我们的观众所了解，于是才采用改译的方法，把剧中的人物，地点，习俗，以及其他的一切都使变为中国化，仿佛和创作的剧本一样。可是这里有一点限制，就是改译的范围，最重要的，原剧的意义和主题是不能改的。这样的例，在中国已经有过不少，即以最早的洪深先生的《少奶奶的扇子》一剧来说，Lady Windermere尽管一变而为中国的少奶奶，但《少奶奶的扇子》依然是*Lady Windermere's Fan*的原型。我们在《少奶奶的扇子》中，决不能发现那一个人物的个性和生命是洪先生创造的，这剧本的一切价值仍得归于王尔德，洪先生所做的工作，不过是使它在中国舞台上演出时得了相当的便利。至于《赵阎王》和《庄士皇帝》呢，我们只要翻开两个剧本作一对比，其中不仅开幕的场面大不相同，而且剧中所用的人物也完全两样。两剧中的主角——赵大和庄士皇帝——即连袁先生自己也已承认了说：“各有各的生命，各有各的意志，各有各的人格，未可混为一谈的。”这难道还不能说是创作？如果说是改译，我们是否能允许这样完全与原剧不符的改法？最奇怪的是，袁先生一方面很赞美地说，“洪先生竟能超出群众心理，创造出一个……赵大”，一方面却又否认《赵阎王》是洪先生的创作，这矛盾实在使人不解。

三、我在上次的文中引了许多例——尤其是关于莎士比亚的——只是想说明：应用别人已经用过的Situation的事，是古已有之，是可以这样做的。虽说现在研究莎士比亚的人，都在考据他的作品的来原，然而这对于莎士比亚的天才并没有丝毫的损失，研究他的作品的人也从不曾因此而怀疑到他已经成就了的功绩，其目的更不是想借考据所得而对于莎士比亚有所非议。这态度是对的。袁先生如果写一篇文章，来说明洪深先生的《赵阎王》，那几个Situation是应用了奥尼尔的《庄士皇帝》的，那几种Technique是模仿奥尼尔的《庄士皇帝》的，这便毫无问题，但事实上，袁先生写那篇文章的目的，完全只是想证明《赵阎王》是抄袭《庄士皇帝》，这就与一般人之研究莎士比亚作品的动机不同，我所以写那篇文章，其意义亦即在此。

四、袁先生说我举《罗密欧与朱丽叶》和《安第冈》的剧情相似一例为不伦，她甚至怀疑到我对于这两剧本并未过目，不过人云亦云，最后她还把这两剧的情节完全写出来，表示情节如此不同，以便读者判断是非。对于这一点，我要怪袁先生的粗心，我所说的“剧情”二字，在原文中即曾有说明，是指的“Situation”一字，而不是“Plot”（情节）。《罗密欧与朱丽叶》和《安第冈》的Plot（情节）当然是两样的，（如果Plot完全相同），那无疑地应该说莎士比亚是抄袭莎福克尔了，莎士比亚之所以不能算是抄袭，即因其并非用莎福克尔的情节也。但其中的Situation——即两对情人都死在地窟里——是相同的。这与《赵阎王》的林中见鬼之借用《庄士皇帝》的场面，其情形正复相同，我们从不非难莎士比亚曾借用了莎福克尔的Situation，何以对于《赵阎王》便这样苛求呢？

以上所说的四点，自信是相当地公允的，我总觉得袁先生对于《赵阎王》与《庄士皇帝》之间的关系，成见过深，以致连自己都不能自圆其说，例如，有时，袁先生说《赵阎王》是抄袭《庄士皇帝》的，有时又说洪先生是模仿奥尼尔的，有时又说《赵阎王》是洪先生创造的。其中的“抄袭”，“模仿”，“创造”三个名词，意义绝对不同，竟同见于袁先生的文中，足见袁先生对于这问题，仍不免有点感情用事。总之，对于这问题，我们应当把内容与技巧分开来看，《赵阎王》的技巧有几点确是模仿奥尼尔的，它的内容，则谁也不能不承认是洪先生的创作。

3月1日　发表独幕剧《笑》，载上海《大陆杂志》月刊第1卷第9期。

3月3日　致信胡适。

适之先生：

现在我们有一件事要请求你的帮助。我们住在武汉方面的人，虽然尚未直接感受日本鬼的威吓，可是精神上也够痛苦了。每一想到北方义勇军在此冰天雪地之中，与敌人奋斗的艰苦，就不免流着同情泪。武大东省事件委员会虽然几次募集捐款汇寄北方，我们做女子的总觉得未尽天职，所以最近又发起了一个小小的运动，赶做棉背心一千件，接济我们的义勇军。这事正在进行，不日就可完功。数虽很少，都是出自我们几十个人亲手裁缝，无非表示我们一点热忱而已。现在要请求于你的是：亲自去替我们在北平打听一个寄交的处所。我们希望这一点儿棉衣，不至于随便落在不相干的人手里。你在北平定然知道有确实可靠的机关和经手人，可以使我们直接寄去。这事要烦你老先生，实在是对不起。预先谢谢你的回信。专此敬叩

双安！

昌英

三月三日[1]

据周鲠生的女儿周如松教授回忆：“……袁先生一生主要时间从事教育

1　耿云志主编：《胡适遗稿及秘藏书信》第31卷，黄山书社1994年12月版，第652—654页。

事业，特别关心妇女教育，抗战胜利后曾倡议创办一所中国女子大学，未能实现。她曾任武汉大学女生指导委员会主任委员，对办好女生食堂，管理好女生宿舍清洁卫生，开展女生课余文娱活动等等，无不躬亲。记得‘九一八’事变发生后，袁先生领导女学生（我是一员）为马占山将军领导的抗日义勇军奔走募捐，日夜赶制寒衣，深得男女同学的支持。”[1]

3月11日 《武汉日报》第1319号第8版刊登《武汉大学东省事件委员会 缝制背心一千件 寄赠前方抗日将士》：

武汉大学东省事件委员会，以我军在喜峰口古北口等处奋勇抗敌，值此春风多厉，犹须寒衣，特备大宗布匹棉花，由王雪艇夫人、邵逸舟夫人、周鲠生夫人及袁昌英女士等亲自裁制背心一千件，已分发该校女职员及教职员眷属女生缝制，限本月十五日收齐寄往北平。

3月27日　武汉大学东省事件委员会发布通告，公布学校女教职工及其家属缝制棉背心1016件，其中袁昌英捐赠22件。同年4月8日、12日，宋哲元、孙魁元将军分别致电武汉大学，表示感谢[2]。

3月29日　南京《新民报》第1226号第1版刊登消息《背心千件 袁昌英等劳前方将士》：

（北平二十九日电）武汉大学教授夫人袁昌英等，近日亲自赶制棉背心一千件，寄交北平教授胡适之，请转送前方抗日将士应用。胡念八日已送交辽吉黑后援会，转送前方云。（中央社）

3月　专著《法兰西文学》列入王云五主编“百科小丛书”，由上海商务印书馆再版。

3月　戏剧集《孔雀东南飞及其他独幕剧》作为“现代文艺丛书”之一，由

1　李杨：《作家、学者袁昌英》，《新文学史料》1981年第4期，第189页。

2　《国立武汉大学周刊》1933年3月27日第159期、4月17日第161期。

上海商务印书馆再版。

4月　武汉大学东省事件委员会改选，袁昌英被选为委员[1]。

4月　杨端六任武汉大学法学院代理院长，同年6月正式任法学院院长，任期至1937年7月。

5月26日　“某生者”发表《袁昌英拥护女权》，载天津《益世报·语林》第215号。全文如下：

女作家袁昌英氏，年来受聘于武汉大学，任希腊罗马神话及故事之讲席，与其爱人杨端六氏卜住珞珈山上，过其清净之希腊神话，罗马故事之生活！

近来清净的珞珈山上，忽然起了风波，风波之起据说由于该校有教授张某其人者，忽然饱暖思淫欲，想讨一个小老婆来充充下陈之选，张夫人闻悉之下，大发雷霆，遍告珞珈山上诸太太。诸太太会商之下，以为此风不可长，纵长亦不可在珞珈山上长，“清净学府地，不准小姨进”，于是乃采一致之行动，援助张太太，阻止张教授之小老婆运动。惟是有运动，不可不有领袖。袁昌英乃以女文豪兼教授之资格，乃荣膺领袖之职。

在这太太们的联合抵制之下，张教授固早已不敢作非份之想。然袁昌英氏领袖太太们，作纵横无碍文学意味之辩论，上引希腊罗马之据，旁及人道女权之证。反复陈词，其功亦莫大焉。

5月　费鉴照发表《袁昌英女士的戏剧》，载南京《旁观》旬刊第20期。全文如下：

在《凌叔华女士的小说》一篇文章里，我曾经提到过一面讲学一面写作剧本的袁昌英女士。现在中国文艺界写作剧本的男作家很少，女作家或许除了袁女士以外没有别人吧。但是，我写这一篇的动机并不是因为她是唯一的女剧作家，却是因为她的作品有那文艺的品质值得我们去探究与

1 《国立武汉大学周刊》1933年5月1日第163期。

寻味。

她的剧本在数量上并不多。我们普通见到的有《孔雀东南飞》,《活诗人》,《究竟谁是扫帚星》,《前方战士》,《结婚前的一吻》,《人之道》与《笑》共七篇,前六篇已经收集成册刊印在商务印书馆的现代文艺丛书里。后一篇印在最近的《大陆杂志》上。她的作品数量虽是不多,可是,在这少量的作品里,作者已经拿她的剧才给我们看了。《孔雀东南飞》是作者拿这首古诗戏剧化的,故事的材料没有变更,但是,观察点完全改了。作者认为焦母的驱退兰芝不仅是执行婆的威权而另有一种心理作用的背景。她的意见是"母亲辛辛苦苦亲亲爱爱一手把个儿子抚养成人,一旦被一个毫不相干的别个女子占去,心里总有点忿忿不平。年纪大了或是性情恬淡的人,把这种痛苦自然默然的吞下去了。假使遇着年纪还轻,性情剧烈而不幸又是寡妇的,这仲卿与兰芝的悲剧就不免发生了"。作者把住这个见地来写这个悲剧,无论事实上是怎样,和作品本身没有关系的。《活诗人》写一位长于作诗的女学生李雪梅请了写诗的男同学和一位女教授来问他们诗的意义。他们作写诗比赛,谁写得最好,她送给优胜者一朵包含诗意和爱情的玫瑰花。这样便启示她的处女心了。《究竟谁是扫帚星》,写钦明有一位未婚妻玉芳,钦明出洋留学拿玉芳交给他的朋友惟我照应她,那知惟我和她发生恋爱,钦明回国后,玉芳告诉她不能爱他了。他最后写了一封信给玉芳。惟我看见了钦明给玉芳的信,顿生妒念,便恶骂玉芳,玉芳顿时变心又重爱钦明,但是钦明已经拿枪自杀了。《前方战士》描写革命军逼近济南,一位汉奸到革命军营里探听情形的故事。在探子的口中露出军阀的凶恶,另一方面表示革命军士卒的勇敢与不为利诱的坚卓。《结婚前的一吻》写才貌俱全的孤女黎爱珍寄居在远亲李府上,李府上只有一位后嗣李雅贞小姐,这两位小姐是同灯合绣,朝夕不离的伴侣,李雅贞和一位磊落不可一世的少年鲍君信恋爱成功将要结婚的时候,鲍君信误认黎爱珍为李雅贞而和黎小姐接吻。李小姐躺在沙发上哭,鲍也不知道。李氏父母进来责问,李小姐竟牺牲自己要黎爱珍和鲍君信结婚,并且拿父母的允许给她的一部分的财产也赠送他们。《人之道》写已有妻室与儿子的欧阳若雷卖去大部分的财产出国留学，等到回国以后，他和他前妻离婚，另行娶妻。这被弃的夫人因为以前余留的小部分的财产和二百元的离婚费已经用完，没有办法，便到上海去找若雷。她因为受经济压迫当老妈子来维持生活。说也奇怪，她正在若雷家做佣妇，因之，打破了一个大谜。《笑》写李老老因为没有儿子，找金荷生入赘和他大女儿结婚，荷生在他妻子育儿的时候，要求妻妹玉妹的爱，玉妹说怕老虎，怕獐子，怕野猪而要求李老老送她到舅家去来避荷生，李老老顺她的要求，送她去了。

在这六篇独幕剧和一篇长三幕的剧本里，作者袁女士拿妇女们的性情启示给我们看。她启示的范围很广，不单拿妇女的优美方面描写出来，并且拿恶的方面也一样的画出来了。我们要总括的说一句话，他启示的是妇女的天真或本性。依我个人观察作者在这一方面有很大的成功。在《活诗人》里李雪梅的天真烂漫和活泼，作者拿它们描写得十分生动，和活的一般。《结婚前的一吻》里李雅贞牺牲一切幸福为的是黎爱珍，雅贞的牺牲精神与大量是这位小姐的美德。作者拿这一点尽量的描写创成一个神般的角色。《孔雀东南飞》里焦母的强悍与泼辣作者用力刻画出来，在这种表现〈种表现〉强悍里，又拿紧张的情绪满布剧中来创造这位酸性的焦母。在《笑》里作者写为着姊姊着想而避荷生的玉妹艺术十分的卓越。她不单拿这位十七岁的天真女子写得维妙维肖，并且还有幽默——幽默从这件事上与玉妹的口中表现出来，读者几乎也觉不到作者的用力，这是作者一个成功。的确，这三个角色，李雪梅，焦母，与玉妹是作者三个成就，也是表现她剧才的地方。在这点上我们应该称赞作者的。作者是一位女士，她的观察也没有离开女子的立场。我们从她几个独幕剧的男角色看，我们便知道她这个立场了。男子在她眼里并不是很高超的，譬如，在《究竟谁是扫帚星》里惟我看见钦明给玉芳的信而对玉芳发怒，大骂妇女，这是一位心境狭窄的男子；在《人之道》里欧阳若雷留学回国，忘了替他照顾家庭的妻子，和她离婚而与另一位新女子结婚，他是一个忘恩负义的男子。作者虽没有显明的攻击这些男子，但是，在角色的描写里与故事的本身上却暗暗地吐露她对于他们的责备了。

作者不单在人物的创造上有成功，在技巧上也一样的有成功。《结婚前的一吻》写刚在举行婚礼以前，男人所爱的忽变为另外一个女人，这种改变从剧情上看，不单没有违背事理，并且是很可能的结果；《人之道》写被弃的妻子佣于她丈夫的新家庭中，后来丈夫回来被她的儿子发现这位主人便是他们的父亲，人生里既有这样的凑巧，这个转变也毫不乖张了。这些转变充满着剧意，作者选择这个情景，拿它们写得很好，在戏剧术上不能不说是一个成功了。

一九三三，五，十一，南京

5月　王世杰任国民政府教育部长，王星拱代理武汉大学校长。

6月7日　上海《申报》第21605号第1版刊登消息《新课程标准适用初级中学用各科教科书》，称袁昌英等被聘为初中国文特约撰述员。

6月　北平文化学社出版《中华民国名人传》，其中有袁昌英小传一则。全文如下：

袁昌英字兰紫，湖南醴陵人，为中国经济学家杨端六（长沙人）之夫人。英国爱丁堡大学文科硕士，吾国女子在英国取得学位者，袁为第一人。毕业后，继赴法国巴黎大学研究文学。回国后，历任北平法政大学，吴淞中国公学文理学院教授，北平女子师范大学英文系主任及国立中央大学商学院讲师等职。旋复任国立武汉大学文学院教授。其作品散见于《现代评论》及《东方杂志》。单行本有《法兰西文学》，《孔雀东南飞及其他独幕剧》，《西洋音乐史》等。翻译有《玛婷；痛苦的灵魂》等。

袁氏为一女文学家而兼为艺术史的研究者，对于戏剧之创作与翻译极为努力。至于在描写技术上，虽已有相当的成就，但有时仍显幼稚。口齿之伶俐，布局之开展，取材之适宜，均为袁之所长，情节有时矛盾，表现力有时贫弱，则又为袁之所短。然无论如何，袁氏在现代中国女作家中，确能占一重要地位。《孔雀东南飞》剧中，认为兰芝被弃，系夫妻之爱与母子之爱的冲突，此种见地，尤为时人所折服云。（参看《现代中国女作

家》)[1]

7月　杨家骆在由中国图书大辞典编辑馆出版的《图书年鉴（下）》中，对袁昌英翻译的《玛婷；痛苦的灵魂》做了介绍：

在现代文艺丛书内。袁昌英译。此集包含戏剧两篇：（一）《玛婷》，（二）《痛苦的灵魂》。斑拿作品之所以负盛名，并不是因为他的故事新奇丰富，或是怪诞惊人。他的剧情常是简单不过的。本集收两篇，亦复如是。卷首附译白郎夏所著《斑拿传》一篇，约万余言，对于斑氏之生平及著作，叙述甚详，足助读者对于本书之了解。

9月8日　武汉大学开学。

本学年（1933年9月—1934年6月）　在武汉大学文学院讲授必修课程4门，选修课程4门。其中，为中文系二年级讲授选修课程“戏剧入门”，每周3小时；为中文系二年级讲授选修课程“第二外国语（二）· 法文”，每周3小时；为外文系二年级讲授必修课程“第二外国语（2）· 法文”，每周3小时；为外文系二年级讲授必修课程“戏剧入门”，每周3小时；为外文系三年级讲授必修课程“第二外国语（3）· 法文”，每周3小时；为外文系四年级讲授必修课程“欧洲戏剧沿革”，每周3小时；为史学系二年级讲授选修课程“第二外国语（二）· 法文”，每周3小时；为教育哲学系二年级讲授选修课程“第二外国语（二）· 法文”，每周3小时[2]。

欧洲戏剧沿革（每周三小时，一年授完）

本科以历史之眼光，叙述欧洲悲剧喜剧之起原与发展，自希腊起自易卜生为止，同时参读各期重要名著共十余篇，以兴发展之程序互相应证。

9月26日　儿子杨弘远出生。

1　贾逸君编：《中华民国名人传》下册，北平文化学社1933年6月版，第330—331页。

2　国立武汉大学编：《中华民国廿二年度 国立武汉大学一览》，国立武汉大学1933年12月版，第13—44页。

母亲自生我后，许多年因患妇女病而不孕，不知看了多少中西医都不管用。我9岁那年（1932年）夏天，母亲带着我去北平，在李四光夫人许淑彬家住了一夏。后来我才知道，那次是为就诊某妇科名医，但也没有见效。最后，还是吃了武大数学系萧君绛教授的汤药，调理过来，才怀上了弟弟。萧先生精通中医，人品道德极高，多年为武大同仁义务看病，不知治好过多少人。抗战期间，他自己却贫病交加，客死乐山。

1933年弟弟的出生，在珞珈山上是一件盛事。因为父年近50，母年近40，老年得子，值得大事庆贺。这时我家已由第三排的327号搬到第一排西端的332号，家中收到的贺礼，堆满了一间小房。

大喜的日子，却也是母亲大悲的日子。就在弟弟出生时，她至爱的亲人，把她从一个村姑培养成教授并教育她做一个诚实正直的人的慈父，离开了人世。我父亲对她隐瞒了噩耗，直到她产后康复。母亲一生都没有从这无尽的哀思中解脱出来。[1]

9月29日 袁家普在庐山病逝。

9月 王哲甫在由北平杰成印书局出版的《中国新文学运动史》中，对袁昌英的戏剧创作做了评介："袁氏是研究艺术史与戏剧的，在新文学运动的第二期才渐露锋芒的，所写的剧本，散见于《现代评论》，《东方杂志》，《真美善》等杂志上。剧本集已出版的，有《孔雀东南飞及其他》，包含着以古诗《孔雀东南飞》为题材的三幕剧《孔雀东南飞》及《活诗人》，《究竟谁是扫帚星》，《前方战士》，《结婚前的一吻》，四个独幕剧。她的戏剧虽然就只有这一集，已经使她在文坛上占了一个相当的地位。"[2]

10月9日 下午，武汉大学召开团体生活指导委员会第一次会议，分配袁昌英负责指导一年级新生9人，并负责检查女生宿舍清洁工作[3]。

---

1 杨静远:《咸宁干校一千天》，长江文艺出版社2000年1月版，第210页。

2 王哲甫:《中国新文学运动史》，杰成印书局1933年9月版，第252页。

3 《国立武汉大学周刊》1933年10月16日第178期。

10月11日 杨端六当选为国民政府全国经济委员会委员[1]。

11月2日 杨端六被任命为国民政府军事委员会第三厅主任[2]。

11月3日 杨端六被国民政府军事委员会委任为计政厅厅长[3]。

12月8日 杨端六被国民政府全国经济委员会聘为专门委员[4]。

是年 中国教育电影协会总务组编印《二十一年度中国教育电影协会会务报告》，袁昌英与王世杰、杨端六、周鲠生、陈源、凌叔华、苏雪林等为中国教育电影协会会员。

1 《中政会特派经委会委员三十二人》，上海《申报》1933年10月12日第21731号第3版。

2 《命令》，上海《申报》1933年11月3日第21753号第7版。

3 上海《申报》1933年11月4日第21754号第7版。

4 上海《申报》1933年12月9日第21789号第5版。

1934年
41岁

1月6日　午后，与周鲠生夫人访苏雪林，邀其晚餐，苏雪林辞谢。又邀苏雪林明日陪其过江取大衣[1]。

1月7日　上午，与周鲠生夫人、苏雪林过江取大衣。

> 但袁、周二夫人到门相邀，只好换了衣服，陪她们去了。
>
> 过江后，到华兴公司取大衣，因钮子未做好，只好出来，到味腴吃饭，肥鱼及鱼香菜苔味佳之至。
>
> 吃完饭，买了一点东西。到华兴取了大衣，已二时左右，渡江恰三时也。本想看电影，以兰子居父丧，停止一切娱乐，所以不看。[2]

1月11日　下午，差人持函邀苏雪林到其家一谈。

> 下午，兰子派人持一函来，邀余到其家一谈，乃于四时到文学院，与之步行而去。所谈乃精神生活，余谓必生活宽裕乃可及此，如中国人者，终日救死不遑，只有物质生活乃能对胃口耳。窥兰子之意，似有甚多意见，被余一说，为之索然。余不善说话，往往如此，甚悔之。[3]

1月22日　下午4时，邀苏雪林到山前游玩，6时归[4]。

1月25日　到文学院监考。武汉大学即日起期末考试，2月2日至28日放寒假。

1月27日　下午，到刘秉麟家叙谈，苏雪林、周鲠生夫妇同在。

1　苏雪林1934年日记手稿本，武汉大学图书馆藏。下文简称“苏雪林1934年日记”。

2　苏雪林1934年日记。

3　同上。

4　同上。

赴山前访黄蕙君，不意蕙君渡江，只好到刘南垓〔陔〕家。兰子、周鲠生教授夫妇均在茶点，余加入其中，畅谈一小时半，同出散步，到任凯南等之寄宿舍，看任之古董。饭时始归[1]。

1月29日　上午，苏雪林来访，周如松也在。周如松1934年从武汉大学物理系毕业，留校担任理学院助教。

今日下午，赴山前访杨兰子，周松如〔如松〕女士亦在座，谈及捉曹操、请客事。决定借杨家办理，盖余屋子既小，器具又不完全。弄得焦头烂额，反使客不欢，不如烦兰子一次也[2]。

1月30日　邀苏雪林在其家午餐[3]。

1月　译作《玛婷；痛苦的灵魂》由上海商务印书馆再版。

2月1日　苏雪林借袁昌英家请客，并晚宿其家。

上午，在家鬼混到十时，各事始就绪。将水果、糖果装入滕篮，命张妈肩负，同到山前杨家。细雨朦朦，山风峭料，费一倍之行路时间始到。

在杨家午膳毕，动手布置。诸事皆兰子动手，余不过在旁帮忙而已。二十余人之碗碟筷匙，不到一点钟，便布置完毕。兰子才干胜余数倍，于此可见。

四时许，客皆到来。茶点皆由兰子招待，秩序尚不混乱。点罢，捉曹操，六时始罢。兰子留我吃晚饭，即宿其家[4]。

2月2日　苏雪林“上午七时醒来，兰子尚未醒，余到栉沐间用鸡蛋一枚洗头，将发上掠，似较清爽。以后拟即如此打扮，不恢复旧状，不知办得到否？洗头后，见兰子尚未醒，挂念大姊，即行归家。进早点毕，与小猫玩耍片晌，

1　苏雪林1934年日记。

2　同上。

3　同上。

4　同上。

已到八时。又赴前山，则兰子才起床也。待其盥嗽、进早点毕，同至陈家少坐，即回家中”[1]。

2月8日 女儿生日，在家举行茶话会。宾客有苏雪林、陈源夫妇、周鲠生夫妇、刘秉麟夫妇等。

> 下午三时，赴山前兰子茶会。茶点之后，乃为猜物之戏，又为捉刘老老之戏。余输一次，罚讲笑话一个。诸公笑话有甚有趣味者，如朱先生之皮匠，汤太太之前后赤壁赋二斤半，陈院长之太史弟，刘南垓〔陔〕之老字欠一点，余将笔记之。
>
> 六时许，诸客皆散。兰子留刘陈周夫妇及余吃面，盖今日为静子生日也。面后，又为猜字之戏，趣味甚浓。十时乃归。[2]

2月9日 上午，携女儿访苏雪林[3]。

2月25日 下午5时许，与刘秉麟夫妇、凌叔华夫妇访苏雪林[4]。

2月 作论文《论戏剧创作》，载武昌《国立武汉大学文哲季刊》1934年2月第3卷第2号，文末署“民国二十三年二月”。初收入《山居散墨》。

3月5日 下午，邀苏雪林绕珞珈山脚散步，后留苏雪林晚饭。

> 四时半，方约陈焕文、张惠文打球，忽袁昌英君来邀我出外散步，以天气太好故也。与之绕珞珈山脚走了半圈，到其家，见其子又长二寸许，强壮无比，新近种痘，经过良好。闲谈到晚餐时，留我吃饭。饭后，谭司务送我归家[5]。

3月15日 下午4时许，访苏雪林，同赴山前散步。在苏雪林家晚餐后，同

1 苏雪林1934年日记。
2 同上。
3 同上。
4 同上。
5 同上。

访刘秉麟夫妇[1]。

3月18日　上午，邀苏雪林过江看电影、吃饭。

> 九时半，到车站等袁昌英，盖渠今日邀我过江看电影、吃馆子也。恐车脱，故至站候之，然车竟至前山。十一时，袁夫妇及静子始步行来，同坐大汽车进城，渡江到阅江楼吃了一顿很丰富的午餐。参观国货展览会，因人太拥挤，稍看即出。与袁夫妇作别，赴某理发馆理发，久等，始有人[2]。

3月19日　《国立武汉大学周刊》第193期刊登《图书馆启事》，称袁昌英捐赠《泰晤士报文学增刊》（*The Times Literary Supplement*，1928—1932）。

3月22日　下午，到苏雪林家看周庆芳赠品。苏雪林请袁昌英在合作社吃炒面，后同赴其家看望儿子杨弘远。

> 张惠文打电话来，邀我赴上海银行，看孙文雪女士代购之周庆芳赠品，乃杭州丝织品四幅，小电灯二架。在文学院与孙等拍照数枚，混到四时一刻。袁昌英先生来看赠品，相与返家，请其在消费合作社吃炒面一盘，惜过于咸。余又胃口欠佳，勉进数箸而已。与袁同返其家，见其公子又长胖不少，且甚强健，见人则喜跃不已，甚可爱。九时半返家[3]。

4月4日　3月27日，苏雪林前往江西南昌向其姑大人祝寿，4月4日返汉。当日下午，苏雪林赴袁昌英家，交其所带瓷器[4]。

4月8日　中午，在招待所宴请苏雪林等。

> 午刻赴招待所，赴袁昌英先生宴请。先到半山庐看郭频佳之留声机器，木箱机件均甚佳，仅费廿五元，亦云廉矣。今日之宴，饮酒十余杯。归小

1　苏雪林1934年日记。

2　同上。

3　同上。

4　同上。

睡，即赴城取皮鞋，未得[1]。

4月20日　邀苏雪林在其家晚餐[2]。

4月21日　发表散文《巴黎的一夜》，载武昌《中兴周刊》第41期（第2卷第16期）。初收入《山居散墨》。

4月22日　上午，携女儿与刘秉麟夫妇约苏雪林同赴陈登恪家看画。

至十一时许，兰子、南陔夫妇、静子、宝熙等来望我，约我到陈登恪家看画。陈家画实不多，蒋士铨、左宗棠、曾国藩书法，则恐系真迹。又有玻璃柜蓄金鱼甚多，绿藻红鳞掩映可爱。陈自述其由平带鱼故事，使我大笑。兰子邀我到山前玩玩，乃饭于南陔家，继去游湖，在上海银行见野鹿、火鸡、猴子等物[3]。

4月28日　上午，冒雨访苏雪林。

上午十一时，袁兰子冒雨来看我病，并赠我由杨先生购来之细磁盖碗一对，甚为可爱。畅谈学校近日发生之事，知某教授虐妻及其他琐闻数件。留之在此午餐，餐后又闲谈半小时，始别去[4]。

4月29日　下午，苏雪林来访[5]。

5月4日　下午，苏雪林约袁昌英，同至袁昌英家。

到文学院约得兰子，赴其家，拟为德煌觅事，然闻端六先生已辞所长职，未便启齿。晚餐后，冒大雨以归[6]。

1　苏雪林1934年日记。

2　同上。

3　同上。

4　同上。

5　同上。

6　同上。

5月7日　上午，苏雪林拟约袁昌英等进城吃饭、看戏，因下大雨未果。下午，袁昌英访苏雪林，示其所作短篇小说《琳梦湖上》。

赴山前找兰子，拟请彼等进城吃馆子、看戏，不意行到葛家山脚，大雨骤至，躲葛氏檐下五分钟。雨过，始至杨家。渡江之事，当然不能邀得杨夫妇同意矣。天公似故意与我同玩笑，可恶也。

在杨家吃午饭，小坐即归。……四时许，兰子来，示其新作《琳梦湖上》，系散文体短篇小说。看完，陪其游校园[1]。

5月12日　晚间，打电话邀苏雪林明日同游赤壁，"建设厅李范一有一轮可附之故"[2]。李范一时任湖北省政府委员兼建设厅厅长。

5月13日　上午，与苏雪林、王星拱、陈源夫妇、皮宗石夫妇等，乘江轮同游黄州赤壁。

上午五时三刻起床，六时三刻与黄孝徵、陈焕文二君同赴汽车站待大车。至七时半，始见兰子等坐小汽车来，即偕登抵汉阳门，乃见王校长、邵、皮、陈、杨诸先生坐大汽车来。登建华轮，八时开，行至十二时抵黄州，遥见楼阁参差，知为胜迹所在。然赤壁则不过丈许高之崖石而已，且壁下皆为麦田，大江乃在数里外，如《赤壁赋》所云美景殆不可见矣。在坡仙楼午餐，二时三刻返轮，行数里许，至西山。舟人登者三分之一，余与兰子等登至半山即下。后闻登者云，山之阳，有大寺，树木奇绝，悔已无反回路。轮行较缓，以上水关系也。至夜间一时半，始抵汉口，二时乃得归校[3]。

5月16日　上午，电话告知苏雪林，女作家庐隐因难产而死。

1　苏雪林1934年日记。

2　同上。

3　同上。

在电话中，闻兰子说，庐隐以产难亡，不胜惊悼。新文学界又弱一个矣。约晚餐后，至其家谈论此事。……晚餐后，雨更盛，未赴杨家[1]。

本年五月十六日，袁昌英女士在电话里用感伤的音调报告我说庐隐死了。问她消息从何得来，则说得自《武汉日报》专电。死的原因是难产，详细情形她也不能知道。[2]

6月　王星拱正式出任武汉大学校长，任期至1945年7月。

7月1日　发表短篇小说《琳梦湖上》，载北平《文学季刊》第1卷第3期。初收入《山居散墨》。

7月7日　杨端六被聘为武汉大学法学院院长，陈源为文学院院长[3]。

7月16日　上午，苏雪林致信袁昌英[4]。暑期，苏雪林赴上海、青岛、杭州等地度假。

7月18日　上午，苏雪林致信袁昌英[5]。

7月　《现代女性》月刊第1卷第1期刊登《妇女界消息之二》，称“袁昌英，在广州，甚少创作”。

8月1日　上午，苏雪林致信袁昌英[6]。

同日　南京《图书评论》第2卷第12期“杂志论文分类摘要”栏发表仝增嘏《文艺十七则》，其中第15则为袁昌英《论戏剧创作》摘要。

8月　武汉大学毕业生方攻石、贺雅晨、赵家鹏、刘诚、邹剑龙等在武昌创办华实女子中学（后更为成达女中），聘袁昌英等为校董[7]。

8月　王泽浦《中学生国文应读书目提要》由北平中华印书局出版，内收

1　苏雪林1934年日记。

2　苏雪林:《苏雪林自传》，江苏文艺出版社1996年12月版，第290页。

3　据武汉大学档案馆所藏《各学院院长聘书》。

4　苏雪林1934年日记。

5　同上。

6　同上。

7　《武大毕业生创办华实女中 不日即开始招生》，《武汉日报》1934年8月8日第1764号第8版。

《孔雀东南飞及其他独幕剧》提要：

> 《孔雀东南飞及其他》 袁昌英著。袁氏是现代的女作家，字兰紫，湖南醴陵人，英国爱丁堡大学文学硕士，现任武汉大学文学院教授。她的创作只有《孔雀东南飞及其他》一部，其中除《孔雀东南飞》三幕剧外，尚有《活诗人》、《究竟谁是扫帚星》、《前方战士》、《结婚前的一吻》四个独幕剧。这部剧本在当时惹了许多人的注目，各处排演《孔雀东南飞》的很多。[1]

9月8日 武汉大学开学。袁昌英此时在南京，10月返回武汉大学。

本学年（1934年9月—1935年6月） 在武汉大学文学院讲授必修课程3门，选修课程4门。其中，为中文系二年级讲授选修课程“戏剧入门”，每周3小时；为中文系三年级讲授选修课程“第二外国语（三）· 法文”，每周3小时；为外文系二年级讲授必修课程“戏剧入门”，每周3小时；为外文系三年级讲授必修课程“第二外国语（3）· 法文”，每周3小时；为外文系三年级讲授必修课程“欧洲戏剧沿革”，每周3小时；为史学系三年级讲授选修课程“第二外国语（三）· 法文”，每周3小时；为哲学教育系三年级讲授选修课程“第二外国语（三）· 法文”，每周3小时[2]。

9月 翻译美国攸勤·奥尼尔（U. O'Neill，今通译尤金·奥尼尔）剧作《绳子》，载上海《现代》月刊1934年10月1日第5卷第6期“现代美国文学专号”，译后记末署“民国二十三年九月译者识于南京”。

> 在炎天烈日下的南京，谁也不能做多少工作，然而《现代》的编者定要我译一篇奥尼尔的短剧，为美国近代文学专号补白，几次邮信来往，均未成议。最后他将美国现代书局出版的奥尼尔的短剧集寄下，那末，我有点觉得情不可却了，于是答应了他。在种种应酬及人事之余以及烈日威风之下，我将这篇《绳子》，在二三星期之内，译出来了。结果当然不会好。

1 王泽浦：《中学生国文应读书目提要》，中华印书局1934年8月初版，第131页。

2 国立武汉大学编：《中华民国廿三年度 国立武汉大学一览》，国立武汉大学1934年12月版，第14—48页。

一者交稿期迫促，我没有工夫作细细的修改。二者我对于这篇东西根本不大赏识。三者奥尼尔在这本剧集里所描写的都是水手工人的生活。我对于水手工人——很惭愧——没有接触，没有了解；所以要译他们的夹着许多俗话的对话，万难译得出色，恐怕不是牛头不对马嘴，就难免画蛇添足之病！我现在所要求的，只是读者不感觉晦涩不通，就是算达到了目的。

奥尼尔是美国现代戏剧界坐第一把交椅的人物，谁也不能抢去他这老大哥儿的名位。可是我上面为何敢说：我根本不大赏识这篇东西呢？这里面是有个道理的。这集内所采的多半是奥氏初期的作品。他的天才，人格，毅力，气魄，都在这里，可是他的艺术尚未达到他后来的作品所表现的极峰。譬如，就拿这篇《绳子》来讲，他将悬点（Suspense）这个戏剧里面最有效力的工具不用，而去利用惊异（Surprise）这个较逊一筹的手段，至使剧中应当极为紧张的地方而变为平淡无奇的过去了。亚伯项将一袋金洋，瞒着女儿女婿，去系在绳子的末端，藏在屋梁上，而口里假装着咒诅他的儿子露克，要他回来自己去上吊，以便得着这一份家业。这个事实，剧中人当然不能知道；若知道，这剧就做不成了。然而观众和读者应当先知道这事实，然后才能领略这剧中的悲剧的刺讽（tragic irony）；剧做出来，才能有精彩而紧张。奥氏不去利用这种悬点的好处，而使我们最后吃惊一下，忽然悟到剧中的真义就止了，似乎有点可惜！

可是，Suspense与Surprise这两种戏剧工具的强弱，文学界中争论颇多。奥氏许是仁者见仁，智者见智，另有一番眼光，亦未可知！译者不敏，不敢固认己见是完全对的。

民国二十三年九月译者识于南京

9月　杨端六赴南京就任国民政府军事委员会第三厅（审计厅）厅长，袁昌英携儿女同行。

9月　作散文《再游新都的感想》，载天津《大公报·文艺副刊》1934年12月1日第124期。后收入《山居散墨》，文末署“民国二十三年”。

10月3日　从南京返武汉大学。

闻兰子已到珞珈山，拟往探之，但心绪、天气两皆不佳，且明日尚有功课，不能不略为预备，只好将见她之念强自遏制，决明日去。[1]

10月4日　下午，苏雪林来访。

下午，赴山前探视兰子，相见相欢。兰子容貌如故，宏〔弘〕远已长大多多，静子亦长矣。兰送我南京织锦衣料一件，甚为美观。同赴周、刘二家闲谈，五时辞归。盖天雨，恐过晏归不便也。[2]

10月8日　苏雪林在袁昌英家晚饭[3]。

10月10日　上午，访苏雪林，未遇[4]。

10月12日　出席武汉大学第237次校务会议，被推为文哲季刊委员会委员[5]。

同日　携女儿访苏雪林，在其家晚餐[6]。

同日　张道藩在上海《申报》第22084号发表《〈自救〉和〈第一次的云雾〉在南京公演以后（四）》，称在南京公演的戏剧《自救》和《第一次的云雾》，排演时曾得到袁昌英、杨今甫（杨振声）、徐悲鸿、郭子杰等人的指导。

10月13日　苏雪林赴袁昌英家晚餐，夜宿袁家[7]。

10月14日　苏雪林"今日晨六时即醒，挂念家中，即辞兰子返"[8]。

10月16日　苏雪林"今日问陈通伯先生，云黄家小猫，渠已不要，故今日到黄家捉来，而以电话请袁昌英先生派人告吴维清先生来捉。下午，吴家果以小僮来捉去"[9]。

1　苏雪林1934年日记。

2　同上。

3　同上。

4　同上。

5　据武汉大学档案馆藏件。

6　苏雪林1934年日记。

7　同上。

8　同上。

9　同上。

10月17日　下午，参加学生团体生活指导委员会会议，被分配负责指导1934年度入校新生10人，其中外国文学系9人，哲学教育系1人[1]。

同日　下午，苏雪林来访，读袁昌英新作[2]。

10月20日　生日，约苏雪林前来晚饭。

> 下午本拟约葛郁桂先生打球，忽兰子自山前来信，云改明日上午过江，请我今日下午到她家吃饭，遂留一条与小陈，请代向葛先生道歉，余则直赴山前。兰子稿子整理大略就绪，约有二十余篇之谱，尚有翻译、小说四五篇，可出单行本二种。渠五六年来，收获尚不算坏，余则陆氏庄荒得太可怜，必须努力乃可。今日为兰子诞辰[3]。

10月21日　苏雪林“上午整理《阿Q正传》，题目已照兰子所劝更改矣。此文原属旧稿改编，但连日文思不大灵动，工作进行至缓。昨日虽以稿示兰子，其实头尾并不完全。今日工作即整理头尾是也”[4]。

10月26日　下午，在文学院遇苏雪林，邀至其家晚餐[5]。

10月30日　苏雪林“下午接朱志尧先生来信，云蔡总主教星期四将来武大参观，嘱余与校长预先接洽。余商之袁兰子，彼云不如天主堂来一公函为妥”[6]。

11月3日　上午，送一纸条给苏雪林，谓有天主教神父欲与她谈话[7]。

11月12日　苏雪林“因车行略缓，到刘家已六时一刻矣，幸客到尚少，到七时方上桌。饭后兰子、叔华后为科学灵机之游戏，请岳飞，请关公，均未得结果，继为桌仙之戏。散时已十时一刻，不及返二区，即宿兰子家。兰子云，李太太十二日动身，约后日可到”[8]。

1　《国立武汉大学周刊》1934年10月29日第214期。

2　苏雪林1934年日记。

3　同上。

4　同上。

5　同上。

6　同上。

7　同上。

8　同上。

11月13日　上午，苏雪林写一便条给袁昌英[1]。

11月16日　下午，与苏雪林前往武汉大学招待所看望李四光太太。

下午，小睡，后赴文学院廿三教室习画，袁昌英先生觅我去与攀谈一小时……五时，兰子下课，相偕赴招待所看李太太，盖李四光先生将赴英讲学，李太太亦特随去，习音乐也。一年半不见，希芝已长大，李太太亦较瘦，李先生则头发半苍，已呈老态。……饭于招待所[2]。

11月18日　苏雪林来家晚餐[3]。

11月21日　下午，随苏雪林同赴王世杰家晚宴，欢送李四光夫妇赴英。

四时半，赴杨家，邀兰子同赴王校长宅，李四光夫人亦在座，同访邵逸舟夫妇，六时到王家。六时十分，开始用宴。今日主人为王校长，周鲠生、皮宗石二先生。七时半，送李四光夫妇上车，余回家[4]。

11月24日　苏雪林“前日以二元四角购得全獐一头，初以为便宜，开剥后称之，不过十四斤之骨与肉，乃知吃亏。以一前蹄赠袁家，一肋赠雪明，一后腿赠兰子，自己所余无几”[5]。

12月2日　下午，苏雪林来访，未遇[6]。

12月4日　《武汉日报》第1879号第8版刊登消息《轮底文学社定期成立　将请武大袁昌英等讲演　筹备员昨举行第四次会》，称轮底文艺社将于9日请袁昌英、苏雪林演讲。

12月10日　下午4时许，访苏雪林，邀其散步，同到山前小学打秋千，看兔子、金鱼[7]。

1　苏雪林1934年日记。

2　同上。

3　同上。

4　同上。

5　同上。

6　同上。

7　同上。

12月14日　下午，访苏雪林，赴校园闲谈，同访凌叔华，讨论成立“葽水读书社”。

下午，兰子来访，同赴校园闲谈。彼约我上完图画课后赴其家，论组织读书社事。三时半，赴廿三教室，作画一幅半。五时，同兰子赴山前访凌叔华，饭于其家，讨论读书社事，定名曰葽（义效切）水读书社，开会期半月一次会，会暂定十二三人。赴刘南垓〔陔〕家讨论此事。晚宿兰子家[1]。

12月19日　凌叔华邀袁昌英、苏雪林共同主持《武汉日报》文艺副刊。

下午……忽凌叔华女士来访。盖渠将请彭医生疗治鼻子，顺道过此也。渠拟替《武汉日报》办文艺副刊，邀余与兰子共主其事。余以自己身体太坏，本分功课已显竭蹶，实不愿招揽外面事务，即兰子发起之读书会，我亦不甚赞成也。特见人高兴，不忍拂其意耳[2]。

12月28日　下午，邀苏雪林、凌叔华至其家，商议《武汉日报》文艺副刊事。

五时，兰子来访，邀我到她家，打电话邀叔华商议办《武汉日报》的文艺副刊事。兰子反对，我亦主张不接办。因为我二人有功课，无暇及此故也。叔华颇失望，但亦无可如何。宿杨家[3]。

12月30日　下午，苏雪林来访[4]。

12月31日　苏雪林在袁昌英家早餐，10时回家[5]。

是年　苏雪林讲义《新文学研究》由国立武汉大学刊印行。其中，第4编

1　苏雪林1934年日记。

2　同上。

3　同上。

4　同上。

5　同上。

《论戏剧》之第4章为《袁昌英的〈孔雀东南飞〉及其他》。全文如下：

袁昌英是现代女作家中唯一研究戏剧的人，——白薇不过能写写而已并无研究——她的创作虽仅有《孔雀东南飞》及其他六篇话剧并未收入单行本之零星剧本数篇，却篇篇都具有相当的精彩。可说是现代贫薄的剧坛最宝贵的收获。

《孔雀东南飞》本是一篇宏丽哀艳的故事诗，其中包含家庭问题（例如姑媳同居）、婚姻问题（例如兰芝被父兄逼迫改嫁）、社会问题（例如太守可以势利歆动兰芝之父兄）、妇女问题（例如兰芝经济不能独立），为问题剧之绝好材料。北京女高师在民十间即将它改为新式话剧颇得社会好评。熊佛西戏在其《佛西戏剧》中也有《兰芝与仲卿》之独幕剧，已离开问题剧之窠臼而侧重心理研究，可惜结构过于简单，描写过于草率，没有什么艺术价值可言。袁氏《孔雀东南飞》也注重心理的分析，却成功多了。她将焦母驱逐兰芝的动机，解为对媳妇的"吃醋"。这里有她自序为证：

> 那夜梦中惊觉不由的想到这诗上面去，不由的自问焦母遣退兰芝到底是什么理由。自然在中国的做婆的自古就有绝对的威权处置儿媳的，焦母之驱退兰芝，不过是执行这威权罢了。然而这个答复不能满足我。我觉得人与人的关系总有一种心理作用的背景。焦母之嫌兰芝，自然有种心理作用。由我个人的阅历及日常见闻所及，我猜度一班婆媳之不睦，多半是"吃醋"二字的作祟。我的意思并不是说母亲与儿子有什么暧昧的行为才对媳妇吃醋的，委实是说，母亲辛辛苦苦亲亲爱爱一手把个儿子抚养成人，一旦被一个毫不相干的别个女子占去，心里总有点忿忿不平。年纪大了，或是性情恬淡的人，把这种痛苦自然默然吞下去了。假使遇着年纪还轻，性情剧烈，而不幸又是寡妇的，这仲卿与兰芝的悲剧就不免发生了。

按奥大利心理学家佛洛依德有"阿底斯错综"（Oedipus Complex）的学说。这名字系由希腊悲剧作家Sophocles那个弑父妻母的《阿底普斯王》

（*Oedipus The King*）剧本而来。据佛氏说照普通说法都以为人类的性欲一定要到春情发动期才能显现，其实不然。婴儿含着母亲的乳房，女孩缠住异性的父亲，已经有了性欲作用从中驱使了。佛经里的《新婆沙论》《依婆沙论》《世尊经》《正法会经》也有和佛氏相类似的学说，而且说得更加澈底。可见母与子、父与女情感上相互吸引出于人类先天根性，无可如何，不但现代西方学者如是云云，古代东方圣人也早有见及此。中国婆媳同居是一个最不人道的制度，庄子说“室无空虚则妇姑勃磎”，屋子小了，没有回旋的余地，婆同媳面对面，就不免吵嘴，这虽然是一句笑话，其实也是真情，两个天性上有抵触的人勉强住在一处，有几个能相安到底？兰芝与仲卿，陆放翁与唐氏，算是比较显著的牺牲者，其他无名悲剧何止万万千千，如其一齐表现出来，一部中国家庭史所积的血泪，恐怕比江河还深呢。婆媳同居的结果，那个媳妇的固然痛苦，做婆婆的又何常不痛苦，作者能看出焦母隐痛，用极深刻极细腻的笔法分析她的心理，把她写成一个悲剧的主人公，使我们的同情都集中于她身上，这就是作者独到之点。

复次，袁昌英女士这个《孔雀东南飞》剧本，可以说完全根据悲剧原则写成的。据法国的文艺批评家Ferdinand Brunetiere 说，悲剧成立的原素在于“争斗”（Conflict）。美国哈弥顿Clayton Hamilton的戏剧论也说悲剧的成功是由于一种不可抵抗的力量加于人物意志互相冲突而来的。它的变迁的程序有三：第一是人与宇宙的力或运命相争斗，希腊悲剧属之；第二是人与人性格间的争斗，莎士比亚剧本属之；第三是人与社会的争斗，嚣俄开端至易卜生而完成。袁氏的《孔雀东南飞》剧本可说第二种悲剧，但也可以说是第一种。袁氏自序也说“这三种争斗之中最动人而最悲惨的是人与宇宙及命运之斗争，因为以上二种的悲意都包涵在内。这种争斗之所以悲惨的缘故是剧里的人物竭尽生命之力，来与对方争斗，而到最后仍不免于一败涂地。这才是所谓‘无可奈何天！’的凄惨。若是剧中露出有别种办法的破绽，或是人物的描写不暗示这种不可免的悲苦收场时，那就失了悲剧的效力与根本意义。”焦母之不容兰芝，固可以说是她性格上的缺陷，但假如她早年不死丈夫，爱情有所寄托，则不至于吃媳妇的醋。又假如兰芝相貌不美丽，性情不贤淑，才艺不优长，不能得仲卿的爱恋，也不至于有情死的结果。母亲对于儿子的爱是这么坚强，这么不能让步；儿子对于妻子的爱又是这么坚强，这么不能让步，两者冲突起来如何不发生悲剧？命运像一座铜墙铁壁，把一群怨女痴男陷在中间，无论他们怎样左冲右突，总是杀不出来，结果是焦头烂额，同归于尽，这也真是“无可奈何天！”的悽惨了！

除了《孔雀东南飞》以外，尚有《活诗人》，表示作者对于诗人人格之见解。中国古人于文学士品行之修养最为注意。颜之推《家训》云：“夫学者犹种树也，春玩其华，秋登其实，讲论文章，春华也，修身利行，秋实也。”西洋亦有“美的人格”（A Esthetic Personality）之说。日本本间久雄曰：“就事实看来，伟大的作品，优秀的作品，深刻的作品，其作者总常是伟大，优秀，深刻的。其反面也是如此，决没有伟大，优秀，深刻的作品而作者却是委琐，卑俗，浅薄的。”新文坛承五四思想解放反面之流弊，无行文人如某某等居然摇笔弄墨日以颓唐淫恶之篇章，蛊惑无数纯洁青年，趋于堕落之途径，无人敢一声其罪，可谓不平已极。袁氏之作《活诗人》实是对当时潮流下一针砭。《究竟谁是扫帚星》，《人之道》则属于现代婚姻问题的讨论。中国从前男女的结合完全由于父母之命，媒妁之言，所以真正的美满婚姻很不多。尤其男女教育不平等，丈夫学富五车，妻子一丁不识，闺房以内情趣毫无。以前大家都是如此还不感如何的痛苦。今日欧美自由恋爱的新思潮灌输进来，有智识的人对于婚姻发生一种自觉心理，而有婚姻革命的要求，这原是极合理，极可赞许的。不过过渡时代一切制度常呈混乱的状况，有一部分人感受痛苦（觉悟份〔分〕子之痛苦）便有一部分趁混乱而占便宜；有一部分人自甘牺牲便有一部分人牺牲他人而图自己的利益。从前离婚，无论男女均须受相当的社会的裁制，现在则可以绝对自由。于是婚姻本不痛苦，只为见异思迁喜新厌故的心理作用而离婚者有之；不能忍耐小小挫磨，不肯牺牲细微意见，而离婚者有之；本由恋爱结合，现在为了别的卑劣动机而离婚者有之，要知天下男女美貌之上还有美貌的，温柔之上还有温柔的，富贵以上还有富贵的，如其任感情之冲动，视婚姻为儿戏，则色衰见弃，金尽而离，夫妇之道苦矣。作者于戏曲中给予这以强调的讽刺，于世道人心不能说毫无裨益。[1]

本年度 月薪350元。文学院同档次月薪的教授还有高翰、刘永济、刘赜、徐天闵、丁人鲲、万卓恒等6人。文学院教授月薪最高者是英国教授伊尔文和陈登恪，均为400元；次是李剑农、范寿康、方重，均为375元[2]。

1 苏雪林:《袁昌英的〈孔雀东南飞〉及其他》,《新文学研究》，国立武汉大学1934年印行，第265—268页。

2 据武汉大学档案馆所藏《中华民国二十三年度国立武汉大学教职员履历册》。

1935年
42岁

1月1日　发表独幕剧《春雷之夜》，载南京《文艺月刊》第7卷第1期，文末署“民廿四年元月草于武大”。

1月2日　与苏雪林、凌叔华商议《武汉日报》文艺副刊事。

> 兰子所以招我者，还是为了《武汉日报》文艺副刊事。我对大姊说此时甚为麻烦，即兰、叔两人愿意办，我亦不加入。但到山前后叔华一席话我又改变宗旨了。叔华说她愿意担任总编辑，与外界接洽一切，至于我与兰子，则不过每月投稿一篇而已。此条件容易，所以我到底答应了……[1]

1月　戏剧集《孔雀东南飞及其他独幕剧》由上海商务印书馆再版。

2月16日　南京《广播周报》第22期发表袁昌英原著、传音增补的剧本《同命鸳鸯》。

2月　作论文《沙斯比亚的幽默》，载武昌《国立武汉大学文哲季刊》1935年第4卷第2号，文末署“民国二十四年二月草于武大”。初收入《山居散墨》。

3月18日　《国立武汉大学周刊》第226期刊登消息《本校教职员捐款赈济湖北旱灾》，称袁昌英捐洋14元。

4月1日　发表独幕剧《文坛幻舞》，载南京《文艺月刊》第7卷第4期。

4月初　武汉各剧团以赈灾募捐名义进行联合公演，有6家剧社演出，其中省立女师所选剧本是袁昌英的《孔雀东南飞》。随后，《武汉日报·鹦鹉洲》开设“武汉各剧团联合公演批判特辑”专栏，有部分文章对袁昌英的《孔雀东南飞》展开了批评。

4月8日　《武汉日报·鹦鹉洲》第1649号发表《编者谨白》。全文如下：

1　苏雪林1935年日记。据西泠印社2016年春节拍卖会（中外名人手迹专场）图录。

自本栏发刊“武汉各剧团联合公演批判特辑”后，连日收到同类文字甚多。除于前昨两日，划出篇幅的一部分，择要发表外，兹因收到苏雪林先生的《〈孔雀东南飞〉剧本及其上演成绩的批评》一稿，为读者便利计，特将其他稿件停下，这，又是一个“特辑”了。

苏雪林先生撰寄此文的动机，系不满于袁昌英先生所著剧本《孔雀东南飞》受到“陈腐”的批评，故特撰此文，以为原著辩解，但是我们应向苏先生解释的，就是“特辑”中所载各文，因为篇幅及时间上的限制，不得不重于上演成绩的批判，而略于剧本本身的检讨，此次“特辑”，以对于《女人与狗》及《幸福的栏杆》两剧的批评较为详细，然其牵涉剧本之处，亦只以在舞台上得到的效果如何为标准，于剧本本身，亦没有作详尽的批判，对《孔雀东南飞》的评论，亦属同一意思。袁先生所著是剧，编者数年前即已拜读，觉其见解的超脱，分析的细密，以及格律的谨严，诚如苏先生所言:“是中国自有新剧以来，是一件有数的惨淡经营的作品”，然剧本的文学价值是一事，而在舞台上所收到的效果又是一事；某一个剧本在舞台上应该收到如何的效果是一事，而因演出者手法的优劣，演员技巧的高低，实际能收到如何的效果又是一事。此次女师上演是剧，武汉各报，均有批评，然经编者细心对照，犹以本刊立论，较为平允，即苏先生此文，亦承认其为“一塌糊涂”，可见好剧本不一定能上演，而能上演的剧本，亦不定个个人都能演得好也，苏先生在致编者的信中，指原来的几位“执笔人”为“偏狭浅薄”，诚不无遗憾！

末了，承苏先生惠寄一篇这样的佳构，谨表示感谢。同时，并向《孔雀东南飞》的剧作者袁昌英先生致歉！

4月8日、9日 《武汉日报·鹦鹉洲》第1649号、第1650号发表雪林（苏雪林）《〈孔雀东南飞〉剧本及其上演成绩的批评》。节录如下：

上星期湖北省党部为了募捐赈济灾民，一连举行三天游艺会。事前我看见《武汉日报》揭载游艺会节目，话剧中有《孔雀东南飞》一出，剧中人物与袁昌英女士所编剧本相同，便疑心是她的，打电话到女师探问，果然不错，于是我便决心渡江作第一次武汉话剧公演的观光人了。

没有叙说我观光感想之前，可以将我个人对于本剧的感想说一说。谁都知道《孔雀东南飞》是一首中国文学史上不朽的弘丽哀艳的故事诗，而且它的本身就富有戏剧性。五四运动以后，果然有人将它改为话剧，这种剧本据我所知的共有三种。第一种为北平女高师学生所编，十年前曾在北平上演。五四后三四年间，中国剧坛受易卜生等人影响，问题剧（Problem Play）大盛。《孔雀东南飞》那首诗里面本包含姑媳同居婚姻不自由等等中国家庭问题，女高剧本便侧重这方面，将兰芝写成一个受家庭社会压迫的可怜弱女，而焦母则写成一个暴虐横恣受人唾骂的夜叉婆。而且分幕太多（共分七幕）穿插幼稚，无非将原诗情节一字不改搬上舞台，再加一点迎合当时社会反对旧礼教的心理的对话罢了。第二种是熊佛西先生的《兰芝与仲卿》独幕剧，仅截取原诗焦母驱逐兰芝一段情节把它表演出来。在编制法上，可说比较经济，但结构过于简单，描写过于草率，也没有什么艺术价值可言。第三种便是这次女师上演的袁昌英女士的剧本了。这个剧本与上述二种大不相同，可算我个人最欣赏的一件艺术作品，因为作者能脱离时间性的“问题剧”窠臼，而作深刻的心理分析。这里我可以引这一段自序为证：

> 那夜梦中惊觉不由的想到这诗上面去，不由的自问焦母遣退兰芝到底是什么理由。自然在中国的做婆的自古就有绝对的威权处置儿媳的，焦母之驱退兰芝，不过是执行这威权罢了。然而这个答复不能满足我。我觉得人与人的关系总有一种心理作用的背景。焦母之嫌兰芝，自然有一种心理作用。由我个人的阅历及日常见闻所及，我猜度一班婆媳之不睦，多半是“吃醋”二字的作祟。我的意思并不是说母亲与儿子有什么暧昧的行为才对媳妇吃醋的，委实是说，母亲辛辛苦苦亲亲爱爱一手把个儿子抚养成人，一旦被一个毫不相干的别个女子占去，心里总有点忿忿不平。年纪大了，或是性情恬淡的人，把这种痛苦自然默然吞下去了。假使遇着年纪还轻，性情剧烈，而不幸又是寡妇的，这仲卿与兰芝

的悲剧就不免发生了。

按奥大利心理学家佛洛依德有“阿底斯错综”（Oedipus Complex）的学说。这名字系由希腊悲剧作家Sophocles那个弑父妻母的《阿底普斯王》（*Oedipus The King*）剧本而来。据佛氏说照普通说法都以为人类的性欲一定要到春情发动期才能显现，其实不然。婴儿含着母亲的乳房，女孩缠住异性的父亲，已经有了性欲从中驱使作祟了。佛经里的《新婆沙论》《依婆沙论》《世尊经》《正法会经》也有和佛氏相类似的学说，而且说得更加彻底。可见母与子、父与女情感上相互吸引出于人类先天根性，无可如何，不但现代西方学者如是云云，古代东方圣人也早有见及此了。中国婆媳同居是一个最不人道的制度，庄子说“室无空虚，则妇姑勃豀”，屋子小了，没有回旋的余地，婆同媳面对面，就不免吵嘴，这虽然是一句笑话，其实也是真情，两个天性上有抵触的人勉强住在一处，有几个能相安到底？兰芝与仲卿，陆放翁与唐氏，算是比较显著的牺牲者，其他无名悲剧何止万万千千，如其一齐表现出来，一部中国家庭史所积的血泪，怕不比江河还深吗。婆媳同居的结果，那个作媳妇的固然痛苦，做婆婆的又何常不痛苦，不过在中国宗法社会里，婆婆擅着无上的威权，牺牲总归于媳妇那方面罢了。如其根据心里〔理〕学的眼光去看那做婆婆的也值得我们的同情。作者能看出焦母隐痛，用极深刻极细腻的笔法分析她的心理，把她写成一个悲剧的主人公，使我们的同情都集中于她身上，这就是作者独到之点。

复次，袁昌英女士这个《孔雀东南飞》剧本，可以说完全根据悲剧原则写成的。据法国文艺批评家Ferdinand Brunetiere 说悲剧成立的原素在于“争斗”（Conflict）。美国哈弥顿Clayton Hamilton的戏剧论也说悲剧的成功是出于一种不可抵抗的力量加于人物意志互相冲突而来的。它的变迁程序有三：第一是人与宇宙的力或运命相争斗，希腊悲剧属之，第二是人与人性格间的争斗，莎士比亚剧本属之。第三是人与社会的争斗，嚣俄开端至易卜生完成。袁氏的《孔雀东南飞》可说第二种悲剧，但也可以说是第一种。袁氏自序也说“这三种争斗之中最动人而最悲惨的是人与宇宙及命运之争斗，因为以上二种的悲意都包涵在内。这种争斗之所以悲惨的缘故是剧里的人物竭尽生命之力，来与对方争斗，而到最后仍不免于一败涂地。这才是所谓‘无可奈何天!’的凄惨。若是剧中露出有别种办法的破绽，或是人物的描写不暗示这种不可免的悲苦收场时，那就失了悲剧的效力与根本意义。”焦母之不容兰芝，固可以说是她性格上的缺陷，但假如她早年不死丈夫，爱情有所寄托，也不至于吃媳妇的醋了。又假如兰芝相貌不美丽，性情不贤淑，才艺不优长，不能得仲卿的爱恋，则也不至于有情死的结果。天老子忽然一天过得不耐烦，就拿他手造的可怜人类来开心，轻轻巧巧地布置了一个八阵图，把一群痴男怨女陷在里面，使他们左冲右突，杀不出来，烂额焦头，同归于尽，他才在云端里拍手大笑，这碧翁总是这样狡狯，总是喜欢这样使狭促，你又拿他怎样办！你读《孔雀东南飞》恨焦母吗?不必。她也几次狠命同自己奋斗过，无奈她究竟是个人，她有人性的弱点，结果她惨痛的失败了。你说仲卿不该弃母不顾，与兰芝同死吗？这更说得不近人情了。总之作者抓住了悲剧的根本意义，含着一包悲天悯人的眼泪，抱着一副同情不幸者的火热心肠，把焦母的痛苦表现得那样刻骨髅〔镂〕肌、惊心动魄，描写得那样血泪模糊、痛彻肺腑。这样寻常文字笔墨很难写出，实有作者全生命力贯注其间。至于全剧结构之谨严，刻划之细致，对话之有力，局势之紧张，尚其余事。我们如说这本《孔雀东南飞》是中国自有新剧以来有数的惨淡经营的作品，有数的伟大庄严沉博绝丽的悲剧，想不算什么过分夸张的话吧。

提到参观上演的感想我却没有多少话可说，因为我对于演剧术缺少研究，所以也说不出什（么）中肯的话来。我觉得那晚最使我失望的，第一是服装太不讲究。本剧故事发生于东汉建安时代，照理应用古装，而女师学生演这剧时竟用了时装。这不啻展开一幅西洋人看的头戴红顶花翎身穿朝珠补褂的大成至圣先师孔子像，未免太滑稽了。第二布景太潦草，第一幕焦仲卿的卧室与第二幕焦家客堂竟没有改变。第三幕本属野外景物，当应用一幅风景画。可是舞台上一面安排了乱石和草地，一面又让台上原有的两扇门存在着，看去委实不伦不类。不过这些缺点也有可原谅之处，据导演人高品珊先生说：女师演此剧完全为了赈灾起见，一切开销不得不力求撙节。自制古装固非巨金不办，向旧剧团体去借戏装，那笔租费也很可观，布景潦草也为了这个原因。如其把许多钱靡费在这些上面，不如拿去多救济几个灾民了。第三说话的声音太参差。饰仲卿的操着一口国语，其余均操武汉本地方音，听进耳朵里觉得不甚和谐。

不过这并不算得什么大毛病。新文学运动初起时大家主张用国语写文章，现在许多人又觉得这顽意不新鲜了，又来提倡以各地方言写的“大众文学”。方言文学范围比较偏狭，但本地人听来却能加倍发生亲切的情感。旧剧生旦诸角操京白，丑角则往往操方音，插科打诨，容易令人发笑。也是利用这种心理，那晚女师演《孔雀东南飞》博得许多鼓掌声，这掌声都可以说是由那亲切情感而来的。

现在我再来批评演员表演的优劣。演员中饰焦母一角的最富于演剧的天才。化装逼肖，我几乎疑心她真是个四十来岁的中年妇人。她操的虽属湖北土音，但嗓音宏亮而清晰，听去句句可懂。表情尤为细腻曲折，体贴入微，将女主角的忧虑，愤怒，悲哀，……各种情绪，都表演得丝丝入扣。第一幕答应替儿子娶亲一段话：

> 我的儿……我……我……恭……喜你！……我二十二年来翼下的……现在要高飞了……
>
> 是……是……我是该快乐。你爸爸早离开我，我辛苦一世，为他承宗接后了，还不该快乐吗？可是……可是……我不知怎的……可是我真快乐呀！

那位演员用颤抖断续又哭又笑的声调，将焦母内心的冲突充分表现出来。我以前读《孔雀东南飞》剧本时，对于这几句话，尚未受如何感动，但那晚听演员口中说出，我的眼泪便几乎被她引到眶外来了。第二幕替儿子绣鞋，小妹前来打搅又劝她不必那样苛刻待嫂子，弄得一家毫无生趣，她正听得不耐烦，又听见使女报告儿子归来躲在媳妇房里听媳妇的哭诉，于是更如火上浇油，而决心驱逐兰芝了。当她感情爆发之际，独坐中堂，一刻转怒为悲，一刻儿怒又甚于悲，大声叫道：

> 两三年来，我的这颗心，……这颗已经残缺不全的寡妇心……就不息地被她割得万千小片，掷与猪狗做牙中物！天地间竟有这种事吗？天地神明呀！你们给我们女子做母亲的种种辛苦。我，我吃了受了。报酬，报酬呢？报酬就是从我们怀里把我们的儿子一把夺去，一骨碌送入别人的怀抱内，这是公道吗？

这几句话可说是全剧的顶点，说得没有力量，就把全剧精彩都打散了，而那晚演员总算尽了她的义务。第三幕仲卿失踪，焦母赶到兰家寻觅，路上跌瘸了腿。以及听见女儿报告儿媳均已投水而吓得昏死过去，神经错乱中捉起地上草束当做儿子几段，都表演十分出力，十分惨淡动人。可惜那晚观众死抱着看至五四以来反对家庭制度的问题剧的观念来看这个心理悲剧。他们始终将焦母当做一个压迫儿媳的泼悍妇人，始终不知对她表同情。演员抉心嘴血说出来的悲痛言语，他们却当做笑乐的资料。所以明明这是一个极其严肃的悲剧，以那晚剧场空气而论，倒变成一出令人发笑的喜剧了。这并不是演员的失败，说句不很客气的话，其实是那晚观众程度太浅，还不够观赏高尚悲剧，所以有那样现象。

饰仲卿的在第一幕思婚时表羞涩之情很好，说白也顿挫有神。第二幕与母亲辩论，口齿过于斩截，与剧情似不甚合。第三幕表演渐见慌乱，说话的声音也听不真了。这实可算美中不足。兰芝表情尚为委婉，说话的音调也轻重得宜。第三幕与仲卿抱哭一段，悱恻动人，颇为难得。媒婆滑稽举动，本为原剧所无，女师学生在这上面，未免添了点蛇足。但悲剧空气过于紧张，偶插一二可笑情节，以为调剂观众心灵之用，亦为戏剧原则所许。像莎士比亚*Hamlet*中间的掘坟人；*Romeo and Juliet*中间的乳母，又何常就算是全剧的白璧之瑕呢。有人将这些地方指为文明戏，大约对于西洋戏剧尚少研究的缘故。全剧人物，我觉得姥姥与小妹表演略逊一筹。姥姥是个有年纪的人，说话音调必很艰涩，行动也必颤巍巍的装出老迈龙钟的态度才对。而本剧姥姥说话甚为流利，说时又喜欢指手画脚的，似乎有失年高德厚一村表率的老婆婆身份。小妹在第一幕与哥哥调笑时，举动不妨活泼，到了第二幕一则自己年龄已长了两三岁；二则身处那样严重的姑媳冲突中间，表情就应该沉着些，说话就应该稳重些了。但她始终是那一副跳荡的憨态，说话时常作揶揄声气也有些不适当。收场时哭嚷太过火，几乎将剧场闹得一塌糊涂，更是她的缺点。

那一晚我们入场太迟，仅看了《女人与狗》《幸福的栏杆》与本剧三出。对前二出表演的成绩当然觉得很好。对于本剧则因为学生演剧不能和正式剧团相比，换了一副眼光去看它，却也感到相当的满意。但连日阅本报的批评，对前二出恭维无所不至，对本剧则多不满之词，甚至牵涉到剧本上去。本来文艺批评仁者见仁，智者见智，不能强同，但像《孔雀东南飞》这样一个剧本，居然蒙了“陈腐”“低级趣味”的讥笑，则我不能不以为奇异。也许他们的批评，仅仅根据女师上演的成绩，并没有看见剧本吧？既然动笔来写剧评，连剧本都不研究研究，粗心之咎，到底辞不脱。而且那晚演员们说白尚算清楚，那些浅薄观众听不懂还有个解说，写剧评的人也同样误会，他们的艺术赏鉴能力，就不能不叫人怀疑了。

4月12日 《武汉日报·鹦鹉洲》第1653号培良（向培良）《关于演剧并致雪林先生》。全文如下：

昨日于报端捧读雪林先生《〈孔雀东南飞〉剧本及其上演成绩的批评》觉有不能已于言，谨此提出。非敢苟立异同，亦各言尔志而已。

《孔雀东南飞》一剧，在文学上的意义如何，非本文所欲讨论，但这样的剧本实不合于上演。女师选此剧本，早已有误，但非必女师误，因为这样的错误相沿已久。此剧之所以不能上演的原因，是似历史剧而非历史剧，使导演者在背景和服装两方面，均无从着手，早年郭沫若的《三个叛逆的女性》曾自命为历史剧，我已指出其错误。《孔雀东南飞》之不是历史剧，正与《三个叛逆的女性》相同，这并不一定说是剧本要不得，不过对于此类剧本，国内实尚无良好的方法上演而已。拙作《白蛇与许仙》，自以为较别的几篇拙作或稍有可取，屡次想上演，但终以舞台装置无法处理而中止。

用现时装束演《孔雀东南飞》之不相宜，是雪林先生所已承认的，因为究竟是古代人物，但“古装”却有绝大问题。汉魏装束，究竟何似，还不难于考证，所难的就是研究话剧的人。谁也不曾注意此问题，谁也无此能力。我对于戏剧界的情形较清楚，对服装也曾注意，我自己固无此能力，也不曾知道谁能够在舞台上创造古代的服装。以此求之于女师学生，那是绝不可能的。

假设这是可能的，接着又有其他的问题发生。服装最限制动作，服装既变，动作必随着变，现在仍然没有能够创造古代动作的导演人，所以纵有真的历史剧，此时也不能上演。不过我这是就严格的戏剧立场来说的，并不是攻击袁先生，也不是攻击苏先生，更不是责备女师。我的意思是说演《孔雀东南飞》之失败，乃势所必然。那天我没有看剧，不知失败究竟到如何程度。

不过雪林先生却有两点大的误会，我站在话剧的立场上不能不加以解释，第一，旧戏装束绝不可以上舞台。这界限应划分得十分清楚。旧戏服装，为其全部活动中的精华，其重要不下于唱，而驾乎剧本与做工之上。这是借用不来的，正如“一一鹤声飞上天”之不能借。此其一。旧戏服装，并非古装，大抵以明代装束的形式为多，而加以绘饰，也略存宋代规模，其颜色与花样则大抵是独立创造的，与角色脸谱胡须都有相应处。用旧戏服装上舞台，其不合于历史则与时装相同，而更见不伦不类。此其二。服装必然限制动作。用旧戏服装，长袍，水袖，衬甲等，在舞台即非效法旧戏的动作不可，这样一来，就把话剧的精神完全破坏了。并且旧戏中的女装尚略可穿，男装更不易上身，则借用也不能全，更为不伦不类。此其三。同时也给观众以不相宜的印象，不知道究竟在演什么剧。此其四。第三点尤为绝不能用旧戏服装的理由。从前（大约是十四年）北京女师大陆晶清女士等用旧戏装束演卓文君，我曾痛切言之，雪林先生或尚能记忆。

服装是现在话剧所最难解决的困难之一。现在用的服装，还全无体制。女师在此点失败，本无足怪。但我则以为与其用旧戏装束到不如随便穿点衣服，反正《孔雀东南飞》是无有良法可装置的。但是高品珊先生所说的话也不对。筹赈决不是演剧可以忽略为之的理由。过去的事虽是如此，但我们希望以后决不可如此。剧，总应该以最好的可能方法上演。如其不能，则宁可想别的办法而不演剧。这并不是靡费与否的问题，高先生非剧界中人，或不能体谅这中间的苦心。

第二，方言决不可上舞台。话剧努力了这许多年，毫无成绩，只严格的非用国语不可为差强人意。我却不愿意雪林先生轻易抹杀掉。女师学生之不能不参杂鄂语，我们固自应予以原谅，但如以此为原则，那就应该彰明较著地反对了。这决不是“顽意”，也不是新鲜不新鲜的问题，这是演剧中的一个基本原则。大众语运动的结果怎么样，我不知道，我想那也不过是杂志上的小风波，国语此刻是正待提倡之期，还不能便认为已够，而演剧也不能与大众语相提并论。我在厦门和江西内地都演过剧，都用国语，观众并无隔阂之处。

为什么要用国语呢？因为国语较之其他方言为吐字准确，音调嘹亮。演剧宜用一种近乎朗诵的声音说出来，方为合宜，在大庭广众中，只有国语是惟一可用的语言，其抑扬顿挫，音吐爽朗，为任何方言所不能及。那天晚上，我所听过的演员发音都不够，缺乏基本练习。假如可以容许用方言，则他们对于这一方面将更加放弃，而永无成一良好演员之可能，所以我们不妨规定能操纯正的国语为演员的第一条件。凡是不能学习第二种语言的，其发音多不正确。

至于旧戏丑角之操方言，那是另一问题，我不想相提并论，那于戏剧的理并无可引证之处。这一点想来雪林先生也能同意。

还有第三个问题，即牵涉到文明戏的问题，女师学生既然“添了点蛇足”则对于原作者便是重大的冒犯，而且是在悲剧里面加了滑稽，则诋之为文明戏也不算太过。南国社改《父归》，去掉最后贤一郎追父一段，艺术剧社改《爱与死的角逐》，我都认为极不应该。这也决不是莎士比亚的办法。莎士比亚的掘坟人等也决不是滑稽。武汉剧评者虽至为浅薄，大概《哈孟雷特》和《罗米欧与朱丽叶》总还看过。所以这样的说法，也不能便认为“对西洋戏剧尚少研究”并且这问题全是两样，一个是在剧本中加一点可笑（就姑且承认莎士比亚的掘坟人是可笑的）的情节，一是在剧本所没有的地方加上滑稽。前一点作者没有充分的自由。后一点演者决不能有自由。

雪林先生苦心维持是可敬服的，惜雪林先生未曾为戏剧全体的进展着想。武汉各学校演剧之随便潦草，已为个中人所自认而努力求改进。这改进之心必须加以同情与帮助。对于此次联合公演的诸评剧人，大抵也是抱此理想。平心而论，当日各剧团的表演也不见能比女师好多少，彼此能力之间也相去不远，但能忠于其事的便较受欢迎，潦草的就备受责言。这是一好现象，从此戏剧才可望进步。对于女师的不满意（虽然这样的文字并不多）便是因为他们已怀了一种较好的希望。这一点并不是他们应该受责备的地方，至于他们究竟是否看过《孔雀东南飞》，则我不敢武断，所以我愿意把他们所负的“粗心之咎”的罪名，暂为解脱，以待证明。至于我，则看过《孔雀东南飞》剧本没有看过表演，我的结论是此剧不能上演，至少现在还没有一个人能有良好的方法以释演Represent〈e〉此类剧本。

这次公演，缺点尚多，亟待改进。有些地方，自己已经知道了，以后必能改正。有些地方，则尚须时日。也有些地方，以后必能陆续发现。总之，他们改进的心是已经决定了的。至于评剧人，则大抵是太偏于说好的一方面了。即如我在内中帮过忙的《幸福的栏杆》，剧本既多错误，演来更无精彩，缺点触目都是。除秩序尚好之外，几无一可取。但他们都不忍指摘。这是一番维护鼓励的好意，他们因为希望迫切一点，故不免于言词之间，有所轻重，纵使急不择词，也未必便是“偏狭浅薄”。不过雪林先生的学问文章，是大家都敬佩的，这次既然出来指正，我想他们也无不乐于接受。雪林先生的文章我是毫无闲言，只其中有关于戏剧本身的数点，如服装，语言，及可否更改剧本等，或恐外间不免误会，故加以解释如上。

《幸福的栏杆》原作者陈楚淮，对于舞台情况不甚明了，他的剧我曾释演过两种，《幸福的栏杆》很有几处联接不佳，因而失黏，演时便左支右拙〔绌〕，遂与以补苴掩饰，仍不能不捉襟见肘，因此那天演来就更见失败了。

培良附注

4月16日 《武汉日报·鹦鹉洲》第1657号发表雪林《演剧问题答向培良先生》。全文如下：

今日读本刊向培良先生致我一文，举出我上文不妥的几点，细为剖示，不胜感谢，我那篇文字本系在仓卒中写成，所以有许多地方不能畅所欲言。近来又看见了本刊以外的几种《孔雀东南飞》的剧评，正想再将自己的意见敷陈敷陈；恰巧今天又拜读培良先生的大文，更惹起了说话的兴致了。不过本文所说乃系讨论性质，并非要为自己辩护，也并非针对培良先生一人的意见而言，这是不得不预先声明一下的。

第一，我们愿意将《孔雀东南飞》可否上演的问题，一为讨论。读连日各报对于本剧的批评，颇有武断本剧缺乏上演者，即本刊编辑先生于论本剧上演成绩之余，也曾说"可见好剧本不一定能上演，而能上演的剧本亦不定个个都能演得很好"。按戏剧中本有"读曲"（Closet-Drama）之一种，能供私室（Closet即私室之意）之欣赏，而不能登之舞台。如摆仑的*Manfred*，哥德的《浮士德》第二部，以及元王实甫《西厢记》，明汤显祖《牡丹亭》（王汤作品多不合律吕，汤虽有"余兴之所至，不惜拗折天下人嗓子"，其实乃解嘲语），文学价值虽高，却不能算是真正的剧本。真正剧本是以可以上演为唯一条件，因为戏剧原称为"综合的艺术"（Synthetic art），以舞台为其生命，无舞台就可说无戏剧。哈米顿的朋友Henry Miller曾说一篇新作的剧本除了看过伶人表演之后，决不能断定它的好坏。哈氏遂于其戏剧论中，为戏剧下一定义道：戏剧是"表演"出来的故事，而不是"写"出来的故事。而《孔雀东南飞》若其不能上演，则它的艺术价值也就微乎其微了。我觉得戏剧除了本身有缺点以外，决无不能上演之理，梅脱灵克的《青鸟》，布景极其烦难，欧美剧场几无可措手，但在俄国莫斯科上演，却获得空前的成功。《孔雀东南飞》万非《青鸟》可比，在欧洲剧场，是不成问题的。培良先生说国内舞台此时尚无表演比此剧的能力，固然不错；但他又说"此剧之所以不能上演的原因，是似历史剧而非历史剧，使导演者在背景和服装两方面均无从着手"则似颇使我弄不明白，而且我恐怕那些主张《孔雀东南飞》不能上演的人，听了培良先生的话，更将振振有词了。

《孔雀东南飞》性质究竟怎样？我不妨顺便在这里解释一下。我仿佛听见有人说它是出历史剧，这是不对的。所谓历史剧（Historic Play）这个东西编制方法有二类：第一类将历史人物事实照实重现出来，仅可加材料以剪裁而不能用我们的理想去改变那历史的真实性，正与我们读历史一样。第二类对历史人物行为可由我们意见加以解释，如岳飞之一人物，固可将他写成一个民族英雄；亦可以照近代某历史家意见将他写成一个不可不除之军阀。这方法叫做Interpretation。以上两类历史剧性质虽有不同，而注重历史的真实性则一，所以服装背景均须利用考据之学一一考据的真确，不可丝毫的含糊。至于袁昌英女士的《孔雀东南飞》虽根据汉代无名氏（此诗经六朝人润色，亦可为六朝人作）那首古诗中的故事而来，虽也带着历史性质。但它并不算严格的历史剧：不过是一种由新罗曼主义而来的理想剧罢了。这种理想剧专喜借古代故事来发挥作家自己的理想，如法国洛士旦（Edmond Rostand）利用当时名伶Coquelin之多才多艺而写《西哈诺》（*Cyrano de Bergerac*）剧本即其一例，西哈诺虽为历史人物但碌碌无奇。庸庸无所表见，而到洛氏笔下则变成一个智勇双全，风流倜傥兼侠客诗人而为一的大英雄了。这就是理想剧与历史剧不同之点。

培良先生说本剧似历史剧而非历史剧，原极高明，但他又以背景服装难以处置为言则未免过虑。这种剧本既由理想而来，偶尔违背历史事实性，也不算甚么不可宽恕的罪恶。以说话为例。我记得某报批评《孔雀东南飞》，以“美丽的头发一语”放在古人口中说为笑话，其实袁剧并无此语，即有，也不要紧。她剧中尚有节妇的“旌表”，“鼓乐花舆”的汉代风俗；“女子无才便是德”的后代成语；“幸福之泪”“生命”“精神上的情人”之现代语，恐怕将来还有人大惊小怪地引为指摘之口实，所以我特为指出。我们还应当知道这些困难是编剧的人无法避免的。我们那能考查建安或六朝时代的白话来写剧？就说事实上可以办到，那又有什么趣味？莎士比亚写《狮心王》（*Richard Lion Heart*）难道定要用中世纪的言语才成？他写《亨利第八》,《第四》,《第五》和《约翰王》(*King John*),难道又非用他十六世纪以前的言语不可么?

理想剧的服装背景也和言语一样是可以不必过于拘泥的。但像女师学生之用时装固万万要不得,旧剧古装之非驴非马,也绝对地不能借用。关于这一点我与培良先生完全同意。我上次云云,不过转述导演人为什么要用时装的苦衷而已,并没有赞成借用戏装的意思,想培良先生和读者诸君当能看出。本剧作者袁昌英女士对于服装问题也曾考虑过,她有与胡适先生讨论的书信,载在本剧第二序中,大家当可覆按。记得从前曾读过一本林卜琳的《X光线里的西施》。剧本虽不佳,而古装问题颇可使我们参考,其中所用古装参照《三礼图》,《诗经传说图》,《汉书》,《舆服志》等书制备,古雅美观,且亦未必有妨碍表演之处。——如古装始得表演,则将来国剧改良是绝对没有希望了,新式历史话剧也绝对不能排演了,我不预作此悲观论个〔调〕。——将来再演《孔雀东南飞》不妨采用。质之培良先生,不知以为如何?

关于女师演剧参用方言的问题,我以之与服装的时代错误,布景的潦草相提并论,可见我对于这一层也是反对的。以方言为演剧原则,更是没有的话了。但为什么我又说这也不是什么大毛病呢?一则我觉得国语的普遍训练恐非十年廿年以内的事,如其北调南腔,矫揉造作,还不如爽爽快快地用方言。二则我见去年文坛对于“大众语”问题闹得非常起劲,青年靡然从风,好像文章不用方言写就不成为其文章;而现在对于演剧之用方言,又哗然以为不可,这种矛盾心理我觉得很有趣味,所以想借此调侃他们一下。可惜我的话没有说明白,遂使培良先生发生误会,那真是深为抱憾的事。

悲剧中间穿插一二滑稽可笑情节即指为文明戏,我觉得也是很不应该的。莎士比亚的《哈孟雷特》中之掘坟人,《罗密欧与朱丽叶》中之乳母,西洋剧评家有两派解释:一派认它为“松懈作用”(Comic relief),即利用滑稽可笑的举动,来松懈观众紧张的心灵,一派认为“反衬作用”,即利用滑稽可笑情节,加倍衬出悲剧空气的惨淡。我所引证理论属于前一派,培良先生所引证的理论大约属于后一派。其实何尝不是一样？幸而袁剧媒婆言动并不滑稽可笑，但假如真像女师学生所改的一般，我想也不算什么缺点。

再者，女师擅改剧本，对于原作者，固然可算一个“重大的冒犯”，而说导演人对于剧本，必须奉为金科玉律一字移动不得，则亦未必然。西洋有许多名剧往往因导演员或演员观点不同，手法不同，而有所更改。莎翁的《威尼斯商人》，主角歇洛克本是个穷凶极恶的吸血鬼，而法国某名伶却说他的罪恶是由基督教徒压迫成功的，而将他演成一个很引人同情的不幸犹太人。又像Bernard Shaw的《圣女贞德》（*Saint Joan*），英国舞台与法国舞台所演，面目精神截然歧异，据说是由导演人观点不同的结果。南国社的《父归》，艺术社改《爱与死》，我均未目睹，不敢批评它的对否。不过《父归》一剧一定将那浪子式父亲追回颇有迎合旧式封建思想的臭味，田汉之去掉那个尾巴，也许有他的用意，我觉得未可厚非。

拉拉杂杂，漫无条理的写来，不觉又写了这一大篇。我对于戏剧这门学问，本无研究，道听途说，实不足当方家如培良先生者之一笑。如蒙培良先生不弃，进而教之，则我这篇文字也算是抛砖引玉了。

二四，四，一二，晚。

4月26日、27日 《武汉日报·鹦鹉洲》第1667号、第1668号发表培良《再答雪林先生》。全文如下：

前次的文章本应即日奉答的，不幸病了几天，就搁下来了，这是应该向雪林先生道歉的。

我前次所主张的三点，不用旧戏装束，舞台上用国语，不增删剧本，都蒙雪林先生大致赞许，实深引为幸。只是关于《孔雀东南飞》一剧，究能否上演，似还有一点意见。我病中又把此剧详细读了一遍，觉得以前所说的话尚没有错，即《孔雀东南飞》纵然勉强上演，恐反致减色。不过这话决非于原则不敬。在现在舞台情况之下，国内不能上演的剧本是太多了。

一个剧本不能上演的原因自有多种，其中最足使剧本低价的是说没有舞台性。不过舞台性一词，也就极为暧昧。Closet-drama 大抵是以诗的体裁写的，原不预备上演，故不以剧论，同时 Miller 和 Hamilton 的话也失之偏激。近代有很多的剧本，原是预备印成本子给人家看的，故剧本之写作和印行已成一独立的事业，不复受舞台的限制。如萧伯纳的剧本，舞台指导（Stage direction，此字可译科白，但或滋误会，所以只好译成那么生涩的四个字）写得极详细，即为读者而不是为舞台的。导演对于那些舞台指导是不会很注意的。真正为舞台而写的剧本，则除对话外很少有什么别的。据戈登克雷的研究，莎氏原稿，除对话之外一无所有，甚至于一句地点的说明都是编辑人所加的。足知近代剧本，并不拘守以表演为原则；不能上演并非对剧本的一种污蔑。

话还得说转来，这些剧本并不是缺乏舞台性，因舞台性一词即极暧昧。说一个剧本要演了之后才能断定好坏，也未免打高调。有经验的导演大抵可以正确地预定一个剧本上演的结果。所谓不能上演者，还是环境关系多。如 *Peter Gynt*，易卜生自己也踌躇于上演，第一就是篇幅太大。但此剧后来在德国却常演，且全无节删。《人与超人》第二幕幽灵的场面，几占全剧三分之一，不独与剧情全不相干，且尽是对话，通常演时都节删去的，却有人单独提出来演。梅特林克的 *Pelleas et Melisande* 等剧国内也不能演，但我则以为他的剧才真正是完全为舞台写的，不能读，所以雪林先生似不必为《孔雀东南飞》不能上演这句话而有所不满。这完全是事实问题，除了所说服装不能解决之外，大道具也无法配制。胡适先生所提出来的意见全没有用。又如最后的两个场面，太惊心动魄，表演时或因刺激而失掉其美点，或不如读时更感动人。退一步说，女师选这剧，为力所不能及，失败无疑，反不如《幸福的栏杆》一类轻松浅近的本子较易为力。

雪林先生提到理想剧，并谓历史剧有两种写法，解释至为恰当，但西洋剧本，在浪漫派以前，所写都是王公贵人的事情，故大抵是历史的，却并非历史剧。即浪漫派开始，嚣俄，歌德，席勒仍有此风。这是他们的习惯，润色史实，以发抒情趣，但也并不流于空想。他们大抵学问渊博，史事通熟，西哈诺虽信手发挥，其背景也未尝违反时代。再则，西哈诺是用韵文写的。无他，在西洋，表演的方法，舞台装置，一一各有典型规矩，可以遵循。所以他们便得以天马行空，不受羁勒，至于在我国，什么都在草创中。我觉得在舞台上，第一要弄出一点规模体制来，则不能不拘紧一点，固执一点，严格一点。则《孔雀东南飞》假如要上演的话，必须在服装布景上受得起批评。然而我似却尚能不够为一个普通剧本合乎理想地装置起来，又怎么能够去经营那些特别的东西呢？既不能严格合于历史，又不能以理想为词而自恕，则最后的结论，说《孔雀东南飞》不能上演，到不一定是不满于此剧，反而自觉有一点辛辣的意味了。

我之所以两作答词的意思，绝不是要以一两点不相干的事，和雪林先生争胜。我对于戏剧所历既多，甘苦自知，颇有一些不能说出来的感慨。国内艺术各部门，都渐有门径，独戏剧依然故我，尚不曾能够肃严地独立起来。所以我颇坚守门户，如绝对不参加电影（我绝没有轻视电影的意思，不过我不肯与之发生关系而已）等。反省自己的力量，于舞台装置等，尚不能建立一确定的规模，但我总想能够有此规模，于艰苦之后，有人出来建立，并且我也确知有人努力。故自愿任扫除荆棘的责任。武汉剧团自十六年后，我即有一番渊源。愿念既深，希望便切，言词不免过甚，而我的态度或颇令人不耐，虽自知而不能自改。而此间不注重法理，漠视基本练习，又几为通病。我生平谈剧，与田汉绝不相容。因为他主放任，我主肃严。我以为惟有肃严才可以立舞台艺术底始基。前年组织一戏剧训练班，我即以肃严的精神广大的同情十字为临别赠言。严格遵守剧本，肃严之一端而已。我并非不知道无数更改剧本的例子。莎士比亚，即有若干版本，互相不同，即由无数删改增加而来。至于改译，更流行于各国舞台。又如Stark Young称杜斯演莎士比亚是给原剧增加了生命。不过这种种审慎之至的修改，究为例外，自问力量不及的人，还是走平通正途的路为好，假如女师的改变剧本而必加以姑息之爱，曲为辞说，那就不是我所能知道的了。

最后我对于雪林先生所提国剧改良一语尚不明了。国剧一词究何所指呢：如指余上沅、赵太侔，以至焦菊隐、王泊生等所提倡的而言，则那是全无价值的游戏。几年前我曾向余先生公开提出质问，即京戏以其音乐为主体，今既不能改良音乐（彼等自认），又如何改良京戏这问题，未得答复。他们到现在仍不能答复此问题，将来也不能够。因为音乐一经改革，便不复是京戏。正如粤剧原为汉戏，音乐一变，就面目全非了。并且京戏绝不能代表旧戏的精华。音调悲壮动人，剧本内容充实不如梆子。（我听过一种梆子青衣唱片，孙桂云的《玉堂春》，非梅程所能及。）音乐歌舞组织之进步，与复杂与合理更绝不及昆曲。（京戏歌时不舞，舞时不歌，还存留一种原始的作风。）场面热闹不如粤戏，甚至于扮演之认真不及汉戏，通俗不及各地土戏。而内容之劣下，音乐之简单平凡，充分表现一种低级文化。那不过是废清士大夫颓废的自呈罢。假如那也要算为国剧，则我们研究戏剧的人真只有学鲁仲连蹈东海了。

雪林先生的意见是至可钦佩的，只或不十分明了我们学戏剧的人的苦衷。我们在诸艺术中最为幼稚，最无防御，没有一点可为基础以着力的处所，故第一先循规蹈矩做去，并且连这一点也不容易做到。有一天（我们希望这一天早点到来）大家都知道了这一点规模之后，我们就可以发挥理想了。到那时候我们就会接受雪林先生的理想，或者还要走得远一点，我们不仅要有真的历史剧，也要有理想剧，或者还有方言剧。但我们现在却连最迫切需要的能到乡村演的剧和能给小孩子演的剧都没有，那么我们对于雪林先生所提出的高远的理想，自然无从接受了。

然而武汉的戏剧工作者，自经雪林先生两次发表文章以后，如投了一个石子，把沉静的水面激动了。武汉大学原为此间文化最高机关，不应该海外仙山似地过着桃源生活，则我们又不禁妄有所希冀了。

附语：某报有一位沧先生向我质问，不满于我论舞台工作一文，我想沧先生是有一点误会。舞台工作者，指临上演前后，除台上表演以外之一切工作，并非指上演的一切准备工作。既明此点，再去看我那篇拙作，或可释然。至于说服装难于布景灯光那是我经验有得的话，沧先生恐尚未能深悉。

培良附及

苏雪林针对向培良此文曾写过一篇《再答培良先生》，未送交《武汉日报·鹦鹉洲》发表，后收入其散文集《青鸟集》(商务印书馆1938年7月初版)。全文如下：

培良先生在病后居然肯费许多精力来写这么长的一篇文章和我讨论戏剧问题，其研究精神实为可佩，其诚恳见教的盛意，尤为可感。不过我对于培良先生的意见，也有许多不能“苟同”之点，既然大家可以各言尔志，我又何妨提出再求培良先生指示。

培良先生说“近代有很多的剧本，原是印成本子给人家看的，故剧本之写作和印行，已成为一种独立的事业，不复受舞台的限制”，这话殊使我不解。据我所知，剧作家写剧本的宗旨，就是预备上演，否则写诗歌可、写散文可、写长短篇小说亦可，何必一定要采取戏剧方式来写作呢？以法国论，巴黎国立剧院有l’Opéra，Opéra Comique，Comédie-Française，l’Odéon四处，私立剧院有十余处，剧作家写成一个剧本便用打字机印出数十份分赠各剧院以备采择。如蒙采择，则此剧脚本即归主演之剧院发售。演到相当时月之后，卖座力渐衰，剧作家才收回剧本，接洽书店出版。若剧本被所有剧院拒绝，则剧作家自知失败，撕毁完事。或有自负之剧作家，自觉作品很好，无端被摈，于心不甘，于是印成本子公开于世，征求公正的批评。剧本真价值既显，则从前拒绝它的剧院，说不定要来个前倨后恭，请它回去上演。也有些剧作家不愿受这些剧院的气，写成剧本后即交同志所办之“小戏院”演出。总之，剧本之需要舞台，有如鱼之需水，鱼离水则生活是变态，剧本离开舞台而独立，也是一种变态，若非“读曲”，其他剧本，作家决不愿印成本子供给人家看看便算了事。故培良先生之所云云，对于西洋舞台真实情况，似尚有缺欠明了之处。

培良先生又说外国导演对于“舞台指导”不会注意。又说真正为舞台写的剧本除对话外很少什么别的。以莎氏剧本为证。其“舞台指导”写得极为详细，如萧伯讷剧本乃专为读者而不为舞台云云，这话也说得很是奇怪。莎氏剧本所有说明均编辑人加上，这个事实，我是承认的。不但莎氏如此，即法国郭乃意、拉辛、莫理哀剧本也是如此。（按王国维先生研究中国元剧亦仅有词曲，其科白均演剧人或编辑人所加，故元剧词曲辞藻尚为秀雅，而科白则鄙俚不堪人耳。可见中西古代戏剧情形，竟有不谋而合者。）但莎氏乃十六世纪人，莫理哀等为十七世纪人，莎氏自己常粉墨登场，莫氏自己即一优伶，舞台一切，可以照他们自己意见安排，用不着写在纸上。近代戏剧自易卜生以后"舞台指导"均由剧作家自写，这因为近代戏剧派别甚繁，有主象征者，有主写实者，有主古典者，"舞台指导"若不详细写出，则作风难以充分表现也。而且"舞台指导"写得愈详细，则导员愈有所遵循；演员于剧中人物之个性，亦愈加明了，表情动作，更可熨贴入微，丝丝入扣。所以近代剧作家之写"舞台指导"虽说是为不能欣赏表演之读者设想，同时实亦为舞台设想。萧伯讷剧本，"舞台指导"也不见比别人详细到那里去，但他每剧必有序文（Preface）累累数万言，似乎在写小说或发挥他个人的哲学思想，有时序文分量超过剧本分量。像我所举的《圣女贞德》序文即甚长。但这是萧氏个人习惯，欧剧作家像他这样子者究不多见。培良先生以萧氏概其余，又将preface 误为Stage direction，未免过于大意。

而且培良先生在第一篇文章里曾说导演对于原作须绝对忠实，擅加更改，对于原作，便算"重大的冒犯"。现在又说导演对于"舞台指导不会注意"。夫人心不同，各如其面，导演即绝顶聪明，也未必能完全明了剧作家心理，自己随意安排，可以避免唐突原剧的罪戾吗？即如前文所说"画蛇添足"之弊，能保其不发生吗？培良先生在这些地方，有点不能自圆其说了！

培良先生说剧本有能上演的和不能上演的分别，并一口咬定了《孔雀东南飞》不能上演。我以为剧本除了故意用诗体或散文体写的"读曲"之外，决无不能上演之理。其有不能上演者，不是剧本本身问题而是舞台设备和导演技巧问题。我前文曾说过梅脱灵克《青鸟》布景极为繁重，而欧美剧场居然力排万难，将其演出。又如培良先生所说梅氏的*Pelleas et Melisande*乃是一种象征剧，所有情节，固微妙异常，非普通观众所能欣赏；

所有布景亦为缥缈奇丽，尘世所无之神仙境界。以中国人眼光视之，必定说这剧是个命定的“读曲”，永远不能搬上舞台了。但富于好奇心和不畏难精神的欧洲人，却偏不这样想。据袁昌英女士说她曾在外国戏院看过这剧的演出，剧中瑶台玉宇，仙洞神井，奇花异卉，云影天光，舞台都能一一表现，看过之后，不啻读了一篇最奇幻的希腊神话，一首最美丽的长诗。欧美舞台于剧本表演之努力于此可见一斑。

欧美舞台对于衣服装饰道具，亦常主严格，每不惜集合多数学者参考讲究，务求与剧本时代吻合。譬如莫理哀剧本多写鲁易十四时代故事，演莫氏剧本时所有椅桌等物，必用鲁易十四时代样式，若不能设置，亦必向古物保存所或博物院设法借来。其他一衣、一履、一杯、一壶之微，亦莫不着意讲求，必毫发无遗憾而后已。《孔雀东南飞》所需服装道具，配置固感困难，但汉代衣冠典型尚在，在乎我们研究，而且比之那些无可捉摸的神仙境界还算容易措手。培良先生竟以“不能解决，无法配置，胡适之先生所提出的意见，完全没用”等语了之，其武断态度，似乎太令人可惊。

服饰道具尚算小问题，舞台最难表现的，莫如动物上台了。梅脱灵克《青鸟》和洛士旦《雄鸡》所有动植等物均已人格化，化装尚无问题，至于阿尼尔《庄士皇帝》居然有一条非洲鳄鱼，在河滨出现，虽说有用机关，并非真将活鳄鱼弄上舞台，但照剧本所描写者言之，这条鳄鱼装置实非易易，然而我们并没有听说欧美剧场，畏其难而删去此幕，更没有听见剧评家便武断阿尼尔这个剧本缺乏上演性，这又是什么缘故？培良先生若说中国剧界现在尚无表演《孔雀东南飞》的能力，我尚心服，若说此剧永不能上演，则我实不懂他的意思之为如何。

培良先生最后批评《孔雀东南飞》说“最后两个场面，太惊心动魄，表演时或因刺激而失其美点，或不如读时之能动人”，此语出之普通人之口尚可，出之一个专门研究戏剧如培良先生者之口，便似难原谅。戏剧虽不以刺激性为生命，可是实以刺激性为要素。戏剧愈富于刺激性，愈可收得舞台效果。以莎氏剧本而论其富于刺激性者亦多矣。李尔王发疯时奔走狂风暴雨之中，较之焦母号哭大风中如何？《罗密欧与朱丽叶》之殡宫探美，决斗殉情，较之仲卿夫妇投水自杀如何？《哈姆莱脱》之幽灵出现，皇宫刺仇，发狂服毒，同归于尽，较之焦仲卿母子夫妇间情感冲突的悲剧又如何？何以莎氏剧本可以上演而袁剧独否呢？愿培良先生有以语我来。

关于国剧改良问题，多谢培良先生指示一些可宝贵的意见。我之所谓国剧，系笼统地指流行于京粤汉各处之旧剧而言。改良的方案，亦简单之极。第一要改良音乐和唱词，培良先生谓京剧以音乐为主，音乐一改革，即不复成为京剧，语极有理。但音乐本质虽不可改革，音乐调子的配合则存乎其人，除刺激性过强的大锣大鼓，多加和谐之音又何不可？旧剧歌词多粗鄙不通，亦须修整。第二要改良结构。我不常看旧剧，偶读戏考等类书籍，觉旧剧结构，每多幼稚混乱，没有一个够得水平线以上的标准。上海《狸猫换太子》等剧，结构似有进步，而机关布景卖弄西洋戏法处太多，最为讨厌，无怪人斥之为海派。第三要改良脸谱衣服之类，旧戏黑脸代表粗莽，红脸代表忠烈，白脸代表奸邪，亦有一部分生理上的根据，不妨保存，而太极图、飞鸟、龙纹，及大蓝大绿等离奇古怪之脸谱则须绝对排斥。服装方面则书生之白领黑衫，大官之红黄绣袍，或古雅大方，或矞皇典重，自可照常保用，但帽子绒球装饰意味之过重者，武将背后小旗及花花绿绿的盔甲，则必须改去。动作方面如所谓“痛必倒仰，怒必吹须，富必撑胸，穷则散发”，以及所谓“台步”“身段”“拉起霸”“打把子”择其合乎情理者留之，夸张过甚，惹起不自然之感者去之。至挥鞭代表上马，挥手即算关门，跳过几张椅子即算过几座山，虽有人指为象征优点，无奈离开事实太远，可避免还以避免为是。《西滢闲话》论改良旧剧云：“至于民众的戏剧，应当另走一条路——一种收旧戏之长而弃旧戏之短的创造。如果新中国的艺术家、音乐家、戏曲家及诗人肯细心去研究中国已有的戏曲，再合力制作自己的新品，把单调的音乐改为复杂有变化的，把简单的颜色化为优美相辉映的，把散漫的结构收为严密有精采的，把粗俗的字句修成文秀有风韵的，把男女分演改为合演的”，则足以造成一种“有做、有说、有歌、有舞、有声、有色的戏剧”。这话颇有见地，我对旧剧改良的意见，也不过如此。

我所谓新式历史剧则是完全新创的，有歌剧和话剧二种。歌剧音乐，万不可沿袭旧剧，必须应用西洋音乐，唱歌除了文词是中国的之外，亦必应用西洋唱歌原理。服装道具，均须参照古法，不可杜撰。表情完全自然，不可有一毫“程式主义”参乎其间。中国历史上伟大雄壮缠绵悱恻可取为戏剧题材之事实不可胜数，剧作家万不可舍弃自家这个取之不尽的宝藏，而向别家去沿门托钵。现在舞台装置，虽无典型规矩可以遵循，只要我们努力去干，必有走上成功之路的一天。袁氏《孔雀东南飞》不过是一个试验，将来比袁剧十倍难于布置的历史剧和理想剧，我们还希望它能产生出来。若因袁剧上演偶尔失败，便大呼小叫地说古装剧绝对要不得，则对于中国戏剧前途，未免太悲观吧。对于戏剧的信心也未免太薄弱。

我同培良先生讨论《孔雀东南飞》，谁知竟牵扯到欧美剧坛情形，又牵扯到国剧改良及中国历史剧上去，离题未免太远。我写文章，本有喜跑野马的习惯，无论如何不能更改，惟有敬请培良先生原谅，并敬请读者原谅。

此文系为回答向培良先生第二文而写，本拟送《武汉日报·鹦鹉洲》发表。及见该刊有人由《孔雀东南飞》牵涉到“举案齐眉”的问题，大肆谩骂，我觉没有卷入这个漩涡的必要，于是将它压下来了。现以整理旧稿，特觅出附刊于此。

二十六年六月二十二日自志

5月4日　南京《广播周报》第33期发表袁昌英原著、传音增订的剧本《怨家聚头》（原名《人之道》，五月十八日播，附歌曲）。

同日　周梦萍发表《胡说——从胡适说到〈孔雀东南飞〉》，载《武汉日报·鹦鹉洲》第1675号。

5月20日　袁昌英发表《究竟谁在胡说》，载《武汉日报·鹦鹉洲》第1691号。全文如下：

女师学生为赈灾募款起见，排演了拙作《孔雀东南飞》，事前我毫不知底细。直至见了报上的广告，我才找了机会，在上演的前一夕，去看了一次预演。那时，木已成舟，虽距我的理想太远，然已无更改的余地，结果当然不好，至于如何不好的内容，苏向二位的争辩中，多半言之已详，不待赘言了。但是向先生最后的结论谓《孔雀东南飞》根本不能上演，似乎是说得过分一点。由本人在欧洲各舞台观戏的经验而论，此剧在布景及服装方面虽有相当的困难，却无舞台上不可解决的问题。在另一处向先生谓：至少在现在国内舞台情形之下，此剧不能上演，这才算是服人之语。不过我们不能因噎废食，为戏剧努力如向君者应该将目标放远大一点。

苏向二位的争辩，是出之于读书人的态度，光明正大，从容严肃，这是近年国内批评界所极宜提倡的一种风格。不然，在堂堂的学术界，竟将乡妇骂街的丑态，逼真逼肖的表演出来，实有失学术界的尊严，间接也有损于民族的体面。

关于漫骂《孔雀东南飞》及其作者和排演的文字，我有很多没有读到，一者，因为我在不久以前，曾经一次离开了武汉，没有机会看到这里的报，二者，我知道凡属漫骂的文字都无一读的价值，徒然败露骂者自己人格的不健全而已，所以我也不去追读它们。但是在本月四日有周某在本栏，大放厥词，将胡适之先生及我混骂一顿，本来我也不必去理他。不过他关于“举案齐眉”所提出的考据，外面看来似乎是铁案如山，适之先生逃不出他的罗网，问题比较大一点，我不得不花去一些宝贵的光阴来答复他一下。

适之先生谓“举案齐眉”的“案”，“略如日本现时的矮桌”，实在有凭有据，无可非难的地方，而周某虽以不知为知，大骂胡先生为愚，为非愚即妄，非妄即诬，及其他种种不可入耳之言，实是岂有此理！周某责胡先生没有读《后汉书》，责他没有翻阅《康熙字典》或《辞源》。依周某的考据：这“举案齐眉”的“案”是一只椀，孟光所举的是椀而非小桌，然而天下事毕竟没有这末简单，毕竟不能让周某一言来掩尽天下人的耳目。周某责人不读《后汉书》，而自己动笔骂人的时候也不去翻阅一下《后汉书》，世上没有比他更狂妄的人吗？且请大家看看以下的证据吧。

在《后汉书》卷八十三《逸民传》的《梁鸿传》内有“……鸿……遂至吴，依大家皋伯通，居庑下，为人赁舂，每归，妻为具食，不敢于鸿前仰视，举案齐眉。伯通察而异之。"《逸民传》原文如此，周某实未读过，所引的"在霸陵山中"太是荒谬，因为梁鸿住过霸陵山中，却是在梁孟故事发生以前的事。霸陵在陕西，吴在江苏无锡，无锡至今还有梁溪之称。地点相去二千余里，时间相去当有数年之久。再者，案有二解，一作"碗"解：惠栋《后汉书补注》，"方言以案为桮，盌之属，陈楚宋魏之间谓之椀，自关东西谓之案"。《楚汉春秋》："淮阴侯曰：'汉王赐臣玉案之食。'"《史记·陈张列传》："高祖过赵，赵王自持案进食。"王褒《僮约》："涤桮禁案。"一作"几"解；沈钦韩《后汉书疏证》曰："王念孙《广雅疏证》引戴氏（即戴东原）补注云：'案者梡禁之属'。"《礼器》注："禁，如今方案，随（即椭）长，局足，高三寸。""案"所以置食器，其制盖承槃而有足。凡"案"皆与"几"同类。《说文》："案，几属。"古"禁"之在下出土者，端方《陶斋吉金录》有"禁"，今藏华盛顿博物馆。又最近凤翔出有一"禁"，今见于《善斋吉金录》。又日本梅原末治之《欧美蒐储支那古铜精华》著录一"禁"皆"案"一类，与今之"几"无异。

由上面种种的证据，"案"既可作"椀"解，亦可作"几"解。周某捧了一本可怜的《康熙字典》或《辞源》，发现了"案"为"椀"，遂据为空前，甚至于绝后的大发明，殊不知天地间还有比字典与《辞源》更深一层的学问！"案"虽可作"椀"解，而适之先生谓孟光所举的为矮桌（即几类）当满费了一番斟酌，当然有他的理由。"案"作"椀"解是"关东西"（函谷关附近）及其他北部的方言，而"案"作"几"解却是南方那时通用的名词。梁鸿与孟光的故事发生在现在的吴〔无〕锡，所以与其谓孟光所举的为"椀"，不如谓为"几"（矮桌）比较的合理。现在周某总应该承认名人并不是要欺骗他而只能怪他自己坐在井里，见不到井外的天！

至于他将我的剧本乱骂一顿的荒谬言论，更是不值识者一笑。他看见《活诗人》里面有猫狗上台，就嗤为马戏，那末，墨特林的《青鸟》，洛士旦的《雄鸡》，阿尼尔的《庄士皇帝》，巴雷的《潘彼得》都是马戏了！在这里，恐怕和上面一样，天下人也不能同他一般见解！

编者按：袁先生此稿交来已久，适值全国木刻在汉展出期间，本栏全部篇幅，均为木展特辑所占，袁先生此稿，竟积压至今，殊为抱歉之至！

5月26日　洪薇发表《谈谈“举案齐眉”——读袁昌英先生〈究竟谁在胡说〉以后》，载《武汉日报·鹦鹉洲》第1697号。文前有编者按语：

编者谨按：关于“举案齐眉”问题，本栏共收到文字四篇，计胡说君的《胡说一通》；刘师浩君的《说案——质袁昌英教授》；YS君的《案的确解》；何汉华君的《周的小疏忽与袁的大错误》等，均能言之成理，本来都是值得发表的文字，但或则微嫌说话过火了一点，或则没有指出新的确证，均只好割爱，今日收到洪君此作，略能包括以上各文所说的意思，故特删节稍能引起误会的句子，刊布于下。以后如有关于此类文字，本栏极为欢迎，但有一个绝对的条件，就是要有确证，有新解，而又不意气用事者，方为合格，敬乞注意为幸！

6月15日　毕露（胡绍轩）发表《谈袁昌英的〈孔雀东南飞〉》，载武昌《文艺》月刊第1卷第4期。全文如下：

最近在武汉，因了某女校出演了袁昌英先生的《孔雀东南飞》，致引起了很多的批评与讨论。我觉得这篇戏剧很可以上演，不过有几个地方还待改正，故敢于提出来与原作者商榷商榷。

《孔雀东南飞》，是一首哀艳的古诗，根据这首古诗而写成剧本的不在少数，据我所知，有熊佛西的一幕《仲卿与兰芝》，杨荫深的三幕《磐石与蒲苇》，袁昌英的三幕《孔雀东南飞》，胡绍轩的三幕《双飞鸟》，另外还有北平女高师所编的一种。在这五种以这首故事诗而写成的剧本当中，当然编制方法，各不相同，即对于该诗的见解，亦不一致。

就以袁昌英先生的《孔雀东南飞》而言，他〔她〕的见解，却是这样，“在中国做婆的自古就有绝对的威权处置儿媳妇，焦母之驱遣兰芝，不过是执行这威权罢了。然而这个答复不能满足我。我觉得人与人的关系总有一种心理作用的背景。焦母之嫌兰芝自然是一种心理作用。由我个人的阅历及日常见闻所及，我猜度一班婆媳之不睦，多半是‘吃醋’二字。我并不是说母亲和儿子有什么暧昧的行为才对媳妇吃醋的。我是说母亲辛辛苦苦亲亲热热地一手把儿子抚养成人，一旦有别一个毫不相干的女子占去，心里总有点忿忿不平。年纪大了或是性情恬淡的人，把这种痛苦默然吞下去了。假使遇着年纪还轻，性情剧烈而不幸又是寡妇的，这仲卿与兰芝的悲剧就不免发生了。”（原序一）作者“把捉住了这个见地，就任想像所之，开始来创造这三幕悲剧了。”这个“见地”，亦有相当的理由，我很赞同。是以作者在第一幕中对于“焦母”的心理描写，可说是煞费苦心。在第一幕中，作者以“姥姥”来穿插，也是一个很好的手法，以我看来，剧本中的“姥姥”，就是作者的化身。至少她是作者的代言人。因为在作者序言中所说的话，剧本中的“姥姥”都一句句地说了出来。第三幕亦颇紧张，以“清水塘的那对鸳鸯”之死，衬出仲卿与兰芝的末路，也是一个很巧妙的写法。

仲：骨与肉，血与命，永远……永远化在一起！

兰：正如清水塘里那对鸳鸯颈挽颈死在清流里！

仲：（突然脱出拥抱）什么？清水塘里那对鸳鸯死了吗？

兰：死在枫树下。我哥一把拾起，抛入塘的深处！深到无声无色的寂静处了！

仲：（由腰下摸出兰芝嫁前所赠的肚带，对微明忽闪的月光里一看，兰芝也凑紧头来一看）难怪鸳鸯死了，我这肚带儿也破烂完了。

啊！清水塘的鸳鸯死了，绣着鸳鸯戏水的肚带烂了，这对可怜的相亲相爱的人儿——仲卿与兰芝投水自杀了，这是怎样的一幕悲剧啊！天哪！

这三对鸳鸯在作者的笔尖下，前后互应着，写得非常悽切而生动。

可是第二幕则嫌松懈了一点。而全剧的中心，也就在这第二幕。例如：

妹：妈妈这种意思恐怕在心中也不止一日了。自从我哥哥聚〔娶〕

了嫂嫂，她差不多无日不暗中流泪。人家得了嫂嫂这样的人做媳妇，见他夫妇和好，正当引为乐事，而我妈妈则恰得其反。每见他夫妇快乐，她就气愤不过，恨不得把嫂嫂一把……我也不敢说把她怎样……总而言之，她是最恨哥哥爱嫂嫂的。你说这是什么意思？

姥：小姑娘，这其中的味道儿，你没尝过，那能领悟？小姑娘，你曾真心相与过什么人没有？

妹：我只真心喜欢过一个表妹妹。

姥：她也喜欢你吗？

妹：她从前很爱我。可是……（声音略微战颤悲凄）可是她现在不理我了。姥姥，讲起这事我真难过哩！从前我们常在一块儿玩，我什么都让她。她也着实奉承我。近年来因为她上学去了，在塾里结交了许多朋友，就把我丢了。我每回想去舅母家看她，我妈妈总说我大了，不该常到舅家去与那些表兄弟厮混了。我每回听得她和别人要好，我心里真说不出的难受，好像一种又酸又苦又辛的涎痰塞住了我的心脏，使得我气都吐不过来！

姥：你晓得这种悲酸叫做什么？

妹：俗话叫做——（说不出口，脸红到耳根）……但是这与我母亲不喜欢嫂嫂有什么相干？难道我妈妈对于嫂嫂是……

一个“十三四岁”的小孩，恐怕不会这样的懂得世故吧！一个“银丝白发”的姥姥，恐怕不会向一个十三四岁的小孩问出“你曾真心相与过什么人没有”的问句吧！这“相与”二字，若以俗话说就是“皮绊”，若以现代语说就是“恋爱”，难道一个老练世故的姥姥，还会向一个不懂事的小女孩，问出“你曾恋爱过什么人”“你曾皮绊过什么人”吗？而那位小孩，也竟能答出那样的话来！即令说她太懂得世故吧！那末，这个湾也未免转得太不自然，太大了一点。我觉得这样，反使剧情容易松懈下去。本来，这种将答案放在“问者”自己的口中，让他自己回答的这种写法也有，如法国小仲马的《茶花女》，就是这样：

法维尔：这是我叫人送来的。

马格哩脱：（取花束于手，观之）玫瑰和白丁香，那宁，拿去搁在你的房间里吧！

法维尔：你不要它么？

马格哩脱：我叫什么名字？

法维尔：你叫马格哩脱·哥底葛。

马格哩脱：人家给我的别名是什么？

法维尔：茶花女。

马格哩脱：为什么？

法维尔：因为你只戴这一种花。

马格哩脱：那就是说，我所爱的只有这一种花；把别种花送给我是无用的。

在这里，是有着艺术的手腕的。本来，当法维尔问："你不要它么？"马格哩脱很可以直接了当的说："因为我只爱戴茶花。"但是她不，她要逼出法维尔自己说：你叫茶花女，因为你只戴这一种花。可是，在《孔雀东南飞》里，这个湾未免转得太大了一点。因为当焦妹讲出她与她表妹的那段故事时，观众的注意早被这一大段故事所吸引，而忘却了她最后的答话，就是她自己的问话。故不能像《茶花女》那样的紧密，那样的容易使观众感到兴趣。

再以全剧而论，我有四点意见要与原作者商榷的。

（一）焦母的结婚年龄的错误："随着脚步声进来的是个三十六七的中年妇人。"作者为了要把焦母写成一个年轻的寡妇起见，故把焦母只写成三十六七岁。

母：你发什么傻呀？

仲：我不是已经二十二了吗？

母：就说二十二吧。

母：……我二十二年来翼下的……现在要高飞了……

这明明地，作者把仲卿写成二十二岁。现在，我们来替他们算一算：母亲三十六七岁，儿子二十二岁，那末，母亲只大儿子十四五岁。我们再来想一想，焦母生仲卿的时候，只有十四五岁，那末，她结婚的时候必定在前一年，至少也要前十个月，这样我们再来减一年，就只有十三四岁了。焦母是否十三四岁结婚？十三四岁的小姑娘，在现代，在那时候能否结婚？现在，以作者自己的话来说吧：

仲：我不急，妈，你放心。（这时一个十三四岁活泼伶俐的小女孩扶搀着一个一头银丝白发……的老太太进来了）

作者既然承认十三四岁还是一个“小孩子”，那末，“小孩子”，不能结婚。

姥：兰家小姐今年十几岁了？

母：刚进十七。

媒：（欢笑）正是花月当春的时节呀！太太何不早把媳妇娶过来。好作含饴弄孙之乐？

接十七岁的兰芝还嫌“早”，那末，焦母十三四岁不能结婚。依人情，风俗，生理，各方面而言，女子十三四岁不能结婚，作者把焦母写成三十六七，仲卿写成二十二，这是一点错误。应加修正。

（二）有些字句不妥：焦母既是主张“女子无才便是德”的旧式妇人，那末有许多文雅的字眼，就不能从他口中说出，如“由他哀声里我听见了我生存的使命”之“生存的使命”；“我就胆敢做一个叛天之徒”之“叛天之徒”；“这样妇道荡然”之“荡然”；……等等。

（三）独白太多：全书的“独白”竟有四五处之多，而每处都有十数句或数十句的独白。关于独白的问题，正好借一个人的言论，作为我的意见。

他说:“现代剧的特质,其第五则便是独白与旁白之废置。独白为什么要废置呢?因为他不切近人生,不与写实派的格例冲突。我们试看现实的人生,除非是酒后或神经病者他才会自言自语。独白是一种出于常规的举动,在我们日常生活中是很少的,尤其是长篇的报告或说明。不过独白在日常生活中也不能说一定没有,如我们遇到研究数理,苦思不得其解,忽然心有所得,必然口中喊出‘原来是这个样子的’;看到无理的新闻时说‘岂有此理’,‘放屁’;心理〔里〕苦闷不乐时说‘唉,人生真无意义’,‘可恶’等类的话,所以有人拿来作为反对不能废置独白的理由。其实不然,这是神经受了刺激时一种声音的反应,应该说是‘偶谈’而不是独白,长篇的报告或说明是独白,人如果不发痴,决不会自言自语,故必须废除。”(谷剑尘:《现代戏剧作法》)在《孔雀东南飞》里,固然有一部分是仲卿的发痴,是焦母的发怒而发出来的独白,然而大半皆是一种说明式的独白,故应减除。

(四)服装和道具的问题:最后要向原作者商榷的,是关于该剧的服装和道具的问题。作者在《孔雀东南飞》的前面写着:

时代　东汉

服装　人物的服装以及屋宇器具俱按时代设备

这个,我很反对,理由是东汉末年建安时候的服装和用具不容易考据。即令如胡适之先生所说:可以根据“古画”和“土偶”。然而以“现代语”演出的戏剧,能否穿“古时候”的服装?这是一个问题。所以我的意思是:剧中的对话,既是现代的语言,那末,服装器具以及剧情中的一切事物,都很可以用现代的了。何况在现在的乡村中,还常常有这样的悲剧发生呢。作者自己在序二里面曾经这样说过:“我这剧本的情节有许多地方与原诗里面所叙述的很有差别……然而借旧题创新作,想必也是文学界所准许的吧。”既是“新作”,何必定要死死地规定用“旧”的器具和服装?

总之,这篇戏剧是可以上演的,不过以上各点确有删改的必要。

6月16日　发表书信《关于“举案齐眉”事致书编者先生》，载《武汉日报·鹦鹉洲》第1718号。全文如下：

编者先生：

我这封信本来早就该写的，只是一向事务纷繁，不能抽得工夫出来，甚是抱歉。关于“举案齐眉”事，照先生五月二十六日按语：自从我那篇答复周君的文字:《究竟谁在胡说》发表后，先生收到反响的文字颇多，而先生只选了洪薇先生的一篇发表。洪君的文章可分三点：第一，洪君说我把“檍”解作了“几”，于是认我是不懂《方言》，将《方言》对于字的解释抄了一大段。他这番力完全是白费，因为我的文章里绝对没有将“檍”解作了“几”的语句。洪君没有看懂我的文字，那是没有办法的。第二，洪君关于“举案齐眉”的“案”字应作“椀”解所举的例证，除了两句以外，仍是从《辞源》及《康熙字典》里面抄的。周君所做的工夫，他再来做，似乎是白费精力。他也要拿简略无头无尾的字典来考古，考古工作如此容易，世间也不必有考古家了。第三，洪君说：孟光是弱女子不能将矮桌举到眉梢。《后汉书·梁鸿传》内明明写着“孟氏有女状肥丑而黑，力举石臼……”，洪君显然没有读过这篇文字，不然，当不至于称孟光为弱女子了。这种读书为文的态度，不知先生意以为如何？

以上是答复洪君的三点。至于“举案齐眉”的“案”应作“矮桌”（几类）解，我还可以说明一下。这“矮桌”，就是一只“椭长局足高三寸”模样（前文有考据）的茶槃。孟光将食物盛于食具内，然后再将食具置于承槃内，再很恭敬的举而送与梁鸿去食用，应是很可想到的一种合理的举动。别说孟光这“肥丑而黑，力举石臼”的女子可以做得到，即使任何弱女子也可胜任的。据曾在日本住过的友人言：日本一般旧家庭现在仍有这“举案齐眉”的风俗，因为日本在欧化以前完全模仿我国的古文明。现在日本奈良博物馆所陈列的唐代室内用具仍有这种矮桌。唐离汉最近；这种证据总比由《康熙字典》内断章取义的找出来的解释可靠一点吧。

编者谨按：读了袁先生的这封信，我想大家应没有什么话说了。举案齐眉的“案”，自然不能像胡适之先生那样的解释。日本我虽没有去过，但日本人的家庭，我在上海时，却曾跟着朋友们参观过几处，他们的矮桌，长约四尺，宽和高均约尺半，置于室的中央，似乎不是一件易举的东西。胡适之先生把它来比拟，确实有点牵强。至于周梦萍先生，将“案”解释为“椀”，虽持之有据，也未免狭义了些。记得幼小时候，读《幼学琼林故事》，在妇女类有说到“举案齐眉”的故事。书上即附一插图，大致如袁先生来信所说：“孟光将食物盛于食具（按：椀也）内，然后再将食具置于承槃（按：案也）内，很恭敬的举而送于梁鸿……”又前不久时，张聿光先生个人画展，亦有一幅关于“举案齐眉”的立轴，大致亦如上述，惟所画承槃，并无足耳。

几句粗浅的话，是比《康熙字典》，还更俚俗，真未免见笑大方，但或者可供参考。

再者，关于“案”的讨论，就此结束。

6月20日　敬一发表《明星公司的〈女性的仇敌〉与袁昌英先生作品的版权问题》，载南京《中央日报·中央副刊》第264号“每日专论”栏。全文如下：

民国二十年十月的《小说月报》上登了袁昌英教授所作短篇小说一篇，《我也只好伴你消灭于这一切的黑暗中了》(《小说月报》，二十二卷十号，一二八三至一三〇一页）。四年前的作风和现在不同；那时候的文艺，至少袁先生的文章，是雄健浑厚的。读了之后，不令人拍掌大笑，便令人欣然自得；不令人怒发冲冠，便令人凄然叹息。袁先生的文字有这种力量。《我也只好》中的故事是一个停妻再娶的故事。

朱惟我离了他新娶的太太到“米”国去读书；在外国时勾搭上了好友李君的未婚妻秋子，就私下秘密结婚。结果是李君做和尚，发狂而死；惟我的发妻呢，出来找惟我，沦入乞丐收容所，先哭瞎了眼，然后悲哀而死。余下一对多才多艺，又富又贵的朱惟我与秋子，在那里享福。和一位悲愤的旁观者英明，来叙述这一段伤心史。

民国二十三年夏天，南京首都大戏院开映明星公司的最新“钜”片，《女性的仇敌》。所叙述的也是停妻再娶的故事。朱惟我这次没有到“米”国；他在上海读书。爱上了同学“李”丹的未婚妻叶“秋子”。进攻得手，秘密结婚。李丹“忧愤成疾，终至疯狂”；惟我的发妻出来寻夫，“凄哀交并，遂昏迷在路旁，而入医院”，终至“奄奄一息”死在院中。这是和袁昌英先生所作故事相似的地方。

得意忘形的朱惟我呢（电影上的那一个），又追求上了另外一个女子，吴丽小姐。所以叶秋子，知道了性〔姓〕朱的被弃的发妻后，对发妻表同情，“声言和他断绝关系”。这个秋子，有姓的，是个被欺骗的好女子。这是不同的地方。但是戏中同样有一个悲愤的旁观者，而又同名，刘“英明”，只多了一姓。

《女性的仇敌》比《我也只好》多了一次恋爱，多了一个女角，吴丽小姐；但在故事的本身上，小说和电影有十分之七八相同。在故事人物的人数和姓名，两方竟有十分之九的相同：

《女性的仇敌》（电影）	《我也只好》（小说）	
朱惟我	朱惟我	不义之夫
叶秋子	秋子	先为李之未婚妻 后为朱之后妻
李丹	李（君）	被牺牲者
刘英明	英明	旁观者
朱之前妻	朱之前妻	被牺牲者
前妻之子（夭亡）	前之妻女（被拐）	
吴丽小姐	无	

从这两方面看来，大概不是偶然相同，那是已经再无可疑的了。加上电影中的对话又有许多与小说中对话相同。这是一方抄袭对方，显而易见的。问题是，谁抄袭谁？袁先生的小说是民国二十年出版的；明星公司的

电影是二十三年夏天到南京的，大概不是在二十年以前摄制的罢。民国二十年《小说月报》销行颇广，要是袁先生抄了别人，人家肯轻易放过吗？

我们记载这段公案，一来因为这是近代文学史上的资料。现在不弄清楚，将来日久月深，更不易判明的。同时袁先生以大学教授的身份，虽不会提出侵占著作权，要求经济赔偿；然而电影剧本作者定是受过相当教育的人，电影事业究竟是文化事业之一种，剽窃别人作品，改头换面，据为己有，这总是一件很严重的道德问题。在袁先生方面做了好文章，碰到识货的"文抄公"，编成剧本，使没有读到原文的人，能在银幕上领略这故事的风味，也足引以自豪。但"文抄公"为贪心或虚荣心所误，一念之错，自损人格，最为可惜。采用别人的资料时，应当正式声明是别人的才好。

7月5日　发表小说译作《苹果妇人》（*Apple Women*），英国H. A. Manhood（今通译H.A.曼德）著，载《武汉日报·现代文艺》第21期。

7月　申请"欧洲戏剧沿革"（Development of European Drama）课题，研究计划及步骤为"先着手研究古希腊罗马戏剧之起源及内容论及欧洲戏剧"。后"因杂事繁重，不易专顾"没有取得研究结果[1]。

8月15日　发表书信《为孔雀东南飞答毕露先生》，载武昌《文艺》月刊第1卷第5、6期合刊。全文如下：

毕露先生：

承你在本刊六月号将拙作《孔雀东南飞》内各种待商榷之点提出来讨论，实在感谢！又承将此篇剧本有上演的可能性，以及其中几处尚差人意的地方指明出来，更使我引为荣幸。我现在将你所提出的几点作以下的答复，如犹以为未妥，仍请见教是幸。

（一）"一个十三四岁的小孩，恐怕不会这样的懂得世故吧"。小妹在第一幕内是十三四岁。可是她在"两三年以后"的第二幕内，同姥姥说话的时候，当然不止十三四岁了。一个十六七岁的小孩，当然懂得许多世故了。

1　教育部编:《全国专科以上学校教员研究专题概览（下册）》，商务印书馆1937年1月版，第320页。

然而她与姥姥说话，她常是被动的，在谈吐之中，她并未露出老于世故的态度。不过这一节，我自己也觉得太松散，对话有的地方也拖得太长了。这些缺点，将来有机会必加以修改。至于你将“相与”二字解作“恋爱”之意，未免欠妥当。《儒林外史》里面这两字用得最多，就是男子与男子最普通的相交也是“相与”。作“恋爱”解，不知根据什么地方的定义，得便请高明有以教之。

（二）焦母三十五六，仲卿二十二岁……这一点实在是我的错处，亦可说是我的忽略。我原来在腹稿中已定仲卿为十八九岁，不知后来如何弄错了。承你指出，甚是感激！但是女儿十三四岁结婚在乡中仍是常事；生小孩的也常有，我亲眼看见的都有好几个。但是这是极不自然的事，我不该在文学里这样写。

（三）关于独白太多一点，你未一一指出，我不能加确定的答复。但是据我自己看来，除了仲卿患病的那一段独白外，别处似乎不多。我这里故意要将他那般寂寞无聊，厌倦于床榻，因而思婚的生活写出来，独白多几句，似无大患。若是他有朋友，可以吐泻心思，当然不致这样苦思。但是他只有母亲与小妹。在这两人之前，他都不能吐露心怀。在闷得慌的时候，将心思自言自语的喟叹出来，似亦不失其为自然。并且现代戏剧，各式各样，五花八门，固不能有一定的规律。独白一项自从易卜生极力避免以来，大家一时当然奉为金科玉律了。然而我们距他的时期百余年了，他的法令，也很有人认为有修改的必要了。

（四）服装问题，我并不坚持要用古装，不过总要有相当的古意或是艺术化，才能与剧情相合，才能产生那应有的印象；不然，就难免不落于文明戏之流了。我写此篇剧本时，很受巴黎Gaston Boty 及 Pietoff所主持的风格派的表演的影响，故对于服装布景都有风格派的意象。如果完全用自然派的方法表演出来，一定不能有好结果。

本剧及其他剧，当然缺憾很多，能承大方不时指教，欣感不已。

8月23日　发表剧本译作《意中的家》（*The Home of Vision*），英国Constance

Holme（今通译康斯坦丝·霍姆）著，载《武汉日报·现代文艺》第28期。

8月30日　发表剧本译作《意中的家（续）》，载《武汉日报·现代文艺》第29期。

8月　谭正璧《新编中国文学史》由光明书局出版，其中第3章“革命文学运动”之第4节“戏剧”中说：“在《孔雀东南飞》里，她写焦母驱逐兰芝的原因，是仲卿结婚后和他母亲疏离了，她像弃妇般孤寂地可怕，所以她把这个怨恨发泄在她媳妇身上，把她驱走，以致演成一幕惨痛的家庭悲剧；这种根据心理学上的新的解释，确是一种大胆的创造。”

9月12日　武汉大学开学。

本学年（1935年9月—1936年6月）　在武汉大学文学院讲授必修课程2门，选修课程4门。其中，为中文系二年级讲授选修课程“戏剧入门”，每周3小时；为中文系二年级讲授选修课程“第二外国语（一）·法文”，每周3小时；为外文系一年级讲授必修课程“第二外国语·法文”，每周3小时；为外文系二年级讲授必修课程“戏剧入门”，每周3小时；为史学系二年级讲授选修课程“第二外国语（一）·法文”，每周3小时；为哲学教育系哲学教育组二年级讲授选修课程“第二外国语（一）·法文”，每周3小时。1935年起，哲学教育系课程分为三组：哲学教育组、哲学组、教育组[1]。

9月27日、28日　国立戏剧学校在南京、上海、北平、武昌四地招考，袁昌英与陈源、时昭沄、凌叔华、苏雪林等人为武昌招考委员[2]。

10月初　英国青年诗人朱利安·贝尔（Julian Bell）到武汉大学任教，讲授“莎士比亚”等课程，1936年12月辞职。1937年，回到英国，后赴西班牙参加反法西斯“国际纵队”，不久被榴弹炸死。

10月11日　武汉大学召开第260次校务会议，袁昌英被推定为训育委员会委员、群育委员会委员、女生指导委员会委员、学生团体指导委员会委员[3]。

1　国立武汉大学编:《中华民国廿四年度 国立武汉大学一览》，国立武汉大学1935年12月版，第16—51页。

2　张道藩:《国立戏剧学校之创立》，国立戏剧学校编:《民国廿五年国立戏剧学校一览》，国立戏剧学校1936年版，第4页。

3《国立武汉大学周刊》1935年10月21日第245期。

10月19日　发表散文《绕有妙趣的九月之晨的摄影》，载上海《摄影画报》周刊第11卷第33期第482号。

11月4日、5日、6日、7日、8日　沙菲发表《武汉话剧联合公演追记——向培良大骂袁昌英，苏雪林怒打抱不平》，载上海《戏世界》第230号、第231号、第232号、第233号、第234号第3版。

11月12日　上海《社会日报》第1858号第3版刊登消息《向培良斗袁昌英》。节录如下：

> 不久之前，沉寂的汉口剧坛举行过一次各自为政的联合公演，曾因这次公演而引起向培良的大受攻击。……
>
> 一阵笔战之后，向先生亲自出马来了，他做了一篇关于“《孔雀东南飞》剧本”的东西，这是某女校演的。向培良的此文，大部是对《孔雀东南飞》的著作人袁昌英表示不满的，言辞之间，火气很重。袁昌英当时看了这东西很气。他〔她〕的同路人苏雪林小姐便连忙出马为他〔她〕打助阵出战，就大写其讨向助袁的文章，向培良不甘示弱，与其同人一起出战，这才算是如愿以偿了。

是年　与陈登恪合编法文讲义《法文一》《法文二》《法文三》（武汉大学档案馆藏）。武汉大学文学院所开设的法文课程分为“法文（一）”“法文（二）”“法文（三）”，由陈登恪与袁昌英合上。

1936年
43岁

1月1日　发表散文《新春感言》，载《武汉日报·武汉日报元旦增刊》第1张第1版，文末署“民国二十五年”。初收入《山居散墨》。

同日　上午，苏雪林吩咐其侄子苏经国携带糖果饼干答袁昌英新年礼物[1]。

1日2日　苏雪林邀袁昌英到各家拜年，后在袁家午餐。

> 九时三刻，赴杨家，拟邀兰子各家拜年，但兰要等捷希女士，故上午一家去不行。十一时五十分回家换鞋，到袁家午餐。餐毕，即搭端六先生小汽车进城，渡江看戏剧学会表演《软体动物》。……看完出场，已五时半，趁六时二十分公共汽车回山[2]。

1月3日　上午，与苏雪林访陈源、凌叔华，并同赴女生宿舍向顾如、陆维亚拜年。

> 十时，到山前邀兰子，拟同赴陈家，不意陈家又无人在，乃独赴刘家，坐卅分钟，又赴周家，坐到中午，即饭于其家。下午，乃与兰子同赴陈家，会见叔华。闻彼之乾阿妳克教士颈瘿解剖，情形严重，彼无亲人在平，故叔华赴平视之，约三四星期始可回鄂，《现代文艺》则托通伯先生管理云。
>
> 下午，与兰子同赴女生宿舍，拜顾、陆二女士年。坐到四时半，顾先生为我等拍数照[3]。

1月4日　下午，与儿子在苏雪林家晚餐[4]。

1　苏雪林1936年日记手稿本，武汉大学图书馆藏。下文简称“苏雪林1936年日记”。

2　苏雪林1936年日记。

3　同上。

4　同上。

1月7日　苏雪林得知袁昌英生病，前往探视。吴维清也在。明日开始放寒假。

今日在电话中，知兰子病，定三时去看她。下午，睡起，到医院刮治沙眼。二时四十分，赴杨家，兰子果甚憔悴。吴维清先生在座，闲谈甚久。杨端六先生迎校长归，云学生已表示悔过，校长明日返校，决定放学。余大喜，决明日动身返沪[1]。

2月12日　下午，苏雪林来访，同去学校。邀苏雪林到家中晚餐。

下午，到袁家，访袁兰子，同赴学校。陆维亚决议不上陈教授之课，余亦不好意思独去。从此省点是非，未常非忠厚之道，只是彼教授种种不通之笑话，从此没有耳福聆受，亦未免可惜。本拟上袁先生法文文法，因今午未睡，精神甚坏，且须刮沙眼，乃别之归。……下午五时三刻，又赴杨家，晚餐后赴周家拜访[2]。

2月13日　下午，参加武汉大学全体教职员会议，讨论对付学生言动侮辱和期末罢考案。散会后，邀请顾如及苏雪林到其家晚餐[3]。

2月22日　下午，访苏雪林，同赴女生宿舍，与顾如、陆维亚闲谈[4]。

2月29日　发表《战时妇女的工作》，载《武汉日报·国难特刊》第3号。

3月4日　邀苏雪林等往消费合作社宴请顾如[5]。

3月8日　下午2时半，与苏雪林搭王亚明汽车入城，参加由叶家壁所主持的纪念国际妇女节大会，并发表演讲[6]。演讲大意如下：

1　苏雪林1936年日记。

2　同上。

3　同上。

4　同上。

5　同上。

6　同上。

后由武汉大学教授袁昌英讲演，略谓：在从前世界各国，男子做手工，经营生意，女子闷在家里，无事可作。世界大战开始，男子到前方打战去，就感到内方无人，于是这个时候，女子就到社会上来服务，妇女运动，就从这个时候开始，于是才有妇女节的开端。但是我们谈到中国妇女，譬如说国势处在非常时期之中，妇女工作，就要像上述之重要。我所说的，要注意数点，（一）革除怠惰，振作精神，遇有一种事变，要有秩序，有组织，去应付时局；（二）对于个人生活，要彻底改良；（三）要有组织，使团结力量，臻于巩固云云[1]。

3月9日　王亚明专人前来索要昨日演讲稿[2]。

3月20日　上午10时许，苏雪林来访，闲谈一小时[3]。

3月22日　下午，全家进城拍照，邀苏雪林同赴中央戏剧院看电影《叛舰喋血记》[4]。

3月　作论文《易卜生的野鸭》，载上海《文学时代》月刊1936年4月10日第1卷第6期，文末署“民国二十五年三月草于珞珈山”。初收入《山居散墨》。

4月1日　下午5时许，与凌叔华、顾如、陆维亚等访苏雪林，同往武汉大学消费合作社公请凌叔华吃饭，后一起到苏雪林家[5]。

4月6日　下午，邀苏雪林、顾如、陆维亚到家中喝茶、吃西式点心，并晚餐[6]。

4月11日　下午，陆维亚请袁昌英、苏雪林等人渡江看电影，吃饺子[7]。

4月19日　上午，与苏雪林同游东湖，后请苏雪林到家中晚餐，商议收辑散

1 《武汉各界妇女庆祝国际妇女节 胡光秀李学蕴分任主席 苏雪林袁昌英均有讲演》，《武汉日报》1936年3月9日第2269号第7版。

2 苏雪林1936年日记。

3 同上。

4 同上。

5 同上。

6 同上。

7 同上。

文事。

> 十一时左右，与兰子、南垓〔陔〕夫妇到半山庐访郭频佳先生，询问其定婚喜讯，郭不肯承认，坐一小时乃同到刘家吃午饭。兰子伤风新愈，提议趁好天气游东湖，到平汉铁路别墅，又到夏斗寅别墅，又到东湖茶社吃茶与炒面。盘桓至下午五时半乃归。兰子留我到她家晚餐，商议收辑散文事。兰不愿用《昌英散墨》名义，改为《山居散墨》。计算字数约八九万字，可出一本矣[1]。

5月1日　晚，邀苏雪林同去观看学生表演田汉的戏剧《咖啡店之一夜》[2]。

5月2日　下午，苏雪林到袁昌英家晚餐。8时许，顾如、陆维亚来访，因捷希出任女生指导委员事，与袁昌英大吵一场[3]。

5月3日　苏雪林致信袁昌英，欲辞去女生指导委员一职[4]。

5月4日　上午，访苏雪林，劝其勿辞女生指导委员。后同去学校监考。

> 兰子昨日来劝余勿辞女生指导之职，并将辞职书退还，又云捷希出任事将付校长解决。余一场仗义执言总算占了上风了，不过夫己氏从此更将恨我并设法陷我，不可不虑。然人生在世，立身端正为第一义，畏首畏尾究竟不是办法也[5]。

5月6日　苏雪林在天津《大公报·文艺》第140期发表《我怎样写〈鸠那罗的眼睛〉》，称她写作剧本《鸠那罗的眼睛》，袁昌英给予了不少帮助。

5月17日　下午，苏雪林到袁昌英家晚餐[6]。

5月26日　下午5时许，携儿子到苏雪林家看小猫，邀苏雪林到其家吃点心

1　苏雪林1936年日记。

2　同上。

3　同上。

4　同上。

5　同上。

6　同上。

并晚餐[1]。

5月　作《山居散墨》之《引言》。全文如下：

我这本集子包括七八年来在各种杂志上——《现代评论》，《独立评论》，《现代文艺》，及武大《文哲季刊》等——所发表过的零碎文章。这些墨迹，本来都没有多大价值，用不着保存的。可是我总觉得人生如梦；七八年中比较有组织有形体一点的梦，总不愿虚掷与时间。是以再三考虑之后，还是将这些的确绞过一番脑汁的东西，集成一个册子，使我这毫不足道的渺小人物，在绵亘的时间里，丢下一片轻淡的痕影。

这集子里面的文章，多半是在珞珈山上写的，我无以名之，只好称为《山居散墨》。

这集子只包含论著、批评、随笔三类，至于创作、翻译及有时间性的文章，均未收入。这些文章，虽是粉笔生涯中，抢着时间来写的，可是这里所说的话，不是发于我性灵深处的见地，即是经过切实的考虑与研究而后下笔的，可谓没有一句苟且的言论，一行不负责任的字句。这是我可以向读者申明的。至于其他，那只有“汗颜”两字向读者道歉了。

民国二十五年五月 著者识于珞珈山

5月　杨家骆《民国以来出版新书总目提要（一）》由辞典馆出版，内有《孔雀东南飞及其他独幕剧》提要：

《孔雀东南飞及其他独幕剧》在现代文艺丛书内。戏剧集。共收剧本六种：一、《孔雀东南飞》，二、《活诗人》，三、《究竟谁是扫帚星》，四、《前方战士》，五、《结婚前的一吻》，六、《人之道》。《孔雀东南飞》原是一首极妙的好诗，作者将它变成一出悲剧，写来极哀怨动人。其余五种都是独幕剧。[2]

1　苏雪林1936年日记。

2　杨家骆：《民国以来出版新书总目提要（一）》，辞典馆1936年5月版，第569—570页。

6月13日 苏雪林来访。女儿生病，尚未痊愈[1]。

6月27日 杨端六被国民政府任命为国民经济建设运动委员会委员兼专员[2]。

6月30日 武汉大学放暑假。苏雪林准备往安徽、上海度假，“晚间赴杨宅告别”[3]。

夏 曾宝荪受全国青年总会之邀，到国内十二个大城市演讲，第六站到达武汉，受袁昌英夫妇招待。

离开长沙到了武汉。我们大部份住武昌，但在汉口、汉阳也有几处演讲，所以可把武汉看做我们演讲的第六个城。这里有程其保厅长聚学生于一堂，省去过江旅行的时间，我们除开在青年会演讲外，还到武汉大学、华中大学演讲。在华中我有许多学生，公宴我于华中大学。另外我也去武汉大学会见老友袁昌英女士，杨端六及苏雪林教授等，都极尽招待的雅谊。[4]

7月1日 胡绍轩发表《与张道藩袁昌英二先生论戏剧的“独白”》，载武昌《文艺》月刊第3卷第3期。全文如下：

话说远一点，有一次我与袁昌英先生讨论她的著作《孔雀东南飞》时，有一条是说它的“独白”太多，我说：

全书的“独白”竟有四五处之多，而每处都有十数句或数十句的独白。关于独白的问题，正好借一个人的言论，作为我的意见。他说：“现代剧的特质，其第五就是独白与旁白之废置。独白为什么要废置呢？因为他不切近人生，而与写实派的格例冲突。我们试看现实的人生，除非是酒后或神经病者他才会自言自语。独白是一种出于常规的举动，在我们日常的生活中是很少的，尤其是长篇的报告或说明。不过独白在日

1 苏雪林1936年日记。

2 上海《申报》1936年6月28日第22686号第6版。

3 苏雪林1936年日记。

4 曾宝荪:《曾宝荪回忆录》，岳麓书社1986年8月版，第93页。

常生活中也不能说一定没有，如我们遇到研究数理，苦思不得其解，忽然心有所得，必然口中喊出‘原来是这个样子的’；看到无理的新闻时说‘岂有此理’，‘放屁’；心里苦闷不乐时说‘唉，人生真无意义’，‘可恶’等类的话。所以有人拿来作为反对不能废置独白的理由。其实不然，这是神经受了刺激时一种声音的反应，应该说是‘偶谈’而不是独白，长篇的报告或说明是独白，人如果不发痴，决不会自言自语，故必须废除。”（谷剑尘:《现代戏剧作法》）在《孔雀东南飞》里，固然有一部分是仲卿的发痴，是焦母的发怒而发出来的独白，然而大半皆是一种说明式的独白，故应减除。

后来袁先生做了一篇文章答复说：

关于独白太多一点，你未一一指出，我不能加确定的答复。但是据我自己看来，除了仲卿患病的那一段独白外，别处似乎不多。我这里故意要将他那寂寞无聊，厌倦于床榻，因而思婚的生活写出来，独白多几句，似无大患。若是他有朋友，可以吐泻心思，当然不致这样苦思。但是他只有母亲与小妹。在这两人之前，他都不能吐露心怀。在闷得慌的时候，将心思自言自语的喟叹出来，似亦不失其为自然。并且现代戏剧，各式各样，五花八门，固不能有一定的规律。独白一项自从易卜生极力避免以来，大家一时当然奉为金科玉律了。然而我们距他的时期百余年了，他的法令，也很有人认为有修改的必要了。（以上二文载武汉文艺社《文艺》月刊一卷四五两期）

当然前人的“法令”不一定就是不能更易的“金科玉律”。不过我们要看它是不是合乎“人生”“自然”的原则。譬如仲卿“在闷得慌的时候，将心思自言自语的喟叹”一两句是可以的，若要叫他长篇大论的把他“思婚的生活”连说带做的“独白”出来，那未免太“不切近人生”，太不“自然”了。

因为笔者太忙的缘故，故将这个问题搁了下来，没有和袁先生往下讨论。今读张道藩先生的《狄四娘》（载中国文艺社《文艺》月刊八卷六期），又看到许多的“独白”，所以我觉得这个问题有从新商讨的必要。

“独白”的存在，依我看似乎可以分做四类：一是神经受了刺激的反应；一是为了叙述故事的便利；一是表现内心交战的痛苦；一是舞台上的一种假设。例如：

《孔雀东南飞》的最后一段：——焦母因自己的儿子死了而发狂，抓起稻草当儿子的那一大段独白。和《狄四娘》第三幕里面的一大段：——白妲丽被丈夫项吉隆督军逼她自杀，而独个儿说出“……再也想不到我就要死了，我只能再活一个钟头了，……”后来揭开纱帐，看见床上已放了两把大刀和一支手枪，吓得四肢震颤：“那是什么东西！吓死我了！大刀！手枪！那明明是预备杀我用的，天哪！……”像这一类的“独白”是属于第一类。——因神经受了刺激时的反应。

再如《孔雀东南飞》的第一段：为了叙述仲卿“思婚的生活”，使其自白一大段。和《茶花女》的第二幕第五场——马格哩脱的独白：“在一礼拜以前，有谁能向我说，世界上有这样的一个我向来所不知道的人，能于在这样短的时间之内，就来关切着我的心与我的想念，而且关切到了这样的一步？而况他还爱着我呢？”……像这一类的“独白”是属于第二类。——为了叙述故事的便利。

再如《狄四娘》第三幕的开头：——狄四娘独留室中，四顾，作惊异状。最后自语着说：“哎！这间屋子，我现在又到这间屋子了。督军叫我到这里做什么呢？我看今天公馆里的样子有点奇怪。难道跟我有什么关系吗？（回首见梳妆室门。注目视之）哎！这个门，我今天看见这个门到有些奇怪！到底昨天夜里门里藏着谁呢？一定是德甫吗？可惜我不能断定。啊！那个可恶的侦探我也没有再见他了，他现在或者暗地里睁着鬼眼儿笑我呢！藏着的一定是德甫吗？要真是他的话，那么他就不是我的人了。我就该在督军面前告发他！（稍停，摇首。）不能，我不能，我不能害他。我这冤仇该报在那个女人身上！（稍停，摇首。）唉，也不能。我敢说德甫这一辈子是不会爱我的了。他从前说爱我，那都是欺骗我的。我这样活着，还有什么意思？就把他们害了又于我有甚么好处？还是不如我自杀了好些！（俯首沉思半晌。）我死是决定的了。难道仇也不报就白白的死了不成。这时候我要报仇，是很容易的。只要把昨天晚上的事情，整个儿告诉督军就成了。哎！德甫！哎！妲丽！你们俩的性命都在我的手里呢！唉！我做吗？我真这样做吗？到底叫谁死呢？是他们呢？还是我呢？”和《威尼斯商人》第二幕第二场：——“朗，我的良心当然不让我从犹太人家里逃走的。可是那恶鬼在我手边，引诱我，对我说：‘高朴，朗劳高朴，好朗劳。’或是说‘好高朴’，或是说‘好朗劳高朴’，‘用你的腿，出发，逃走。’我的良心说：‘不能，小心，诚实的朗劳；小心，诚实的高朴。’或是说，好像刚才说的，‘诚实的朗劳高朴，不要跑；把想跑的腿重重的踢一脚。’可是，最勇敢的恶鬼，却叫我收拾行装。说道：‘跑呀！滚呀！’恶鬼这么说：‘为老天的缘故，鼓起了胆呀！’恶鬼说‘跑呀。’可是我的天良，抱住我心的颈子，顶聪明的对我说：‘我诚实的朋友朗劳，你是一个诚实爸爸的儿子，’……”像这一类的“独白”是属于第三类。——表现内心交战的痛苦。

再如《狄四娘》中第三幕的一段：——

项　（以信给四娘）你看罢！

狄　（四娘打开信一看。即背项自语）嗳呀！这明明是德甫的笔记，一点不会错的。

项　你认得笔迹吗？

狄　等一等，让我细细的看看。（四娘读信）“亲爱的妲丽，昨夜之事，幸托上天保佑，没有中你丈夫和那个恶妇之计。”（四娘读至此，色变，低语说。）哼！那个恶妇！（又继续）“亲爱的妲丽，我很安全，请你放心。”

项　你认得出是谁的笔迹吗？

狄　（以书还项）大人，（想想）我认不出。

项　我看那个混蛋一定不是新到这儿来的。……

和《威尼斯商人》里的一段：——

夏　好；闻闻猪肉的香味；吃吃那魔鬼变的猪肉，我情愿跟你们做买卖，情愿跟你们讲话，散步等等，可不情愿跟你们一块儿吃，一块儿喝，一块儿祷告。商场上有什么消息没有？来的是谁？（安东尼上）

白　这是安东尼先生。

夏　（旁白）你瞧多么卑鄙骄傲的样子！我恨他因为他是基督徒，更恨他，因为他常常不收利息借钱给人家，因此把我们在威尼斯盘剥重利的印子钱，硬拖下去了。要是我有一天抓住他的屁股，我就要肥肥的把那古往今来不解的怨雠，报他一个痛快。……

像这一类的“独白”是属于第四类。——舞台上的一种假设。

这一类假设舞台上的人听不见，而舞台下的观众可以听得见的“自语”和“旁白”是最无道理的。譬如：狄四娘说：“嗳呀！这明明是德甫的笔迹，一点不会错的。”难道站在她旁边的项吉隆就听不清吗？譬如：《狄四娘》第三幕的后面有一段：

妲　……我虽然爱上了一个人，但是我的确实是一个清白女子。

项　谁相信你！

狄　（四娘低语）我却很相信她。（项闻言视四娘）

可见在舞台上任何一个角色的“低语”，都容易使对方注意。那末，大声的“自语”和“旁白”难道对方就不会注意吗？

所以我觉得除第一种因神经受了刺激时的反应的“独白”以外，关于第四类的“独白”，应该绝对不容存在；关于第二类说明式的“独白”，也应该完全设法消除；第三类表现内心交战的“独白”，虽然勉强可以存在，然而也应该尽量设法减少词句，不宜拖长。最好能够不要。

其实，关于二四两类的“独白”，也并不是不能避免。以《狄四娘》来说。前面所引的狄四娘背项自语一节，依我看可以改为：

狄　（四娘打开信一看。惊）嗳呀！这明明是……

项　你认得笔迹吗？

狄　等一等，让我细细的看看。（四娘读信）——“照原文”

项　你认得出是谁的笔迹吗？

狄　（以书还项）大人（想想）我认不出。

这样，不但是可以避免“独白”，而且还可以使剧情紧张。

再加《狄四娘》内面的另一段：——

项　四娘，我们走罢！

狄　（惊愕）我不能在这里看他出来了。唉！（即回身向项吉隆。）大人，走罢！

这也是一种假设项吉隆听不见的“独语”，不然，项不会问：“四娘，你在等谁呀？”所以我觉得也应该改为：

项　四娘，我们走罢！

狄　（低声）唉！我不能在这里看他出来了！

项　什么？

狄　没有什么，大人，我们走罢！

再以《孔雀东南飞》来说。我觉得开头让仲卿自己叙述“思婚的生活”的那段“独白”，可以“梦语”出之。根据“日有所思，夜有所梦”的话，那末，仲卿是会常常做梦的，也会常常说“梦话”的。若以“梦语”出之，我觉得较“叙述”更能增加剧情——增加仲卿思婚的程度。

再如《孔雀东南飞》内面的另一段：——

仲　我扶姥姥出去（搀着姥姥慢步出去，焦母在后送着，一瞬之中，台是空的。俄而仲卿欣然回来，拿起那肚带儿就狂吻不已——）我的……我的……只有六天了，你就在我怀抱中了！六天！六天！你快过去吧！……咦！（自己抚摸自己的额）咦！

病那里去了。原来不是病……就是想你……（对着带儿）过甚了。哈哈！

这一段“独白”我觉得也应该改为：

仲　我扶姥姥出去（动作照原文——手指数数）一，二，三，四，五，六，只有六天了，哈哈！六天！你快过去吧！

因为，人在数数的时候，也常常会念出数字来。这样似乎较原文“自然”一点。

不但《孔雀东南飞》与《狄四娘》如此，即最近读到的，如李健吾的《以身作则》，陈琳的《流落》等剧里面，都有这种“独白”存在着。所以，使我一读完《狄四娘》就想到这个问题的重要。于是写下了这些废话，不知张道藩先生，袁昌英先生，以及各位读者以为如何？敬乞指教！

一九三六，六。在武昌。

7月　武汉大学教务长皮宗石辞职，周鲠生继任。

9月12日　夜，诗剧《玄武湖滨——一首独幕剧体的散文诗》完稿，载天津、上海《大公报·文艺》1936年11月8日第245期，文末署“民二十五年九月十二夜完稿”。

同日　武汉大学开学，21日正式开始上课。

本学年（1936年9月—1937年6月）　在武汉大学文学院讲授必修课程4门，选修课程4门。其中，为中文系二年级讲授选修课程“近代戏剧”，每周3小时；为中文系三年级讲授选修课程“第二外国语（二）·法文”，每周3小时；为外文系二年级讲授必修课程“第二外国语（二）·法文”，每周3小时；为外文系二年级讲授必修课程“近代戏剧”，每周3小时；为外文系三年级讲授必修课程“欧洲戏剧沿革”，每周3小时；为史学系三年级讲授选修课程“第二外国语（二）·法文”，每周3小时；为哲学系哲学教育组三年级讲授选修课程“第二外国语（二）·法文”，每周3小时；为哲学系教育组三年级讲授必修课程“近代戏剧”，每周3小时[1]。

9月14日　下午，苏雪林来访。

四时许，包茶叶二盒，小鹅二只，往探袁兰子。适周鲠生先生在座，盖周今年代理教务长，在此商东湖中学及其他公务也。今年武大招生三百八十名，到校者约二百名。东湖中学增男女生百余，总算好现象。……今日在袁家闻数消息：（一）本校廿一日开始上课；（二）捷希女士教一年级法文[2]。

9月15日　下午，访苏雪林。

下午三时，袁兰子来，送我桌幕一、茶托幕四，谈话一小时，忽捷希女士来，又谈三刻钟而去[3]。

9月21日　与顾如、陆维亚在苏雪林家晚餐[4]。

10月1日　下午，访苏雪林，邀苏雪林到家里看其新作剧本。晚间，到小学参加一区自治会会议，后一同游湖[5]。

10月6日　下午，邀苏雪林来其家晚餐。周鲠生太太来。

下课后遇兰子，邀余赴山前闲话，即在其家晚餐。周太太来，云近日外交空气极为紧张，恐不免开战[6]。

10月8日　下午，告诉苏雪林，凌叔华已回，一同前往探视[7]。

同日　吴坤炳发表《读袁昌英的〈孔雀东南飞〉》，载海口《琼崖民国日

1　国立武汉大学编：《中华民国廿五年度 国立武汉大学一览》，国立武汉大学1936年12月版，第18—60页。

2　苏雪林1936年日记。

3　同上。

4　同上。

5　同上。

6　同上。

7　同上。

报·副刊》第24期。全文如下：

袁昌英是现代女剧作家之一。她的剧本不多，只有《孔雀东南飞》一集，这集共含戏剧五篇：除主要三幕剧《孔雀东南飞》外，还有独幕剧《结婚前的一吻》，《究竟谁是扫帚星》，《前方战士》和《人之道》四篇。

从这五篇剧作里，我们是可以看出她的人生见解和戏剧观的。她以为人生是"悲剧与喜剧的综合与杂陈"，戏剧是一种使我们从现实苦中解脱的工具；因此她主张写剧应该要"眼泪与微笑杂然毕露"，使人读时看时，感到"特别心酸而又特别愉畅"。

现在先说她的四篇独幕剧吧！《结婚前的一吻》，主旨在嘲笑进步的封建社会的婚姻制度；《究竟谁是扫帚星》是攻击一般偏狭的男性的喜剧；《前方战士》的目的在讽刺狭义的国家信念；《人之道》却是宣传人道的主张；可是她在宣传，讽刺，嘲笑，攻击中也充分地表现着她〈天〉的伤感的倾向，使人有"心酸而又愉快"之感。

但这集里的主要剧本，仍是《孔雀东南飞》，此剧取材于古诗，目的只有阐明焦母驱逐兰芝的理由。她认为兰芝的被逐，是因为兰芝夺去焦母底儿子的爱；焦母因儿子结婚后，从前爱她的心完全移去爱媳妇了，使她成为弃妇，孤寂起来，终于把兰芝赶走，演成了家庭的悲剧。这确是一种新的认识，大胆的创造，可惜表现力终究薄弱，所以写来并没有怎样的动人。

袁氏除创作剧本外，还著有《法兰西文学小史》《西洋音乐史》书。小说却不多见，只《小说月报》十六卷三号登过一篇《玖〔玫〕君》，但也不好。她的成就，仍是在戏剧方面。我现在且把她替《现代评论》第三周纪念增刊写的《法国近十年来的戏剧新运动》一文内的一段话，做为本文的结束：

"我们赏一幅画，看一出戏，听一曲琴，读一首诗，都是为逃避那空气紧迫，威严胁人的现实境界，来到一种优游自如，耳目清净的另一境地。所以，艺术之与人生，正如水之与鱼。游戏为各种艺术的一种综合的有机体，于人生更有若血与肉的密切关系。"这一段话，是很可代表袁昌英的艺术主张的。她的剧本《孔雀东南飞》里收集的剧作，恰表露着她的这种倾向。

民国廿五年十月二日作

10月13日　下午，访苏雪林并在其家晚餐[1]。

10月17日　苏雪林在又一村宴请袁昌英等。

五时一刻，渡江到宁波里又一村，已六时矣。坐待许时，袁兰子及周太太均到。今日大风，气候忽冷，恐所约之客未能到齐。兰子怏怏然入座后，郭、杨、刘到，俄陈氏夫妇到，俄顾先生到，共九客，吃蟹三十只，余吃三只，饱胀欲裂[2]。

10月18日　与凌叔华、黄雪明、张惠文等在苏雪林家午饭。

十一时半，叔华来，邀雪明作陪。俄而，兰子、汤先生亦到。汤因有事，送捷希、孙女士来代替正客。张惠文则十二时半乃到，盖渠昨日到东湖，今日拜访青山一带农民，故来迟也。吃饭后，闲谈到三时，叔华、兰子先散，张至四时半乃去[3]。

10月20日　武汉大学召开群育委员会1936年度第一次会议，推定“戏剧”方面由袁昌英、方重、余炽昌3人筹备[4]。

10月29日　下午，邀苏雪林到其家吃螃蟹[5]。

10月31日　上午，携女儿渡江，与苏雪林、黄雪明、顾如、周太太等，到又一村吃螃蟹。后往影馆看电影。

十一时许，将渡江，遇兰子母女自轮渡下来，强邀黄雪明同到又一村

1　苏雪林1936年日记。

2　同上。

3　同上。

4　《国立武汉大学周刊》1936年10月26日第273期。

5　苏雪林1936年日记。

吃蟹。顾先生作主请周太太、陆韦亚，合之余及雪明、兰子母女，共七人。共吃蟹二十只，果然丰盛异常，惟每只蟹须价四角，未免太贵耳。吃蟹毕，赴影戏馆看《奥宫春色》，不甚佳，五时回家[1]。

11月1日　晚上，到苏雪林家吃螃蟹，同座有周太太、顾如、陆维亚、陈源等。

晚五时半，黄雪明先生来，俄兰子、周太太、顾、陆诸君到，俄陈先生亦到。然蟹子太小，且较大者竟死了二个，真可恨也。虽每人吃了四只，而究无味[2]。

11月9日　上午，与苏雪林探视病危的吴维清。

今日上午，曾与兰子去慰问吴维清先生。上楼看视，见吴先生仰卧榻上，气息奄奄，危在旦夕。我心里不忍，将颈上圣牌卸下送他，希望天主显个大灵迹，换回他的生命[3]。

11月11日　下午，苏雪林以文言作一长信给蔡元培，携至袁昌英家，欲请其等签名。

因阅鲁迅《伪自由书》，忽然文兴大动，拟仿鲁迅笔法作杂感数则，以俏皮幽默之语，表面恭维鲁迅，暗中则挖苦鲁迅。才写《要求解禁》一篇，忽想起叔华昨日之约，赴山前一坐之后，畅谈二小时。谓左派利用鲁迅为偶像，将为播散……之计，隐忧殊大，又太息于蔡孑民先生之被人利用。叔华谓，何不作书劝之？余亦焦灼于左派阴谋进行之日烈，久为此书起草□。回家午餐后，小睡。睡起，即以文言写一长信。幸文思尚不枯涩，自二时写起，晚餐左右誊清，携至杨寓，叔华亦在，陈通伯先生亦来。彼云

1　苏雪林1936年日记。
2　同上。
3　同上。

此信恐无效果，且彼为鲁迅对头，恐人谓其报复，决不签字。又谓周鲠生先生亦决不签名云。兰子谓此信不如以女作家名义行之，先签余等三人名，然后邀高君珊、陈衡哲加入[1]。

11月12日　下午，苏雪林来访，将致蔡元培信誊清稿给袁昌英看，并请她签名。

今日上午，将致蔡子民先生信誊清，因为稿子太长，誊到下午二句钟左右，方得誊毕。到山前访兰子，拟请其签字。兰子以示杨端六先生，杨阅过后，谓蔡子民先生为好好先生，惯受青年包围，此信措词虽云激切，并不能发生效果，且恐信落人手，惹起莫大纠纷云云。兰子闻之，大为胆寒。余亦觉此信如公开，则态度固光明勇敢，然恶势力之袭击将无已时，此生莫想安静；如不公开而落人手，则左派将指我等为政府党，加以种种恶谥，以后更开口不得，故允此事作为罢论。四时回家[2]。

11月14日　上午，在文学院遇苏雪林，闲谈片刻[3]。

11月22日　访苏雪林，在其家晚餐[4]。

11月28日　下午，与苏雪林、周鲠生太太等看电影《未来世界》[5]。

12月5日　下午，在家做饺子，周太太、邵太太、顾如、陆维亚、刘秉麟太太等前来帮忙。

五时五十分，回山到兰子家，则兰子今日正大做饺子。帮作者有周太太、邵太太、顾、陆、刘太太，余到太迟未动手。今日饺子共三百余，客主共十一人，每人可派二十五六只，又有牛肉汤等，余大吃一顿[6]。

1　苏雪林1936年日记。

2　同上。

3　同上。

4　同上。

5　同上。

6　同上。

12月13日　苏雪林来访，谈论时事。

今日烧热虽退，人甚软弱，不能赴堂，在家写《记袁昌英女士》一文，以备投寄宇宙风社，文思幸不窘蹶。然此种文字说容易则非常容易，说不容易则极其不容易。盖过于呆板则无趣味，又近颂扬；过于开玩笑则虐而近谑，恐惹起被写者之反感故也。……走访兰子，见兰子哭得两眼红肿，盖亦乍闻此噩耗而然也。陈通伯来杨寓，与杨端六先生谈，亦云情形严重。访周鲠生先生并省其病，四时回家[1]。

12月24日　上海《申报》第22864号开始连载夔风的《袁昌英的〈孔雀东南飞及其他〉》，其余载1936年12月31日第22871号、1937年1月21日第22889号、1937年1月28日第22896号；又载天津《大中时报》1936年12月28日第8版"甦园"栏，题为《袁昌英的〈孔雀东南飞〉新剧》，署名风。

12月31日　赴武汉大学招待所出席武汉最高军事长官陈诚宴请武汉大学教授招待会。

12月　武汉大学附小编《国立武汉大学附设小学校概况》由武大印刷所印行。其中，《本校历次校务委员一览表》记载，袁昌英为第一次、第二次、第三次、第四次武汉大学附小校务委员会委员，任凯南任委员长，委员还有王星拱、吴维清、高君珊、郭霖等。又据《兹将捐助本校图书校具诸先生的姓名列后用彰盛德》，袁昌英捐图书费大洋五元、风琴一架和大地毯一张[2]。

是年　鲁迅在同美国记者埃德加·斯诺谈话中，将袁昌英归为"右翼"剧作家[3]。

1　苏雪林1936年日记。

2　武大附小编：《国立武汉大学附设小学校概况》，武大印刷所1936年12月版，第3—4、67页。

3　安危译：《埃德加·斯诺来访鲁迅的问题单》；斯诺整理，安危译：《鲁迅同斯诺谈话整理稿》；安危：《鲁迅和斯诺谈话的前前后后》，《新文学史料》1987年第3期。

1937年
44岁

1月1日　发表散文《新的交响曲奏演在东亚》，载《武汉日报·武汉日报元旦特刊》第1张第4版。

1月15日　发表论文《现阶段所需要的文学》，载武昌《文艺》月刊第4卷第1期“民族文艺专号”。收入《民族文学》第1册，国民党湖北省党部1937年印。

本期是“民族文学专号”。所谓“民族文学”，并不“就是”喊口号的抗敌的文学。它有着广大的涵义。凡是以抗敌，剿匪，锄奸，以及发扬我国的优美道德和改造卑劣的民族性的题材而写出的文学作品，都是民族文学。如果再广义的说，凡是除了反动的，颓废的，和消闲的文学作品以外，都是“民族文学”。……袁昌英先生的《现阶段所需要的文学》，对于这方面即有所指示。苏雪林先生的《过去文坛病态的检讨》也是一篇很重要的文章，与前者彼此呼应，对于中国文坛的过去，现在，与将来，有着很详细的说明。[1]

2月　作散文集《山居散墨》之《献词》。

爹爹：

你老人家一生所留下来的印象是慈悲，是严肃，是乐观。慈悲是你老的性格。严肃是你老的生活状态。乐观是你老的人生哲学。你儿希望在这些文字里能表现你老的遗训的万一。

女儿 昌英跪献

民二十六年春二月

1　胡绍轩:《编辑后记》，武昌《文艺》月刊1937年1月15日第4卷第1期。

2月　与苏雪林、顾如等宴请邓颖超。

二十六年对日抗战军兴，政府迁来武汉，共产党宣言与国府携手合作，……周恩来等也来到这个临时政府所在地，周的太太邓颖超也偕来。友如与兰子相商，为联络感情起见，可设宴款待，叫我也列名其间。就用妇女抗日联谊名义，单请邓颖超。我们在汉口一个最豪华的餐馆设下盛宴，请邓赴席。……席间我们请她谈话，无非是针对当前局势的话题。她说共产党既宣言与国民政府合作抗日，当然会信守不渝。中国人民这样众多，土地这样广大，虽在军备方面准备不太充足，以我们潜力而论，却具有持久战的资格，终久会把日本小鬼拖垮的。……兰子道："作战有两种军队，一种是用枪的，驰驱于疆场上；一种是用笔的，纵横于文场上。两种力量必须搭配得宜，始可发生作用。我们以前文坛分为左右两派，互相对垒，把力量都抵消了，实在可叹。现国共既合作，文坛成见好像仍未消除，不知您，周夫人，能在这事上用点工夫吗？"邓又微笑道："我不是文艺界人，关于文艺的事实不清楚。不过现在我们政治方面的意见已完全消融，文艺方面的意见，岂有化解不了之理？否则左派文人就不是中国人了。"[1]

3月1日　苏雪林发表《记袁昌英女士》，载上海《宇宙风》半月刊第36期，并附袁昌英近照。全文如下：

假如你还没有会过女作家袁昌英女士，我可以在这里给你介绍一下：

短小的身个儿，不苗条也不精悍。说她美，女作家容貌足称者本少，我们又何必诛求；说她不美，一双玲珑的大眼，配着一口洁白如玉的齿牙，笑时嫣然动人，给你一种端庄而流丽的感觉。但她的照片却往往不及本人之可爱，可见风韵之为物，原是活的。它好像一首美妙的歌，只能唱在口边，不能写到纸上。难怪古诗人有"意态由来画不成"之说了。

人是聪明而且敏捷，你同她谈话，才说上半句，她便懂得下半句。读

1　苏雪林：《悼友如》，《苏雪林作品集·短篇文章卷》第1册，成功大学中国文学系2006年10月版，第201页。

书也如此，艰深的意义，曲折的文句，只匆匆看一遍，便会涣然冰释怡然理顺地给你解释出来。这虽然得力于她平日学问的修养，姿质的明敏，似乎占了更多的关系。

口才也很好，上课时口讲指画，精神弈弈，永远不会教学生瞌睡。数年前因了某种便利，我常去偷听她的课。我觉得听好口才的人演讲是一种愉快，同我所经验到的打球，游泳，驰骋自由车的愉快相同。有人以为我好学，谁知我在享乐。

假如你想同她辩论，你一定得不着便宜。辩论愈激烈，她的词锋也愈犀利。你明明觉得那是方的，然而她却会说成圆的。已故诗人徐志摩不曾这样说么：将方的变成圆的，有何难哉，铰去四只角，不就圆了？我们的昌英女士同人辩论的时候，便似乎善于利用这个“铰”字。像我这样口齿钝拙而又不肯服输的人，同她起了言语上的冲突，往往只有面红耳赤，一吵了事。然而十回倒有九回，她先到我的寓所，低声下气地同我讲和。经过她这样“义释”之后，我便不再坚持已见了。她对朋友的忠恳和仁慈，果然值得心折。

据说英国留学生都有点绅士淑女习气。昌英女士同她丈夫杨端六先生都在牛津剑桥受过多年的教育，岂有不成为绅士淑女之理。但据我的观察：端六先生的性格是厚重，宽宏。心思尤其缜密，说话做事，都要经过几番考虑与打算，有一点害处，他都不干，必要时也能接受重大的牺牲，可谓百分之百的经济学家风度。无疑的，他是个“君子”，但他却是一个由四书五经陶冶出来的“君子”，并不是牛津剑桥式的“尖头曼”。太太呢，那可是一位典型的英国式“淑女”了。听说英国上流社会最讲究礼貌，所以我们的昌英女士礼貌颇为周到，仪容的整饬更为注意，头发梳得一根不乱，衣服熨得平平正正，不容有一丝皱痕。有时候，她似乎想拿仪容之整饬与否判定人品之高下，这就苦了我这个不修边幅的人了。她一看见我，往往从头到脚打量一番，忽然眉头一皱：雪林，你的领钮没有扣拢呢。或者：你穿的这件衣服材料太不行。穿了这样衣服去上课，是有损于你的威仪的。她常不惜送我几件珍贵的衣料，想替我装装门面。我有时也想打起精神，来充个“淑女”试试，无奈自己既未到过牛津剑桥，又洒脱已惯，画虎不成反类犬，何苦。所以我对于她的一番美意，总是辜负的时候多。

夏天，我们为了便利游泳，又讨厌长统袜的拘束，常赤着胫腿跑来跑去。这可害她眉头多打几个结。我又故意同她开玩笑，到别人家穿袜，到她家偏偏不穿。近年她已不再当我的新生活义务纠察员了，大约已感觉孺子之不可教吧。

她虽没有研究家谱学，对于遗传学说也似不感兴趣，但我觉得她门第之见很深。某人品性如此优良，是因为他家世贵，某人习惯如此之好，是因为他出身高，都是她常放在口边的话。在中国，我以为根本没有阶级这回事，亭长，博徒，叫化子，一朝紫微照命，还不是俨然真命天子。十载鸡窗的寒士，题名金榜，不久便可以成为当朝一品贵人。就勉强说我们也有所谓贵族吧，那也是从下面爬上去的，只要你有能耐，你就爬得上。但不到两三代，便又堕落到原来地位，让别人来爬了。中国固没有像日本和阿比西尼亚一样的二千年一系相传的皇室，也何尝有像欧洲那样的子孙绳绳相继连血统都不与平民混杂的贵族阶级呢？记得十余年前在里昂读书，曾戏言同乡某君的父亲是个乡老，曾亲担大粪灌园。事为某君所闻，认为奇辱，大兴问罪之师，意气汹汹，欲以老拳奉敬。幸而他也是个能说不能行的人，否则区区鸡肋，必碎无疑。其实，我说那句话并不是存心毁谤他，我就从没有将担粪这件事当作什么告诉不得人的贱务。寒家世代务农，至祖父才做官。家曾祖少年丧明，贫无以为生，帮人舂米以糊一家之口。其躬亲担粪与否，家乘不载。以意度人，当时既无抽水马桶之类的设备，家贫又雇不起佣人，粪便不自己清出，难道可以让它积存屋里不成？旧读稗史：后唐韩淑妃为明帝所囚，守者索贿不遂，不为通粪。粪积圊中十年成为一邱，土皆五色，生奇花异卉多种，芳馨异常云云。果能如此岂不省了许多事。但韩淑妃乃真仙谪降，才能有此奇迹，而我曾祖父一家大小则无非俗骨凡胎；如学淑妃办法，花香未必可闻，粪臭先不可耐了。所以他之曾亲自担粪，乃势所必然之事，我辈子孙虽欲为之讳亦不可得的。我之直书此事，并非醉心劳动神圣之义，谬托第四阶级以自炫，我觉得从前的人以高门世阀为荣，现在的人以农工大众为尚，我若这样存心，便成了攀附。攀附的对象虽不同，攀附的动机之可耻则一。我虽不肖，尚不至此。所以然者，无非证明我素无所谓阶级观念，并想借此向从前对我发生误会之同乡解释解释罢了，假如他能够读到此文的话。喔，我由袁昌英女士说到自己的曾祖父，由贵族说到大粪，又由大粪而向某同乡补道十年之歉，野马未免跑得太远，再跑下去，不是要跑过希马拉亚山那头么？况且昌英女士虽与我相交多年，尚不深知我的家世，我现在将祖宗舂米担粪的话柄，一概宣扬出来，岂不累吾友面上无光？又听说英国上流社会谈人体有一定尺寸，粪便之类的字眼，当然更绝口不提，我今于此物偏津津乐道，恐十年老友将对我提出绝交书矣。奈何！还是赶紧自己喝一声"带住"吧。

话归本传，我愿意再来谈谈昌英女士的学问。她留学英法多年，研究希腊神话戏剧与其他文学，都有深湛心得。平日一编在手，孜孜不倦。每读一书，必提其要而钩其元，案头卡片不几日便是一叠。我们说她是个女作家无宁说她是个女学者。有人因她实力充足，将她归入陈衡哲，高君珊，方令孺诸女士一型，我亦承认。写作魄力磅礴，气象光明，满含乐观前进气分，近于理想主义，她秉性原慷慨磊落，富于丈夫气，文亦如其人云。

3月16日　发表论文《伟大的戏剧产生在伟大的时代》，载武汉《奔涛》半月刊第1卷第2期。

袁昌英先生的对戏剧学有研究，是驰名于文坛的，袁先生年来在武汉大学任教授，功课很忙，这篇《伟大的戏剧产生在伟大的时代》，有着精辟的理论，和丰富的资料，确是很难得的一篇文章，希望读者细细的去咀嚼……[1]

3月　散文集《山居散墨》由上海商务印书馆出版。书前有《献词》（1937年2月作）和《引言》（1936年5月作）。内收"论著"：《论戏剧创作》《沙斯比亚

1　编者：《编辑后记》，武汉《奔涛》半月刊1937年3月16日第1卷第2期。

的幽默》《文学的使命》《墨特林的静默论》《跳舞的哲理观》;"批评":《法国近十年来的戏剧新运动》《易卜生的野鸭》《妥玛斯·哈底》《皮兰得罗》《读王独清君〈诗人谬塞之爱的生活〉》《庄士皇帝与赵阎王》《为庄士皇帝与赵阎王答彦祥先生》《歇洛克》;"随笔":《巴黎的一夜》《毁灭》《琳梦湖上》《何迷斯》《朴朗吟教授》《游新都后的感想》《再游新都的感想》《新春感言》。

3月　作论文《剧作者的修养》,载南京《文艺月刊》1937年5月1日第10卷第4、5期合刊,文末署"民国二十六年三月草于珞珈山"。

3月　苏雪林发表《现代中国戏剧概观》,载上海《青年界》月刊第11卷第3号。文中,苏雪林认为"丁西林、袁昌英二人作风并不相同,然以共同为《现代评论》社份〔分〕子,所以亦可归之为一系",而袁昌英"寖馈欧美戏剧,富有修养功夫,著有《孔雀东南飞及其他》,内多现代婚姻问题的讨论。尚未收集为单行本者有《春雷之夜》,《笑》,《文坛幻舞》,《玄武湖上之秋》等"。

3月　赵景深《中国文学小史》由上海光华书局出版,其第35章《最近的中国文学》中称:"袁昌英《孔雀东南飞》的心理学解释,都是值得称道的。"[1]

4月18日　下午,访苏雪林。

下午雨住,兰子来访,谈了一些闲话,知道她的《山居散墨》即将出版。我近数年写的杂碎文字也算不少,但总懒得去整理。看了兰子和叔华近来的努力,自己觉得有朽木不可雕、粪土之墙不可圬之感。[2]

4月26日　上海《申报》第22978号第3版刊登《商务印书馆本日初版新书》,其中有袁昌英《山居散墨》广告:

本著是著者近年来所写的散文,内分论著,批评及随笔三种。著者是专门研究西洋戏剧的,故在论著与批评二项内多半是讨论戏剧问题的文字,如《论戏剧创作》《沙斯比亚的幽默》《易卜生的野鸭》之类,均经过极细

1　赵景深:《中国文学小史》,上海光华书局1937年3月版,第20页。

2　苏雪林:《雨天的一周》,上海《青年界》月刊1937年6月第12卷第1号"日记特辑"。

心的研究，始得到的结论。至于随笔类的文章也多是脍炙人口的妙品。

4月　出席武汉大学第二届第一次教授会干事会会议，当选为事务干事[1]。

5月9日　杨端六参加商务印书馆股东常会，并当选为监察员[2]。

5月22日　上海《大公报》第12177号第11版刊登《本报代收川灾捐款报告第三十二号》，称袁昌英为四川灾区捐款10元，杨端六捐款10元。

5月28日　武汉大学召开第303次校务会议，拟设置学生刊物审查委员会，推定袁昌英等为委员[3]。

5月　散文集《山居散墨》由上海商务印书馆再版。

6月1日　发表论文《剧作者的胚胎工作》，载上海《宇宙风》半月刊第42期，文末有“本文作者著书介绍:《山居散墨》，商务出版，每册八角半”。

6月15日　丁丑剧社召开常务委员会，决定首次公演袁昌英的戏剧《孔雀东南飞》。

顾侃、顾烈、朱琦、何波罗等所组织之丁丑剧社，已于本月十五日开常务委员会，决定首次公演剧本为袁昌英女士之《孔雀东南飞》，并聘丁羊为导演。该剧系中国最长古诗《孔雀东南飞》所改编，描写母子之爱与夫妻之爱的冲突而引起婆媳之争，内容甚为悲惨。闻八月中旬，当可公演云。[4]

6月16日　苏雪林在《蠹鱼集·自序》中称:“近数年来，疏慵特甚，所有著作，任其散佚。月前见袁兰子女士整理其《山居散墨》，付商务印书馆出版，鼓动我的兴趣，于是有这本集子和《青鸟集》的编辑。”[5]

7月7日　卢沟桥事变。抗日战争全面爆发。

9月21日　武汉大学举行开学典礼。

1 《校闻》,《国立武汉大学周刊》1937年4月12日第282期。

2 《商务印书馆昨开股东常会》，上海《申报》1937年5月10日第22991号第10版。

3 《国立武汉大学周刊》1937年6月21日第285期。

4 《丁丑剧社最近动态》，上海《申报·申报本埠增刊》1937年6月19日第23030号第5版。

5 苏雪林:《蠹鱼集》，商务印书馆1938年7月版。

本学年（1937年9月—1938年6月） 在武汉大学文学院讲授必修课程3门，选修课程5门。其中，为中文系二年级讲授选修课程“近代戏剧”，每周3小时；为中文系四年级讲授选修课程“第二外国语（三）·法文”，每周3小时；为外文系二年级讲授必修课程“近代戏剧”，每周3小时；为外文系三年级讲授必修课程“第二外国语（三）·法文”，每周3小时；为外文系三年级讲授必修课程“欧洲戏剧沿革”，每周3小时；为史学系四年级讲授选修课程“第二外国语（三）·法文”，每周3小时；为哲学教育系教育组三年级讲授选修课程“近代戏剧”，每周3小时；为哲学教育系哲学教育组三年级讲授选修课程“第二外国语（三）·法文”，每周3小时[1]。

秋 和苏雪林、凌叔华在武汉曾与叶圣陶见过一面[2]。

10月2日 《武汉日报》第2895号第4版刊登消息《武汉大学教职员家属缝制棉被五百条》，称袁昌英捐赠棉被100床。

10月10日 汉口《大公报》第12284号第3版刊登消息《武大教授袁昌英捐巨金购救债》：

> 【本市消息】武汉大学教职员学生工人，对于救国工作，向甚热心。教授苏雪林女士，八月底曾贡献金条五十一两于政府，价值七八千元。同时，郭霖教授之尊翁，亦以其多年积蓄国币千元，请武大校长代献政府。上月，校长王星拱之夫人叶玉芝女士，慨捐金镯一对，交《武汉日报》转呈中央。继起者又有袁昌英女士，于本月七日，送交汉口中央银行金镯四对，计重十五两四钱六分，约值国币二千余元，全数以购救国公债云。[3]

同日 发表杂感《我的双十》，载汉口《战斗画报》周刊第4期“双十特号”。这一期为“双十特号”，刊登了徐步、张泅、胡风、冼星海、洪深、乃超、王莹、欧阳红樱、张季纯、易庸、徐盈、袁昌英、陈时、江天、陈白尘等对双

1 国立武汉大学编:《中华民国廿六、七年度 国立武汉大学一览》，国立武汉大学1939年12月版，第22—86页。

2 叶圣陶:《渝沪通信》，《叶圣陶集》第24卷，江苏教育出版社2004年12月版，第163页。

3 《武大教授袁昌英捐巨金购救债》，汉口《大公报》1937年10月10日第12284号第3版。

十节感悟的文章，总题为《我的双十》。

同日　发表散文《双十节献词》，载《武汉日报·武汉日报双十节增刊》。

10月31日　与中央社武汉分社主任李尧卿等人，在武昌腴别馆餐叙[1]。

11月8日《国立武汉大学周刊》第291期刊登《国立武汉大学战时服务干事会收支对照表》《国立武汉大学战时服务干事会捐助各军事机关物品一览表》，称袁昌英捐款500元，捐款托办棉被100床，经办裹伤包若干，捐赠棉被200床、袜子3打。

11月　参与苏雪林倡议的爱国连锁捐[2]。

12月31日　中华全国戏剧界抗敌协会在武汉成立，袁昌英被选为理事[3]。

12月　上海、南京沦陷后，武汉大学校方决定寻地西迁。

1《战利品展览追记（上）》，汉口《前途》1938年1月25日第6卷第3期。

2《苏雪林提倡爱国连锁捐 昨将捐款送交本报》，《武汉日报》1937年11月8日第2932号第4版。

3《中华全国戏剧界抗敌协会各地分会组织规程》，汉口《戏剧新闻》周刊1938年5月29日第3期。

1938年

45岁

1月　杨端六和工学院院长邵逸周被学校派往四川考察，选定岷江边上的乐山（嘉定）为迁校校址。

1月28日　作评论《建设的新认识》，载重庆《新民族》周刊1938年2月23日创刊号，末尾署“民二十七年一月二十八夜草于重庆南岸”。

2月21日　武汉大学召开第322次校务会议，议决迁校问题，商请教育部将一、二、三年级学生暂迁四川乐山，并于暑假后酌情再迁贵阳，四年级学生仍留珞珈山结束学业。

2月22日　作信一通。收件人疑为陶亢德或陆丹林。

许久不通音。忽从雪林处转来手教，得悉在港创办，十分欣幸。承嘱写稿，俟有暇时，谨当如命。英自首都失陷，武汉吃紧，即已携家小来渝。武大恐亦将移川西上课。四川山水特佳，近来游览名山胜水不少。惟国难已至如此地步，心绪不宁之至，然一见奇山秀水则觉国运定有转机，不知先生近来观察如何？

来函请寄　重庆南岸弹子石下石盘街九十一号。余此不宣，此叩

文安

袁昌英上

二月二十二号[1]

2月26日　武汉大学召开第323次校务会议，议决推杨端六、方壮猷、曾昭安、刘廼诚、郭霖、叶雅各等人组成迁校委员会，杨端六任委员长[2]。

1　虞山平衡编辑，吴门徐亮校订:《作家书简》，万象图书馆1949年2月版，第113—114页。

2　据武汉大学档案馆藏件。

3月24日　发表《抗战与信赖》，载汉口《扫荡报》第1894号第1版“专论”栏；又载汉口《半月文摘》1938年3月25日第2卷第3期。

4月29日　国立武汉大学嘉定分部正式开学。乐山文庙作为校本部及文学院、法学院的教学地址，师生则分散租住于县城内外公私旧舍、庙宇。袁昌英一家与周鲠生、刘秉麟两家同住城中心鼓楼街16号一座宽敞的两进四合院。前院是周鲠生家，后院东边是刘秉麟家，西边是袁昌英一家。苏雪林在城西较偏僻处租到一栋中式楼房，名曰“让庐”。

我的朋友袁昌英兰子则与同事刘南垓〔陔〕、周鲠生两家住在城中一幢大房子里。乐山县城甚小，与我住的让庐相距不远，往来甚便。[1]

5月　作散文《我在四川所见到的奇迹》，载广州《宇宙风》半月刊1938年7月16日第71期，文末署“民国二十七年五月草于嘉定”。

6月17日　汉口《申报》第23362号第1版报道杨端六在汉口参加参政会，并当选为参议员。

7月　苏雪林散文集《青鸟集》由商务印书馆出版，她在《自序》中说：

关于《孔雀东南飞》所引起的几篇剧评，都是民国二十四年四月间所写。当时《武汉日报》和《大光报》的副刊对于这个问题，均有争论，而戏剧专家向培良先生那时亦恰在鄂，我之获得同他讨论，实为一种荣幸。但我对于戏剧这门学问，实在缺少研究。平日虽曾在好友袁昌英女士处耳食了一些西洋戏剧知识，并涉猎了几本论戏剧的书，所得究竟有限，因此所发议论也大都浮光掠影，不能深入。现在听说有所谓“门外文谈”者，我这几篇剧评，就名之为“门外剧谈”罢。但记得与向培良先生辩论时，一面翻书，一面和朋友商酌，意见以愈引而愈出，笔锋以愈磨而愈锐，紧张激烈，得未曾有，深尝学问上切磋琢磨的乐趣。可惜后来发生波折，论

1　苏雪林:《苏雪林自传》，江苏文艺出版社1996年12月版，第94页。

战因而中断，不然，我们的收获恐怕还不止这几篇。[1]

9月22日 杨端六被聘为武汉大学法研所经济学部主任[2]。

10月1日 杨端六被聘为武汉大学图书馆馆长[3]。

10月28日 杨端六赴重庆参加国民参政会第二次大会[4]。

11月1日 本学年第一学期开始。

本学年（1938年11月—1939年7月） 在武汉大学文学院讲授必修课程3门，选修课程4门。其中，为中文系二年级讲授选修课程“近代戏剧”，每周3小时；为中文系二年级讲授选修课程“第二外国语（一）· 法文”，每周3小时；为外文系二年级讲授必修课程“近代戏剧”，每周3小时；为外文系三年级讲授必修课程“欧洲戏剧沿革”，每周3小时；为史学系二年级讲授选修课程“第二外国语（一）· 法文”，每周3小时；为哲学教育系哲学教育组二年级讲授选修课程“第二外国语（一）· 法文”，每周3小时；为哲学教育系教育组三年级讲授辅科必修课程“近代戏剧”，每周3小时[5]。

12月2日 武汉大学召开第342次校务会议，决议通过学术讲演、学术展览会、电影、播音三项兼办社会教育工作的实施方案。学校展览会定于1939年1月2日至3日举行，推选袁昌英等为筹备委员，由涂允成召集[6]。

是年 苏雪林《中国文学史略》讲义由武汉大学印行，其篇四《元明清及近代文学》之第30节《现代文坛鸟瞰》中谈到袁昌英戏剧创作：

> 袁昌英有《孔雀东南飞及其他》，内收创作六篇。《孔雀东南飞》本古代一篇宏丽哀艳的故事诗，近代颇有人改为戏剧，但以袁作成功最巨。普

---

1 苏雪林:《青鸟集》，长沙商务印书馆1938年7月版，第2—3页。

2 据武汉大学档案馆藏件。

3 同上。

4 《二次参政大会行开会式》，上海《申报》1938年10月29日第23227号第3版。

5 国立武汉大学编:《中华民国廿六、七年度 国立武汉大学一览》，国立武汉大学1939年12月版，第86—100页。

6 《国立武汉大学周刊》1939年1月2日第303期。

通皆以兰芝为主角，她独以焦母为主角，利用佛洛依德“阿底斯错综”解释焦母驱逐兰芝心理作用，更加希腊悲剧人与命运斗争之原理，写焦母爱情骤失依托之隐痛及姑媳间感情冲突之过程，异常紧张，异常凄厉，泪痕血点模糊于笔墨间，具悲天悯人之胸襟，诚不愧有数佳构。[1]

1 苏雪林:《中国文学史略》，武汉大学1938年印行，第315页。

1939年

46岁

1月30日　作小说《临别》，载重庆《新民族》周刊1939年2月13日第3卷第11期，文末署："民国二十八年一月三十日于乐山。"

3月25日　黄炎培到武汉大学，在袁昌英家与杨端六、刘秉麟、周鲠生、王星拱畅谈。

> 到武汉大学，借孔庙开学。校长王抚五（星拱）、教授陈通伯（源）、刘南陔（秉藜）、周鲠生（览）、杨端六、陈登恪、邵逸周、郭泽五、熊鲁馨。观图书馆，共登高标山。……到端六家，共〔与〕端六、南陔、鲠生、扶〔抚〕五畅谈。[1]

3月　妇女生活社编《战时妇女手册》由妇女生活社出版，内收袁昌英传略。

4月10日　被选为中华全国戏剧界抗敌协会第二届候补监事[2]。

4月18日　重庆国民政府颁布"命令"，公布湖南省临时参议会议长、副议长、参议员、候补参议员名单，袁昌英被选为湖南省临时参议会参议员[3]。

6月3日　参加叶圣陶儿子叶至善、儿媳夏满子的婚礼。

> 善、满婚期此间颇热闹。地点曰红十字会，会所筑于城上，凭阑则岷江浩浩，凌云、乌尤如列翠屏。客凡六席，弟之同事二席，学生一席，小墨之同学一席，二官之同学一席，此外一席，袁昌英、苏雪林几位女太太。

1　中国社会科学院近代史研究所整理：《黄炎培日记》第6卷，华文出版社2008年9月版，第94页。

2　中国第二历史档案馆编：《中华民国史档案资料汇编》第5辑第2编，江苏古籍出版社1998年4月版，第244页。

3　《命令》，上海《申报》1939年4月20日第23397号第4版。

刘南陔、朱孟实、方欣安、贺昌群、李儒勉、陈通伯几位先生皆闹酒，新郎、新娘向不吃酒，居然各吃五六杯。[1]

6月30日 参加为冯沅君、方壮猷（欣安）二人举行的饯别午宴，同席者有叶圣陶、高亨（晋生）、苏雪林、刘秉麟夫人、贺昌群夫人等。

午刻，为冯沅君、方欣安二位作饯，客人除冯方外，为晋生、子馨、苏雪林、袁昌英、刘南陔夫人、贺昌群夫人。晋生一时有课，少坐即去。余皆欢饮，二时半而席散。忽传警报，诸客匆匆自去。至四时而解除。[2]

8月19日 日军36架飞机投掷炸弹和燃烧弹，乐山城一片火海，炸死、烧死平民4000余人。武汉大学损失惨重，炸死学生5人、工友2人、教职员家属7人，受轻伤重伤者20余人，龙神祠学生宿舍及部分教职员住宅被炸毁，文稿、书籍、衣物亦被炸毁。叶圣陶、张珽（镜澄）等30多位教授的家被毁。袁昌英家全部财产烧成灰烬，一家人死里逃生，暂住亲友处。以后为逃避空袭，先是搬到离城40里的敖坝乡间的一处农舍。1939年秋季开学后，为便于上课，袁昌英一家迁到北郊岷江边叫石乌龟的农舍，与机械系主任白郁筠教授合住。苏雪林所住城西“让庐”幸而未毁。

1939年8月19日，暑假中晴朗炎热的一天。人们照常过着平和的生活。我们院内几个少年，和外面几个少年约好，打算次日骑车去40里外的五通桥游玩，已经备好5辆自行车，存放院里。中午11点半，响起了一长两短的空袭警报，城墙上挂起了两个红灯笼。由于敌机轰炸的目标一直是重庆、成都、泸州、叙府等重镇，从未光顾过这无足轻重的小乐山城，人们对空袭警报都掉以轻心。12点，我全家5口聚在老祖母的房里吃午饭。我一边吃饭，一边仰望着对面墙上的两幅字画出神，那是苏轼的《念奴娇·赤壁怀古》条幅，和峨眉山清音阁牛心石的水墨画，记得是关山月的手迹。正吃

1 叶圣陶:《嘉沪通信》,《叶圣陶集》第24卷，江苏教育出版社2004年12月版，第207页。

2 叶圣陶:《西行日记（上）》,《叶圣陶集》第19卷，江苏教育出版社2004年12月版，第175页。

着，忽然，一种奇怪的隆隆声由远而近。是飞机！但不是普通飞机那种响亮的猎猎声，而是浊重的、发闷的、仿佛发自地下深处的嗡嗡声。是轰炸机！大家感到不对头，这回来真的了！出城已来不及，3家人匆匆钻进堂屋里用粗木桩做支架，上覆几层沙袋的小防空棚。只一会，炸弹就呼啸而下。霎时间，天昏地暗，如同午夜。等飞机声远去，呛鼻的尘埃稍落，大家钻出棚子窥望。房子倒没塌，但瓦砾遍地，屋顶已经透光。上街一看，远近多处燃起暗红的火光。我们担心敌机还会掉头再来，顾不上财物，急忙空身跑了出去。80岁的祖母行动不便，父亲正着急，周鲠生伯伯的大儿子、16岁瘦弱的元松二话没说，背起老人就跑。大人们都往文庙跑，目标是大礼堂背后山坡上的两眼又深又宽的防空洞。我拉着6岁的弟弟弘远跑，在府街遇阻，折向城北，和家人失散。半路上敌机果然返回进行扫射。慌乱中，弟弟的鞋掉了一只，我只得背起他跑。出了得胜门，横穿一道谷地，在对面山坡上一棵大树下藏身。家人生死不明，心中极度焦虑恐慌，可又不敢妄动。这几个钟头好难熬。挨到四五点钟，文庙那边才有人来找我们，领回父母身边，看到全家人安然无恙，总算放下了心，可是屋呢？已成一片废墟。原来，敌机36架，炸了成都后，把剩余的100多枚炸弹，全都倾泻在乐山。

投下的多数是烧夷弹，引起大火，集中在土桥街、东大桥一带。火势向西南蔓延。吞噬了一条又一条街道。燃到我家院落时，火舌从坍塌的东北墙角伸进来，舐掉了整所院子，但遇到尚完整的西南墙的阻挡，因此我家以西的房屋幸免于难。

这次劫难，3家财物损失殆尽。我家除父亲逃出时随手抢出的银行存折和一包手稿（他正在撰写的名著《货币与银行》，1941年由商务印书馆出版），一无所有，一时几口人衣食无着，只得暂时分散寄居朋友家，仰仗各家接济些换洗衣服、毛巾牙刷等日用必需品，渡过难关。幸而是夏天，所需衣物不多，入秋后，暖衣才渐渐添置起来。父母工作多年积蓄的财物毁于一旦，加上物价上涨，我家的境况从此一落千丈。[1]

1 杨静远：《我所经历的1939年乐山大轰炸》，《武大校友通讯》2008年第1辑，第336—338页。

人民死亡数目，据官方登记者约一千余人，由家属领尸未曾登记及落水死觅尸未得者亦有数百人，连受伤者约三千之众。校场坝，东大街，土桥街一带，人烟稠密，死者较多，玉堂街及鼓楼街府街则较少。大火后第三日县政府召集人夫开始挖掘死尸，用滑竿扛到城外掩埋。各尸都焦黑得像一段枯炭，有整个的，有半截的，有仅剩一只大腿，一只臂膀的，有头颅烧去，身体尚全的，有四肢皆无，仅剩腹部一段的，有焦黑皮肤绽出红肉的，有肠子拖在肚子外碧血直流的，奇形怪状，目不暇给，那比较完整的尸体，都舞手扎脚，咬牙睁眼，表示临死前一刹那尚在挣扎求生和忍受惨酷痛苦的烹煎直到最后呼吸的姿态。若在平日，我目击这样形况，岂不吓得发疯，现在只有惨伤，只有愤恨，却并不觉得如何可怕。这才知道上帝做人，给他一副自由伸缩富有弹性的心灵，真正鸿慈无限，不然，人类那能生存至今？

……

自重庆成都相继被炸之后，乐山各商店均将货物寄存十余里外之乡村，每朝运来一部分点缀门市。此次轰炸系在白昼，门市货物抢救不及，均付焚如，损失也相当的严重。武大同人寓所全毁者二十余家，局部损失者十余家。教职员家属死者共计七人，学生死者五人，伤者十余，校役死者二人。我们故乡大都沦陷，家产荡然，所千辛万苦携带入川者均为二三十年来积蓄之精华，一旦又为大火收拾而去，各家损失合计当亦不下十余万，实为可惜。又同人数十年来所搜集之教材，所钞录之笔记，未杀青之文稿，最珍贵的参考书籍，也一下子都随劫灰而俱尽。大家相见，都摇头叹息说，以后不但著书，连当教书匠也不容易了。物质的损失，以后尚可慢慢补充，这类精神损失，却是永远不能挽救的。日阀啊，教我怎样能不恨你！[1]

8月　在国民政府包办下，选出湖南第一届临时参议会。以赵恒惕为议长，陈润霖为副议长，参议员有袁昌英、沈从文、李剑农等48人[2]。

1　老梅（苏雪林）：《乐山惨炸身历记》，香港《大风》十日刊1939年10月15日第51期。

2　湖南省志编纂委员会编：《湖南省志》第1卷，湖南人民出版社1980年10月第2次修订版，第775—776页。

9月8日 致陆丹林信，载香港《大风》旬刊1939年9月25日第49期，题为《嘉音》。

丹林先生：

来书敬悉。暑假以来，即决意欲为贵刊创稿。经过长期教课之后，精神十分困顿，以为稍事休息，即可伏案。不料八月十九那天，狄机狂炸嘉定，继之以大量烧夷弹，英及家人五口，九死一生，逃出火穴，寓所及英等一生集蓄，物质与精神的财产，完全付之一炬。被难以来，衣食全靠友人维持，因嘉定全城精华烧尽，一时有钱无处买。幸各处友人多，陆续从各地购寄，渐渐又可建造一个家庭。此次大难，苏雪林先生未被波及，足堪告慰。武大同人遭难者有卅六家之多，学生死五人，市民死二千多，市区中心，全成灰烬；人类的残杀，殆未有过如此者！（下略）

袁昌英寄于嘉定

九月八日

雪林嘱代致意

10月5日 武汉大学开学。

本学年 为外文系三年级讲授必修课程"欧洲戏剧沿革"，每周3小时[1]。

是年 任武汉大学《文哲季刊》编辑委员会委员，编辑委员会主任为刘永济，委员还有高翰、朱光潜、吴其昌等。

是年 为普及科学知识，1939年上半年，学校校务会议公推教授高尚荫、马师亮、陈季丹、涂允成、严顺章、余炽昌、吴学义、袁昌英及图书馆馆务主任皮高品、体育部主任蒋湘青等为学术展览会筹备委员，将仪器、标本、图书及一切符合当地社会需要的各种材料分类进行陈列，分为理科、工科、美术、图书及体育表演五组，于3月20—22日同时在李公祠、三育中学、中山堂、文庙的大成殿及三清宫等5处分别举行[2]。

---

1 据武汉大档案馆所藏《国立武汉大学二十八年度各院系课目表》。

2 涂上飙、刘昕：《抗战烽火中的武汉大学》，河南大学出版社2015年7月版，第143页。

1940年
47岁

1月2日　与苏雪林、吴其昌、陈源、叶圣陶等访高亨。

晨大雾弥天。十时至子馨所，通伯亦至。谈半时许，苏雪林、袁昌英二女士继至，遂偕从萧公嘴沙堤过江，访晋生。

晋生近由凌云寺迁往塔旁之姚庄，与王献唐同居。其处有花木，眺望颇佳。晋生献唐所捡石子陈二十余盆，彩色花纹出人意表，人必不信此江中石子乃有此大观也。苏袁二女士争向主人索取，各得数十枚。午刻聚餐，王之厨夫制馒头特佳，各进二枚；又食小米粥。其小米系王之友人所赠，自西安航空寄来数升，运费至七十元，亦太豪举矣。食毕观庄中花木，梅树碧桃树俱已含苞。[1]

1月5日　香港《大风》半月刊第59期刊发“特辑：我生平最爱好的和最讨厌的事物”，以作者署名首字笔画为序，收老向、施蛰存、叶恭绰、谢冰莹、苏雪林等人所作短文27篇。袁昌英文列为“十”，后题名《爱美》，收入散文集《行年四十》。

1月　作散文《生死》。初收入《行年四十》。后收入散文集《生死与人生三部曲》[2]，题为《漫谈生死》。又收入散文集《人生境界》[3]，题为《漫谈生死》。

1月　戏剧集《孔雀东南飞及其他独幕剧》由商务印书馆三版。

3月5日　与杨端六为伤兵之友社各捐款5元。

请在出纳处壹次扣除伤兵之友的捐款各五元为荷。此致

1　叶圣陶:《避地嘉州》,《叶圣陶集》第19卷，江苏教育出版社2004年12月版，第228页。

2　“新评论丛书之三”，与苏雪林合著，新评论社1941年2月版。

3　“新评论丛书之一”，与冯友兰、苏雪林合著，新评论社1945年3月版。

秘书处

杨端六

袁昌英

二九、三、五[1]

3月 赠送罗家伦夫妇照片一帧并题："志希、维桢先生惠存 劫后余生 兰子留念廿九，三月。"[2]

4月16日 叶圣陶代袁昌英、苏雪林向丰子恺求得两幅小画[3]。

4月24日 苏雪林致信袁昌英。

兰子爱友：

连日可厌的铁鸟又入川侵扰，你在乡下大约无需奔逃罢。不过防空设备希望从速进行，以策万全，因府上有老有小，不比平常也。

你那天取箱子去，尚有夹板绳索遗留洞中。今日下午下课后，请枉驾到我家谈谈，并将其取去。

奉上拙编文学史略一本，乞指教。这是完全的，但错字我没有校正，因这些时精神甚坏。假如那部旧文学史讲义，暂时尚不用，请将下册还我略一参考为荷。此致

近佳

雪林上

四月廿四日[4]

4月 杨端六到重庆参加国民参政会。

5月13日至18日 与顾如、陆维亚、周如松等同游成都、灌县、青城山。

---

1 原件藏武汉大学档案馆。

2 罗久芳:《文墨风华 罗家伦珍藏师友书简》，北方文艺出版社2014年7月版，第253页。

3 叶圣陶:《避地嘉州》,《叶圣陶集》第19卷，江苏教育出版社2004年12月版，第248页。

4 黎显荣:《苏雪林的信》，陈鹏举主编:《收藏历史：解放日报文博文萃续编》，上海书店出版社2004年6月版，第146页。

约5月底　周鲠生从美国华盛顿寄给袁昌英一本1864年剑桥版《莎士比亚全集》，扉页题："送给　兰子　鲠生　二九，五，廿八于华盛顿。"

这本一千四百二十页的一八六四年剑桥版莎士比亚全集，是一九三九年日机炸毁我家后，周鲠生先生从华盛顿寄给她供授课用的，最后落到了我手里，成为最珍贵的母亲遗物。这本保护得十分完好的旧书，字里行间还留有轻轻的铅笔字迹。那是她的心迹。[1]

6月10日　作游记《成都·灌县·青城山纪游》，载上海《宇宙风乙刊》半月刊1940年9月1日第28期，文末署"民国廿九年六月十日完稿于嘉定城郊警报声中"。初收入《行年四十》。

6月20日　晚上，到李儒勉家参加宴会，同座者有叶圣陶、胡墨林、朱光潜等[2]。

8月　顾如欲辞女生指导员，校长王星拱致函袁昌英，请其代为劝挽。

兰紫先生惠鉴：

顷接本校女生指导员顾友如先生来函，以近患失眠，请假两月休养，并示倦勤之意。展阅之下，至以为念。本校女生人数渐增，指导工作本属繁重。自友如先生担任此项工作以来，勤谨从公，成绩卓著，中途言去，碍难实多。先生为本校女生指导委员会主任委员，对于女生之良好导师发生问题，谅亦深所关注。除由星拱专函慰留，并允假一月以资休养外，特请先生代为劝挽，无任感祷。专此，敬请

教安

王星拱敬启[3]

9月28日至10月11日　湖南省临时参议会召开第三次大会，袁昌英请假未到会[4]。

1　杨静远：《莎士比亚在中国迟来的春天》，《万象》2010年第1期。

2　叶圣陶：《避地嘉州》，《叶圣陶集》第19卷，江苏教育出版社2004年12月版，第260页。

3　原件藏武汉大学档案馆。

4《湖南省临时参议会第三次大会辑览》，湖南省临时参议会秘书处1940年10月编印，第5页。

10月15日　致信胡适。

适之先生勋席：

久违道范，时深驰念！近来常从鲠生兄信中及所寄照片，获悉先生在美国的生活与风度，极为欣慰！目前外交胜利，抗战前途大放曙光，此地友人对于先生的勋劳均表示十二分的钦敬！昨天又接鲠生所寄关于华盛顿中国日先生代国家接受全美妇女界献书等等盛礼的记载，我们在内地的人们读了，也感觉同样的光荣！

鲠生信称先生赠订*Reader's Digest*与通伯及英各一年，闻悉之下，不胜感激！内地读物缺乏，一得新书，则大家争读，以后得先生所赐，兴趣当更浓厚也！

专此敬叩

大安

袁昌英敬上

十月十五日[1]

10月27日　重庆《大公报》第13253号第3版刊登消息《各校长期服务教师教部授予奖状第二批发表计二百九十二人》，称教育部授予各校长期服务教师奖状，分别为一等服务奖状者、二等服务奖状者、三等服务奖状者。袁昌英与杨端六被授予三等服务奖状。

11月　国民政府教育部部长陈立夫签发授予袁昌英三等服务奖状，奖状号为“丙字第57号”。

本学年（1940年9月—1941年8月）　月薪400元。同档次月薪的文学院教授还有高翰、刘永济、刘赜（博平）、徐天闵、谢文炳、程迺颐、普施泽、万卓恒、黄季刚等9人。文学院教授月薪最高者是陈源、李那，均为500元；次是朱光潜、陈登恪，均为450元；再次是张颐、方重、徐光，均为425元[2]。

1　耿云志编：《胡适遗稿及秘藏书信》第31卷，黄山书社1994年12月版，第656页。

2　据武汉大学档案馆所藏《国立武汉大学廿九年度教员名册》。

1941年

48岁

1月20日　下午，在陈源家遇叶圣陶。叶圣陶此时已辞去武汉大学教职。

> 袁昌英本约通伯来余家叙别，遇之于通伯所，谢其殷勤，请勿复枉驾。[1]

1月21日　拟于明晚与陈源、朱东润、朱光潜一起宴请叶圣陶夫妇。

> 下午无所事事，望庭前原野，颇有不舍之意。得通伯、东润、孟实、昌英等四人之请柬，邀余与墨明晚敛餐，地点在陈家。友情之深，颇可感也。[2]

1月22日　在陈源家，与朱东润、朱光潜、苏雪林一起宴请叶圣陶夫妇。方欣安夫妇和历史系教授杨人楩作陪。1月24日，叶圣陶携全家离开张公桥雪地头寓所迁入乐山县城，于1月31日离开乐山赴成都。

> 六时，与墨应邀往通伯家。主人除通伯、东润、孟实、昌英外，又加入雪林一人。客则我两人外，有欣安夫妇与杨人楩。菜系通伯家之老媪所制，色色俱佳。酒各适可而止，最为得当。八时半散。[3]

1月26日　发表杂感《听了教育部长的谈话以后》，载重庆《星期评论》周刊第11期。初收入《行年四十》，题为《听了教育部长谈话以后》。

2月5日　与朱光潜、杨人楩一起坐卡车到成都。

> 出新西门，见小墨自对面来，询知其以昨日附乐西路卡车来此，到时

1　叶圣陶:《避地嘉州》,《叶圣陶集》第19卷，江苏教育出版社2004年12月版，第331页。

2　叶圣陶:《避地嘉州》,《叶圣陶抗战时期文集》第2卷，人民教育出版社2005年4月版，第142页。

3　叶圣陶:《避地嘉州》,《叶圣陶集》第19卷，江苏教育出版社2004年12月版，第331页。

已夜，不及出城。同来者有孟实、人楩、昌英三位，盖武大放寒假矣。[1]

3月 作散文《行年四十》，载重庆《星期评论》周刊1941年4月11日第19期。初收入《行年四十》，文末署“民国三十年三月”。

3月 朱光潜接替曾昭安任武汉大学教务长。

5月23日 上海《申报》第24139号第12版刊登一则激流剧社演出袁昌英《孔雀东南飞》广告：

激流剧社《孔雀东南飞》 十次献演

编剧：袁昌英。导演：马翎。演员：蓝子、邓威、海黎、燕萍、非心、杜清、仲芳、施行。舞台监督：鲁思。舞台装置：钱小佛。地点：宁波同乡会。日期：五月二十三日，时间：日场二时半，夜场七时半。票价：二元 一元 半元。

鸡鸣入机织，夜夜不得息。三日断五匹，大人故嫌迟。非为织作迟，君家妇难为。随票附送（激流剧讯）一份。

夏 女儿杨静远从重庆南开中学毕业，回到四川乐山，准备报考武汉大学。

7月17日 下午，携女儿访陈源、凌叔华夫妇，后访苏雪林、顾如。

下午和妈妈进城。先到干爹〔陈西滢〕家，然后买了些小东西，预备送给我的先生〔刘年翠，我的中学老师，后来的武大副校长高尚荫的夫人〕。……然后到苏先生家，吃了一大盆花红。送给她两个大西红柿。再到顾先生〔顾如〕家，她后天要走了，坐飞机到仰光去消夏。[2]

7月28日 晚上，劝说杨端六去重庆做事[3]。

8月5日 发表论文《在法律上平等》，载重庆《星期评论》周刊第33期；又

1 叶圣陶：《廛寄蓉城（上）》，《叶圣陶集》第19卷，江苏教育出版社2004年12月版，第340页。

2 杨静远：《让庐日记》，商务印书馆2015年10月版，第8页。下文仅著录书名和页码。

3 《让庐日记》，第9页。

载《贵州日报》1941年9月15日第2427号第2、第3版。初收入《行年四十》。另收入《抗战以来妇女问题言论集》(陈庭珍编)，重庆青年出版社1945年版。

8月9日 战事紧张，下午，让女儿一人往苏雪林家。

早上白先生来报告好消息，说川军决定退马边、峨边。问题大概是解决了。我们高兴极了，想着又过了一险关。不料下午全华公司〔下江人开的酱油厂〕的钟先生来了，报告可怕的消息。听说两方面今晚八时开动。这一来，把我们吓得面无人色，也商量不出什么办法来。好消息和坏消息夹着来，不知怎样置信。好像是城里安全些，但我们不能去。妈妈要我一个人在解除警报后就进城到苏先生家去。天啊！此生此世想不到也遇到这种凄惨的事。[1]

8月16日至19日 女儿在乐山文庙参加武汉大学招生考试[2]。

8月23日 下午，日军轰炸乐山，一家人躲进防空洞。警报解除后，发现半条县街被烧。

今天吃过中饭来紧急警报，一点半钟来飞机，我们赶快进洞。今天天阴，雾气很浓，敌机在头顶上盘旋了三十分钟左右，投弹不多，大概十枚左右。一会儿去了，一会儿又来了，来来去去一共三次。走了以后，我们出来看见城内冒烟，据说在老霄顶下面，不知是不是在武大。今天炸得远不如上次厉害，飞机也只有九架的样子，并且只有一处起火，看这样大概还要来。我们洞里躲了17个人，白家、巩家、连陈嫂。……警报解除后，妈妈进城去。回来告诉我们，烧了半条县街，炸了白塔街、陕西街、土桥街、河街等，死伤人也不多。朋友们家都无事。[3]

8月27日 教育部举行学术审议委员会常务委员第四次会议，讨论并通过

1 《让庐日记》，第11页。

2 《让庐日记》，第12页。

3 《让庐日记》，第12—13页。

1941年度休假进修教授人选案。对于国立专科以上学校任教授满7年以上者，根据各校呈荐名册，及各教授拟具之进修计划，经遴20人为休假进修教授，准各休假一年，由教育部予以全薪。袁昌英在休假进修教授名单之列[1]。

9月7日　早上，送杨端六母亲回湖南老家。

今天是婆动身回湖南的日子。……早上来送行的人很多。天下微雨，洒在脸上非常舒服。到了全华〔酱油公司〕前面的江边，包好的船已在等。于是扶婆上船，大家说了再会后，船轻水急，如梭而去。[2]

9月12日　上午，进城，得知女儿考取武汉大学，并且是成嘉二区外文系第一名[3]。

那几年，外文系是文学院四个系中的大系。学生人数最多，最活跃。教师队伍人才济济，各显神通。课程百花齐放。有系主任方重先生的英语散文和英国文学史，陈源先生的英国文化，我的母亲袁昌英的莎士比亚、近代欧美戏剧和法语，罗念生的古代欧洲名著，钱歌川先生的英中翻译，谢文炳先生的基本英文和英国文学史，戴镏龄先生的散文和近代欧洲名著，孙家琇先生的小说，陈登恪先生的法文和中国小说史，陈尧成先生的日文，缪朗山先生的课外俄语班，英国教师李纳先生的英语口语和语音学……而最为脍炙人口的要数教务长、名教授朱光潜先生的“英诗选读”。[4]

当时的外文系，是文学院四系中的大系，教师阵容强大，有教务长朱光潜、系主任方重，教授还有陈源、谢文炳、钱歌川、罗念生、吴宓、陈尧成、朱君允、戴镏龄、陈登恪、缪朗山、孙家瑗、李纳等。袁昌英教的都是重头课。她在武大任教几十年，教过的课有莎士比亚、近现代欧美戏

1 《三十年度休假进修教授名单经教部发表》，载桂林《大公报》1941年8月29日第13477号第2版。

2 《让庐日记》，第13—14页。

3 《让庐日记》，第14页。

4 杨静远:《朱光潜先生的英诗课》，陈小滢、高艳华编:《乐山纪念册（1936—1946）》，商务印书馆2012年11月版，第147页。

剧、法文、希腊悲剧、希腊神话、英文散文、中英翻译等，前四种在乐山时都教过。戏剧是她的重点，因为她在英、法留学时，主修的就是戏剧，自己也创作剧本。在我上大学那几年，她指导学生精读并写论文的剧本，就我记得起的有莎士比亚的《李尔王》,《奥塞罗》,《暴风雨》,《皆大欢喜》(她曾辅导学生用英语演出这戏)，易卜生的《野鸭》,《玩偶之家》,《罗斯马庄》，莫里哀的《伪君子》，契诃夫的《樱桃园》,《海鸥》，贝克的《群鸦》，豪普特曼的《沉钟》，罗斯丹的《西哈诺·德·贝热拉克》，埃斯库罗斯的《被缚的普罗米修斯》等，从古典、浪漫、现实、象征、自然主义到现代派，都各有代表作。[1]

9月22日　上午，弟弟袁昌豪来。袁昌豪当时就读于武汉大学政治系。

沪舅舅上午来了，他要回上海，妈妈劝了他很久，后来简直是责备他，妈妈为他急哭了。[2]

9月23日　上午，读报上战况消息，为时局着急，想到事情不顺利，大哭一场。

上午报载战况，使我们非常着急。爹爹提起送婆的事，大烦躁一顿。妈妈后来想想事情不顺利，哭了一大场，说做人无聊，只是舍不得小孩，不然死了干净。宜姐劝了很久，连她自己也哭了。[3]

9月25日　早上7时多，与侄女杨宜福前往成都看眼病。杨宜福此时为武汉大学经济系二年级学生。

妈妈和宜姐今天走成了〔去成都看病〕，七点多钟动身。昨晚妈妈告诉我一件事，是关于一个西藏女子的。她是一个豪杰，于抗战的贡献极大，

1　杨静远:《让庐旧事(上)——记女作家袁昌英、苏雪林、凌叔华》,《新文学史料》1997年第4期。

2《让庐日记》，第15页。

3　同上。

现在领着一群难童在康藏等处宣传。我心里佩服得了不得。睡在床上，想着我要试试写作才好。今天妈妈告诉我的事是很好的材料，何不把它拿来，写一个很美丽的故事？于是我请妈妈把它让给我。妈妈非常支持我，并且答应给我找材料，叫我多研究西藏的民情风俗，以作背景。[1]

10月2日　自成都返乐山。

谢天谢地，怎么也想不到，妈妈今天回来了。……妈妈的眼睛虽没治好，但经过严密的检查，没有什么病，水泡只要不吃刺激物就可以，黑点根本没关系，自己会好的。[2]

10月13日　上午，朱光潜来访，得知宜昌已收复[3]。
11月3日　给女儿一信，告知已看过她的小说，准备帮她寄出去[4]。
11月14日至26日　湖南省临时参议会召开第五次大会，袁昌英未到会[5]。
12月4日　在家做羊冻、油渣炒豆豉、冬苋菜汤。

早上下国文后就走回家。妈妈给我看她做的羊冻，样子好看极了，美味无比。还有一碗和菜，也好吃极了，是红萝卜、楠菜、芋头、羊油几样合起来的，还有一碗油渣炒豆豉，冬苋菜汤，都非常好吃。[6]

12月7日　装一罐用猪油渣炒的豆腐干和豆豉，让女儿带学校去吃。

妈妈用油渣炒豆腐干和豆豉，装了一罐给我带到学校去吃。因为我们现在已经分桌，私菜公添的一桌，私菜私添的一桌。我们私菜私添的一桌

1 《让庐日记》，第16页。
2 《让庐日记》，第18页。
3 《让庐日记》，第19页。
4 《让庐日记》，第21页。
5 《湖南省临时参议会第五次大会辑览》，湖南省临时参议会秘书处1941年11月编印，第23页。
6 《让庐日记》，第26页。

有焕理、焕葆、杨令如、刘曼青、仝俐春、张筱龢、年芬和我。[1]

12月11日　女儿回家。

> 今天回家，好几样好事：鸡生了一个蛋，妈妈、弟弟留给我吃了，其甜无比。成都的皮鞋来了，很合脚，式样也好看，我非常满意。但是，记住它的价钱：90元！父母的血汗！[2]

12月18日　下午，和女儿、儿子到岷江边游玩[3]。

12月21日　晚饭后，和女儿、儿子到河边沙滩上散步[4]。

12月　作演讲《“不言而教”》，载重庆《读书通讯》半月刊1942年1月1日第2卷第33期“学风问题”栏。

本学年　袁昌英未开课。

是年　指导外文系学生丁德纯毕业论文《现代主义剧作家J.Galsworthy[5]》（*J.Galsworthy As A Realistic Dramatist*）。

---

1 《让庐日记》，第27页。

2 《让庐日记》，第29页。

3 《让庐日记》，第30页。

4 《让庐日记》，第30—31页。

5　约翰·高尔斯华绥。

1942年

49岁

1月4日　带女儿到半边街买皮鞋。半边街，乐山旧时街道名，因街临岷江只有半边而得名。

今天是年假的最后一天，早上起来就忙着出门。妈妈、弟弟和我走到半边街，给我买了一双皮鞋，150元。真没想到这么贵，可是不得不买，如果再挨挨，也许又涨上一倍了。[1]

1月16日　武汉大学第387次校务会议决议，因文学院院长高翰辞职，由刘永济接任。刘赜、方重、高翰、方壮猷分别任中文、外文、哲学、史学四系主任。

1月31日　晚上，和女儿谈战事。

晚上在床上和妈妈谈话，说到这次的战事，想来觉得奇怪。怎么希特勒一个人可以把整个世界颠来倒去，一个人可以杀死几万万人，可以使全人类痛苦！在我们中国，日本几个鬼军阀，也不知道为了什么，使两国的人民这样痛苦，而他们自己又得到些什么好处？毁了无数的财物，他们并不能享受到。杀死无数的人，他们的寿命并不能增加。[2]

2月1日　晚上，与女儿谈去年春旱市民求雨事。

晚上在床上又和妈妈谈话。

我："中国抗战以来幸亏连年没有荒年，只要有一次灾荒，就惨了。"

妈："去年不是差一点儿？"

我："什么？去年不是很好吗？"

---

1 《让庐日记》，第37页。

2 《让庐日记》，第40页。

妈:“你还不晓得呢!去年春天旱得很可怕,天天大太阳,晒了一个多月,一滴雨也没有。那些市民求雨哟,闹得好厉害;我们都急死了,天天起来就望雨,可总是大晴天,那真急死人啊!”

我:“你说那些人求雨,真求雨吗?

妈:“怎么不真求雨!家家户户烧香敬神,请和尚打醮,市民联合起来,请求市政府把老霄顶的灵官菩萨请下来,抬到公园门口,什么专员、什么军人都被逼着叩头哩!”

我:“哈!他们真叩头吗?奇怪,怎么这种事会这样正式地弄起来呢?”

妈:“市民急疯了呀!他们逼着那些要人叩头,谁敢不叩?那种时候你不依他们是会引起乱子来的。他们讲灵官菩萨说4月29日一定有雨,那时候还是两三个星期以前。以后又禁屠十几天,满街锣鼓喧天,每天唱戏……”

我:“怎么?给神看?”

妈:“自然。这叫作娱乐神明呀!我只看见过一次。扎的大台子,上面坐着小孩子念书呀什么的……都是演以前的故事,多半由小孩子年轻人演,抬着满街跑。”

我:“唉,可惜我不在这儿〔我在重庆上学〕,不然看看多有趣。可是神灵不灵呢?”

妈:“是呀!到27日那天晚上,下起了倾盆大雨,真把大家快乐得要命,百姓们都狂欢了。”

我:“这么说还是不灵了,他们不是说29日吗?”

妈:“不,灵官菩萨发慈悲,说早给你们下两天吧。以后就好了,再没有像那样旱过。不过已经吃很大的亏了,许多东西都旱死了。去年只收八成,不然还要好些。”

我:“总算没有荒,那就好了。荒年真来不得。中国人的命就靠在天上。”

妈:“那是来不得的。”

我:“可是我觉得这帮人真可笑,怎么这样认真地搞迷信呢?现在是什么时代了?”

妈:“愚民百姓没受过教育，怎么不迷信?”

我:“这些人既然这样信神，怎么敢做坏事呢?”

妈:“所以呀，真正的愚民百姓做坏事的少，就是因为他们有这种畏惧。现在一般做坏事的，都是那些刚刚有一点新知识的人。他们还没有受到好的教育，什么国家观念、社会观念、道德观念一点儿都没有，而他原来的宗教观念又消失了，他毫无顾忌，什么坏事做不出?又譬如有人仗势作恶，你发觉了也无可奈何他。”

我:“这真是不得了。我想，唯一补救办法只有教育!真的。我现在觉得我们这些大学生责任的重大，以后教育民众的义务全该我们去担负……但是，有些大学生我看着真着急，他们很少想想这种重要的事。他们只图自己快乐，从不想想国家对他们的希望。念书呢，也好像是别人念的，能偷巧就偷巧……唉!说得泄气!”[1]

同日 《创作月刊》创刊于成都，袁昌英与苏雪林、李广田、臧克家、谢冰莹、蒂克（考昭绪）等列名编辑委员会委员。

2月6日　凌叔华带女儿陈小滢从北平回乐山[2]。

2月8日　在家为女儿过生日，陈源、凌叔华夫妇一家和苏雪林前来祝贺。

今天是我的好日子。我现在离成年只有一年了，整整一年。我已经在这世界上过了19个春秋，19年甜酸苦辣的岁月。……苏先生来了，她看着我向妈妈说:“真是春花开放呀!”等了差不多一个钟头，干爹、干妈、小滢才来。干妈、小滢已有两年半没看见了，干妈胖了，小滢高了。她们送我一个顶美的黄缎子小盒，上面绣有珠花。[3]

2月10日　告诉女儿日本军队已在新加坡登陆[4]。

---

1 《让庐日记》，第41—42页。

2 《让庐日记》，第43页。

3 《让庐日记》，第43—44页。

4 《让庐日记》，第45页。

2月17日　上午，为女儿剪头发，要女儿替她翻译文章。

上午妈妈给我剪头发，她问我想不想做事。她说有人请她翻译文章登在某刊物上，40元一千字。她没工夫，要我替她翻译，但要用她的名义。我当然愿意，钱我倒不在乎，练习英文是主要的目的。当时她就给我在*Reader's Digest*〔《读者文摘》〕上找了一篇短文。[1]

2月19日　告诉女儿，武汉大学有一职员“因时局问题急得发疯，睡在床上玩一根绳，用手指捻着画圈子，说是和罗斯福打电话。一会儿笑嘻嘻地告诉大家不要紧，罗斯福说有办法，放心好了”[2]。

2月21日　武汉大学机械系教授郭霖病逝。

今天得到一个顶坏的消息：郭霖伯伯死了。他得病不到一个月，想不到竟死了。一个人的生命是如此脆弱的。郭伯伯真是个好人。他的学问、道德、人格修养、待人接物都是无缺点的。我永远忘不了在东湖游泳池的情形。他那瘦精精的身子上套着一件黑线游泳裤，蹲在架子上伸手伸脚做姿势，和下面水里的一个人大声谈笑。妈妈说：“郭霖真是个好人，待人那么诚恳！记得刚到乐山不久，在鼓楼街，他和我们在一起住过一个多月，天天骗弘远吃饭，故事都不知讲过多少，真有耐心。唉！想不到现在就这样去了。十几年的同事，伤心！”郭伯伯这样去了，留下一大家子的妻儿，以后怎么办？——妈妈又叫我继续那篇翻译，因为现在有一个刊物《世界青年》，可以投稿。[3]

2月28日　参加郭霖葬礼。

今天是郭〔霖〕伯伯下葬的日子，妈妈早上坐车去了。……我知道妈

1 《让庐日记》，第46页。

2 同上。

3 《让庐日记》，第46—47页。

妈一定在前面的人群里，穿过人丛找到她。她的脸色真难看，黄蜡一般，她愁苦地望着我，要我同行……[1]

3月1日　参加历史系教授杨人楩婚礼。

四点钟以后妈妈到干爹家隔壁的杨家，杨人楩先生〔武大历史系数授、杨东莼先生之弟〕结婚，因为今天是元宵节，特选此吉日：花好、月圆、人寿。[2]

3月19日　下午，同女儿进城看望身患肺病的学生王梦兰。王梦兰是女儿的南开校友，抗战初期投身革命，加入共产党。

下午和妈妈走进城。到公园门口买了14个鸡蛋送给王梦兰。上四楼看她，她的肺病很重，大概少有希望。[3]

3月28日　下午，女儿放学回家，路上被一驻兵骚扰，气得乱发脾气，袁昌英教训并安慰她。

下午回家，走到全华公司仓库，看见家了，忽然后面皮鞋声响，原来又是那个鬼兵〔一个多次在路上骚扰我的兵〕！他还是满脸堆笑，问道："今天下午没有课？"我气得说不出话来，只说："请你走开！"我不能让他知道我家在哪里，立刻掉转头来跑。一直走到陈家，直走进去遇见妈妈，喘着气告诉她，她叫我等她开完会一同回去。等到他们会散了，和妈妈一同走回。我一肚子气，专门冲她发泄。妈妈正经地教训："最近我们得到蓉姑姑〔父亲的二妹杨致殊，成舍我先生的发妻〕的消息，她在香港病得厉害。成舍我想常去看看她，家里那个小老婆——现在是正式太太了——还监视他，不许他去看蓉姑姑，把她当作外遇。这就是因为她一时气愤，不顾一切和成舍我离了婚，现在弄成这样悲惨的结果。一个人应该学着在感情爆

1 《让庐日记》，第49页。
2 《让庐日记》，第50页。
3 《让庐日记》，第53页。

发的时候用理智管住自己，不能任性。任性只能得到最坏的结果。你这一点儿小麻烦算什么？哪个女孩不遇到这种事？你都不能容忍，将来遇到更大的困难怎么办?”我听着，没作声，气渐渐地消了。快到家时她叫我不要告诉爹爹，那会使他气死的。可怜他那么大年纪，一天到晚苦恼，让他平静一点儿吧！我心酸了，哭起来，到门口，她给我擦泪，然后敲门。[1]

3月　作散文《友谊是怎样一回事——漫谈友谊之一》，载重庆《中央周刊》1942年5月14日、21日第4卷第40期、第41期；又载兰州《西北日报·绿洲》1942年8月19日、21日第15号、第17号“文摘”栏，题为《漫谈友谊》；又载兰州《西北日报·绿洲》1942年9月28日第35号“文摘”栏，题为《友情？爱情?》。初收入《行年四十》，题为《漫谈友谊》，文末署“民国三十一年三月草于嘉定城郊”。

4月12日　上午，看女儿壁报稿《生活》[2]。

4月17日　前一日，女儿和儿子发生口角，负气出走。早上，袁昌英托人带给女儿一只菜罐和一封信。

早上到文庙门房，送信人交给我一封信和一只罐子，是妈妈送来的。我看信，眼泪流下来。是的，我知道昨天那样赌气走，对于他们是多么难堪，我一点儿不能压制自己的怒气。妈妈仍把菜送来了，并且教训我，感化我这颗顽劣的心。她写道：“……你今天那样生气地离开家，使我心中十分苦痛。我不谅你会为那一点儿小口角，而且是和那样幼小的弟弟口角，就冲气走了！爹爹不作声，可是听他再三叹气，就知道他是难过的。你起先说走，我以为你有能力管束自己的冲动，做事会再三思索一下的，不谅你做人的训练仍没有到家，还是那么娇养成性地行动着，使自己平日最亲爱的人，自己的骨肉，那么难过。我心里非常苦痛。你走之后，一阵莫名的悲寂填满我的心坑，眼泪向上涌，可是我不让它流，因为我的眼睛再不

1 《让庐日记》，第55页。

2 《让庐日记》，第59页。

能多流泪了，我不是为自己而苦痛，为的是想着你如果不把这种逞性的习气改掉，那么，你将来一定要受到很大的失败，你在人生的大道上是要吃尽悲苦的。我的宝贝，你知道妈妈对于你是多么怀抱着厚望，是多么要你幸福的！静儿，我这次的伤心如果能引起你的反省，你以后做事，能常常体谅别个，能够使你更长大一点，那我也就不是白受的了！”[1]

4月23日 把女儿在《世界学生》上发表的译文《好的仇敌》（*The Most Unforgettable Character I've Met*, by W.B.Pitkin）拿给她看。

回家后妈妈给我看《世界学生》上发表的我的译文。纸很坏，但印刷得相当清楚。妈妈高兴得很，我也有点儿高兴，但不觉得什么。[2]

5月31日 得知女儿英文演讲比赛获第三名，非常高兴，但又为时局发愁。告诉女儿周鲠生长女周如松结婚消息。

宜姐告诉爹妈，他们都很高兴，妈妈更是快乐得只是笑。吃过中饭，叔哥来了，妈妈教了我们一课法文。晚上爹爹和妈妈讲时局这样坏，说不定哪一天日本鬼真的打到这里来，想想我们这一家该逃到哪里去。……他们说，就是日本鬼把中国整个占了，也不会久的，也许多少年以后中国还会复兴，所以我们年轻人必须活着。……妈妈告诉我松姐〔周如松，周鲠生先生的长女，留英归来，夫为陈华癸先生〕昨天结婚了，这是可喜的事。[3]

6月2日 上午，马本师应约来访[4]。马本师为马寅初的侄子，也是养子，当时就读于武汉大学工学院矿冶系。

6月7日 得知城西陕西街让庐的房子空了出来，拟与苏雪林、韦从序三家

1 《让庐日记》，第60—61页。

2 《让庐日记》，第62页。

3 《让庐日记》，第70—71页。

4 《让庐日记》，第72页。

合租[1]。

6月22日　致立人信，载重庆《中央周刊》1942年8月27日第5卷第3期“中周信箱”栏，题为《袁昌英先生复信》。

立人先生：

顷读由《中央周刊》社转来大札，得悉先生对于拙作《漫谈友谊》读后颇有失望之意，因为先生欲求实际交友之法，而拙作只是谈谈友谊之性质而已。先生要求我再写一篇文章，将来有工夫，也许可以做到，此刻因为太忙，不能如愿，甚为歉愧。闻朱光潜先生不久亦欲写一篇关于友谊的文章，想必或能满足先生的要求。专此顺问

学祺！

袁昌英，六月廿二号。

6月26日　晚上，与女儿谈六朝文学。

今天是暑假的第一天。看看书，做做家事。晚上和妈妈谈起六朝文学，她问我六朝是哪六朝？我刚在通史课里学过，就说是吴、东晋、宋、齐、梁、陈。爹爹说不对，应该是两晋宋齐梁陈。他们两个你一言我一语惹得我气了，就尖了舌头讽刺他们：“当然啰，你们还会有错吗？你们是生成的历史天才，人家学了一辈子也不如你们。”妈妈骂我，说我说这种话太不对。爹爹就责备我没有研究学问的态度。他说一个问题应该有疑问才对，才会进一步研究，才会得到真知识。他们讲了很久，但声音都是平和的。我平心想一想，自认过错，于是接受他们的教训，并且希望学好。[2]

7月2日　为因肺病早逝的王梦兰感到伤心。

我真不愿意写今天的日记。早上和爹爹、弟弟进城打针。到文庙遇见

1 《让庐日记》，第73页。

2 《让庐日记》，第77页。

陆维亚先生，她看见我，告诉我一个震人的消息："王梦兰死了！"……妈妈已晓得这伤心的消息，只是叹气。[1]

7月7日　抗日战争五周年纪念。

抗战五周年纪念。一天来了四次客，三次是亲送结婚请帖来的。一个是刘廼诚先生〔武大政治系教授〕，一个是爹爹的学生，一个是王铁崖先生〔武大政治系教授〕。上午看《春雷》，是妈妈的学生陈瘦竹作的，干爹给它写过一篇介绍，实是不错。[2]

7月10日　上午，参加王梦兰追悼会。

上午到文庙第六教室开王梦兰追悼会。妈妈已来。房里挂满了挽联，摆了许多花圈，正中挂着梦兰的遗像，是画的。仪式肃穆地举行着，许多地方叫人难受得要流泪……[3]

7月24日　早上进城，回来时带给女儿一封信[4]。

8月7日　到学校阅卷，得知武汉大学、四川大学、东北大学联合招生，试题被泄露。

妈妈一早去学校阅卷〔招生考试〕。晚饭后在院里坐着，说起武大这次和川大、东大联合招生的不幸，叫人好气又好笑。成都大作其弊，试题早泄露了，不知是哪个学校干的好事。听说有人专门做这生意，卖了10万元的试题。听说印题是川大负责，所以有些蹊跷。但武大试场发现了这事就郑重其事地宣布重考（数学），川大就含糊了事，结果武大的名誉传坏了，川大却若无其事！[5]

1 《让庐日记》，第78—80页。

2 《让庐日记》，第81页。

3 《让庐日记》，第83页。

4 《让庐日记》，第85页。

5 《让庐日记》，第89页。

八时半，二官归来，言考试题目又泄漏，今日罢考。此次武大与东北、川大三校联合考试，题目系由东北泄漏出去，其间即有人乘机图利。学生与学校有关人陷溺至此，真可痛惜。因发现作弊，前昨两日所作试卷均不算数，须待重考。于是不作弊之人大吃其亏矣。[1]

8月16日　进城看让庐的房子。

妈妈进城看房子打灶。回来告诉我们让庐楼上的詹主任已搬走了。现在我们把房子修理好就可以搬进去了。[2]

8月19日　侄女杨安祥考取武汉大学外文系。从此，杨叔湘、杨宜福、杨安祥、杨静远四兄妹都在武汉大学读书。

安姐已考取了武大，真高兴，从此我们四姊妹都在武大，多么好！今天是“八一九”，我家遭难三周年的纪念日。[3]

8月22日　晚饭后，与女儿、儿子到马路上散步。

昨天晚饭后和妈妈、弟弟到马路上散步，月光很好，我们三人拼了两首诗，录如下：

明月圆圆在高空，（弟）
碧空如洗片云松。（妈）
树色朦胧灯影暗，（我）
流水淙淙梦呓中。（我）

三人同行影依稀，（妈）
衣衫窸窣语声低。（我）

1　叶圣陶：《廛寄蓉城（下）》，《叶圣陶集》第20卷，江苏教育出版社2004年12月版，第62页。
2　《让庐日记》，第90页。
3　同上。

扇儿飘飘轻似羽，（弟）

背载明月议归期。（我）[1]

8月30日　搬进让庐。

宜姐来，第一句话就告诉我："婆死了！"我惊得闭不拢嘴。原来前几天爹爹就接到大伯的信，说婆病了。我们相信婆身体健旺，从没害过病，以为会好的。爹爹还寄了钱和药去，没想到她老人家一病就不起了。婆今年85岁，算是高寿了，但我们总以为她会再活三四年。这消息爹爹还不知道，现在暂且瞒住他，等搬好家安定下来再说。唉！可怜的婆，可怜的爹爹。[2]

我的朋友袁昌英一家自乐山第一次大轰炸，举屋被毁，另一家即韦从序教授，那次轰炸也被灾，都移居乡下，入城上课十分不便。现敌机轰炸既稀，他们都想搬来城中，让庐楼上楼下共有房子十余间，三家可以共住，便与乡下大房东商定承租此屋居住。

那楼下分为两下，袁家与我各住一处。但大客厅则归袁家。楼上共分为两下，韦家与我各住一边，客厅前后隔为二下，前半归韦，后半归我。厨房公共。[3]

9月6日　经济学系教授韦从序一家搬进让庐[4]。

9月10日　苏雪林的丈夫张宝龄自云南昆明到乐山，由郭霖教授推荐，担任武汉大学机械系教授。晚间，听张宝龄讲自身经历的故事，觉得可以写成一个剧本。

晚上，外面有人喊苏先生，说是张先生来了。果真是张先生。他休息一会儿就坐在门前谈话。我觉得他一点也不是那个据说凛若冰霜的人，很

1 《让庐日记》，第90—91页。

2 《让庐日记》，第92页。

3 苏雪林：《苏雪林自传》，江苏文艺出版社1996年12月版，第101—102页。

4 《让庐日记》，第95页。

热闹，很健谈。他讲了一个故事，我认为是很动人的材料。……妈妈说她要把这故事写成剧本，我很赞成。[1]

9月28日　凌叔华来访，告知熊佛西前妻朱君允任武汉大学女生指导员[2]。1942年8月，朱君允被武汉大学聘为女生指导员兼文学院教授，开设“现代独幕剧选读”等课程。

10月3日　晚饭后，周如松、陈华癸夫妇来访。

晚饭后似乎听见有人叫“杨伯母”，以为是fancy〔幻觉〕。过一会儿，真正有人在叫，我惊异地叫道：“大概是松姐姐来了！”哈，一点儿不错，是他们俩来了，我喜欢得大叫起来。他们的行李都留在木船上，因为明天就要走了。妈妈、弟弟同他们到馆子里吃点心。[3]

10月4日　早上，在家宴请周如松、陈华癸夫妇，同席者还有法学院教授李浩培、刘秉麟[4]。

10月10日　杨端六在家中清理东西，准备到重庆开参政会[5]。

10月11日　顾如来访。顾如为外文系讲师，兼任武汉大学女生指导员。

顾先生来了，和妈妈谈起新女生指导朱君允先生，说学生们和她大吵。妈妈同情她，顾先生却有点幸灾乐祸的样子。晚上吴洁如和陈俊来了，她们告诉妈妈一个消息，说陈上晓也死了。我听了张大嘴，几乎不能相信。妈妈也惊得说不出话来。[6]

10月20日　武汉大学开运动会。与苏雪林买了200捆柴和其他一些细碎东西[7]。

1 《让庐日记》，第95—96页。

2 《让庐日记》，第97页。

3 《让庐日记》，第97—98页。

4 《让庐日记》，第98页。

5 《让庐日记》，第99页。

6 《让庐日记》，第99—100页。

7 《让庐日记》，第100页。

10月31日 武汉大学校庆，放假一天，并举行球赛、书画展览、菊花会、演剧等各种庆祝活动[1]。

11月1日 武汉大学第394次校务会议决议续聘刘永济为文学院长兼文科研究所所长，刘赜、方重、万卓恒、吴其昌分别任中文、外文、哲学、史学四系主任。

11月14日 晚饭后，到苏雪林家，听其侄子苏经国讲述从缅甸腊戍逃回的经历[2]。苏经国是苏雪林二哥苏仲文长子，从西南联大机械系毕业，投笔从戎，参加赴缅甸远征军作战。此次由缅甸腊戍至重庆公干，请假回乐山看望苏雪林。

11月15日 全家与刘秉麟、杨人楩等赴楠木林湖南同乡会。

> 全家同赴湖南同乡会。九点半到江边，坐船到对岸，我们越过卵石滩，到目的地——楠木林。……上午的节目多是硬性的，有爹爹、刘秉麟伯伯、妈妈、杨人楩先生讲话，有欢迎词、答词、选举、介绍等。[3]

11月16日 请苏经国在家午饭[4]。

11月27日 作论文《关于〈莎乐美〉》，载乐山《峨眉丛刊》1943年1月1日创刊号，文末署“十一月二十七夜”。初收入《行年四十》。

《峨眉丛刊》在编发这篇文章时，加了一段按语：

> 用不着编者介绍，读者诸君一定非常熟悉袁昌英先生的大名和作品的。先生的《孔雀东南飞》一剧不是曾风动全国而且感动过诸君纯良的性灵么？
>
> 但最近几年，先生除偶或写点杂文外，很少有剧作问世。此次能以本文赐登于本刊，至少在我们是认为非常珍贵的。
>
> 先生是中国有名的法文专家，这篇评述用法文所写之世界名剧的文字，

1 《让庐日记》，第103—104页。

2 《让庐日记》，第106页。

3 《让庐日记》，第107页。

4 同上。

不仅有卓越而独到的见解，实在也含有不少的启示。我们除以刊登本文为荣外，并向热诚和蔼的作者致无限敬意。

《峨眉丛刊》有出版第2期计划，据创刊号内页《下期预告》，第2期拟刊袁昌英《〈群鬼〉及易卜生的哲学与思想》。

12月14日 峨眉剧社出预告，将演王尔德的《莎乐美》和易卜生的《群鬼》[1]。

12月17日 晚上，与苏雪林、朱君允在武汉大学女生宿舍开座谈会，讨论《莎乐美》和王尔德。

> 今晚女生宿舍开座谈会，讨论《莎乐美》和王尔德。请了苏先生、妈妈、朱君允先生讲。开始由陈玉美讲《圣经》里莎乐美的故事，然后丁景云（女主角）讲剧情。然后妈妈讲王尔德研究，像活图书馆一样，她把每个剧本请一个同学介绍内容，如《少奶奶的扇子》、*The Importance of being Earnest*〔《名叫欧内斯特的重要性》〕[2]、《不相干的女人》等，她才开始讲王尔德的生平、教育的影响、环境的影响、唯美派的主张。讲完以后，朱先生也讲了她的意见。相形之下，她讲得显得拉杂、不充实、没有系统。回来后，心里很满意。[3]

峨眉剧社是武汉大学的学生于1940年左右组建的一个业余剧团，曾上演过《塞上风云》《雷雨》《原野》《日出》《北京人》等不少中外名剧，在校内外产生过一定的影响。1948 年，峨眉剧社演完夏衍根据托尔斯泰小说改编的《复活》之后，与另一学生团体——从从剧社合并为峨从剧联。1942年12月1日，峨眉剧社开始排练《莎乐美》，聘请袁昌英、苏雪林和朱君允当顾问。

12月27日 下午，全家与苏雪林、张宝龄夫妇到山上看已完工的武汉大学新教职工宿舍。晚上，完成五幕剧《饮马长城窟》。

---

1 《让庐日记》，第111页。

2 现多译为《认真的重要性》。

3 《让庐日记》，第111—112页。

下午天气很好，我们全家和张先生、苏先生到山上去看已完工的武大新教职员宿舍。房子虽不好，上面的空气、风景却好极了。晚上妈妈宣布，她的五幕抗战剧《饮马长城窟》告成了。[1]

1 《让庐日记》，第113页。

1943年
50岁

1月2日　晚上，同女儿到浸礼会看话剧《莎乐美》。1月1日至4日，《莎乐美》在嘉乐门浸礼会连续公演，反响很好。

晚上看话剧《莎乐美》。到浸礼会，我们的座位在第四排中央，最好的位置。看后觉得不错。我喜欢莎乐美（丁景云饰），跳舞好看极了。灯光、服装、音乐合成很美的情调。在战时能看到这种软性的舞蹈当然很不容易，也就不用苛求了。[1]

2月5日　下午，与杨端六外出拜年。

下午爹爹、妈妈出去拜年，我们出去散步，雨渐渐下大了。回来后，听见远远的锣鼓声，知道是火炬提灯会的行列来了，打伞跑出去看。就在铁门槛看见他们走下来。队伍是相当热闹的，各种的灯笼、纸屏、旗子，花花绿绿。最有趣的是几乘纸扎的花轿，抬着一个个很小的小孩，扮成军人、农人等模样，怪神气的。还有一条大龙，是绸子扎的，可是还没点灯。这是庆祝解除不平等条约的活动，可是恰巧定在旧历大年初一，恐怕一般民众还以为是庆祝新年哩！[2]

2月8日　为女儿过20岁生日，同时宴请即将赴美的陈源和桂质廷，凌叔华、陈小滢、桂质廷太太许海兰作陪。外交部借调武汉大学文学院院长陈源和理学院院长桂质廷一年。

1 《让庐日记》，第117页。

2 《让庐日记》，第121页。

今天是我20整岁的生日，是我的日记里第二次记生日了。如果在战前，20岁的生日该是多重大的一回事，可是现在已不成一回事了，我自己也无意“做生”。但爹爹、妈妈还是请了客，不过并不专为我，因为干爹和桂质廷要到美国去，上午忙着洗地板，到厨房切菜、切肉。到十二点才弄得像个样子。小滢、干妈来了。干妈送我一个定做的大蛋糕，奶油很多，好看极了；又送我两支小洋蜡，预备插在蛋糕上的。最难得的是一把小折刀，银色，很精致结实，正是我所没有的。我又把我的画挂在饭厅墙上，一共大小15帧。不久桂先生、太太也来了，就上桌。先把糕上的小蜡点着，然后吹灭移开，吃饭。最后的鸡汤是用我们喂了一年的大母鸡煨的，足足六斤半重。天天看见的那只又笨又驯又可怜的大鸡，不一会儿就到我们的肚里去了。人待其他动物既是这样不留情，又何必怨天公待人太苛？！晚上妈妈睡在床上，说：“静子20岁了。”我说：“马上就要到40岁的。”她说：“那到底还要很久。你看我过了这一世，还不到50岁。”我说：“一个人的生活真正的开始大概要在十几二十岁以后，以前不算。我以前过的可说不是生活。”妈妈说我太没有生活了，劝我下年还是回宿舍去住。我说下学期想参加陈仁宽他们的歌咏团，她也很赞成。她说我是被爹爹管得太紧了，其实小孩子应该有他们的生活，不能弄得像个老太婆。我们谈起爹爹的性格，他既不为名，又不为利，更不为势，而immortality〔不朽〕他也不见得希望，不懂他有什么目的。他回来后，我们问他，他说为什么，生下来不能死，就得活，而活有各种的方式，他采取著书立说一法，什么也不为，而国民生计和个人的immortality都是附带条件。我说我现在也没有什么志气野心了，名利权势当然我不问津，而immortality又极空洞，我之所以想从事写作，并不为什么，只是不得不如此，因为我自忖也许还生就这种能力。后来我又说，如果我真有什么野心的话，我想也许是要影响中国人的心灵，使他们向好的方面走。妈妈说这就是spiritual power〔精神力量〕。[1]

1 《让庐日记》，第122—123页。

2月9日　致信胡适。

适之先生：

现在通伯也飞来你们那新世界了。我就只好借着笔羽来访访先生及鲠生兄！我们的情形，通伯可以详告，不用多赘。只盼胜利快临，大驾回国领导学术！专此敬叩

旅安！

昌英上

二月九号[1]

2月13日　让女儿、儿子去看凌叔华。陈源于昨日赴美[2]。

2月17日　午饭后，与女儿一起观看提灯会。

午饭后我们出去看农民节的提灯会，和上次差不多，只是更扩大了。通江坝有一条草龙很精彩，花费既少，又脱俗，非常聪明。花杠子里有小孩扮的签订新约、同盟国外交阵容等，算是新东西了。[3]

2月18日　访顾如，向其借《红楼梦》给女儿阅读[4]。

3月3日　与女儿一同到苏雪林家听故事。苏雪林讲了一个明末遗臣独孙的遭遇，并据此改编成小说。这篇小说大概是《回光》[5]。

回家后，妈喊我一同到苏先生那边听故事。苏先生的故事真的有趣。讲的是明末一个遗臣独孙的遭遇。这是一篇真实的自述，作者在写成后就病死了，还不到20岁。苏先生把它改编为白话文，用一种别出心裁的方法写出来，把他经历的事在临死时回光返照的一刹那重演出来，根据柏格森

1　耿云志主编:《胡适遗稿及秘藏书信》第31卷，黄山书社1994年12月版，第655页。

2　《让庐日记》，第123页。

3　同上。

4　同上。

5　《回光》发表在桂林《文学创作》月刊1943年6月1日第2卷第2期。

〔法国哲学家〕的时间主观学说。这真是很特出的趣题。回来后，妈妈忽然说："如果你真有聪明的话，可以试着写一种有趣的离奇曲折的小东西，倒可解解闷，又可试验自己的能力。"我说我总有一种成见，好像不是抗战题材的作品就不合时宜，而八股不合我的性格。她说，一个文学家的思想不能太严肃，有时也要写点轻松的东西调剂一下。虽然我口里还在分辩，然而心已活了。我发现自己对文学还是有极浓的兴趣。现在的郁闷不过是一时的不如意，遇了阻碍以致活水凝滞罢了。可是要写小东西也真不容易，虽然不要深刻的思想，可需要熟练的技巧和灵活的想象力，我是否真具备呢？[1]

3月8日　上午，被月珥塘市民请去演讲。晚饭后，与苏雪林、女儿一同到女生宿舍开会，朱光潜、赵师梅、叶孟安等人也在场。

国际妇女节。上午月珥塘市民开会，妈妈还被请去演讲。……晚饭后妈妈、苏先生和我去女生宿舍开会，请的先生有朱光潜、赵师梅、叶孟安，还有桂太太〔许海澜〕、Mrs Hockin〔韩牧师〕等，主席方秀如，司仪刘珍宝。[2]

3月9日　晚上，在家宴请刘永济夫妇和戴铭巽[3]。

3月17日　决定星期六请英国牛津大学Dodds（今通译多兹）来家里。16日至19日，Dodds应邀来武汉大学讲学，其间进行三次演讲，分别是《近三十年英国教育之民主化》《近代英诗》《希腊剧场的研究》。

下午是教授座谈会，和Dodds教授座谈，张先生和爹爹都说有许多先生发问幼稚，使Dodds面子上不好看。我们决定星期六请Dodds来家，爹爹要我画一张画送给他做纪念，妈妈提议画"East and West"〔东方与西方〕，以两

1 《让庐日记》，第126—127页。
2 《让庐日记》，第127—128页。
3 《让庐日记》，第128页。

个女孩子做代表。真奇怪，爹爹现在对我的画很感兴趣，非常关心的样子。[1]

3月20日　在家宴请Dodds，凌叔华、林春猷作陪。林春猷为武汉大学生物系教授。

回来后不久，房子已布置得很好，一会Dodds教授来了。干妈和林春猷先生也在场，我简直不敢启口，没有说一句话。Dodds似乎不很欣赏画，当我把画送给他时，只客套地夸了两句，并不十分感兴趣。吃饭时他们尽讲些cooking〔烹饪〕，很没意思。[2]

3月29日　黄花岗纪念日，放假。全家到刘秉麟家。晚上，和女儿到浸礼会观看《日出》预演。南开学友会剧社（南友剧社）为赈济豫灾在兴发街浸礼会公演《日出》4天。

黄花岗纪念日放假。全家过河到刘〔秉麟〕家过一天。……又到刘廼诚家吃春卷和面。到家七点，还没坐下，就被顾先生找去看《日出》。今晚预演，附带招待〔南开〕校友家属。我和妈妈去了。[3]

3月31日　晚上，把侄女杨安祥参加演戏事告诉杨端六。

晚上妈妈把安祥演戏的事告诉爹爹，他们都说没有办法。……妈妈说我的情感是内向的，心思深刻，并不是如我所说的冷冰、无情。而她自己是外向的。干爹说过这话："静远是emotional〔情感内敛型的〕，兰子是sentimental〔情感外露型的〕。"[4]

4月10日　告诫女儿晚上练歌后不该在街上唱。

1 《让庐日记》，第129页。

2 《让庐日记》，第130页。

3 《让庐日记》，第133页。

4 同上。

晚上练歌后他们送我回来，一路在陕西街高歌。到家爹爹、妈妈说我们不该在街上唱，扰乱治安是其次，这陕西街不是安静地方，时代不是太平时代，街上的驻军〔“三二补训处”〕对我总有不利。我自己也感到有危险。我崇拜前线打仗的兵，但痛恨后方驻扎的兵！[1]

4月13日　晚上，看女儿创作的《义麟》，“竟大笑，说写得好。后来又送给苏先生去看”[2]。

4月14日　晚饭后，全家到城墙上散步，后到白郁筠家小坐[3]。

4月15日　读徐訏小说《鬼恋》，并与女儿讨论。

向邵浩借了一本徐訏的《鬼恋》。……妈妈看后也这样说。她说像“美得过分也就是不美”、“美也有美得可怕的”这些句子就很有意味。她又说后来那小护士的出现没有必要，对于故事的发展没有一点儿影响。[4]

4月29日　晚饭前，与杨端六因事发生争吵。

吃饭前不知他和妈妈因为什么又争吵了，爹爹赌气不吃菜，很快就吃完了饭。我端了一碗鸡血汤给他喝，他说：“我绝对不喝，你们自己喝好了。”我洗过脸，看见他很不痛快地坐在摇椅上，就过去和他亲近亲近。……我心里万分沉重，觉得爹爹太可怜了，辛苦一世，到晚年还事事不如意。妈妈也是，总要拂着他的意思做事，但这能怪妈妈吗？她是一点错都没有。谁造成的？悲剧的制造者！他们年龄的差距，兴趣的不同，见解的分歧，同时两人都具有强硬的个性，造成不可避免的悲剧，我想去和妈妈说说，请她以后不要逆着爹爹的意思，但当我走出去，只见妈妈拿着锄头在锄地，矮小的身体好像要给锄头带倒了似的。我心里发酸，就在走

1 《让庐日记》，第137页。

2 《让庐日记》，第138页。

3 同上。

4 《让庐日记》，第138—139页。

廊上流泪。……过了一会儿，妈妈走来忽然发现了我的眼泪，悄悄安慰我道："不要管他，他就是这样的人，没有办法。"[1]

5月6日 晚上，没灯，与苏雪林、张宝龄坐在让庐廊下闲谈[2]。

5月9日 杨端六前往成都查病。晚上，袁昌英与女儿、侄女、侄子一起讲故事。

爹爹搭张伯伯的车去成都查病，晚上宜、叔、安来读英文，因为太热，妈妈就叫我们讲英文故事，她自己最后讲了一个法国悲剧，就是那大鼻子诗人的故事〔《大鼻子情圣》〕。[3]

5月21日 看完女儿的小说，致信熊佛西，拟将女儿的小说寄给其主编的《文学创作》[4]。

5月23日 武汉大学为生物系张镜澄教授举办"张镜澄先生教学三十周年纪念"，与刘永济等教职员往贺。

今天是"张镜澄先生教学三十周年纪念会"。张先生是生物系教授，自武昌高师时就开始在这里任教，直到现在，没有一天离开过，而生活极清苦。像这种正气确实值得提倡。这样大大庆祝一下，不但给老先生一种精神安慰，也振兴这种坚贞的风气。听说贺礼很重，送了他一双青缎鞋，一床红被面，一根拐杖，还有对联之类的东西。[5]

5月25日 晚饭后，与女儿一起看望上课时晕倒的刘啸云。

晚饭时妈妈说刘啸云上课时忽然晕倒了，大概由于贫血。我心里一阵

1 《让庐日记》，第140—141页。

2 《让庐日记》，第142页。

3 《让庐日记》，第143页。

4 《让庐日记》，第146页。

5 《让庐日记》，第147页。

酸，想到同学们多少可怜的，我在家里比她们舒服得多，就说我下学期要住校，要和他们共甘苦。爹爹骂我愚忠愚孝，害了自己救不了别人。我大哭不止。晚饭后妈妈叫我陪她去看刘，并送一点猪肝精。[1]

6月6日　武汉大学为杨端六举行60寿诞庆祝会。苏雪林作《恭颂杨端六六秩大庆》，刘永济作《寿端六六十生日》。

今天是爹爹的六十寿诞庆祝会，其实他才满58岁。武大毕业同学创设了端六奖学金，大举募捐，校内于是也响应来这么一个庆祝会。[2]

6月7日　中午，侄女、侄子等来过端午节。

今天端午节，中午宜、叔、安和金根德来过节。市上开屠已两三天，买了两斤肉，吃粽子。[3]

6月24日　原南京审计厅杨稚吾科长来访。

原南京审计厅的杨科长杨稚吾先生来了。饭后他们谈天，从青年的长短谈到为人处世的不容易，对于年轻人的教育不知采用什么方式好。如果教他们为人忠厚诚实、热情直爽，以后到社会上必定吃亏，好的吃了亏容易灰心消沉，坏的吃了亏就跟着学坏了。如果教他们人情世故耍手段，他们固然可以“成功地”生活，但是否合理很成问题，所以非常困难。[4]

7月5日　开始撰写《法国文学》。

因为我自命是个作家，就有许多杂志、书店、机关、社会邀我做文章。这末一来，就真的把我忙杀了！上春四五月间商务印书馆王云五先生一时

1 《让庐日记》，第148页。

2 《让庐日记》，第150—151页。

3 《让庐日记》，第151页。

4 《让庐日记》，第153页。

心血来潮，打定主意要出一种“复兴丛书”，将古今中外、天文地理、国事人事，都包括在内。他设计周详之后，邀我替他编著《法国文学》一书，十万字左右，约定十月底交稿。……从七月五日开始工作，在整个将近三个月的暑假里，我苦作的像个黑奴。因为屋小人多，我把书籍笔砚，搬到一间幽暗不见天日的储藏兼便房的屋子里，实行埋头苦干。天气有时热到九十七八度，汗流浃背，我也不管。小孩哭叫，我也不管。柴米油盐，我也不管。应酬交际，我也不管。什么也不管！其实我又何尝能够完全不管！只是管那方不得已的而已。[1]

7月9日　女儿期末考试成绩不是很理想，袁昌英安慰她。下午，女儿替袁昌英抄写《大公报》上的一篇诗剧《玄武湖滨》。

到文庙看成绩，满以为考得不坏，谁知一看，冷了半截。五门功课除英诗80分外，都是七十几分。我失败了，被自己的虚荣欺骗了！妈妈安慰说，像×××这样的先生，你在他手下得100分也不足为荣，得70分也不足为耻，他的评价不能做标准，反而你能得到朱光潜先生的80分是无上的荣耀，因为他是真正的学者，他的标准不轻易定的。……下午给妈妈抄一篇《大公报》上的短文，还是在珞珈山写的，《玄武湖滨》。[2]

7月11日　帮凌叔华搬家[3]。

7月17日　到陈仁宽家看望患伤寒的陈美玉[4]。

7月18日　晚上，全家上万佛寺。后同女儿、苏雪林到凌叔华家，听其讲述幼时大家庭里的纠葛[5]。

7月28日　晚上，与女儿谈女学生出风头等事。

1　袁昌英:《作家生活自述》，桂林《当代文艺》1944年4月1日第1卷第4期。

2　《让庐日记》，第155—156页。

3　《让庐日记》，第156页。

4　《让庐日记》，第158页。

5　同上。

晚上在床上和妈妈大谈，从安祥谈起，谈到女同学。我说有些女同学虚荣心重，爱出风头，可是并不会出风头。如果我要出风头，我就选那最精彩、最高超的出一阵，然后退隐，让这名声永远在人心上占一个光荣的位置。妈妈说，出风头不应该在一二年级时出，到三四年级一切都有把握了再出不迟。我笑她不懂人们的心理。出风头就是要早，因为愈到后来比自己高班的学生愈少，给低班的学生捧得再高，又有什么趣味？我们又谈到几位美人，都没有什么头脑，没有理想，成天混混，找男朋友，就完了。我忽然想起一个奇怪的念头，说："我想一个真正美貌的人，在忘记自己的美貌时，也就是她最美的时候。"她回味一下，大加赞同，说："你这样深刻，你的同学怕没有几个抵得上你。"我说。所以我没有朋友，苦闷。我说："最痛苦的事莫过于没有人了解。比方一般的痛苦，总有人同情；一个最高的天才在不为人所了解时，他的痛苦是没法解脱的，所以天才往往要发疯。爱因斯坦一定非常痛苦，因为全世界只有几个人能了解他的相对论。"她说，不过他知道世人都承认他的超人处，所以还可忍受。[1]

7月31日　吃过早饭，与女儿前往陈家，为前一日去世的陈美玉痛哭[2]。

7月　朱光潜因公离校，教务长由文学院院长刘永济暂代。

8月3日　下午，凌叔华来访。

赶抄小说，下午抄完了，一共38页稿纸，大约两万字。我的快乐真说不出。下午干妈来，我给她拿去看。干妈和妈妈谈起许多太太们的性格。她说女人有两种：一种有野心而浮躁；一种没有野心而沉着，所以女人总做不出大事来。[3]

8月5日　下午，携女儿、儿子访杨人梗、朱光潜。

1 《让庐日记》，第160页。

2 《让庐日记》，第161页。

3 《让庐日记》，第162页。

下午和妈妈、弟弟出嘉乐门去杨人楩、朱光潜家。我向朱伯伯借了两本小说*Sons and Lovers*〔劳伦斯的《儿子与情人》〕，*Old Wives' Tales*〔贝奈特的《老妇谈》〕。[1]

8月13日　和女儿讨论劳伦斯的《儿子与情人》。

*Sons and Lovers*看完了，我很怀疑，我究竟看懂了没有。我和妈妈说这小说很怪，有点儿不合人情。里面许多特别的sentiment〔情愫〕，好像变态心理。她告诉我这是受Freud〔弗洛伊德〕学说的影响，我觉得很对。[2]

8月16日　帮女儿看其创作的小说《縈》，商量改了几个字，准备寄给陈铨主编的《民族文学》[3]。

9月9日　女儿帮忙抄写《法国文学》里的一节，预备先登出[4]。

9月16日　力劝女儿住学校宿舍。

妈妈忽然问我这一年到底住家里还是住宿舍，我正在犹豫，妈妈力劝我住宿舍。她说年轻人应该有自己的生活，应该多和年轻人接触，结识朋友，不该关在家里和社会隔绝。我一想，大学已过两年，一个朋友都没有，再下去只有越过越孤独。两年一过，立刻踏入社会，必定茫茫无所适从，并且真实的大学生活一点没尝过，在一生里也殊属可惜。于是我立刻决定：住宿舍。……妈妈真懂得年轻人的心理，不像爹爹抱成见。[5]

9月27日　得陈铨信。

妈妈接到陈铨的信，说我们的稿子收到了，说起我："杨小姐绝顶聪

1 《让庐日记》，第163页。

2 《让庐日记》，第165页。

3 《让庐日记》，第166页。

4 《让庐日记》，第167页。

5 《让庐日记》，第169页。

明……”妈妈非常高兴。我心里也高兴，可是不像她那样兴奋。他说我的小说将登在第4期10月号里，不过《萦》这题目太不醒目，劝我改一个。[1]

9月28日　遇朱光潜，朱光潜说陈铨在写给他的信中夸赞杨静远的小说写得好[2]。

9月　作论文《现代法国文学派别》，载重庆《民族文学》月刊1944年1月第1卷第5期，文末署“民国三十二年九月草于嘉定陕西街让庐”。

10月5日　上午，为外文系学生讲授近代欧洲戏剧课[3]。

10月10日　晚上，杨端六在家设宴，请机械系主任白郁筠一家、苏雪林一家，庆祝国庆日，也为袁昌英提前庆祝生日。白郁筠一家在“八一九”大轰炸后，与杨家合住在北郊岷江边石乌龟的农舍。

街上很热闹，庆祝双十节。吃过晚饭爹爹预备了一些小碟子，我上山去请白先生全家，再加上苏先生家三位，挤了一桌子，喝酒庆祝国庆日，其实是为庆祝明天妈妈生日（阴历九月十三日），不过没人知道。[4]

10月24日　上午，武汉大学学生在乐山文庙大礼堂为暑假病逝的雷启明、刘若芳、陈美玉、李芬鼎、张素馨、陈光塾和陆道蕴等7位同学举行追悼会[5]。

11月1日　武汉大学校务会议议决续聘刘永济为文学院院长、文科研究所所长，刘赜、方重、万卓恒、刘永济分别任中文、外文、哲学、史学系主任。

12月7日　上戏剧课，为学生讲易卜生的《野鸭》。

上戏剧课时妈妈讲到*Wild Duck*〔易卜生:《野鸭》〕里面那个Relling〔瑞林〕的哲学“Human being must live under an illusion”，“the so called ideal is but a lie”〔人类必须生活在幻觉中，所谓理想只不过是一个谎言〕，她忽然

1 《让庐日记》，第170页。
2 《让庐日记》，第170—171页。
3 《让庐日记》，第172页。
4 《让庐日记》，第173页。
5 《让庐日记》，第177页。

又说起inspiration〔灵感〕，所谓inspiration不过是一种启发，比方在现在的情形下，就disillusion〔幻灭〕这点主题，我们谁觉得有可能写一篇东西的话，就是inspired〔引发灵感〕了。[1]

12月12日　到团契室参加托尔斯泰座谈会。

吃过饭妈妈和我到团契室开托尔斯泰座谈会。女学生到的和男同学一样多。每一节目由一个学生担任讲，然后大家发表意见。可是他们讲得太长，而且单调乏味。到五点散会时还只讲完一个帽子，真正讨论著作要等到晚上继续。[2]

是年　散文集《生死·友谊》作为储安平主编“袖珍丛书”之一种，由湖南安化1943年油印出版。

是年　物价陡涨，工资迟迟不得发。许多教师辞退用人，亲自洗衣下厨，变卖书籍，典当古物，当街鬻字，自种蔬菜或在中学兼课。

为武大西迁乐山以来最艰难的一年。时物价陡涨，疾病肆虐，特务横行，政治黑暗。全校房租连年陡涨，而教育部拨付的修建及设备费比上年减少一半；学生因贫病死亡16人，死亡率为历史之最。[3]

是年　指导外文系朱瑞民毕业论文《约·高尔斯华绥戏剧的意义和技巧》（*The Intentions and Technique of John Galsworthy's Plays*）、张韵芳毕业论文《Turgenev[4]小说中的英雄人物》（*The Heroes in Turgenev's Novels*）、江云娥毕业论文《H. Ibsen[5]的社会戏剧》（*Ibsen's Social Plays*）、何介文毕业论文《B.Shaw[6]喜剧中的四位杰出女主人公》（*The Four Prominent Heroines in B.Shaw's Comedies*）。

1 《让庐日记》，第190页。

2 《让庐日记》，第191—192页。

3 刘永济:《诵帚词集；云巢诗存：附传略、年谱》，北京：中华书局2010年7月版，第409页。

4 屠格涅夫。

5 易卜生。

6 萧伯纳。

1944年
51岁

1月1日　让女儿帮忙抄《法国文学》，拟请一学生带到重庆去[1]。

1月3日　作《法国文学·序》，其中第一、二自然段，载上海《世界晨报》1946年5月22日新第158号第3版，题为《法国文学自序》。全文如下：

美国候选总统威尔基先生去年周游东方各国。归国之后，他写了天下一家。在这书里，他述及在埃及会到许多巴夏时，曾以一个著作家，一个绘画家，一个发明家，是否能做巴夏向那些漂亮的贵族人物发问。他们回答的是：自从某一个国王以来，埃及就没有人写书，没有人绘画，没有人发明什么东西。这就是说：埃及数千年以来，没有人做这些事。这也就是说：几千年以来，埃及的文化，完全停顿了！一个民族的精神生活完全停顿了，那还有不做亡国奴的吗？

我这半年之中，聚精汇神写成了这部法国文学，苦是真正苦极了，因为在这种物质条件如此不行之时，要专心著述，委实是件不容易之事。可是我的大安慰是：我是中华民族的女儿，我要尽我所能写书，因为中国不是埃及，中国人是永远永远不能做奴隶的，所以我要在这中华民族精神生活的大火炬大光明中，贡献一支小小火把！

我的小书现在完成了。这次，朱光潜先生、叶孟安先生，将身边所有法文书籍，借用许久；苏雪林先生替我校阅全部原稿；凌叔华先生替我写美丽的封面；杨端六先生替我抄录一部分稿子。这许多帮忙，均是我所异常感激的；特此表示十二分谢忱！

著者识

中华民国三十三年一月三日

1　《让庐日记》，第203页。

1月31日　朱君允和刘秉麟来访。

上午朱君允先生〔熊佛西前妻〕和刘伯伯来了，我们留他们吃中饭。饭后苏先生也来加入谈话。妈妈讲那麻子的故事，苏先生讲《无边的黑暗》里的故事，原来那是真事，是苏先生认识的人。朱先生听了这两个故事，嚷着“不好听，没意思。这两个故事都没有中心，人物没有个性”。我笑着说：“朱先生的意思是说这两个故事不过是incidents〔事件〕，没有interest of character〔性格的趣味〕，不过它们之所以悲惨也就在这incidents。”她连忙点头：“只有incidents，没有character，没有意思，没有意思。”她不要听，却和弘远闲扯，要和他出去跳绳。五十多岁了，跳起来还灵活得像女孩子，我颇惊奇。我后来和妈妈说：“她的确不是平凡人，她的性格非常特出，一般人之所以不能谅解她，也就因为她和他们太不相同，是在他们的scale〔尺度〕以外的。她的个性实在强，我不得不说，她对那两个故事不感兴趣，也正因为只能对和她同样强的个性感兴趣。她的ego〔自我〕大极了。她的毛病，就是arrogant〔傲慢〕，其实她心地倒很正直的。”妈妈说：“她本事也真大，这样年纪了，身体精神还这样好。”我说：“这也是她的ego大的原因之一。因为一个人自己不感觉痛苦，就不能体会别人的痛苦。所以病弱的人往往同情心比较重。”蒋淑瑾告诉我，那天方先生请他们班五个女同学和我们班五个同学到他家谈话，是为了他要办一个英文补习学校，请他们出头组织，教书却不要他们，只需他自己和方太太。她把这有趣的新闻告诉妈妈。妈妈鄙夷地说：“他完全是利用学生给自己赚钱。让他们在外头撑台，自己得实利。学生迫于威势，当然不得不依从。你晓得吧，大概韩文源要调走了，他不得不另谋生财之道。[1]

1月　武汉大学编印《国立武汉大学教员著作一览》，其中收入袁昌英7部著作目录。

---

1 《让庐日记》，第210—211页。

1月　重庆《民族文学》月刊第1卷第5期《编辑漫谈》中称:"武汉大学袁昌英教授,创作与研究均知名当世。此次就哲学方面的根据,探讨法国现代文学的派别。她不但供给一般读者的常识,可作学者的参考,同时她还替中国学者对于西洋文学研究,贡献一个新的手法。二十年来,中国大学西洋文学家的风气,泰半受美国的影响,学校训练,往往偏重于语言和技巧,而忽视思想与精神。袁女士这一篇文章,正可以帮助矫正一般人学而不思,有形无神的弊病。"编辑所谈的袁昌英文章是《现代法国文学派别》。

2月5日　上午,看女儿小说并取题名《童心》。

> 上午给妈妈看我的小说,她看到最后,竟唏嘘地哭出来,又觉得自己可笑,同时哭笑着。我没想到这东西能这么动人。她替它取个名,叫《童心》。[1]

2月7日　考昭绪来访。

> 考昭绪来了,妈妈陪他谈话。他大谈他的写作计划,俨然自视甚高。他有一股傲气,可是我现在还不讨厌他。不过我大概不能希望他有很高的天分。我颇喜欢他那北方男儿魁梧的体格和雄厚的嗓音。我相信无论怎样,他会是很有意思的朋友。……爹爹妈妈又谈到现在经济现象的危险,物价在这次过年后涨得骇人。照这样看,物价每年成加速度增长,以后更不堪设想。整个国家的现状既可怕,个人也很难维持。个人不能不贪赃枉法,而使得整个局面更糟。爹爹的见解是,罪过完全在孔祥熙一人身上,都是他一人把中国财政弄糟的。[2]

2月16日　晚饭后,考昭绪和刘盛亚夫妇来访,替群益书店请袁昌英、杨静远译书。

---

1 《让庐日记》,第211页。

2 《让庐日记》,第212页。

晚饭后，考昭绪来了，带着两位客人，原来是刘盛亚——他的合编者，和刘太太。刘办《文锋》、《星期文艺》，又是群益书店的经理（？），他要出一种集子，请妈妈和我译书。[1]

2月18日　下午，携女儿访刘盛亚、朱光潜。

下午同妈妈去洙泗塘刘盛亚先生家。……从刘家出来，出嘉乐门到朱光潜家。气氛大不相同。朱先生的态度非常谦和，对别人的话很尊重，永远在赞同。我却心悦诚服地信任他。妈妈和朱先生谈到我毕业后的去向问题，他也想不出来什么清闲而又厚酬的工作。至于出国，他劝我停战后再去，因为现在外国也没有学术空气。他提起研究院，武大外文系是没有的，联大怎么样？我不禁心动。真的，我非常想去那边看看，而且我也想离家远一点儿。[2]

3月11日　晚上，在团契室听学生服务处主办的唱片音乐会。

晚上团契室开唱片音乐会，学生服务处主办，放全部*Faust*〔古诺歌剧《浮士德》〕。一共16张片子，听了三个钟头。小小团契室挤了一百来人。我给妈妈弄到一张票，她也来听。[3]

3月23日　刘盛亚编写的四幕历史剧《打渔杀家》在乐山公演，由袁昌英导演。

4月1日　发表散文《作家生活自述》，载桂林《当代文艺》月刊第1卷第4期“作家生活自述特辑”。此特辑共收老舍、王了一、靳以、李广田、卞之琳、苏雪林、凌叔华、茅盾、沈从文、朱光潜等33位作家的生活自述。初收入《行年四十》，改题名为《忙》。

---

1 《让庐日记》，第213页。

2 《让庐日记》，第214页。

3 《让庐日记》，第221页。

4月13日　中华剧艺社来乐山为募集军人子弟学校基金公演，乐山文艺界举行茶会欢迎，请朱光潜、袁昌英及峨眉、丛丛、南友、青年、友良等剧社参加。自4月22日起至5月3日止，中华剧艺社在大岷电影院演出《孔雀胆》《清宫外史》《金玉满堂》《天国春秋》《胜利号》《续水浒》等名剧，由该社理事长应云卫导演。

4月15日　晚饭后，与女儿一起赴团契室开会。

在家吃过晚饭同妈妈一起去开会——全体外文系师生欢送方重到英国讲学。会在团契室举行，一共到了57人，先生六位：朱光潜、方重、李纳、朱君允、戴镏龄和妈妈。[1]

4月16日　下午，访刘盛亚。

下午回家，陪妈妈去刘盛亚家。他的《续水浒》请妈妈做导演，妈妈推辞了，去道歉。刘近来受了一次大打击:《续水浒》是青白剧社要演的，不料剧还没写好，已卖掉十几万元的票，剧社卷款逃走了，连同上次为乐嘉小学募捐的钱一并带走了。听说已经追回，可是三青团受了贿，又把他们放了。现在幸亏中华剧艺社来，帮他先演这戏。应云卫指导，而演员大半是丛丛剧社的，缪敏珍演主角。[2]

4月25日　请中华剧艺社人员来家里玩[3]。

4月　发表致"××先生"（疑为陶亢德）信，载上海《风雨谈》文艺月刊第11期"现代女作家书简特辑"。此特辑共收录丁玲、许广平、冰心、陈衡哲、苏雪林、袁昌英、陆小曼、王映霞、沉樱、冯沅君、凌叔华、谢冰莹和苏青等13位女作家书简，收件人均代之以"××先生"。

1 《让庐日记》，第231—232页。

2 《让庐日记》，第232页。

3 《让庐日记》，第235页。

××先生：

近来因为学校毕业考试等等，忙的不得了。因此惠书迟迟未复，请原谅。承允免费刊登英之著作，铭感不已。兹拟就广告式样一纸，请先生酌量间常赐与登刊，是为至幸！至于式样的更改或字句的省减及大小，则任凭先生斟酌为是。

前函英所撰写之戏剧派别各文已腹定七八个题目，一俟得暇，即当陆续写出。

至于贵刊拟出××专号，英恐不能多帮忙，其原因是英及好友多半受××式的教育很深，不肯轻易显露自己。这已成为我们第二天性，恐不能一时改变。将来老了，也许要写，现在仍旧非其时。这一点务必请先生见谅。……

袁昌英

六月十七号

5月4日　下午，邀应云卫、冼群、刘郁民、李靖亚、考昭绪、刘盛亚、冼岫等人来家喝茶。晚上，看戏剧《胜利号》。

下午妈妈请茶，请应云卫（中艺社长）、冼群、刘郁民、李靖亚、考昭绪、刘盛亚、冼岫，连她自己和我共九人。……晚上我们又看戏，最后一出的最后一场是《胜利号》，这是一个Fantastic comedy〔狂想喜剧〕，写抗战胜利后第一艘从重庆开往南京的船上的情形。[1]

5月6日　告诉女儿米价上涨，形势非常严重。

妈妈告诉我这两天米价突涨，每天涨5元，今天已55元一斤了。形势非常严重，叫我少做些梦，多看看现实生活的艰苦。[2]

1 《让庐日记》，第241页。

2 《让庐日记》，第242页。

5月13日　晚上，考昭绪来访。

考昭绪来了，一直坐到很晚才走。他们坐在廊下谈，我坐在堂屋门口听。起初我不作声，因为我今晚脾气不好。后来我也不想做哑子了。起初谈到国事，妈妈仍旧乐观，考好像还不晓得情形的严重，觉得“没什么”。苏先生则悲观，觉得就要打到四川来了。我也一样悲观，不过我悲观不单只为了目前，我认为我们这个民族这样下去根本没希望。我满心郁闷、愤怒，好像考就是中国没出息的青年的代表，我所有的怒气都向他发。幸亏妈妈在旁边做好人，不然真不知他怎么受。[1]

5月14日　到萧家吊唁数学系教授萧君绛。

早上和宜姐、安姐、叔哥到鼓楼街千秋照相馆照了一张三寸合照。回到家，只见戴铭巽先生在和弟弟下棋，他告诉我妈妈在萧家，因为“萧〔君绛〕先生过世了”！萧伯伯死了！这样熟识，他的声音、说话的态度、姿势，他那谈笑风生的豪迈气概，他的才能、气节，他那硬脾气，可是又那么好心肠。我们这一家被他救过多少次命！我怎么也想不到他会死！据说是肠痨。累死的，饿死的。他这些年来把命换了一部大著作，现在著作印出，他的命也付出了。我立刻到铁门槛萧家。妈妈在房里，安慰萧伯母。她倒在床上哭诉，她诉着：“丈夫呀，丢得我苦，何得了呀！”江西土音，我不全懂，可是我不见她流眼泪。直到她摸到灵前，伏在死人身上，把脸挨着他的脸——没有感觉的死人的脸，高突的颧骨，深陷的眼眶，嘴张开，闭不拢，这就是谈笑风生的萧伯伯——然后她坐在竹椅上，身子前俯后仰地摇动，眼睛闭着，我才看见一两滴眼泪迸出来。我站在旁边，毫无办法。妈妈太伤心，我劝她回去了。我意识到我正面对着“死”。想到也许可以说点儿什么，使她忘记哭，因为这样哭实在太伤身体。我于是温柔地扶着她的头，说：“萧伯母，不要难过，萧伯伯上天去了。他到好地方去了。这个

1 《让庐日记》，第245页。

地方不好，他在那边还快乐些，你不要难过。”这一来她哭得更厉害：“萧伯伯是好人哟！他是上天去了。好人命不长，一生救别个的命，自己的命救不了……留得萧伯伯在，有用人哟，留得丈夫在，好做事哟……救得别个命救不得自己哟，好人天不保佑哟……”我不作声了。随后蒋、涂太太来，她们各滴了两滴泪，都利落精明地吩咐事务去了。男先生们到底不同，好像不感一点儿悲哀，泰然处理一些事。[1]

5月20日　下午，一家人前往萧家，在萧君绛灵前行礼[2]。

5月21日　上午，为萧君绛送殡。

早八点到萧家为萧伯伯送殡。门口站着许多人，教授们最多，男同学少，女同学只几个。到出发时涂允诚带着全体附中学生来，于是成了极长的一个行列。我和几个女同学走在后面，牵着棺材前的白布带。爹、妈、弟在最前的教职员家眷行列里。一路由得胜门走出去，大部分在得胜门口散了。我们一直跟上公墓山。[3]

5月　乐山文艺界人士举行文艺茶话会，袁昌英作演讲《谈戏剧》[4]。

6月2日　王世杰来信。

爹爹给我看王伯伯〔王世杰〕的信。短短的一封信，只说一件事，而这事就是关于我的《萦》。罗志希〔罗家伦，中央大学校长〕伯伯一天拿给他看，他已十年不看小说了，这次一气看完，连王伯母也看了。他说：“此子思想能力进步如此之快，殊属惊人……”可见他十分赏识。他预备送我一本从英国带回的小说，这真是我的荣幸。妈妈喜形于色。[5]

1 《让庐日记》，第246—247页。

2 《让庐日记》，第247页。

3 同上。

4 谭耀宗：《三年来之乐山文艺界——在文艺音乐欣赏晚会报告词》，广州《文艺》1947年9月第1辑。

5 《让庐日记》，第252—253页。

6月23日　晚饭后，与苏雪林、张宝龄聊天。

晚饭后我们和张先生在门口聊天，又谈到中国人的不争气、人类战争的不可免。苏先生、妈妈和我都是理想家，觉得世界也许有一天会走到大同之路，因为就文化、交通的发达进步，国家间的界限会渐渐消失。张先生讲现实，说世界的统一只有用武力、用战争才可能获得，而维持多久又是另一个问题了。最后妈妈说她想地球如果不遇到一个共同的敌人，战争永远不会停止。张先生很是同意。于是这样一来就把所有的希望都挂在一块不能达到的高空了。[1]

6月27日　在陈小滢纪念册上留言，写的是雪莱的《致云雀》：

Like a poet hidden
　　In the light of thought
Singing hymns unbidden
　　Till the world is wrought,
To sympathy with hopes and fears it heeded not
　　a verse from Shelley's *Skylark*
To my god daughter, with love

Your god-mother[2]

7月20日　下午，顾如来访。

下午顾先生来了。她从重庆回来，受青年团委托，想找妈妈、干妈、苏先生等合办一个刊物，由青年团每年补贴四万元。我自始就向妈妈表示不赞同她们和团部发生密切的关系。我说现在大家只要看见一个“团”字，或者“青年”什么的，就头痛，就不要翻那本杂志。[3]

1 《让庐日记》，第258页。

2 陈小滢、高艳华编：《乐山纪念册（1936—1946）》，商务印书馆2012年11月版，第75—76页。

3 《让庐日记》，第262页。

7月23日　早上，看女儿小说《静水》。上午10时，和杨端六出去欢迎张群主席到访。

早上把《静水》给妈妈看，想不到她竟表现出看不下去的样子。到十点钟，她要和爹爹出去了，今天是武大欢迎张群主席。她淡淡地说："这个看不完了，下回再看吧。"我苦着声调说："我晓得你看不下去。当然啰，这里面又没有爱情故事，有什么意思！"她好脾气地笑着，轻描淡写地说："你这个要仔细看看，斟酌斟酌，不能随便寄出去。"她飘然而去，留下我一天嚼着这句话的苦汁。[1]

7月24日　上午，看完女儿小说《静水》。下午，与凌叔华谈编杂志事。

妈妈到底看完了《静水》，说写得还好，只是发挥不够。她要我把吴老先生的过去生活写清楚些，把他那种光明的生活意识和另一方面的黑暗相对照。我接受了，可是仍然很颓丧。我觉得一篇东西完成以后，思想就暂时停止，要再起火，真不是容易的事。而且经妈妈指点，我觉得它已不是一篇成功的作品。我的能力还太差，所想的不能表达，痛苦的事！下午干妈和妈妈谈起编杂志的事，她表示不热心了。她说事实上恐怕很困难，这是青年团办的，名称又叫什么女青年月刊，一定没人看。干妈又提出另一层困难：因为这是属于团的，一般清高的作家都不愿意在里面登文章，弄到后来，拉不着稿子，来来去去都是她们三个人的名字，读者当然不爱看了。[2]

8月2日　下午，写介绍信给《时与潮》编辑罗书肆，推荐女儿小说《静水》[3]。

1 《让庐日记》，第263—264页。

2 《让庐日记》，第264页。

3 《让庐日记》，第266页。

8月9日　上午，到学校阅新生试卷。中午，刘秉麟来访[1]。

8月11日　中午，和朱光潜在家吃饭。下午，萧君绛妻子及女儿萧而兰来访。萧而兰从西南联大经济系毕业，袁昌英向她询问联大情形及闻一多、潘光旦被解聘事。

中午妈妈和朱光潜先生回来吃饭。下午萧君绛伯母和女儿萧而兰来了，我出去陪。萧而兰刚从西南联大经济系毕业，为了父亲的死，特从昆明赶来接母亲、弟弟去。……妈妈回来后，话题就转为谈联大的情形。……妈妈问她闻一多、潘光旦被解聘究竟是为什么，她也不知道，不过她把他们平日言词激烈的情形说了说，并且说联大先生许多都很激烈，常公开演讲骂现状、骂政府。学生也有很多活动，开会，出壁报，热闹极了。[2]

8月21日　下午，陪女儿到亨达利眼镜店配眼镜[3]。

8月22日　罗书肆来信，说女儿的小说《静水》题材与刊物不合适。建议女儿将稿件寄给刘盛亚。

罗书肆说他和〔《时与潮》〕文艺主编孙晋三谈过，因“题材不甚合适，不拟刊用”，问我是将原稿寄回还是转其他刊物。……回来后把信给妈妈看，她也大出意外。经我分析后，她也不禁很愤慨，说：“这般人胆小如鼠！那篇文章实在思想很正，是每个年轻人应有的思想。”我提出寄给《中原》后，她也不阻止，反替我建议寄给刘盛亚。[4]

8月　专著《法国文学》作为王云五主编“复兴丛书”之一，由商务印书馆出版。本书目录：“序”“概论”“诗歌”“戏剧”“小说与散文”。书末有“附注”和“重要参考书目”，未列入目录。

1 《让庐日记》，第266页。

2 《让庐日记》，第267—268页。

3 《让庐日记》，第269页。

4 《让庐日记》，第269—270页。

9月3日　送杨端六乘船到重庆开参政会[1]。

9月19日　刘秉麟来访。

刘伯伯来吃中饭，谈了一个下午。他劝妈妈把石乌龟的房子卖掉，明年送我出国。妈妈说："我正在打这个主意。"[2]

9月22日　哲学系教授程迺颐夫妇来访[3]。

9月27日　傍晚，带凌叔华、刘迺诚来家里。

黄昏时妈妈、干妈同一位远归客来，那是刚从美国回来的刘迺诚先生〔政治系教授〕。他说这次出国一年多，走遍了美国，到各大学演讲，联络中国学生，思想也更新了不少。……妈妈乘机问情形，他说容易得很，有人介绍就行。[4]

9月29日　向刘迺诚询问密歇根大学申请奖学金手续。

妈妈从刘迺诚那儿回来，打听到美国Michigan〔密歇根〕大学申请奖学金的手续，叫我把读书报告寄两份，请周鲠生叔叔帮我接洽。[5]

9月30日　杨端六从重庆归来。

昨晚黄海化工社的方先生来给我们报信，说爹爹已到五通桥，黄海留住演讲。同行的还有皮公亮〔皮宗石教授的儿子〕。将近中午他们回来了。我跑下去，首先看见一个又高又大的男孩子，细看面孔，还辨得出是公亮。我们八年不见，他已长得比爹爹还高，身体颇壮，面色也健康了。他很惊奇我这样高，又戴了眼镜。他在雅礼中学毕业，这次湘战逃出来，一路经

1 《让庐日记》，第272页。

2 《让庐日记》，第276页。

3 《让庐日记》，第278页。

4 《让庐日记》，第279页。

5 同上。

桂林、贵阳、重庆，到叶〔雅各〕家，李〔四光〕家，在重庆找到皮伯伯。被分派到武大经济系，于是爹爹带他回来。[1]

本学年（1944年9月—1945年6月） 在武汉大学文学院讲授必修课程1门，选修课程4门。其中，为外文系二年级讲授选修课程“第二外国语·法文（一）”，每周3小时；为外文系三年级讲授必修课程“戏剧选读（一）”，每周3小时；为外文系三年级讲授选修课程“戏剧选读（二）”，每周2小时；为外文系四年级讲授选修课程“戏剧选读（二）（注重希腊悲剧）”，每周2小时；为史学系二年级讲授选修课程“第二外国语·法文（一）”，每周3小时[2]。

10月2日　与杨端六谈女儿出国事。

时局形势极恶劣。……爹爹到重庆一次，眼见甚于耳闻，更增加他的悲观。妈妈和他提到我的出国问题，他说哪里想到这样远。石乌龟的房子最好不要轻易脱手，以后将有怎样困难的日子不能预料。我那股热情不禁消沉了些。妈妈安慰我说，我们只管尽人事，至于成不成功，听天命吧。[3]

10月8日　夜晚12时，警报响起，全家躲进防空洞。

昨夜十二点来警报。……坐到两点多钟，大家说不会来了，睡去吧。我又脱衣上床。谁知躺下不到十分钟，一种远远的声音传到耳中。隔壁爹爹惊疑的声音说：“飞机声吧？”我们大为震惊，跳起来披上衣，拖着鞋，袜子也来不及穿。我不顾一切，把生病的弟弟连被抱起，不料又多抱了妈妈的被，拖在地上，绊着脚。我们把他抬到洞口，我又搬过竹躺椅，韦太太等帮忙让他睡好，我又忙着扣散开的衣服，回去拿袜子穿上。当这一切正在忙乱中，飞机声始终很远，最后竟消失了。妈妈出来，见洞口又阴又冷，坚决要把弟弟弄回去，于是我和爹爹、韦仁民三人把椅子抬到房门口，过

1 《让庐日记》，第280页。

2 据武汉大学档案馆所藏《国立武汉大学三十三年度文学院课程指导书》。

3 《让庐日记》，第281—282页。

一会儿又抱回床上。原来那飞机声远，听不清，后来两次飞得稍近，就听出不是轰炸机，大概是我们自己的飞机。[1]

10月10日　发表《我们的新乐园》，载昆明《中央日报》第1976号第9版“文艺专页”。

10月14日　晚上，与杨端六讨论生存问题。

晚上爹爹、妈妈低声谈论很紧急的问题：如果日本打到四川来，我们怎样图生存。爹爹是一万个不耐烦，妈妈说什么他都顶回去：“不可能，你这些办法都是做不到的。”妈妈耐住性子和他解释：“你听呀！你听我说啰！”爹爹在房中间来回踱着，像被困的囚徒。妈妈说我们要拿出一些钱来投资做点小生意或别的，到哪一天日本鬼打进来，可以隐名埋姓暂时混过难关，不然学校一解散，只有死路一条。爹爹说行不通，最大的问题是看不清形势。我们现有的这些笨重物件，到那一天反正带不动，就可赶紧出脱，换成小的贵重的东西。可是如果日本人不来呢？就不能这样做。[2]

10月19日　晚上，又与杨端六讨论生存问题。

晚上爹妈谈起那紧急事。考虑再三，还是说躲到乡下不是好办法，城里反安全些，尤其是物资丢不得，只好留下，妈妈说和苏先生商量到那时候把箱子藏在防空洞那间堆煤的小房里，把门关好，外面堆煤。谈了一会，又有一条新路。他们揣测韩文源这几千军队恐怕会退到雷、马、峨、屏〔雷波、马边、峨边、屏山〕彝族地区去躲，就在里面经营安生，等反攻复国时再打出去。我们何不随着进去，躲他几年？留在外面，将来总有不断的麻烦，日本人不会放过的，而抢劫也不会一遭了事的。……爹爹说这要等方壮犹〔猷〕回来，向他打听这次“三二补训处”到马、峨“调查”的情形。[3]

1 《让庐日记》，第282页。

2 《让庐日记》，第283页。

3 《让庐日记》，第285页。

10月29日　五十寿辰。中午，在家宴请刘秉麟夫妇和刘廼诚[1]。

10月30日　帮女儿打印申请美国留学的成绩单、介绍信和申请书[2]。

11月18日　与女儿讨论日本人打进四川如何躲避问题。

干妈昨天到重庆去了，妈妈叫我上山陪小滢睡。干妈去重庆是为了寻求去美国的机会。妈妈跟我讨论一个最严重的问题：假如日本人打来了，我们（尤其我这样年轻的女孩子）怎样躲避。她想到两条路：一条是到青神去，那儿韦太太有熟人办的一个学校；一条是去洪雅，却没有关系人，叫我向梁玉玲打听情形。一旦贵阳失守，我们就非采取行动不可了。[3]

11月19日　晚上，为时局凶险愁哭[4]。

11月21日　早上，对女儿说："昨夜和韦先生商量，最好还是往西昌逃，因为这是一条活路，有出去的希望。"[5]

11月25日　下午，到中山堂看关山月画展。

我飞快赶回家和妈妈看画展。董伯伯先带我们到中山堂。关山月新近从西北回来，画了许多大漠风光，有几幅祁连山牧场的画我最喜欢。……然后董伯伯介绍我们认识关山月，矮个子，脸型一看就是广东人。他的朋友黎雄才也在，比较瘦长，有一对广东人的亮眼睛。他们都很客气，把我们领到嘉林公寓，因为我们要求看关临摹的敦煌壁画。他一共画了一百多幅，只带来几十幅，可是已经够我们欣赏好一会儿。[6]

11月　田禽《中国戏剧运动》由重庆商务印书馆出版，其中第5章《中国女剧作家论》，对袁昌英做了详细评介。节录如下：

1 《让庐日记》，第291页。

2 《让庐日记》，第295页。

3 《让庐日记》，第307页。

4 《让庐日记》，第309页。

5 同上。

6 《让庐日记》，第311页。

戏剧运动萌芽于“五四”时代，当时曾有不少的作家们参加了写剧工作，然而在女子方面从事写剧者，袁昌英女士却是第一个人，她不只做了中国女剧作家的开路先锋，而且，在当时，她的作品几乎驾于一般男剧作家之上，凡是读过她的《孔雀东南飞》（三幕悲剧）的读者们，我想必不以笔者的话语为夸张吧。

袁昌英女士的剧作据笔者所研读过的有六篇，那就是编入《孔雀东南飞及其他独幕剧》集子里的作品。如：

一、《孔雀东南飞》（三幕剧）

二、《活诗人》

三、《究竟谁是扫帚星》

四、《前方战士》

五、《结婚前的一吻》

六、《人之道》（自二至六均系独幕剧。编入现代文艺丛书，由商务出版。）

此外还有一篇《笑》，系由朱绍之辑在《模范戏剧读本》里的，因无从阅读，不敢妄加批评。现在仅将前六篇分别试评如左：

《孔雀东南飞》——根据这个故事改写剧本的，除了袁女士外，另有熊佛西的《兰芝与仲卿》，季剑的《孔雀东南飞》，（最后一篇因手头无原书，只好从略。）虽然熊氏的《兰芝与仲卿》是一篇很严紧的独幕剧，但，以笔者主观的见地来论，我更偏爱着袁昌英女士这篇三幕剧，因为她使这篇故事得到了更充分的发展。

也许因为她是一位女性吧，所以作者对于剧中人焦母有着更深刻的认识与更清楚的分析，这，我们在她的自序中，以及在作品本身的表现上可以充分的看得出。

另外作者创作的态度也是值得我们钦佩的，作者在《孔雀东南飞》的创作过程中，适值熊佛西先生的《兰芝与仲卿》发表于《东方杂志》，作者因为正在处理着同一题材的作品，唯恐读过熊氏的作品受了某种影响，或受到旁人的诽议。所以极力地控制着自己，一直到脱稿后为止。再，为了服装与演出的形式问题也不厌其烦的就教于人。这些都是做为一个作家的优良风度；而袁昌英女士可以说是全付俱备了。

……

从作者以上的两段序言，使我们清楚的理解了作者创作的严肃态度，以及其“借旧题创新作”的编剧技巧。在我们还没有谈到《孔雀东南飞》以前，首先把作者对于此剧创作过程的自白申引于此，想来并不是徒占篇幅而毫无意义的事吧！

五四运动以后，由于时代思潮的激荡，对于社会改造及婚姻问题颇为重视，因而当时关于这类问题反映于理论之撰述和文艺作品之创作者，触目皆是。《孔雀东南飞》即是其中的一篇名作，此剧发表后，曾引起社会上的普遍的注意与热烈的讨论。

也许由于作者对于法国文学研究有素，所以在剧作的编制上多少总带着一些法兰西的风格。特别是其他几篇独幕剧；那就是说，她的分场方法是受着法国戏剧的影响的。

《孔雀东南飞》可以说是一篇时代的悲剧，在旧时代的社会当中，像这样的婚姻上的悲剧的产生，可以说是必然的结局。我们要想根绝这种类似的悲剧，我们首先必须改造社会；从封建遗毒的环境中摆脱出来。这篇戏剧产生的原因是有着它的社会的，和时代的底背景的，当我们刚刚踏进了新时代或新的社会当中；我们一面要根绝旧时代的悲剧，同时我们尤应当心在过渡时代将要产生的某种悲剧。可是，在本剧中作者只是反映了历史的真实，并没有留给我们什么解答，就是说，作者忽略了给我们指示出一条光明之路。也许作者为避免“大团圆”的结局，而特别以悲剧的结局来强调悲剧的气氛，像这样的结局给一般思想家读或看了以后，他们当然可以回味它的寓意，追思它的时代背景，理解主人公为什么有这样的悲剧的结局。由于哀悼过去，即可以提醒未来。然而剧场里不都是思想家，不都是对于戏剧技巧有研究者，这样，岂不是只引起大多观众的两眼热泪而已！出了剧场以后，恐怕万事皆空，因为它的教育价值稀薄的很。

固然一篇戏剧不能为全数人所满意，但，大多数的教育价值是应该顾到的。老实说，作者处理这篇故事；在技巧上是成功的，在编制上尤其紧凑。而在人物性格之描画与〈乎〉心理之分析上也恰到好处。

在第一幕中所用的悬念（suspense）这一技巧是非常得体的。现在把第一幕的几段对话申引如左，读者读过以后便可以明了作者对于剧中人焦氏母子二人的心理过程的分析是如何的精细而老到了。

仲：妈，你以为我还小得很哩！

母：二十岁了，也不算小。

仲：二十岁了，也不算小。（望着母亲苦笑）

母：你发什么傻？

仲：我不是已经二十二了吗？

母：就说二十二吧。

仲：妈，你不觉得我大了吗？

………………

仲：妈，别误会我的意思，我不是说我会死。

母：你是说什么？

仲：我说儿女长大了，免不得要………

母：（哭声）免不得要离开我吗？（笔者按，误会了仲卿的本意。）这话怎么出得你的口？你去了，我靠谁呀？那我真要和你自己拼命了！（不由得泪下如雨。）

仲：妈，你这又来了！我那会离开你？我的意思是：儿女长大了，都各有各的前程，各有各的生命，各有各的生趣。

仲卿索兴把隐藏在心底深处的话语一气道出，然而由于各人有各人的立场，思想，或心理，偏偏又给了他一个不满意的答覆。并且误会到另外的问题上去了。

母：在我身边，就荒废你的前程吗？就阻碍你的生命吗？就妨害你的生趣吗？你这孩子怎么这样说话！难道做娘的不该对你好吗？难道……（怒形于色）。

焦氏是充满了自私心理的一位旧时代的妇人，她把仲卿当做她的私产，她只为自己打算，而不为正在需要异性爱的儿子着想，反而把一个无辜的青年“栽诬”一顿，真是大大的冤枉！读者或观众在这时必然担心他们母子将要发生剧烈的冲突或纠纷，（这是作者“卖关子”的技巧，同时，也是使这一悲剧向前发展的开端。）正在千钧一发之际，刘姥姥给他们解了围，并且利用姥姥的经验埋伏了以后的发展，以及预示仲卿与兰芝殉情的地点——清水塘。这些都是作者匠心的笔法。

……

第一幕写得相当不错，剧中逗弄的穿插不但富饶情趣，而且也吻合人生的真实，合于剧情发展的逻辑性，尤以心理过程的描写细腻而亲切！

第二幕：

第二幕距第一幕不过两三年的光景，那正是夏末秋初的时节，同时也就是“秋风秋雨愁煞人！”的季节。全剧的悲剧气氛在这幕可以说达到了悲剧的顶点，而且已经明显的指示出仲卿与兰芝必然走上悲剧之路的趋向。第二幕的布局尤为精彩绵密，对话亦丝丝入扣。现将其中的主要对话申引如左，以飨读者：

妹：哥哥和嫂子还不是时常打做一团。我不信大了就不该顽。

母：好样不学，偏要学她那丑样！

妹：我不觉得这是丑样。这是人生的乐趣。一天板着脸孔过日子有什么好处？

…………

从焦氏母女的这几段对话里，我们可以知道仲卿与兰芝，他们夫妇间是如何的相亲相爱，而同时也可以明白焦氏是如何的忌妒她的儿子和儿媳了。

小姑（即仲卿之妹）认为她嫂嫂十分贤慧，特意劝其母不必时常迁怒于她，反而引起焦氏的火气，恰在此时，仲卿由外归家，在没有见过母亲以后，先到自己房里去换衣服，不幸使女把这消息无意中告诉焦氏，于是火上加油，悲剧的命运亦从此注定！

焦氏决定把兰芝遣归娘家，仲卿说情，反遭护妻不孝母之名，就在这种情形之下，这对可怜虫就被命运之神弄得各自东西了。可怜他们只会十八世纪的那种海誓山盟的把戏，而没有冲出乌烟瘴气的环境，或改造环境的勇气，焉能不做为时代的牺牲者！

兰：但是，我有亲父兄，生性暴如雷。我虽要为你坚守，恐怕到头来仍是不能由我作主。到那时节却如何是好？

这段对话的功用不只是作为悲剧结局的伏笔，而且也显示出守法社会下的女子是如何的懦弱无能！一切都信着性的由环境摆布，丝毫不敢自作主张。可怜！

第三幕：

兰芝被逐回娘家已经有两个月的样子了，正是暮秋时节，这，好像暗示着新陈代谢的意思，它告诉我们这类的悲剧将随着旧的时代而被淘汰了。

这幕是由顶点而转降到结局的一幕戏。从始一直到结尾，仲卿的妹妹成了绝对主要的附属人物，作者之所以把原诗中的人物（不大懂事的一个小孩子），改为一个十七八岁的少女，是有着特殊意义的，非如此，不足以把这一串列的故事织得如此绵密，不如此，便不能帮助故事向前发展。

……

作者并借她们另外的对话，说明清水塘的深度，如“那塘是很深的”，这一伏笔使读者或观众读到或看到投水自尽的场面就不觉得突然，或不合理了。作者面面顾到，处处细心的写作态度是值得我们喜悦的。缺点并不是完全没有，如有时对话失之于生硬或冗长：以及不合剧中人之身份的（这是少数中的少数）。另外也没有显示出积极寻求出路的斗争或向上意识……但，无论如何，这是一篇值得推荐的佳作。

《活诗人》——是一篇充满着诗意的独幕剧，作者以剧中人张教授做为自我的化身，肯定了诗的定义，并说明写诗的精神，或者说，作者所要求于我们诗人的理想，就是：诗人应该成为活诗人。这篇戏可以说是作者教读生活的一段插曲。

《究竟谁是扫帚星?》——这是一篇恋爱剧，它的主旨是这样的：希望人人不要只做照规矩行动的星球，而且更要进一步的做最危险的星球——扫帚星。换言之，就是期望每个人都要做个进步份〔分〕子，要走到社会前边去！不要做一个时代的落伍者。

作者推崇惟我的哲学，她以为只要问心无愧，尽可不必顾虑别人的意见。她似乎是一位极端的个人主义者。这篇独幕剧可以说是作者的哲学的自由。

《前方战士》——是描写革命军北伐史实中的一段插曲，在短短的一篇戏中充分的显示出作者的技巧，同时也强调了革命战士的革命热情。虽说是一篇独幕剧，但，无论在结构的处理，或故事的选择上都算得上歌颂革命时代的不朽之作。

《婚前的一吻》——这也是一篇恋爱的趣剧。它的主旨是倡导妇女牺牲自我，完成别人。这好像受了基督教义的熏染，所不同者，作者更希望女性成为英雄主义者。至于人物性格的刻划，和结构的处理，都表现着十足的传奇意味。剧中人那种牺牲自我，完成别人的精神，恐怕只能存在于作者的脑海里，而不会生长在现实的社会中吧?

《人之道》——这是一篇过渡时代婚姻问题的独幕剧。我们相信这种类似的故事在过渡时会必然发生，而且有着它的普遍性的。关于穿插方面虽近于巧合，但，戏剧中是不能避免这种偶然性的，这些却无可厚非。剧中的缺点，除了部份的对话过长，另外就是作者以剧中人梅英女士做为她的化身，大发婚姻问题的议论，颇似说教，自然，一篇戏，无论如何是避免不了作者的哲学的，但，如果在一篇戏中尽情的讨论一个问题，而不尽量以动作来表现或说明理论，在编剧技术法当中多少是犯忌的。与其那样，倒不如写篇论文来尽情的发挥，讨论比较妥当些。

关于作者的《笑》这篇戏，因手头无原书，只好留待异日再谈。作者可以说是一位婚姻问题的剧作家，在《孔雀东南飞》这个集子里，除了《前方战士》一篇，没有一篇戏不是与婚姻问题有关的。

作者不但是中国一位有名的女剧作家，就以她的文学修养和编剧的技巧来论，与当代一般有名的男剧作家也满可以并驾齐驱的。惜乎，近年来她不多在这方面努力，也许教读生活分去了她大半的精神，使其无暇从事于写剧生涯了！但，我们期待着作者今后能有更多的佳作问世，这并不是属于为女性争光的单纯问题，而是为了使中国的剧坛，多增加一位剧作的生产者！寄语昌英教授，祖国正需要你，剧坛也正在向你招手，希望你重振写剧的精神，参加到戏剧阵营里来吧！[1]

12月1日　晚上，劝干女儿陈小滢取消参军抗日念头。

晚饭前郭么姑来告诉我们一个消息：陈小滢、郭玉瑛、杨衍枝报名从军了。……但她们都只有14岁，够不上兵役年龄。当然小滢的事我们家非负责不可。晚上爹妈劝她：年龄太小，去从军是白牺牲。她难过极了，恳求妈妈不要阻止她。[2]

12月4日　夫妇俩与女儿谈出路问题。

早上回家后，爹妈严肃地坐下来和我谈怎样计划。他们现在想出一条路：在峨眉县郊有两个乡绅巨户，都是参议员。现由晏孝骐介绍认识，订下几间房子，到紧急时就暂躲一下。这地方有几种好处：不当要冲，鬼子兵或不至于去；依靠地方势力，受当地人危害较少；靠近一个县城，职业较容易找，不致饿死。这样，如果日本鬼打进四川，我们就成了沦陷区的人，等于活埋了，苟全性命，忍气吞声等待光明。如果要走，危险性太大。一则东西全丢了，二则路上颠沛流离，随时可以病死饿死，而最主要的我们不知国民政府会迁到哪里。现在有两种推测：南迁昆明，或北迁兰州，

1　田禽：《中国戏剧运动》，商务印书馆1944年11月重庆初版，第61—77页。

2　《让庐日记》，第313—314页。

其中有浓重的政治背景。干妈回了，晚上我回家睡。干妈说重庆很乐观，人们都镇定，一点儿没有慌乱的现象。真不可思议，难道贵阳会来一次大战吗？重庆已到一千美军官，听说贵阳也到了两万美军。我们等着，张大了嘴，像沙漠里渴得将死的旅人等待天下一阵甘雨。晏孝骐今晚来，爹爹具体地和他密谈峨眉计划。他们决定明天一早同去看看情形。事情越来越真，爹爹说："现在还有人乐观，真是骗人骗自己。"晚上一阵抑制不住的忧郁被我发泄出来。我们吃着干妈送的俄国шоколад〔巧克力〕，妈妈说："俄国人现在还有这样的好东西享受啊。"我说："他们享受，是每个人都能得到的。而我们呢？比方在战前，就只有少数人享受。现在国民党是腐化到无可救药了。国民党自己太不争气，自己把自己毁了。这样一个政府看来是没有继续存在的可能了，只是苦了国家。"说到这里，我激动起来，忍着泪说："想想死了多少人！这些人是为我死的。他们死了，我还活着，我这条命已经是一笔血债。我不能在还清它以前死掉。我所以要活下去也就是为了将来好贡献给国家——活到这么大，没有替国家出一份力！我恨不能有一百条命都献出来。将来谁还自私，图自己欢乐，该下十八层地狱！"[1]

同日 杨端六为陈小滢报名参军事，致信三民主义青年团。

敬启者：

据贵团部布告武大附中学生陈小滢等报名参加青年从军。查陈小滢现年只十四岁七个月，不合资格。又其父母现均不在乐山，本人受其委托，不得不代为声明。尚希贵团部注意为荷。此致

三民主义青年团

杨端六谨启

三三、一二、四[2]

1 《让庐日记》，第314—315页。

2 原件藏武汉大学档案馆。

12月7日　杨端六从峨眉考察归来，认为峨眉市面过小，不容易生活[1]。

12月8日　周鲠生致信胡适，谈到袁昌英女儿杨静远出国留学事。节录如下：

上次大驾到纽约，未获细谈为怏。南陔及端六、昌英夫妇来信均嘱道候。昌英之小姐静远今年暑季在武大外文系毕业，成绩极佳（每年在班上均列第一），彼夫妇拟令来美读书，嘱为转求兄为之介绍大学，请求研究奖学会。端六有一信致兄，兹为转上。静远之成绩单及致Michigan[2]大学校长请求Barhour scholarship[3]函，并刘廼诚教授致Yale[4]教授函，均已寄来弟处，究应如何送去，拟俟晤兄商淡后再定。[5]

12月10日　下午，与女儿谈感情事。

妈妈郑重而和缓地说："我看你和这个顾弄得太密切了。昨天一下午，今天又是一下午。这样下去不行的。"她说，如果我认为有婚姻的可能，也不能这样快。观察一个人需要长时间才有比较深的了解。我说没有这意思。她说如果单是朋友关系更不能这样密切。因为青年男女在一起久了自然容易发生passion〔热情〕，一旦有了passion就失去冷静理智了，最后常常走到原来不预备走的路上去。她讲她从前在英国为演戏闹的一个romance〔罗曼史〕，还是她意志强，趁早中止了它。[6]

12月12日　晚上，与苏家、韦家喝酒庆祝军队克复广西南丹六寨。

昨晚我们同屋三家在我家喝酒庆祝胜利。大家都面有喜色，希望在收复桂林声中迎接新年。今天下午出号外，克复南丹。我们在这后方仍旧生

1 《让庐日记》，第316页。

2 密歇根。

3 巴伯氏奖学金。

4 耶鲁。

5 中国社会科学院近代史研究所中华民国史组编：《胡适来往书信选》中册，中华书局1979年5月版，第577—578页。

6 《让庐日记》，第317页。

活，但心灵上却像随着大军一同败落，一同挺进。[1]

12月16日　因病请假休息。

妈妈病虽好了，还需休息，请了一天假。戴〔铭巽〕先生来，爹爹和妈妈竟在他面前大闹意见。妈妈说这个家简直是个负累，不如拆散，到重庆去做事，加入公共伙食。爹爹说这是唱高调，根本不可能。第一这个家要搬的话损失不可计数。第二那种公共生活一定过不惯。戴先生同意爹爹的意见。妈妈一时感情冲动，哭了起来。[2]

12月17日　晚上，叶孟安来访。

晚上叶孟安来和爹爹谈起美援华教授救济金分配问题。甲种12万元，乙种8万元。爹爹、王校长和黄海〔化工社〕的一位孙某是顾问，由他们三人决定名额。[3]

12月24日　全家外出远足，看望谭琼芳，并参观木材干馏厂。

今天是外出远足最理想的日子。我们全家出动，到木材干馏厂去看谭琼芳〔王世杰夫人的侄女〕。从萧公嘴过河，沿牛华溪这条路大约十里，下午一点钟走到。这是个规模极小的化学工厂，琼芳的丈夫严仁荫先生是主任、代厂长。他们结婚才半年，小家庭弄得蛮舒服。他们领我们去参观制木酒精步骤，像这样每月出产700加仑酒精的小型工业，尚且遇到销售困难，中国工业的没落可见。[4]

12月31日　上午，外出购物，准备过新年[5]。

1 《让庐日记》，第318页。
2 《让庐日记》，第319页。
3 《让庐日记》，第320页。
4 《让庐日记》，第323页。
5 《让庐日记》，第325页。

12月　章敬梓发表书评《〈法国文学〉》，载重庆《出版界》月刊第1卷第11、12期合刊。全文如下：

在这物质条件困苦，参考书籍缺乏的战时，袁昌英先生能在半年之中，聚精会神写成这部《法国文学》，确实是一件不容易而值得安慰的事。全书二百五十八页，约十七万字，除自序外，计分四章：第一章概论，第二章诗歌，第三章戏剧，第四章小说与散文。

本书只〔至〕少有三大特色：

一、叙述扼要　一个作者，假使对于所要介绍的国家的文学史实，没有彻底的全面的了解，那他的写作一定不是一鳞半爪，不能使读者窥得全豹；必是写得不能平衡发展，而犯上偏颇的毛病；等而下之，东抄西袭拼凑而成的作品。当然更不堪卒读了。袁先生对法国文学研究有素，所以本书第一个特色，是叙述的扼要。差不多法国文学史上值得我们崇敬的作家，袁先（生）都介绍无遗了。

二、分析详细　本书第二个特色，也是最大的特色，是分析的详细，如一一五页起分析康乃依[1]的剧作，作者先指出康乃依的剧本大部分均以爱情为主题，只是附带两个条件；接着作者分五层来说明，何以康乃依的人物，通常有伟大性灵派的称谓。诸如此类详尽细腻的分析，无疑能帮助读者对法国文学获得深刻的了解。

三、译注完备　全书分四章，译注也分甲乙丙丁四组，凡是人名、书名，全有原文的译名。如在第四章的人民〔名〕而在第一章中已见者，则仍依第一章的译注号码，所以翻检甚为便利。

本书也有几个缺点：

一、本书中的人名之下，或译注之后，都没有附生卒年月，希望作者在再版时能加以补入。

二、本书中的人名、书名，如中国已有译名译本，则作者似可采用已

1　Corneille，今通译高乃依。

有的，而不必另译。这方面希望作者尽望〔量〕利用人名大字典，思想家大辞典之类的辞书，以及图书目录等类书，如二二九页所介绍的佛乐伯[1]，思想（家）大辞典译作弗洛贝尔，弗洛贝尔的译名在中国已很通行，作者现在译作佛乐伯，骤见之下，容易使人起一种陌生的感觉，这不过是举一个例。

三、本书中的译名也不完全一致，如注甲14，第六页作“布洛旦”，第六五页作“不洛旦”。

四、第一一六页第九行“五层”误作“四层”。第一八七页第四行“克力夫人”[2]，似应写作“克力夫爵夫人”较妥。

五、再加文学批评一部份，本书可成完璧。

是年 指导外文系学生李靖亚毕业论文《安东·契诃夫的戏曲作品》（*The Dramatic Works of Anton Chekhov*）。

1 Flauber，今通译福楼拜。

2 La Princesse de Cleves，今通译克莱芙王妃，同名小说为拉法耶特夫人著作。

1945年
52岁

1月2日　晚上，邀请皮公亮、刘修骥、齐邦媛等人在家吃年饭。

晚上在家中过年，十个人围着方桌坐，叔哥、安姐、公亮、刘修骥、蕴、齐邦媛，连家里四人。饭后一人一大杯热茶，围着桌子玩起了状元筹。一场玩毕，大家都尽兴了，在告别声中闭幕了这圆满的晚会。[1]

1月6日　武汉大学得到一笔美国援助教授基金，救济金委员会指定校长王星拱、杨端六和一位校外孙姓人士决定名额。学校规定即将出国的5名教授不在此范围内，陈源因此没有得到，凌叔华为此埋怨杨端六，和袁昌英怄气。

晚上妈妈和我讲为了美国援华救济金干妈和她怄气的事。救济金委员会指定乐山区三个顾问，王校长、爹爹和黄海化工公司一位孙先生，委托他们全权办理，分派名额。但名额只二十几个，因此学校大起风浪，没有被派到的愤愤不平，干妈也是其中之一。因为他们条例中规定出洋的五个人一概除外。本来兼职的也不能得，不过如果照办，名额就过多，所以定为兼职或兼公司顾问而所得在七千元一月以下的仍可以得。这项金额每年8万或12万。[2]

1月10日　为美援华教授救济金事，杨端六招致麻烦。

为美援华教授救济金事，爹爹惹一身麻烦。没有派到的都纷纷吵嚷，现在他们想请求委员会准许把这笔钱平均分配给所有的教授。这两天常有

1 《让庐日记》，第329页。
2 《让庐日记》，第330—331页。

人来，都是谈这回事。[1]

1月19日　到文庙印试题。

妈妈到文庙印试题，被学校里办事人的inefficiency〔无效率〕气坏了。她说："我不管，只把自己分内的事做好，各人自扫门前雪。"但张先生的论调完全不同："我就把题目向他一交，随他去印。"妈妈说："那到临考时就会弄得一团糟，题目看不清，错误百出。""反正我根本不去监考，让他们弄去，大家折烂污。"我不驳他的话，但我绝不走他的路。[2]

1月26日　和女儿谈论莎士比亚戏剧《奥赛罗》。

早上考散文，回家温习莎士比亚课。看到*Othello*〔《奥赛罗》〕第三幕。一时兴起，和妈妈大谈我在这剧本里找出的一些毛病，最大的不合理是时间问题。妈妈拼命给莎氏解释，为他分辩，责备我不该挑小错，好像我侮辱了她神圣的莎翁。我冷峭地说："我所指的都是事实，我并不因此就小看了莎翁，也没有意思要否认他的伟大。你何必生气？"她说："我没有生气，倒是你自己生气。你还不能了解他的伟大。他这种东西，不能用太科学的方法去分析的。你对于人生的了解也还太不够，再过20年你去看他就会欣赏得多。"我不服气，说莎氏怎样不如近代作家，尤其在人性了解上。她愤愤地说："当然时代不同，写法也不同。现代作家越写越小，哪里有莎士比亚那种气魄。你应该open your mind〔开阔思路〕，不要以为和你自己相近的就是真实的，要晓得你所不了解的人，世上并不是没有。"我说："那也许是时代变了，人性也变了。莎氏的人物我一个都不认识。不过他的美处我照样欣赏。只是我不是不分皂白，全盘接受。"[3]

1 《让庐日记》，第331页。

2 《让庐日记》，第333页。

3 《让庐日记》，第333—334页。

1月　刘佛年译著《物理学的进化》（爱因斯坦、茵菲尔原著），经袁昌英与杨端六介绍，由上海商务印书馆出版。

2月8日　告诉女儿外文系教授缪朗山被武汉大学辞退原因。

今天得到一个最坏的消息：缪朗山被学校辞退了。警备司令部要逮捕他，他见了校长说："如果我真是共产党嫌疑犯，那我一定坐在家里等他们来捉。如果我不是呢？学校应该负责保证。"校长说："我不能保证你，请你离开吧。"于是，我们的俄文班便成了一个美丽的肥皂泡，在过高的希望之光里破碎了。可惜的是在国家这么需要俄文人才时，有个机会制造一批出来，却干干地打散。想到国家一切有利的事业都遭流产，不由得气塞胸头，歇斯底里地哭闹起来。爹妈叫我头脑放冷静些。妈妈说遇到一个打击，就该仔细去思考，从中得到教训。她告诉我这回事原因并不单纯，大概是学校方面忌讳他深得学生心，借外力把他赶走的。当然俄文学不成是非常可惜的，缪这人究竟有什么背景我们不敢保证。至少他是太不老练，太爱说话，以致招人嫉妒。所以以后到社会上最好少露锋芒。[1]

同日　被聘为三民主义青年团第一届中央评议员[2]。

2月10日　听说外文系费鉴照教授于昨日去世，早饭后和女儿往费家，始知消息系误传。费鉴照于当日下午离世。

早饭后和妈妈去悼费鉴照。走进他的住宅，院子里毫无动静，没有办丧事的样子。只有一个瞎了一只眼的女仆坐在门槛上做活。妈妈问她，她说："看费先生吧？"妈妈问："是昨天早上死的吗？"想不到她大声说："还没有死，今早我还冲了两个蛋花给他喝，还在抽气。"妈妈问："人还清醒不？认识人不？""不老认人了，懒说话，心里还是清楚。"她跑进房，预备叫醒他。我们连忙制止。只在门口瞄了一眼。似乎瞥见一张惨白深陷的脸——

1 《让庐日记》，第338页。

2 参见中央干事会秘书处编：《三民主义青年团七年来团务工作总报告》。

垂死的宁静。赶紧离开，怨着这荒谬的错误消息。[1]

2月11日　学生甘士杰、蔡伏三和在成都神学院读书的范乐善来访[2]。

2月13日　前来拜年者络绎不绝。

大年初一的生活是一部无休止地转动着的机器。从早饭后直到晚饭时，拜年客川流不息，前后共五六十人。一个时候，客厅里坐着八九个人，外面又敲门，只得在门口互道年禧，送了出去。事情凑了一堆，中午请了三位客，可巧张嫂回家过年没来。爹妈只得亲自下厨，我却给汤圆绊着脱不得身。这时来了拜年客，只好请吃饭客招待，最后连吃饭客也来帮厨。[3]

2月14日　家中来客不断[4]。

2月15日　朱光潜来拜年。

朱光潜先生来拜年，他说要去挽留缪朗山。爹爹hint〔暗示〕他，要他先弄清校方的意思。现在大家都知道这事全是校方捣鬼，至于警备司令部和青年团并没有特别注意，更没有正式公文下来。也许缪还有希望留下。[5]

同日　重庆《大公报》所载消息称，袁昌英等13人被加聘为三民主义青年团中央团部评议会评议员[6]。

偶然在报底找到一小栏新闻，三青团评议会增加13名评议员，内有妈妈的名字。我不在意地告诉她，以为她不过一笑置之，却想不到她早有计划在胸。晚饭后月亮很好，她要我同她出去走走，就把这事告诉我。她已被中宣部聘为编辑。她想去重庆活动活动，一来真正做点事，二来多认识

1 《让庐日记》，第339页。

2 同上。

3 《让庐日记》，第340页。

4 同上。

5 《让庐日记》，第341页。

6 重庆《大公报》1945年2月15日第14822号第3版“渝市点滴”栏。

些人，和老相识恢复交情，替我们这一家和孩子打开一条路，因为中国现在社会上完全靠人事关系出头。爹爹的策略完全是困守，将来弄到走投无路。关于我的职业和前途问题，也得积极去进行。[1]

2月17日　下午，应邀去霍肯（Hockin）家开座谈会，讲中国文学[2]。

2月18日　中午，在家宴请高等法院赵院长和李浩培夫妇。饭后，大批外文系女学生前来拜年[3]。

2月25日　乐山士绅何熙曾家新得孙儿，袁昌英一家受邀参加晚宴。何熙曾是皮宗石、杨端六在日本留学时的同学，学习地质，后从事实业。

晚上和公亮去何熙曾家吃饭。何先生、太太新抱孙儿，这也可算汤饼会吧。……客人多半是金城银行、永利公司的一些关系人和武大教授们。我们直接找到妈妈坐的房间。等开饭等了很久，苦不堪言。[4]

3月8日　晚上，到女生宿舍，参加妇女问题座谈会并发言。

今天是值得纪念的日子。女生宿舍几年来没有举办过什么会了。今年“三八”节我们出了一张大壁报，晚上开了一个妇女问题座谈会。……晚上的座谈会却蔚为壮观，六点半开始。……进行到第二个大题“中国妇女在今日”后，会场比较活跃起来。从“中国妇女之社会地位”开始，男同学发言了。第二个发言的男同学的大意是：中国妇女不但在实际上受压迫，在心理上也被歧视。男人常有一种极卑鄙下流的心理，就是做了女人，好像是一件奇耻大辱的事。他的话，在我听来是相当合理的。可是当他说完，妈妈却站起来，用一种微怒的口吻指责以上两个同学含有侮辱女性的意思。她越说越有气，而似乎气都向刚才说话的那同学发。她说如果男同

1 《让庐日记》，第342页。

2 《让庐日记》，第341页。

3 同上。

4 《让庐日记》，第344页。

学中有人存这种心思，那么请他想想，他的母亲是不是女人。如果他尊敬母亲，他就应该尊敬女人。另外，她又说了两点意思：一是关于受高等教育而自暴自弃、自甘堕落的女子，痛骂这类花瓶式的女性败类，希望在座的女同学里不出这种人；二是关于中国妇女应有独立的认识，本着自己的国情而有所见解，不必模仿苏联、民主国家或轴心国家的妇女。这段长长的话，被人抓到许多破绽，作为反驳的话柄。第一个紧接着发言的是坐在我旁边的王国松。她的直率和不懂词令使她原无恶意的言论显得很不客气，以致后面女学生传一个条子："应尊敬我们的先生。"她辩驳的是第二点，她说那类花瓶式的女性并不足以代表中国妇女，而真正能代表的是占绝大多数的贡献最大而获得最少的农村妇女，她们的伟大不能因此抹杀。妈妈接着声明她所以没有提是怕时间不够，表示对王的谢意。关于第一点，起来反驳的是另一个男同学，他首先替那个同学辩护说他并没有侮辱女性的意思，而只是介绍一种社会现象。其次他反对男人应以对母亲的方式尊敬女人。如果女人之可敬只在她是一个母亲的话，那么也许我可以说："母亲是什么？是一个生育子女的工具。"妈妈不得不再声明，她先承认对那位同学的指责是没说明白，向他道歉。回答"母亲"一项，她说这母亲是指精神意义上的，要那同学不要向太物质的方面去想。在讨论会结束半小时前，妈妈和苏先生回去了。[1]

三八妇女节那天午后六时半，武大女同学在该校大礼堂举行座谈会，讨论今日的妇女问题，题目有：㈠今日的国际妇女——法西斯国家，民主国家及解放国家的妇女；㈡今日的中国妇女——中国妇女的社会地位及其切身问题；㈢民族解放战中中国妇女应有的认识和任务等。到会的教授有十一位，其中有三位是女性；同学和来宾共有四百人左右，其中女性有一百人左右。袁昌英教授说："妇女的地位要自己去争取，要自己立定脚跟去和环境作斗争，使社会相信妇女的力量，自然也就消灭了轻视妇女的心

1 《让庐日记》，第346—347页。

理”。一个同学说：“……要有真正的民主政治，才有真正的妇女解放。所以，我们首先要争取政治的民主。”会场空气始终紧张，情绪异常热烈。直到夜十一小时许才结束[1]。

3月10日　丁宁发表《记袁昌英教授》，载重庆《文化新闻》周刊第230号第3版“一周一人”栏。全文如下：

中国戏剧界人士大概没有人不知道这位老前辈的吧！她的力作《孔雀东南飞》一剧不是曾激动过千百万人的心灵吗？她在武大外文系教戏剧已有十六年了，是该系资格最老的教授。

袁先生如今教三门课“近代戏剧”，“希腊悲剧”与“莎士比亚”。他〔她〕对学生最和气，最知道为学生打算，战争期间教课书不容易买到，袁先生特地费力搜罗了一些书分给我们用。但是，教起课来她却最严，“读书报告”往往逼得我们开夜车，抓头皮，但是同学们却不怨恨她，因为她的目的是要我们多读几本书。的确，人是有惰性的，玩起来就没有头，不逼着谁也想玩玩。

袁先生教戏剧，讲起书来手舞足蹈，就像是在演戏，戏里面的表情他〔她〕都能表演出来，他〔她〕说这样一来更容易叫学生了解，在她上课的时候，教室外面往往围了一大群人在看他〔她〕“演戏”。

袁先生很喜欢易卜生，她并不是因为易卜生有“名”，而是因为易卜生对于“人生”与“人性”了解得最为深刻，文学是人生的撷英，而戏剧的目的则在于表现人生，如果一个剧作家不了解“人生”与“人性”，他怎能有伟大的作品？

在当代中国剧作家之中，袁先生以为曹禺最好，他的作品很可以表现他对于“人生”的深刻了解。尤其是《日出》。

袁先生湖南人，是参政员杨端六先生的夫人，两人都在武大教书，而

1　唯尊：《妇女要真正解放　先得争取民主政治　武大举行妇女问题座谈会》，重庆《新华日报》1945年3月25日第2531号第2版。

且都是武大的“元勋”。在武大教授之中他们两人最严。每堂课必点名，袁先生曾经说过，在这世风日下的时候，做教师的应当负起责任来，做一个好的榜样。“请假”在他们看来是一桩大事情，没有大不了的事请〔情〕绝对不轻易请假，这种负责任的精神实在足以使青年人效法，他们是青年人的好榜样。

袁先生和凌叔华女士，苏雪林女士的感情都非常好，她们住的地方相隔不远，时常看到这三位老女作家在乐山街头上蹓跶。袁先生除去上课之外仍然努力著述，绝不因生活环境而松懈。

女同学大半都喜欢他〔她〕，女生宿舍每次开座谈会一定要请她去指导，其次某学会讨论恋爱与婚姻问题请了她去，她把她自己的经验告诉了大家，惹得人大笑不止，关于这个问题她认为男女双方非得有相互的了解不可，不然家庭中不会有什么幸福的。

袁先生今年五十多岁了，头发虽白了，但是她仍有青年人的精神。

4月9日 上午，在重庆三民主义青年团中央团部参加第一届评议员第一次全体会议。下午，参加第二次会议。出席会议的评议员有冯友兰、傅斯年、王芸生、顾颉刚等20余人[1]。

4月10日 储安平在《英国采风录·序》中称“本书承吴稚晖先生赐题书签，袁昌英、王云五二先生协助出版”[2]。

4月12日 晚，康兆民夫妇请客，与顾颉刚、蒋慰堂、丁文渊、张维桢、傅孟真、李润章、李云亭、蔡乐生、童冠贤等人同席[3]。

4月25日 《大公晚报》第1版“学宫汇报”栏消息称：“武大外文系教授日感贫乏，教戏剧之袁昌英因公赴渝，教小说之孙家琇因病停课，现仅有朱光潜一人支撑。”

---

1 《青年团中央评议会首次全体会昨开幕 讨论青年思想领导问题》，重庆《大公报》1945年4月10日第14876号第3版。

2 储安平：《英国采风录》，重庆商务印书馆1946年2月初版。

3 顾颉刚：《顾颉刚日记》，《顾颉刚全集》第5卷，中华书局2011年1月版，第440页。

4月　散文集《行年四十》作为“现代文艺丛书”之一，由商务印书馆重庆初版。内收《生死》《漫谈友谊》《行年四十》《关于莎乐美》《爱美》《忙》《成都·灌县·青城山纪游》《抗战与信赖》《听了教育部长谈话以后》和《在法律上平等》。

5月1日　从重庆回到乐山。

> 六点钟，妈妈忽然回了。杂七杂八忙了一阵，说起重庆的许多新闻。重庆现在繁华极了。到处是钱，到处是人，川流不息，熙来攘往。……妈妈说为我打听工作。现有一处张沅长先生〔前中大校长〕提到的中宣部国际新闻处新闻学院，一种半工作半学习性质的学校，两年后毕业。如成绩好保送出国。待遇不很好，可是有前途。[1]

5月15日　发表广播稿《青年文艺——四月十二日晚对国内青年广播》，载重庆《女青年》半月刊第1卷第9期；又载青岛《军民日报·文艺》1947年1月10日第371号，题为《青年与文艺》。

5月23日　晚上，与苏雪林等人听合唱团组织的音乐会。

> 今夜的音乐会是愉快的一幕。……散会时我见妈妈、苏先生一干人出来，就加入她们一伙走回去。妈妈她们为这音乐会大大提神，诚心赞我们唱得好。连苏先生都说：“真的，听听音乐真好，可以使人暂时忘记了物质。”可见我们的音乐会有收获。[2]

5月31日　女儿获巴伯氏奖学金，请刘廼诚和胡适写留学推荐信。

> 美国的信终于来了，我被准为Barbour scholar〔巴伯氏奖学金生〕！这一喜讯是多少料到的。……信上要我十月底到校注册，所以暑假就要动身了。爹爹七月去重庆开参政会，就可为我办一切手续。妈妈自是喜欢极了，

1 《让庐日记》，第372页。

2 《让庐日记》，第376—377页。

石乌龟的房子有卖出的希望，大约可以卖到100多万元，抽一部分做我路费就成了。[1]

5月　专著《法国文学》由商务印书馆再版。

6月28日　杨端六前往重庆参加参政会[2]。

7月7日　国民政府教育部批准王星拱辞职，任命周鲠生接任武汉大学校长。

7月8日　出席武汉大学校友会在文庙大礼堂举行的茶话会，欢送王星拱校长。

7月11日　上午，冒雨出席武汉大学教授会在文庙大礼堂举行的欢送王星拱校长茶话会并致词。

是日适值大雨滂沱，到会人数仍极踊跃，计达二百余人。王氏因僻居乡间，路面泥泞，到会较迟，首先表示歉意，嗣由教授会主席胡稼胎教授报告王校长治校十七年之功绩，并说明话别之意义。继由刘秉麟院长暨叶麟、袁昌英、曾瑊益诸教授相继致词，……当时会场空气极为紧张热烈，到会者均为感动。[3]

7月17日　教育部来函批驳女儿留学呈请。教育部章程规定，大学毕业后须服务两年方能出国[4]。

7月18日　得杨端六信。

爹爹来信，第一句话就是我的事完全失败了。按教育部章程，关于奖学金生的办法是助教需四年，讲师需两年。无论如何，这一年我大概得在重庆做事了，也好，我并不十分为自己的事发急。[5]

7月　女儿毕业，获文学学士学位。其毕业论文题为《乔·艾略特与托·哈

1 《让庐日记》，第378页。

2 《让庐日记》，第384页。

3 《武大王校长离校在即 教授会茶会惜别》，乐山《诚报》1945年7月15日。

4 《让庐日记》，第388—389页。

5 《让庐日记》，第389页。

迪小说中哲学观点的对比研究》。

8月7日　杨端六由重庆返乐山[1]。

8月8日　新校长周鲠生由教育部次长杭立武陪同到校宣誓就职，并举行武汉大学教职员茶话会以资交换意见。

8月10日　日本投降。与苏雪林等人上街游行。

这一天的日记该用红墨水记啊！八年整的苦战，竟然突然终止了。日本，那凶残横暴的敌人，居然竖起了降旗。……爹爹从叶乔家回来，在门外就以不常见的兴奋的声音喊："好消息哟！顶好的消息：日本投降了！"……这时外面爆竹声大作，像是久被压抑而爆发的狂笑。八年来忍气吞声的中国人的情绪，一下奔放地冲上来。那一处接一处的爆竹声，夹着细微的孩子叫喊声，使人不由得心里一阵酸，我可怜的中国人！爆竹粗壮地无惮地笑着，我肆意地哭着。……这时妈妈和苏先生等都一股子劲地喊着要上街看看。我抹去眼泪，和她们一同走。这是难得的机会，我要去观光这"胜利夜"的狂欢。[2]

昨晚九时许，传出倭寇无条件投降消息后，二十分钟内整个市面掀起欢跃的狂潮，万千市民皆趋至街道两旁，或商户骑楼窗口，狂放鞭炮，高呼胜利口号。

火炬游行中，驻军某某师之军乐队号角齐鸣，倍增热闹。

狂欢中有盟军十馀人在人海中奔进跑出，大放火炮，高呼"Victory（胜利）"不止。

平日甚少外出之武大女教授袁昌英先生因闻倭寇投降消息，特携其男女公子参加游行行列，状极愉快。苏雪林教授手举火炬，一马当先。

本市火炮店昨晚生意空前兴隆。惟有一店家被某些狂欢者一抢而空，损失约数万元之巨。

1 《让庐日记》，第393页。

2 《让庐日记》，第394—395页。

美国新闻处成都分处电影队，适前日来乐，该处为庆祝同盟国抗战胜利，特定今晚八时假公园中山堂放映有声时事电影，欢迎市民参观。并闻新记大岷影院今晚亦特别换映古装历史巨片《王宝钏》，以表庆祝。[1]

8月11日　杨端六被聘为武汉大学教务长。

8月22日　女儿离开乐山，到重庆办理出国手续。后辗转南京、上海，于1946年7月赴美国留学，入密歇根大学英语文学系。1948年6月毕业，8月回国。

9月6日　被校长周鲠生聘为武汉大学第一外国语委员会主任委员。

兰紫、昭安先生惠鉴：

敬启者，兹依照第四二三次校务会议议决，敦请先生为本大学第一外国语委员会、考试委员会主任委员。特函奉聘，敬祈詧照为荷。专肃祇颂

教祺

弟周〇〇拜启

三十四年九月（六）日[2]

9月20日至26日　教育部教育复员计划委员会在重庆召开全国教育善后复员会议，被聘为妇女专家。

本学年（1945年9月—1946年6月）　在武汉大学文学院讲授必修课程2门。其中，为外文系三年级讲授必修课程“戏剧选读（二）”，每周3小时；为外文系四年级讲授必修课程“莎士比亚”，每周3小时[3]。

11月7日　武汉大学校务会议议决续聘刘永济为文学院院长、文科研究所主任，刘赜、朱光潜、万卓恒、李剑农分别任中文、外文、哲学、史学系主任。

11月　女儿前往重庆后，袁昌英一直头疼、发烧，颇感寂寞。

上星期接到法科研究所毕业的一位同乡朋友甘士杰的信，说妈妈害头

1　乐山《诚报》1945年8月11日第3版。

2　原件藏武汉大学档案馆。

3　据武汉大学档案馆所藏《国立武汉大学文学院课程指导书（三十四年度）》。

疼，发烧。“自你走后，你妈妈颇觉寂寞；病中感觉尤甚……”当晚，我躺在床上，第一次想到妈妈而哭。我记起在家时妈妈常说的一句话：“每次在半夜里一觉醒来，想到一切事，总有一股极凄苦的味道，不想活下去……可是这时候忽然摸到身边这个小儿子，再一想那边睡着一个女儿，心里就感到无限的安慰，好像人生还有一点寄托……”当时我总拿这话取笑妈妈的傻气。可是谁怜惜这颗可怜的母亲的心呢？[1]

12月15日 下午，出席武汉大学第一外国语委员会1945年度第一次会议[2]。

12月27日 下午，出席武汉大学女生指导委员会第一次会议[3]。

是年 指导外文系邵浩毕业论文《易卜生与妇女问题》(*Ibsen and Women's Question*)、刘曾韫毕业论文《艺术哲学家与社会宣传家——伯纳德·肖》(*Bernard Shaw as an Artist—Philosopher and a Social Propagandist*)和胡蔚岑毕业论文《Gabriele D'Annunzi的戏剧作品研究》。

是年 由时任国民党中央宣传部部长王世杰介绍，被聘为中宣部专门委员。

1 杨静远：《写给恋人》，商务印书馆2015年10月版，第25页。下文仅著录书名和页码。

2 《国立武汉大学周刊》1945年12月20日第355期。

3 《国立武汉大学周刊》1946年1月25日第356期。

1946年

53岁

2月3日　晚6时，夫妇俩在玉堂街新滋美菜厅宴请吴宓。此时吴宓被校长周鲠生聘请到武汉大学讲学一个月[1]。

2月8日　武汉大学召开第430次校务会议，袁昌英被推定为本年度毕业考试委员会委员[2]。

3月　专著《法国文学》由上海商务印书馆出版。

4月15日　发表论文《谈建国中的心理建设》，载乐山《大陆评论》第4、5期合刊“论著”栏；又载青岛《战斗与改造》半月刊1947年1月1日创刊号。

> 袁昌英先生是女作家中的先进，年来讲学西川，诲人不倦。她所写《谈建国中的心理建设》一文，提倡科学的心理建设，助人革面洗心，祛除自卑的心理。真是有益人心世道之文，可谓战时之作。[3]

7月30日　沈从文发表《湘人对于新文学运动的贡献》，载上海《大公报·文艺》第43期。文中称袁昌英是“湖南留法女作家最露面的一位”，也是“目前治西洋文学女教授中最有成就的一位”。

8月21日、22日　丁宁在《成都晚报》第1027号、第1028号第4版发表《袁昌英:〈孔雀东南飞〉使她成名，教书负责使学生欢喜》。全文如下：

> 如果你是一个留心戏剧，对于中国新剧有点熟习的话，袁昌英教授，这样一个开山功臣，总该知道的吧！她早年的力作《孔雀东南飞》不是曾

1　吴学昭整理:《吴宓日记（1946—1948）》，生活·读书·新知三联书店1999年3月版，第4页。下文仅著录书名和页码。

2　《国立武汉大学周刊》1946年3月10日第358期。

3　《编辑后记》，乐山《大陆评论》1946年4月15日第4、5期合刊。

感动过成千上万个人的纯洁的心灵吗？

她，湖南长沙人，三湘的钟秀培植了她的性格，她像所有的湖南女子一样是多情的。真的，如果不然的话，伟大的作品当由何而生？英国爱丁堡大学的几年学生生活使她在文学的境地里选定了将来致力的目标——戏剧。

在英国，那时候她还是青春时期。天气清朗，野花开遍了原野，大地上一片清新，馥郁的花香阵阵传来，英国的春天，英国的乡村真是美极了。这种日子，她是不会空空放过的。往往和异国碧眼黄发的少女们，骑着脚踏车骋驰于草原上。身心的愉快达于极点。现在事隔三十多年了，她再和她的学生后辈们谈起这些事情的时候，还是眉飞色舞的。由此可见她虽然头发白了年纪老了，“心”还是青年的。如果不是这样，青年人谁又愿意和她接近呢？

之后，到法国去读研究院。这几年的学院生活是甜蜜的也是有价值的。甜蜜的是她和她的丈夫杨端六先生的爱情是在这时候踏的根，有价值的是她走进了辉煌的法国文学的大门，同时使她戏剧研究百尺竿头更进一步。

当时，杨端六先生在伦敦读书，她在巴黎。一道多维尔海峡阻隔了这一对情人的频繁往来。在巴黎的留学生都抱了成人之美的心思来尽量促使这一对情人的爱情，周末，他们就约了袁先生去伦敦。到伦敦见了杨先生，巴黎来的这些学生们都偷偷的离去，只留下他们两个。尽情的畅谈之后只好回巴黎了，可是那一群同来的玩皮鬼却不见踪影了，他们早就回去了。没法，袁先生一人不能回去，杨先生也乐得把她送回巴黎。路上的种种你可以想得到的。这样的殷勤使一个陌生人也会感激。何况这样一对情投意和的恋人？两人之间爱情的幼苗就这样一天天的由根深蒂固进而枝叶繁茂而开出灿烂的花结出丰润的果。

学成归国，武汉大学成立之后，他们两夫妇以武大开国元勋的资格在学府里辛勤的执教以至于今。

自从和杨先生结婚生了个女儿以后，袁先生对于生儿育女这种种工作感到厌倦，她想把全付精力用在学术的研究上。而杨先生呢？到底还有中国人的旧观念，想要个儿子。这样以来，夫妇之间的情感就不太好了。在珞珈山上袁先生整天关在书房里，而杨先生却为这件事而大感苦恼。多谢苏雪林女士和周鲠生先生他们的劝解撮合，而生了一个公子。杨先生心满意足了，而袁先生在忍耐之余也感到一些快慰。两人之间的情感又重归旧好了，家庭的乐趣有时也着实陶冶了两人的心情。如今两人都老了，女儿也已经长大而且远渡重洋，如果没有这个男孩子，老头老妈妈两个人除了到书本里寻找乐趣之外，还有什么快乐可言？每天，下了课，小孩子也放了学，袁先生杨先生老夫妇二人带着小孩子，有时还有苏雪林女人〔士〕，四个人在一起玩桥牌，真是乐趣盎然。

在大学里，袁先生是很受欢迎的一位老教授。教书负责卖力，能为学生着想，替学生打算，更因为她还保持着青年人的性格，学生们都愿和她接近，尤其是女学生。海〔每〕次座谈会都少不了她，大家围在一起静静地听她有趣地在讲。每当谈到男女之间社交，恋爱，婚姻等问题的时候，会场内外往往挤得水泄不通，听她讲述她自己的意见，有时她也把她亲身的经验讲给大家听，来作她的理论的证明。

抗战期中他们的生活也不如从前了，虽然杨端六先生身兼数要职，参政员，中央委员，银行顾问，夫妇二人都是青年团评议员，又都是大学教授，收入相当丰富，而家里还是简朴得很，柴米油盐等事情还得自己操心，不过他们两夫妇之间却有件和别人家不同的事情。通常大多是丈夫管外头的事，妻子料理家务，而他们却恰恰相反。这是因为杨先生是经济学专家，货币银行学权威，会计精通，深悉理财之道，而袁先生呢，原来是书香门第的大家闺秀，没经手过家务事，弄也弄不好，倒不如致力于文学的研究要好些。幸亏她好福气，有这样一个好丈夫，来料理家务，她能够清闲的写作一些有价值的作品。由这儿我们也可看出优良的环境，对于一个作家一个教授是多么重要。然而，虽说大部分家务事是杨先生替她管了，她自己还是不能清闲的。年前她发表一篇文章谈到她自己的生活，她说可以用一个“忙”字来形容，忙着上课，编讲义，改卷子，看学生的报告，应酬，更得还文债写稿子，家里用不起老妈子，儿女的衣服破了要自己想法补，简直一天到晚忙得不可开交，学生们的精力用不完，常开什么座谈会音乐会，又得去看看，这样天天忙，简直要命。不过，虽说如此忙，她还有不少作品问世，一个老年人仍然这样努力，青年人看了怎么不惭愧？这里我要附带说一声，如果说介绍她有什么目的的话，我的目的是让青年朋友效法袁先生老当益壮的精神。

课堂上的袁先生真是有意思，她是学戏剧的当然教的也是戏剧，在教的时候，一面用声音学着剧中人的神气，一方面手舞足蹈的在比划着，活像是在演戏，不晓得的人看这个老太婆是在发疯吗？真正懂的人才佩服她这种教法的成功，记得有一次讲易卜生的《娜拉》，她装的样子硬是活像娜拉，弄的全班上的同学都笑了，她也哈哈的笑着说："人生本来就是一出大戏"。

学生们毕业要走的时候，到她家辞行，她除了表示恋恋不舍以外，往往很诚恳的希望他们将来好好地努力。她常说："我们当教授的辛辛苦苦地教你们，为的是什么？为的是得一个最大的安慰，那就是看到你们一个个的成了功成了名对学术对国家有了贡献。"这种大公无私的精神实在令人感动。

二十几（年）了她没离开她的岗位一步，苦心的为教育为文学而努力，这是人们的个好榜样，更是女孩子们所应当效法的。如果说这篇介绍还有什么目的，这也是目的之一。

她和老牌女作家苏雪林，凌叔华她们的感情最好，在乐山，有时在街上会看到三人在歪歪扭扭的走着，因为三个人的脚都是经过一番改造的，也可以说是解放式的。三个人都老了而三个人都还在为文学而努力，这也实在是难得的。

8月31日　晚上，吴宓随吴之椿等人来访[1]。吴宓被聘为武汉大学教授，兼任外文系主任，任职时间从1946年8月到1949年4月28日。

8月　散文集《行年四十》由上海商务印书馆出版。

---

1 《吴宓日记（1946—1948）》，第122页。

9月2日　下午，与杨端六访吴宓。

夕5—6杨端六、袁昌英来，商阅卷事。宓以未就职，愿以客助阅。杨劝勿拘官式。袁商聘英文教员事。袁已荐罗某，宓提娴，袁谓可聘，但住房为难云云。[1]

9月3日　吴宓来访。

夕5—7田德望夫妇来，偕谒杨教务长夫妇，并答拜刘南陔院长夫妇，承留晚饭。宓与袁谈薇事，遇桂质柏，今改任英文教员。[2]

9月5日　上午，到法学院阅入学考试英文卷。

上午8:30偕田德望至山上法学院楼下，公阅入学考卷。阅英文卷者七人，宓、袁昌英、田德望、赵理海、韩德培（以上二人，外院外系，特允来助）、冯少岩、桂质柏（以上二人，本系一年英文教员）。袁颇欲指挥命令，宓宽和对之。[3]

9月6日　上午，阅卷后，与吴宓一起见杨端六，议决聘请外文系教师事宜。

10—11偕袁昌英同见杨教务长端六，议决聘请（1）王般为副教授。（2）周叔娴女士为讲师。以上宓所推荐。（3）吴安真女士或王家相为讲师。（4）罗书肆为助教，兼办系中公务。以上袁所推荐。四人皆兼授《第一年英文》。此外，专授（或兼授）《第一年英文》之教员，由杨教务长开列名单如下：徐世诏、赵荣普、冯少岩、桂质柏、张教坛袁议不续聘，宓主仍保留。朱君允、黄薇华兰，黄方刚夫人。并议定分途函洽。[4]

---

1 《吴宓日记（1946—1948）》，第124页。

2　同上。

3 《吴宓日记（1946—1948）》，第125页。

4 《吴宓日记（1946—1948）》，第125—126页。

9月18日　上午，与吴宓同访刘永济，决定聘请王般、周叔娴及罗书肆等。下午，率罗书肆访吴宓[1]。

9月24日　上午，邀吴宓同访刘永济。

袁昌英邀同谒济，并写周叔娴（讲师）、邵浩、葛德玲（均助教）荐书，定诸人之聘。又勘定办公室地址。[2]

9月25日　上午，偕邵浩访吴宓[3]。

9月30日　下午，吴宓偕朱君允、周叔娴等来访[4]。

本学年（1946年9月—1947年6月）在武汉大学文学院讲授必修课程2门。其中，为外文系三年级讲授必修课程“戏剧选读”，每周3小时；为外文系四年级讲授必修课程“莎士比亚”，每周3小时[5]。

10月1日　张教坛致函袁昌英。

兰紫吾师尊鉴：

还乡抵里后，曾奉寄一函问安，不知收到否？迄今未闻行止，念念。生本当早日赴校，奈因家母体衰，不忍远离，暂时留皖服务，故特恳请准予长假，俟他日有机时，再回母校效劳。区区之怀，谅蒙准允。专此，敬颂

康安

生　教坛敬上

杨先生统此问安，恕未另。

十月一日[6]

1《吴宓日记（1946—1948）》，第134页。

2《吴宓日记（1946—1948）》，第137页。

3《吴宓日记（1946—1948）》，第138页。

4《吴宓日记（1946—1948）》，第141页。

5　据武汉大学档案馆所藏《国立武汉大学三十五学年度各院系课程指导书》。

6　原件藏武汉大学档案馆。

10月2日　被聘为武汉大学群育委员会委员。

10月14日　上午，出席武汉大学第435次校务会议[1]。

> 9:00至夕6:00，赴校务会议，决定录取新生标准，外文系以总平均三十三分以上，英文四十分以上，取录36名。宓在会中，与袁及俞忽邻坐，得读教育部高字三三四五号代电，令。[2]

10月26日　下午，吴宓来访，议定课程表[3]。

11月4日　上午，在外文系，与吴宓议定增聘徐东学为讲师，王家相为助教，叶琼为讲师，讲授“基本英文”[4]。

11月18日　上午，与吴宓因外文系聘请教职员事发生不快。

> 上午，袁昌英谈必要罗书肆。宓拒王家相，甚不悦。软冲突。[5]

11月20日　早上，访吴宓，向他推荐万兆凤[6]。

11月21日　上午，带新聘外文系讲师叶琼到外文系[7]。

11月　致信女儿。

> 妈妈来信，从不谈政治，所以我始终不知道他们究竟改变了一点没有。这次来信粉碎了我所有的希望。她劝导我长长的一篇，无非说我们现在急需的是安定，国民党固然有许多坏处，只能在安定下求其渐渐改善。她对于现政府的信任已到这一步，我再也不必去和她辩论。那是无益的，徒然使她痛苦。我现在才懂得无所谓对与错的绝对性，只是时代的观念在不断地变。一个旧时代的头脑永远固附在那个旧的体系上，对于那个新的，怀

1　据武汉大学档案馆藏件。

2　《吴宓日记（1946—1948）》，第148—149页。

3　《吴宓日记（1946—1948）》，第157页。

4　《吴宓日记（1946—1948）》，第161页。

5　《吴宓日记（1946—1948）》，第169页。

6　《吴宓日记（1946—1948）》，第170页。

7　同上。

着疑惑、恐惧。国民党是民主的，何尝错呢？只是这个“民”怎样解释又当别论了。她所指的民，是以她自己作标准，以她自己在战前的生活作标准。她哪里看到在她那片干净土以外的广大的人民的生活！是的，她并非完全不知道。她也觉得应该帮助穷苦的人民摆脱痛苦，给他们教育。她以为她就在为这个目标工作，正如政府在领导这种工作。可怜的、天真纯洁的人，她过分理想化了我们这个政府啊！甚至她一点也不知道，她所努力从事的“工作”连一根毛也没有飞到人民身上啊！于是那另一部分人，真正埋头在土里为人民工作的人，她就再也看不到了。人民是要由我们知识分子在上头领导的，怎么可以把我们自己先降到和他们一般程度？于是正统方面的每一句话都是证据，而乱党的每一句话都是漂亮的煽动、宣传、造谣、夸大。已经存在着这种成见，说什么都是白费的。我们不能过分责备他们，他们在他们那个时代也是非常进步的。不是他们退步了，而是时代赶过了他们——三年前我看到“时代”这两个字还不顺眼，“进步八股”。现在我也将它用得很自然了。[1]

12月15日　武汉大学中文系学生孙耕发表《〈孔雀东南飞〉的剧作者——袁昌英先生》，载北平《妇声半月刊》第1卷第6期“名人介绍”栏。全文如下：

虽然才四十一二岁的人，头鬓已灰白。这显示了袁先生在从事学术研究的生活中是多么的劳瘁啊！可是袁先生的精神是非常年青的。短头发，红润的面色，眼睛里充溢着智慧的光芒。

在文坛上，袁先生是以《孔雀东南飞》一举而成名的剧作家。字兰紫，湖南醴陵人，英国爱丁堡大学毕业。《孔雀东南飞》便是袁先生回国后的第一部作品，上演过不知多少次，每次公演中也不知有多少女孩子们为剧中的主角而流过泪，固然故事的本身是非常哀怨动人的，但在袁先生着手改编为剧本的时候，关于内容的剪裁，情节的穿插，人物的安排，以及台词，设计等，袁先生也不知化〔花〕费了多少心血，在当时新文艺运动虽已到高潮，而中国的话剧

1 《写给恋人》，第156—157页。

还停留在文明戏的阶段，袁先生应该算是剧中拓荒的人。虽然袁先生以后并不常写剧本，可是一直到现在袁（先）生仍然在从事着戏剧理论的研究。

袁先生也是武汉大学的老教授了。教外文系的“沙士比亚”同“法国文学”。对同学严厉而亲切，没有一个外文系的学生不怕她，从来不请假，而每一堂课都要点名，她说：“那一个学生不爱玩，不过他们怎么办呢?”袁先生的课程是最难Pass的了，每一次考试同学们都在提心吊胆，假若考试前用点功多看几遍，他〔她〕也不会故意“留难”。给六十分便可以过去了。可是平时对同学的阅读参考书是非常认真的，有时袁先生亲自在图书馆里给学生找参考书。一找便是一个上午，书找到了以后他〔她〕又指导你怎样阅读，怎样的读书报告，精细周到，像一个慈和的母亲对待他〔她〕的孩子们一样。

袁先生并不常写散文，可是散文写得清淡而细微。读过《山居散墨》的朋友便可以知道，这是二十六年袁先生在商务出版的一个散文集。他〔她〕爱故乡，他〔她〕更爱故乡中的母亲，在这一本文集中可以看到袁先生清远而恬静的人生，袁先生是一个不爱从事政治活动的人，可是他〔她〕对中国妇女的解放运动是非常热情而关心的。近几年来袁先生不常写短文，尤其是应景的文章，但是每年“三八”节的那天，在武大女同学主编的纪念壁报上总可以读到袁先生的大作，他〔她〕认为一直到现在中国的妇女运动并没有走上正轨，很多从事妇运的人不是个人的风头主义，便做了政党斗争的尾巴，因此他〔她〕没有参加一个政治性的妇女团体，但是他〔她〕一直关心而且实际从事着中国妇女解放运动的伟大事业。

同样的袁先生也是一位爱国主义者，在今年二月间因为苏联驻军东北问题在西南各学府中展开了广泛的爱国示威运动，袁先生还写了一篇短文《中华民族的怒吼》。她说明了中华民族的不可欺，虽然在八年抗战后的今日而再遭遇到外患的时候，还是有勇气负起救国的责任，中华民族的历史是古老的，而生长在古老国度里的孩子们却永远是年青的。

袁先生的家庭生活是很美满的，她的丈夫是——杨端六先生，这位经济学家，不，这位温厚忠诚的长者虽然将六十岁了，精神是非常健旺的，家庭中的事情大半都是杨先生主持，当星期天或假日我们时常在街上看见杨先生提着一个竹篮在菜市上买东西，听说袁先生每月在学校领到的薪水是全数交给杨先生。我们常说袁先生家庭中的账目不会错误吧，杨先生是一位会计学家，曾任过商务印书馆的会计主任，现在是武大经济系主任兼教务长。

袁先生有一位爱女静远小姐，去年刚从武大外文系毕业，在学校的时候已经写了不少的短篇小说，当去年八月间静远小姐离开乐山准备赴美留学的时候，袁先生就哭过好几个夜晚，四十八岁的人了，怎样舍得她的爱女远飘重洋呢？

《法国文学》出版了，袁先生告诉我们，在抗战期中写东西真困难，武大的藏书虽然很多，都是二十六年以前的，新近的材料很不易找到。可是爱好法国文学的朋友读过这本书后是非常满意的。杨先生不但代袁先生处理了家庭中的琐事，还腾出功夫来为抄写《法国文学》的稿子，因此很多同学们羡慕袁先生真有福气。

为了纪念自己四十年的生活历程，袁先生又写了一本《行年四十》，也是商务出版的，薄薄的几十页刻画了袁先生半生的辛勤与快慰，流露着美善的生趣，憧憬着未来的晚景。

“生不愿识韩荆州，死不愿封万户侯，但愿身为嘉定守，载酒时作凌云游”。我们读过苏东坡这首诗，该可以想到乐山，是多么好的一个地方了，连锦〔绵〕的青山，潺潺的绿水，每于夕阳西下的薄暮，江畔的渔歌伴着古寺的钟声，这恬静的古城，这古城中宜人的风光，把袁先生八年抗战艰苦的岁月打发过去了，他〔她〕虽然早已离开了那里：我想袁先生在乐山撒下的文化种子，恐怕也渐渐芒壮起来，他〔她〕给乐山青年读者的食粮太多了，可是，谁能会把他〔她〕的辛勤忘记呢？

一九四六年十月三十一日于承德

是年　武汉大学从四川乐山迁回珞珈山。

当时武大同人分作两部分，以交通工具的缺乏，其负有行政工作者先回珞珈山，其不负行政工作者仍留四川乐山一年，我的同住让庐袁昌英、

杨端六、韦家夫妇先回去了。让庐仅我与家姐等留下……[1]

是年 指导外文系学生杨安祥毕业论文《〈仲夏夜之梦〉研究》(*The Study of "a Midsummer Night's Dream"*)、刘年爱毕业论文《伯纳德·肖及其对婚姻的态度》(*Bernard Shaw and His Attitude Towards Marriage*)、丁原道毕业论文《易卜生对家庭的态度》(*Henrik Ibsen's Attitude Towards Family*)、盛郦生毕业论文《哈姆雷特研究》(*The Study of "Hamlet"*)。

1 苏雪林:《苏雪林自传》,江苏文艺出版社1996年12月版,第113页。

1947年
54岁

1月1日　夫妇俩到吴宓家拜年[1]。

1月4日　针对美军强奸北大女生沈崇事件，武汉大学学生1282人签名并议决于5日罢课一天。次日清晨五点，武汉大学上千名学生上街游行，渡江到汉口美国领事馆，抗议美军暴行。

1月21日　孙复发表《现代中国女作家剪影》之二《袁昌英》，载北平《华北日报·妇女》第3期。全文如下：

以剧作《孔雀东南飞》跃登文坛的袁昌英女士，是湖南醴陵人，英国爱丁堡大学的学生。她的年龄和谢冰心相仿，可是头发，已经斑白了，事实上中国的女作家多半早衰，因为“女人”，“文艺工作者”，两重重担压在她们的双肩。

袁昌英的创作不多，而且偏于理论文字方面，这与她在大学里担任的课程有关，她是武汉大学的老教授，一直在教外文系的“莎士比亚”和“法国文学”。她也写得一笔好散文，轻淡而细腻，散文集子很少，二十六年商务出版的《山居散墨》可以算是她在这一方面的代表作。

和冰心一样，她也是一个对政治没有兴趣的人，只管自己过着清远恬静的生活，但她比冰心积极一点的就是始终关心和实际从事中国妇女解放运动，每逢“三八”妇女节在武大的壁报上总可以看到她给女同学写的文章，作为一个文艺工作者，这是应该的。

在学校里她是个教师，据说她所授的功课最难Pass，同学们爱她，敬她，也怕她！在家庭里，她又是一个慈母，记得她的爱女杨静远小姐，从武大外文系毕业出来，准备赴美深造的时候，她就哭过好几个夜晚，她心

1 《吴宓日记（1946—1948）》，第177页。

里是多么矛盾啊？一面舍不得爱女远离；一面又希望她能有所发展。

也和谢冰心一样，她的家庭生活是比较美满的，她的丈夫——杨端六教授，是一位经济学家，差不多每个中国大学经济系的学生都读过他的《货币银行学》（商务版），他虽然是六十光景的老者，依然很康健的生活着工作着，甚至琐碎的家事也由他一手主持，听说袁昌英领到的薪水全部交给杨先生支配，这是很有意味的事。袁昌英的《法国文学》（商务版），也是杨先生在课余给抄写的，使我们想起了托尔斯泰的替他抄写《战争与和平》四次之多的夫人，这该是一个有趣的对比吧？

为着纪念自己四十年艰苦的经历，袁昌英写了一本《行年四十》（商务版），虽然是极薄的几十页，却刻画了一个新文艺工作者的勤苦与快慰，也反映了这个多难的时期，和她所憧憬的未来。

抗战中，袁昌英写了一些短文发表在大后方的杂志报刊上，（胜利以后她在徐仲年主编的法国新闻处的机关杂志《法国文学》上发表不少的译著）。她是一个播种者，虽说是播下的不多，但却粒粒都成长起来，特别是嘉定一带的文艺青年，受精神的支援是太大了，虽然现在她已随了武大离开嘉定，但，一颗种子只要种得深的话，它是会萌芽而向荣的；撒种子的辛劳也不会被人忘掉！

1月30日　芝发表《袁昌英〈行年四十〉》，载北平《华北日报·华北副刊》第285期。全文如下：

袁昌英的《行年四十》并不是一篇自传体的文章，而是她对于人生观的漫谈。这本不到七十页的小册子包括了《生死》《漫谈友谊》《行年四十》《关于莎乐美》《谈美》《忙》《成都，灌县，青城小〔山〕纪游》《抗战与信赖》《听了教育部长谈话以后》《在法律上平等》等十篇文章。

我用一晚上的功夫把它读完，总括的看来，我觉得袁昌英是一个对人生抱着“美感的自然主义”者。她喜悦人生，领悟人生，对于人生的一切都抱着极大的热情。她用愉快的，朝气的，爱美的心情去接受人生一切的安排，——好的和坏的。所以我说袁昌英像一个人，就是林语堂介绍给世界说是中国最可爱的女人的芸——《浮生六记》的女主角。袁昌英的落落大方，爱美的心情，自然主义的崇拜，不都和芸很像吗？

她拿《行年四十》来做这本书的命名，也许是纪念牠〔她〕的四十岁——她在这篇文章曾说：

> 总之，四十是人生最大的一个关键，在生理上说起来一个人由出生至四十是如东升的红日，一步步向着午天腾达的，只有越来越发扬，越来越光大，越来越辉煌的，可是过了四十，就如渐向西沉的黄金色的日轮一样，光芒也许特别的锐利，颜色也许异样的灿烂，热力也许特别的炽热，然而总不免朝着颓败消落的悲哀里进行。四十是生命向上的最后挣扎；尤其是女子，那天生的大生命力要在她的身上逞其最大的压迫，无上的威力，来执行它那创造新生命的使命。……
>
> 因为生理上的关系，心理上也发生了绝大的影响。四十以下的人心情是如“一江春水向东流”，有的是力量，有的是生机，有的是雪山上直奔上来的源泉，无穷无尽的供给他这力量，这生机。四十以前的生活是一种不受意识支配的向外发展，至少也可说是一种潜意识的动态。……
>
> 可是四十以上的人，经过生命力最后大挣扎的战争，而得到平衡以后，他的心境就如“一泓秋水”，明静澄澈，一波不兴，幽闲自在接收天地宇宙间一切事物，而加以淡化的反映，天光云影也好，绿杨飞鸟也好，水榭明山也好，它都给泛上一番清雅的色调，呈现在他清流里。这也许是一种近乎诗人式的心境。可是就大体言之，恐怕只是程度的差异，而不是类别的不同，因而形成俗雅之分罢了。……说得露骨一点，在四十以前，人与一般生物的悬殊是比较有限的，他的生活大半是被那个创造新生命的盲目意识支配着，实在可以说在“替天行道”！在四十以后，性灵的威力，人格的表现才开始占着上风。在他或她已经执行了替天行道的使命以后，这才猛抬头发见了一向被冷落的“自我”，从黑角里奔出来，质问道：“我呢？现在总应该给我一点机会吧！来！让我

来干一下子。”……

可是《行年四十》在这十篇中并不是我最喜欢的一篇，也许自己还没有到四十岁，不能与四十岁的人有同感的原故吧？虽然没有同感，却有无限的同情。

她每篇文章，哲学意味都是很深，她富于情感的笔调很能引人入胜。她是一个内心蕴蓄着丰富情感的人，同时她对于外面的一切——对人对物——也用着无限的情感去应付。我喜欢她的《漫谈友谊》这篇文章，她说：

> 总之，我一生之中，友谊所给与的受用是最丰富，而助我为人的力量又是最巨大的了。朋友所赐与我的好处是这么多，而我所给与朋友的印象又是如何？我可不能替我的朋友来回答这句话，因为谁也不能知道另一人的性灵上所收取的印象是什么。可是我知道朋友之印象一定不会顶坏，因为他们所反射出来的喜悦可以做证据。
>
> 友谊既然对于我的一生有着这么密切，这么郑重的影响，于是对于友谊就不能不有所探讨了——我就是这么一个内心生活停滞而喜欢追求事物与我的关系的人！

她说友谊和对于人类是和宗教，诗歌，艺术一样的必要，但是以为有灵性的人类需要友谊超乎宗教，诗歌艺术以上：

> 然而利用宗教，诗歌等来解脱内心的寂寞，来反射“自我”的理想，虽是伟大天才或特殊人物所不能免的举动，却有它的不方便的地方。没有天才，自然不能创造，就是有天才，创造也是件苦而又苦的勾当。至于那些借他人的凉亭去乘凉的常人，亦常不免感觉跋涉的艰苦。既或把这些困难都抹杀，宗教诗歌在这一点上，也还有一个绝大的缺陷：就是上帝，宇宙系统，艺术科学以及文学系统作品等都是些空泛的，广漠的，凄凉的，呆笨的，而常是捉摸，把握不定的对象。天地间

只有人，有肉有血，有灵魂，有反响，能哭能笑，善言善语的人，才真是解除内心寂寞，探求“自我”对照的绝妙对象。所以人，除了个性特别乖僻者以外，没有不迫切的要求与他人发生情感的联系。这种要求，现代心理学称为爱群天性。称为爱群天性也好，给它别的名目也好，事实是，我们不能不承认人根本就有这种要求，亚里士多德称人为一种社会动物，也许就是看见了人的这个特性。

《爱美》这篇可以总括她的人生观，说她是一个爱美特甚，奉美为宗教的心理上的表征。一个一往情深的人，连她自己也不知道为了什么，末后她对于她的人生观也竟起了“吾痴乎？吾妄乎?”的谜说了。

这是一本可读的书，在狂风暴雨的动乱时代里，这本书能够一新你的脑筋，从新的人生得到启示。

1月　五幕剧《饮马长城窟》列为“青年守则剧本”之一，由上海正中书局出版，国立编译馆主编。

2月12日　为方便教职员子女入学，周鲠生致函教育部，拟筹设武汉大学附属小学并聘袁昌英为筹备委员兼主任委员。6月25日，教育部部长朱家骅批复：“授呈该校附小卅五年度员生名册一案，准予备查指令。”

窃本校自迁复回鄂，以地居武昌郊外，教职员子女随住校内，人数日增，与市区中心国民学校，距离既远，亦无大量班次，可资容纳。为适应环境需要，免致各员子女失学起见：经于三十五年十一月起，恢复战前原有之附设小学一所，兼收附近民家儿童，借符普及教育之旨，谨将经过情形，缕述如后：

一、校址：附小地址，原在本校教职员住宅第一、二、三区之间，滨湖面山，风景优美，最合宜于儿童身心之发展。现仍设该处，计西式楼房一大栋，修整均以蒇事，运动场亦极平润，足可敷用。

二、经费：本校鉴于附小为事实所必需，爰就大学经费内撙节匀支，按月挪拨，借资维持。学生除书籍、文具、制服等个人用品自费负担外，概不征收学杂各费。

三、设备：关于教学设备、图书、仪器、运动物品，尚属充实。所有购置各费，亦系大学经费内挪移。惟修整校舍，曾由行总鄂分署对于材料工程，酌予津贴。

四、班级：现设高、初各年级共六班，幼稚生一班，一律秋季始业，计学生壹百叁十玖名。

五、组织：设立附属小学筹备委员会，聘定袁昌英（兼主任委员）、曾炳钧、何定杰、叶志、葛扬焕、董永森、陆维亚、胡梅贞、缪恩钊九先生为筹备委员，负责主持所有一切进行计划事宜，于十二月一日正式开学。另聘直隶省立女子师范毕业，原任附小教员及乐嘉小学教导主任之胡梅贞为主任，其余专任教员均系男女师范毕业，服务小学教育界多年。

除员生名册暨经费预算谨当另案呈报外，理合先行具文，将筹设附小情形呈恳鉴核备查。

谨呈

教育部

（全衔）周〇〇[1]

3月1日　南京《国立中央图书馆馆刊》复刊第1号“新书介绍”栏介绍袁昌英《法国文学》。全文如下：

《法国文学》是袁昌英先生在抗战期间最艰苦的物质条件下“聚精汇神”写成的一部书。民国卅三年在重庆初版，三十四年即再版，我们见到的是三十五年三月上海的初版。在序里，袁先生以埃及为例，指出一个民族的精神生活停顿，即有灭亡的危险，同时也说明了自己认认真真写书的心情。这点心情，我们是明白的；但我们想及的范围比较小一点：我们正处在新文化思想的生发期，需要的是吸收营养，树立广大深厚的基础。五四以来，外国的文学作品虽不断的被介绍进来，然而大多是东鳞西爪，有

1　原件藏武汉大学档案馆。

计划的系统的介绍，还得期诸将来；而尤其遗憾的是，关于西洋文学史和文艺思潮之类的著作，虽然有过一些“概论”“大纲”之类，却大抵是匆匆抄辑而成，材料未经融化，讲得浮光掠影，甚至也有像流水账一般的东西。袁昌英先生不蹈他们的覆辙，《法国文学》是参阅了三十种左右的文学史、文艺批评和作家论，材料经过融化采择，然后认认真真写出来的好书。单就那认真的态度和努力的方向而言，也是值得推荐介绍的。

全书分四章，第一章为概论，第二章至第四章就诗、戏剧、散文与小说，分别论述。第一章其实可以说是法国文学流变史，著者在这里，对于法国文学从中世纪到二十世纪的发展和演变作纵的叙述，大体上依据泰内[1]的文艺哲学，历述民族性、地域性、时代精神、社会背景对于法国文学的影响，尤其着重文艺思潮的流变，在在指出其来龙去脉。后面三章则就文学上的各种体裁（Genre），分别论述，大致仍以时间先后为序，随着文艺思潮的起伏，论列作者和他的作品，尤其是作品，作品的特点，永久价值，和它的影响。——这里，我们可以看到本书编制上的优点，它一方面把握住了文学运动的史的发展，一方面评述了正当其时的文学作品。读者读了以后，对于法国文学，因此便可以有完整的系统的印象，具体的有机的认识，决不会摸不着头脑，发生凌乱模糊之感。

在第四章里，有一段这样说道：“左拉的小说，在民众方面，大受崇拜与欢迎，而在批评家一方面，则极受攻击，尤其以布鲁勒蒂哀[2]为领袖的那一派。因此，我们要对左拉在法国文学上的地位，得一个不偏不颇的意见，是一件非常不容易的事。”有些文学史或是文学概论的作者以独特的甚至偏激的见解和看法见长，有些则力求平正，不愿有一丝一毫的偏颇。从这一段话看来，本书的作者显然属于后一类，他〔她〕努力使自己立论不致偏颇，大体上也的确做到了这一点；而且凡有论述，均相当扼要平稳，虽没有引经据典，却可以看出这些论据自有其出处，作者用自己的话重述时态

1 Taine，今通译泰纳。

2 Brunetiere，今通译布伦蒂埃。

度十分郑重，决非信笔由之的那种“概论”之类所可比拟。就立论不偏颇不草率而言，这本书实在是一本想研究法国文学的人的妥善的入门书。

觉得遗憾的是：第二章里，论及许俄[1]，波得莱[2]，雷康·多·里尔[3]，保罗·悦冷[4]，马拉昧[5]，滑雷利[6]诸人的诗时，都没有引证一首或几节原诗，作者说到意像的美呀，音乐与形式的美呀，死的气氛呀，细巧精练呀，一点也没有读过他们的诗的读者，总觉得多少有点隔膜，不能完全领会体验。虽说马拉昧的重要“当然是对于象征主义的阐明与传授”，但他毕竟是象征主义的正式的创始者，似乎不能因为它们“非常费解”而不引一首或一节诗的。至于波得莱和滑雷利诸人的重要，均在于他们的诗作的本身，较为简短的堪称代表作的诗也不是没有，何妨引录一点儿呢，在“十九世纪文学主潮”里，讲到诗人们时，勃兰特斯不是引了好些诗吗？诗人的作品可以帮助我们了解诗人，我们真有点抱怨作者的吝啬。

此外想提到的是本书的一个小疵。在第四章里，论及纪德时，只提到了他的《地上的粮食》[7]，《不道德者》[8]，《浪子回头》和《田园交响曲》，却没有提到纪德最主要的作品：《伪币制造者》。我们知道，纪德把他在《伪币制造者》以前所写的作品，概称之为Recits或Soties，因为它们都不合他理想中一本小说应具备的条件。写了《伪币制造者》，纪德才在这书的献辞中写道：“谨以这第一本小说献给罗什·马丁·杜伽尔作为我们深切的友情的纪念。”在纪德写作这一本他认为是真正的小说时，他在日记中写道：“说这书是我最后的著作，说我从此不再写别的，如果我不先设法打消类似的信念，我这书是写不成太好的。我可以很安心的把一部分寄生的材料删去，

1 Hugo，今通译雨果。

2 Baudelaire，今通译波德莱尔。

3 Leconte de Lisle，今通译勒孔特·德·利尔。

4 Paul Verlaine，今通译保罗·魏尔伦。

5 Mallarmé，今通译马拉美。

6 Valéry，今通译瓦雷里。

7 今通译《人间粮食》。

8 今通译《背德者》。

如果我有自信它们还可以被用在别的地方。我眼前所出现的材料，善用之，可写成半打小说。”由此可知纪德本人对于这本书看得如何重要。事实上这部书在纪德全部作品中也的确占着非常重要而独特的地位，因为它是纪德最成熟时期写下的一本长篇小说，是作为思想家与艺术家的纪德的最高表现，而同时也是最综合性的表现，论述纪德的作品与思想而漏掉《伪币制造者》，所得的结论总是难以完备的吧？

最后想提到的是本书中人名以及一二本书名的翻译问题。对于人名，作者并不采用已经通用的译名，他〔她〕自己有独特的译名，譬如Calvin译为“加洛汪”[1]，Hegel译为“海格”[2]，Valéry译为“滑雷利”，Verhaeren译为“悦希伦”[3]，D'Annurzio译为“登伦齐阿”[4]，Balzac译为“巴尔查”[5]，Beethoven译为“彼多温”[6]，诸如此类，若非书末附有附注可资检查，许多熟悉的名字都一变而为陌生的了。也许作者认为以前的译名不够准确，所以重为翻译新的，但就一般读者而言，倒是袭用已经通行的习见的译名来得方便。至于书名，R'lle des Pinquouins译为“滨昆岛”，Germinal译为“爵明娜”，为什么要译音而不译意呢？前者已经黎烈文先生把全书译出，名为“企鹅岛”，收在商务的“世界文学名著”里；后者的译名，记得巴金先生为此曾和王了一先生开过笔战，巴金先生以为它不应该被译作“共和历第七月”而应该译为“萌芽”，（其实“萌芽”这一译名可以算是成为定论了的。）我们不知道袁昌英先生是不是觉得这两个译名都不妥当，才依据声音译为“爵明娜”的？（孙）

3月14日　下午，刘永济告诉吴宓，袁昌英欲辞第一外国语主任委员。

下午1—3系图书馆整书。济告，袁昌英欲辞第一外国语主任委员职。

1　今通译加尔文。

2　今通译黑格尔。

3　今通译维尔哈伦。

4　今通译邓南遮。

5　今通译巴尔扎克。

6　今通译贝多芬。

议决，慰留，并自议改办法，先行布告，以制学生之要求云云。[1]

3月16日 下午，吴宓来访，未遇[2]。

3月17日 下午，吴宓“在君允家小坐。允劝慰留袁，谓系要求系中坚持会考之意”[3]。

3月18日 上午，与吴宓、刘永济在文学院谈辞职事[4]。

4月10日 下午，召集第一外国语委员会之基本英文教员会议，议决免考学期[5]。

4月15日 上午，与刘永济、吴宓商议准许助教葛德玲辞职，遗课由黄薇华兰等分授[6]。

4月17日 下午，主持第一外国语委员会第一次会议，商议主办基本英文各组英语演讲竞赛事宜[7]。

4月19日 应美国援华联合会函请，袁昌英等武汉大学诠衡委员会委员会同教务长及各学院院长召开评选会，决定推荐赴美进修者名单[8]。

4月24日 下午，吴宓、金克木、周辅成来访[9]。

5月1日 学生为创办《珞珈学报》向武汉大学教授募捐，袁昌英、杨端六资助了1万元。

5月12日 第一外国语委员会主办之基本英文各组英语演讲竞赛总预赛举行，参加同学共27人，袁昌英、吴宓、梁百先、曾炳钧、张培刚等担任评委[10]。

5月24日 发表杂感《谈谣言》，载上海《观察》周刊第2卷第13期“文

1 《吴宓日记（1946—1948）》，第190页。
2 《吴宓日记（1946—1948）》，第191页。
3 《吴宓日记（1946—1948）》，第192页。
4 同上。
5 《吴宓日记（1946—1948）》，第202页。
6 《吴宓日记（1946—1948）》，第204页。
7 《吴宓日记（1946—1948）》，第205页。
8 《申请赴美进修 推荐三人应选》，《国立武汉大学周刊》1947年5月1日第367期。
9 《吴宓日记（1946—1948）》，第208页。
10 《第一外国语委员会主办演讲竞赛》，《国立武汉大学周刊》1947年6月1日第369期。

艺”栏。

5月28日　致赵清阁信，收入《无题集——现代中国女作家小说专集》（赵清阁主编），上海晨光出版公司1947年10月版。《无题集》除收录袁昌英小说《牛》之外，还收入其肖像一帧和1947年夏在珞珈山所书杜甫《天末怀李白》手迹。

清阁女史文席：

顷奉手书，得悉女作家专号已展期六月付梓，英可寄万言左右短篇小说《牛》以凑热闹。目前武大虽亦不免响应京沪学潮，秩序尚称良好。知注奉闻。专此顺颂

著祺

袁昌英

五月廿八日

7月15日　上午，在外文系与吴宓拟定武汉大学入学英文试题，后见张教务长，打算换《基本英文》教本。吴宓不赞同，未决[1]。

8月7日　未到文学院参加集中阅卷[2]。

8月11日　上午，在学校与吴宓议定“一年英文班数不加，旧部已足。又欲用中华教本。摇摆巡视，不阅卷，而去！”[3]。

8月13日　决定采用正中教本[4]。

8月27日　吴宓在致刘永济、周鲠生信中称，经袁昌英考核，决定聘刘年翠为外文系讲师，教授“基本英文”。

为添聘讲师事，兹拟添聘本校生物系教授高尚荫夫人刘年翠女士为外文系讲师，授第一年“基本英文”课，已经第一外国语委员会主席袁昌英先生考核决定。合附刘女士履历，敬祈鉴核聘用为荷。此上

1 《吴宓日记（1946—1948）》，第215页。

2 《吴宓日记（1946—1948）》，第223页。

3 《吴宓日记（1946—1948）》，第224—225页。

4 《吴宓日记（1946—1948）》，第225页。

文学院长刘

校长周

外文系主任吴宓上

三十六年八月二十七日[1]

9月2日　晚9时，出席武汉大学第447次校务会议[2]。

9月12日　下午，吴宓在“顾绶昌宅遇杨端六袁昌英夫妇”[3]。

9月　打算把部分外汇给女儿，作为其留学英国费用。

妈妈想把我让给她的外汇保留一部分给我自己，为了我去英国念书。外汇事小，可是由此可见妈妈希望我去英国心切。同时我自己想想，也觉得放弃这多见一处地方的机会很可惜。英国有妈妈在爱丁堡大学时的老同学Helen Blackley（海伦·布莱克利），一位医生，我去说不定可以住在她那里，那么用钱不太多。[4]

本学年（1947年9月—1948年6月）在武汉大学文学院讲授必修课程2门。其中，为外文系三年级讲授必修课程“戏剧选读”，每周3小时；为外文系四年级讲授必修课程“莎士比亚”，每周3小时[5]。

10月2日　上午，吴宓在文学院见袁昌英。吴宓拟赴南京、上海，下午，袁昌英到吴宓家，为其送行并谈代理系务事[6]。

10月6日　中华学艺社武汉分社恢复。袁昌英为该社社员[7]。

10月20日　下午，主持在文学院会议厅举行的女生指导委员会第一次会议，

1　原件藏武汉大学档案馆。

2 《国立武汉大学第四四七次校务会议》，《国立武汉大学周刊》1947年11月1日第374期。

3 《吴宓日记（1946—1948）》，第238页。

4 《写给恋人》，第243页。

5　据武汉大学档案馆所藏《国立武汉大学三十六年度文学院课程指导书》。

6 《吴宓日记（1946—1948）》，第243—244页。

7 《武汉概况（非卖品）》，书报简讯社1949年4月编印。

讨论校庆日女生宿舍开放案[1]。

10月22日　下午，与杨端六在汉口轮渡上遇从宁沪归来的吴宓[2]。

10月25日　致周鲠生校长函，拟聘周瑛为小学教员。

敬启者：

附小筹备渐次就绪，关于接洽教员事，各方推荐人员颇多，拟不久开筹备会议以定选聘，惟周瑛先生乃乐嘉小学老教员，胡梅贞主任急欲借重其人，以资进行开办工作。兹拟请校方先行下聘，容后再报告筹委会。究应如何，仍祈钧夺是幸。

此致

刘代校长

附小筹委会主任 袁昌英（钤“袁昌英印”朱文方章）

十月二十五日

姓名：周瑛（女）

籍贯：浙江平阳

年龄：三十五

资历：民国二十年夏季毕业于杭州省立高级中学师范科

经历：民国廿一年度、廿二年度任杭州市立横河小学、幼稚园及二年级级任各一年，民国卅三年度、卅四年度任四川乐山乐嘉小学五年级级任共二年[3]

函件首页有刘永济同日代周鲠生批示：“照聘。”

同日　上午，与吴宓商量一年级英文课教学安排。

袁昌英商一年级英文课，诸教师仅授二班，独冯、桂二君仍三班。[4]

1 《女生指导委员会第一次会议》，《国立武汉大学周刊》1947年11月1日第374期。

2 《吴宓日记（1946—1948）》，第264页。

3 原件藏武汉大学档案馆。

4 《吴宓日记（1946—1948）》，第266页。

10月27日 下午，代吴宓出席“转系会议”[1]。

10月30日 沈深发表《留法前辈袁昌英》，载上海《大公报》第15803号第10版《大公园》“名人小事”栏；又载成都《现实文摘》1948年5月22日第2卷第10期。全文如下：

> 国立武汉大学法学院长杨端六氏之夫人乃袁昌英女士。袁氏精研西洋文学（尤以法国文学为最），翻译撰作皆属能手，民廿年前即已与苏雪林（梅）、凌叔华诸氏齐名。氏留法前辈，资格甚老，与苏凌等同任武大教授已久。与杨氏夫唱妇随，更属互为辉映，相得益彰。
>
> 氏既为女性，故对妇女问题极有研究。尝就《古诗为焦仲卿妻作》（即《孔雀东南飞》）首编为剧本（收战前商务版氏作《孔雀东南飞及其他独幕剧》一书中），分析婆媳心理，极见深刻，堪称绝作。氏又有文集题为《山居散墨》者，内收文十余篇，曾提及王独清、洪深二氏之译著加以论评，此处为篇幅计，略之。该书亦由商务版。
>
> 近年来氏颇少创作问世，商务有氏年前所著《法国文学》一册出版，甚为精湛。又：当年氏有《究竟谁是扫帚星》等剧之作（均收《孔雀东南飞及其他独幕剧》中），主张灵肉一致之恋爱论，大胆描绘，热情澎湃，颇有浪漫主义之格调。

10月31日 武汉大学成立19周年校庆和新生开学典礼，放假一天。

10月 赵清阁主编《无题集——现代中国女作家小说专集》由上海晨光出版公司出版，内收谢冰莹、冰心、袁昌英、冯沅君、苏雪林、陆小曼、陆晶清、沉樱、风子、罗洪、王莹和赵清阁等十二位女作家的短篇小说。作品前有作者像、手迹及小传。袁昌英手迹一为其手书杜甫《天末怀李白》：“凉风起天末，君子意如何。鸿雁几时到，江湖秋水多。文章憎命达，魑魅喜人过。应共冤魂语，投（诗赠）汨罗。”末署“民国三十六年夏袁昌英书于珞珈山”。一为1947年5月28日“袁昌英从汉口给编者的信”。袁昌英小传如下：

1 《吴宓日记（1946—1948）》，第267页。

字兰子，湖南醴陵人。民国五年赴英，肄业爱丁堡大学，得硕士学位，十年返国，任北京女子高等师范教授。十五年又赴法，在巴黎大学听讲二年，专研戏剧，于欧洲近代戏剧，更有心得。回国后，在上海中国公学教莎士比亚。十八年来武大文学院，任外文系教授，教戏剧，法文，希腊神话，希腊悲剧，莎士比亚，欧洲近代戏剧等课，以迄于今。

著作戏剧方面有《孔雀东南飞及其他独幕剧》、《饮马长城窟》，散文方面有《山居散墨》、《行年四十》，学术研究方面有《法兰西文学》、《法国文学》，翻译方面有《玛亭及其痛苦的灵魂》〔《玛婷；痛苦的灵魂》〕。作品未结集者五六十万字，又有英文著作《中国爱国文学》数十万字，尚未印行。

11月10日　上海《申报》第25050号第2版发布公告《职妇团体候选人续公布百零一名》，袁昌英、苏雪林为全国性职业团体及妇女团体国大代表候选人。

11月13日　下午，苏雪林访吴宓，“嘱选袁昌英为国大代表”[1]。

11月18日　上午，与吴宓商议印《戏剧》课本[2]。

11月21日　致函周鲠生。

迳启者：

附小教员娄咏絮先生因故不能受聘，兹改聘徐士珍先生，月薪壹百四十元。

此致

周校长　台照

袁昌英

十一月廿一日

附徐先生履历表 一份

退还娄先生聘约 一份

---

1 《吴宓日记（1946—1948）》，第275页。

2 《吴宓日记（1946—1948）》，第277页。

姓名：徐士珍

年龄：二十五岁

籍贯：湖北黄梅

出身：湖北省立第一女子师范学校毕业，国立社会教育学院音乐专修科毕业

曾任职务：湖北省立实验小学教员，重庆民建中学音乐教员，重庆乐益中学音乐教员

通讯处：武昌阅马场省立第一女师徐士俊先生转[1]

函件首页左上方空白处有周鲠生同日批示："照聘。""文书组发聘书，由袁昌英先生转。"

11月24日　陈骏发表《留英前辈袁昌英》，载南京《中央日报》第6991号第6版《中央副刊》；又载兴宁《时事日报》1948年1月19日第4版。全文如下：

顷读大公报副刊，沈深所作《留法前辈袁昌英》介绍袁氏平生，略有失实之处，作品尤为不全。笔者对袁氏亲炙有年，对其作品亦比较熟悉。特另为介绍于次。

袁昌英女士，字兰紫，一作兰子。湖南醴陵人。民国初年，内地文风闭塞，妇女得入新式学校读书寥寥可数，其能出国深造者，更为凤毛麟角。袁氏家庭，则得风气之先，自幼即由其父家普先生延师教授英语，兼送著名教会学校中西女学肄业。民国五年赴英留学，入爱丁堡大学，攻读五年，获文哲硕士学位。民十回国任职北京女子高等师范。十五年又赴法，听讲巴黎大学者凡二年，专研戏剧，于欧洲近代戏剧，尤多心得。返国后，任教上海中国公学。十八年来武汉大学，任外文系教授。故袁氏实为留英前辈，谓其为留法者实不尽然也。

袁氏在武大教戏剧，希腊神话，希腊戏剧，莎士比亚，法文等。擅长口才，讲解清晰，嗓音宏亮，极能吸引学生注意力。教授尤为负责，故一

1　原件藏武汉大学档案馆。

般懒惰同学上袁教授功课，莫不兢兢有戒心。盖恐发问时回答舛误，将受斥责。然袁氏教诲学子实循循善诱，威而不猛，使人有如坐春风之感。在武大任教十七年，造就人才极众，卒业出校者均能对国家社会有所贡献焉。

袁氏之著作在战前有剧本《孔雀东南飞》，散文集《山居散墨》，学术介绍《法兰西文学》，翻译西洋名剧《玛婷及痛苦的灵魂》〔《玛婷；痛苦的灵魂》〕，抗战时流寓四川，生活艰苦且忙碌，然袁氏仍写作不辍，著有五幕剧《饮马长城窟》，散文集《行年四十》，学术介绍《法国文学》，除《饮马长城窟》由正中书局出版外，余皆由商务印书馆印行。另有英文著作《中国爱国文学》数十万言，尚未付刊。散见国内报章杂志之文字约五六十万字。皆尚未结集。

袁氏精通英法文字，平日研究学问，孜孜不倦，故写作时取多用宏，含英吐华，融化西洋文学意境于中国文学之内，浑然无迹，而树立一种新的作风。且学术湛深，立意措词，自然醇厚渊博，耐人寻味。现收入《行年四十》中之《死生》《漫谈友谊》，曾与苏雪林氏之人生三部曲并刊为单行小册。近代女作家冰心虽才华高雅，名重一时，然学术研究，则未闻有所表现。陈衡哲氏亦为留美前辈，文艺创作仅五四后《小雨点》一册而已。冯沅君氏精究中国戏剧，卓然成家，但文艺性创作亦不多见。其他活动于新文坛之女作家，大半迎合时代潮流，而博取地位。一旦潮流变迁，其文学生命能维持多久，实为疑问。故袁氏之成就，实值得吾人之重视也。

11月25日　上午，武昌市“国大代表”选举，袁昌英得45票。

武昌市国大代表选举，业于上月二十五日上午八时在省议会举行开票，教员团体，以周校长得票最多，计一一八票。此外尚有本校教授数人，计袁昌英先生四五票，苏雪林先生三一票，赵师梅先生一四票云。[1]

11月28日　赠吴宓《法国文学》及《行年四十》[2]。

1 《武市国大代表选举 教员团体周校长得票最多》，《国立武汉大学周刊》1947年12月1日第375期。

2 《吴宓日记（1946—1948）》，第284页。

11月29日 上午，在系图书馆，与吴宓晤谈[1]。

12月5日 下午3时，武汉大学召开第451次校务会议，被选举为本年度出席校务会议教授代表，得23票，列文学院第一[2]。

12月12日 下午3时，出席武汉大学第452次校务会议[3]。

本年度（1947年9月至1948年8月） 在武汉大学文学院讲授必修课程2门。其中，为外文系三年级讲授必修课程“戏剧选读”，每周3学时；为外文系四年级讲授必修课程“莎士比亚”，每周3学时。

1 《吴宓日记（1946—1948）》，第284页。

2 《国立武汉大学第四五一次校务会议》，《国立武汉大学周刊》1948年1月1日第376期。

3 同上。

1948年

55岁

1月1日　出席武汉大学教授会在大礼堂举行的团拜会。

1月3日　下午，吴宓前来拜年[1]。

1月4日　与杨端六一起给吴宓拜年[2]。

1月10日　访吴宓，商议外文系教师聚餐等事[3]。

1月16日　下午3时，出席武汉大学第453次校务会议[4]。

同日　武汉大学学生为抗议九龙英警强拆民房并枪伤人民，自即日起罢课3天。

1月18日　武汉大学学生为抗议九龙事件，赴武昌、汉口游行。

2月1日　中午，赴王铮如夫妇为其次子举办的汤饼宴，吴宓在座[5]。王铮如夫人冼岫是袁昌英的学生，也是杨静远的同学。

2月5日　晚上，赴一区招待所参加外文系全体教师公宴。

> 夕6:00访超，已行。乃偕薇至山上一区招待所赴外文系全体教师公宴。袁君所发起，每人纳费六万五千元。凡二桌，进黄酒，益以白酒。宴毕，作各种游戏，至10:30始相偕回舍。[6]

2月6日　下午3时，出席武汉大学第454次校务会议[7]。

2月13日　上午，外文系教师叶琼辞职，袁昌英推荐杨端六的侄女杨安祥，

---

1 《吴宓日记（1946—1948）》，第306页。

2 同上。

3 《吴宓日记（1946—1948）》，第311页。

4 《国立武汉大学第四五三次校务会议》，《国立武汉大学周刊》1948年2月1日第377期。

5 《吴宓日记（1946—1948）》，第326页。

6 《吴宓日记（1946—1948）》，第328页。

7 《国立武汉大学第四五四次校务会议》，《国立武汉大学周刊》1948年2月16日第378期。

校长周鲠生未同意，拟聘武汉大学矿冶系教授黄培云夫人赵新那[1]。

3月2日　上午，刘永济向吴宓转述周鲠生校长意见，“不用袁昌英，而命田德望代理系主任职务”[2]。

3月3日　在家设晚宴，请吴宓和自美国归来的谭崇台夫妇。

晚6—9赴杨端六、袁昌英夫妇招宴于其宅，陪新归自美国之谭崇台教授经济系，成都人。及夫人。夫人华西大学出身。甚摩登，靓丽韶媚。进白酒。谈次，宓告袁昌英，济昨述校长命，由田君代系主任云云。袁似甚为不怿。[3]

3月6日　下午，吴宓来访，未见[4]。

3月7日　上海《申报》第25162号第2版公布《职妇团体国代名单》，袁昌英当选职妇团体“国大代表”。

3月20日　致函吴宓，建议外文系分两个班授课[5]。

3月21日　晚上，与周鲠生乘轮船前往南京参加第一届“国民大会”[6]。

民国三十七年国代选举在南京举行。武大韦润珊教授，劝我和袁昌英报名竞选。我说听说竞选立委和国代都须用上几亿金钱（那时法币贬值甚剧，寄封平信都须花上几千的邮资），我是个穷教书匠，有什么钱可花？韦说现在因时局不稳，大家都惧怕，不愿参加这类竞选，教授名额尚空着，你二人去一定可被选中，一文钱都不必出。兰子尚在犹豫，我怂恿她道：“这种烂羊头、灶下养式的国代，本不可我们意中，不过若得选上就去南京玩一趟，放棹莫愁湖，跨驴去栖霞赏红叶，有何不美？”兰子被我说动了，也就报了名，由韦润珊觅得校中同事二十余人作保，便将选票寄去。

选票寄去后，忽然发现我与兰子保人二十名相同者十分之九，若被查

1 《吴宓日记（1946—1948）》，第333页。

2 《吴宓日记（1946—1948）》，第350页。

3 《吴宓日记（1946—1948）》，第351页。

4 《吴宓日记（1946—1948）》，第353页。

5 《吴宓日记（1946—1948）》，第366页。

6 《吴宓日记（1946—1948）》，第367页。

出必皆失败，与其两败俱伤，不如牺牲其一。即写一快信去南京办事处，说我愿意放弃。选举的结果兰子榜上果有名，而我在孙山外了。[1]

3月23日　抵南京并在“国代”选举处办理手续，其报到号数为“0177”[2]。

同日　作散文《一颗微妙的心》，载上海《观察》周刊1948年4月10日第4卷第7期，文末署“三十七年三月廿三日 草于珞珈山”。

3月29日　第一届“国民大会”开幕。

开预备会不久，便选举主席团。女主席只选出三位，沈慧莲、张希文与我。在这里我要感谢老友袁昌英女士及萧运贞女士为我奔走拉票，也感谢那些投我票的人，可惜我的文件都已遗失，无法提名致谢了。[3]

4月2日　与胡适、梅贻琦、于右任、张伯苓、周鲠生、王星拱、毛彦文等200余人发起联署，提名蒋中正为本届总统候选人[4]。

4月7日　南京《中央日报·每周画刊》第117号刊登袁昌英与胡适、罗家伦、王世杰、周鲠生合影。

5月1日　与程潜、何成濬、谭光敏、唐式遵等人被选为“南京宪政协进会”理监事[5]。

同日　第一届“国民大会”闭幕。期间，袁昌英为《方代表先觉等一百三十八人提请加强戡乱动员迅颁转业及在乡军官复役令俾重振士气早奏肤功拯民水火挽救危亡案》《刘代表洵等九五人提为实施宪法第四章第一百五十六节拟请政府统筹全国各省市从速实施儿童福利政策案》《贾代表秉德等卅五人提拟请增办技艺专科学校以培植建国专门技术人才由》《李代表叔敏等七四九人提立法院制定省县自治通则应规定省县民代表大会代表及省县议会议员妇女名额占百分

1　苏雪林:《苏雪林自传》，江苏文艺出版社1996年12月版，第121页。

2　《国民大会代表名册》，国民大会招待处报到组1948年4月25日编印，第112页。

3　曾宝荪:《曾宝荪回忆录》，岳麓书社1986年8月版，第129页。

4　《拥戴蒋主席为总统 吴敬桓等发起联署 提名为本届候选人》，载天津《大公报》1948年4月2日第15958号第2版。

5　《程潜等领导组织宪政协进会成立》，上海《申报》1948年5月2日第25218号第1版。

之二十案》《贾代表秉德等三十人提拟请将师资训练所改为技术养成班由》等提案的“提案人”或“连署人”之一。[1]

5月6日　上午，访吴宓。

> 9—10晤袁昌英，甫归自南京，谈在国大代表会中，见彦。彦甚活泼，以朱经农故，助于公竞选副总统云。宓当询彦健康何以，答云甚好。袁旋询宓以心一近况。[2]

5月7日　出席武汉大学第456次校务会议，并被推选为本年度毕业考试委员会校内委员[3]。

5月10日　作为全国教员团体“国大代表”，与广西省柳江县“国大代表”熊襄龙、广西省横县“国大代表”谢东山、广西省恭城县“国大代表”钟祖培、华中教育会“国大代表”陈端本联名致《中央日报》编辑函，载南京《中央日报》第7159号第5版，题为《为码头秩序呼吁》。又载南京《新民报》1948年5月12日第132号第2版，题为《交通当局无愧于心吗?》。南京《中央日报》所载全文如下：

> 编辑先生：
>
> 交通为国家之命脉，货物之运输，文化之交流，有无之畅通，无时不与国家之繁荣，社会之进展有关；尤其处今非常时关，对于交通工具之筹置，秩序之维持，与管理之注意，尤不可忽视。兹有：此次同人等由京乘轮赴汉，途中所见所闻，绝非文明国家所应有之事，尤非首都治下应生之事。查国营招商局江顺轮，原定五月一日由京开汉口，事前搭客麇集于该局第五码头者，不下三四千人，而该局码头既无上盖，又无棚阴，是日上午天气炎热，下午大雨倾盆，候轮客人大多俱被雨打湿。轮至下午五时始

1　参见“国民大会”秘书处编:《第一届国民大会第一次会议提案原文》第3册、第6册、第7册、第8册、第9册、第10册、第12册、第14册。

2　《吴宓日记（1946—1948）》，第379页。

3　《本年度毕业考试委员 校务会议分别推定》,《国立武汉大学周刊》1948年5月16日第382期。

由上海驶抵下关，竟停江中二小时，始迫近码头，据船上侍者云，因搭客众多，故迟迟不敢近岸；船近岸后，该轮事前毫无关心，又无检查人员维持秩序，故船一近岸，四边乘客尚未上岸，而码头上客人如万马奔腾，前推后拥，秩序大乱，妇孺小孩，哭声振耳，行李遗失，衣物撕破，尤为普遍。而最不忍睹者，为一老太婆被撞倒地，左手伤断；又有一小孩被人践踏头破血流晕卧地上，为状至惨，真不但文明国家所无，即人道亦所不许。其后秩序过于混乱时，始见有警察高站码头入口门内，持鞭大击拥挤之客人，而非站在门外维持秩序，尤属笑话之极。查招商局办公大楼，即在该码头之斜对面，事前已知有三四千人乘轮（该江顺轮原定乘客一千人），何以不设法维持秩序，即轮局之检查人员不足以应付，亦大可请宪兵警察多派人员到场维持，焉可以任凭其混乱，演出无人道之事实，不应在号称文明之邦与堂堂首都发生，复恐类似事件频频发现，故不敢缄默，用特草函奉达，敬祈将是项事实予以披露，以图改进。

5月16日　南京《新民报》第136号第2版刊登国营招商局致《新民报》编辑函，题为《码头秩序欠佳 招商局来函解释》。函中对袁昌英等人所反映的码头问题做了解释。

5月26日　汉口《和平日版》第5639号第3版刊登消息《武大入学试题 英文标题更动》：

武大本年度新生入学考试，英文入学考试标准将予以更动，尤据记者走访该校，第一外国语委会主任袁昌英教授，据称："武大历年入学试题，英文一科，多偏重作（文）及翻译，应试学生常有剽窃陈篇，文不切题者，本年度拟改为测验阅读能力，文法及中文英译等三项，借以鼓励学生，注重文法构造，并提高其阅读及写作能力，而免有剽袭陈文之弊，本年度考期不久即届，各投考生可提早准备。"

5月31日　晚上，学生自治会举行"六一惨案"追忆晚会。

5月　致信留学美国的女儿。

昨天妈妈来信，说她对我去英计划，忽然有了新的意思。她在南京开会时和王世杰谈，表示她希望来美一些时。王已答应帮助。大概8月间有一个出席联合国教科文组织的机会。[1]

6月16日 《国立武汉大学周刊》第383期刊登消息《袁昌英教授捐助女生学费》：

本校外文系教授，袁昌英先生，前以出席国大归来，节余旅费一千万元，函请学校奖助各院系清寒女生，以示倡导之意，兹已由校专函致谢，并按照名单转发，计女生十人各得一百万元，当经分别通知具领矣。

同日 《国立武汉大学周刊》第383期刊登《改进考试内容加强教学效率 第一外国语委员会最近决定》：

第一外国语委员会全体委员；外国语文学系全体教员，日前举行联席会议。讨论要案甚多，闻本学期英文成绩：决以考试成绩占百分之八十；平时成绩占百分之二十计算，试题内容为中译英；英译中；问题；文法等四项，先请各教员预拟试题一份，于六月十日以前送交第一外国语委员会，再由该会委员梁百先、周明瀏、袁昌英三先生选定云，又决向学校建议将基本英文授课时数，以后增为每周五小时云。

6月27日 女儿得袁昌英来信。

6月27日接到妈妈直接寄到李家的信。一句话，她不能来了。联合国教科文组织的会不在美国开，所以她近期还无机会来美。[2]

7月5日 与罗书肆代表武汉大学参加英文教师会议[3]。

---

1 《写给恋人》，第320页。

2 《写给恋人》，第336页。

3 《吴宓日记（1946—1948）》，第388页。

7月9日　上午，吴宓见刘永济，“请加聘袁为委员。济命绝周培智，并拟用Mrs. Contento”[1]。

7月18日　晚饭后，与杨端六、吴宓一同访总务长葛扬焕夫妇[2]。

> 胡国瑞告济昨跌伤甚重。……宓即偕杨端六、袁昌英访总务长葛扬焕夫妇，承派校工老罗随宓访庶务组主任端木梦锡传命。未在宅，乃直到杨家湾，寻得刘南轩，命其持席启驷致友尹君函，即到汉口延聘尹君所识某外科名医，明日来为济诊治。[3]

7月21日　晚上，遇吴宓，告知刘永济折了一根肋骨，中医治疗已奏效，不必担忧。[4]

7月28日　刘永济因需长期休养，致函校长周鲠生，请吴宓暂代文学院院长[5]。

7月30日　下午，遇吴宓，坚决不肯购买Viola（黄薇华兰）西文书籍，欲聘一武汉大学毕业生顶替Viola的缺。吴宓十分生气[6]。

7月31日　上午，到文学院见吴宓，推荐吴鸿藻（鲁芹）为外文系讲师。

> 袁昌英来，荐吴鸿藻为外文系讲师。……读歆海书，悔宓不著书述志而久费时力与武大系杂务，且受袁昌英等之欺侮，决即去之。[7]

> 袁昌英号兰紫，是外文系的戏剧教授，她大概是英国又是法国留学生，因为除了教两门戏剧之外，她还教一门法文，她是属于严师型的，教书极其认真负责，几乎不苟言笑，但是在另一方面，她又是一位极富于感情的

1 《吴宓日记（1946—1948）》，第391页。
2 《吴宓日记（1946—1948）》，第392页。
3 同上。
4 《吴宓日记（1946—1948）》，第394页。
5 据武汉大学档案馆藏件。
6 《吴宓日记（1946—1948）》，第399页。
7 《吴宓日记（1946—1948）》，第400页。

> 人，对学生爱护备至，我记得在同系同学王梦兰的追悼会中，她在致悼词的时候，老泪纵横，泣不成声。战后，我有意回母校教书，那时系主任是吴宓先生。吴先生不认识我，一切都是袁教授安排妥当的。[1]

8月3日　晚上，吴宓“至薇宅久坐，进cheese及糕点。薇述，袁既辞，以薇代，袁今日又往监考，骄恣可恨”[2]。

8月6日　晚上，吴宓“至薇宅，甫坐，而袁昌英等来。袁讥宓为‘领袖’，语不合，宓径归”[3]。

8月11日　吴宓“昨晚，写定与袁昌英等议定之每题记分表。今晨已宣布，而袁来仍故意改定，且坚执其是。宓怫然，乃未在考场逗留。袁旋至系中，出文件，坚执即日聘吴鸿藻为讲师，并向余教务长力言。旋宓与余公同谒校长，校长仍不赞同，召袁往面商”[4]。

8月12日　推荐吴鸿藻为讲师，暂缓聘。

> 晨撰写外文系组织及袁公主办第一外语委会近三年实况表。
>
> 9—12办公。……以晨所撰写之件，分别呈校长、余公阅悉。校长表示外文系宜统一组织。《基本英文》教师太浅劣，昨袁公再荐之吴鸿藻决暂缓聘。而《基本英文》每班五小时亦拟再议云云。宓两年以来与袁公“廉蔺友骓”。其有意抵拒，开始交兵，当以今为初次云！[5]

8月13日　上午，求吴宓“荐其女杨静远于T. H.。宓谓武大亦可聘为副教授云云”。下午，吴宓“缮拟致F. T. 函，荐杨静远副教授，……又函Michigan 索杨静远成绩单”[6]。

8月14日　上午，在文学院遇吴宓，知其已致函清华大学外文系主任陈福田

1　吴鸿藻：《记珞珈三杰》，杨静远编：《飞回的孔雀——袁昌英》，人民文学出版社2002年1月版，第30页。

2　《吴宓日记（1946—1948）》，第402页。

3　《吴宓日记（1946—1948）》，第403页。

4　《吴宓日记（1946—1948）》，第406页。

5　《吴宓日记（1946—1948）》，第406—407页。

6　《吴宓日记（1946—1948）》，第408页。

（F. T.）[1]。

8月18日　上午，在学校阅卷。中午，用公膳，与吴宓同席[2]。

8月20日　下午，到文学院参加校务会议。

> 下午回至文院。未获休息，即又3:00—5:00开校务会议。议决本学年《大一基本英文》改为四小时8学分。宓继袁公发言，颇持异议。而校长则赞宓主张，且力为阐说，与袁公相背驰。故终有此折衷之结果。[3]

8月28日　上午，访吴宓，商议阅卷事[4]。

8月30日　上午，吴宓“以一千八百万元阅卷费分给王、徐、罗三人。袁昌英来，又欲改之。宓甚不悦，袁乃止。……谒校长（1）牟宗三辞。聘荣汝炀为哲学系讲师。（2）刘开荣辞。聘杨静远为外文系副教授。以上二件，并函上教务长请提交聘任委员会”[5]。

9月6日　武汉大学总务处文书组发布通知：“奉校长嘱‘聘任杨静远先生为文学院副教授’。”[6]

9月7日　上午，从吴宓处得知清华大学外文系不聘杨静远。

> 接F. T. 八月三十日英文函，不能聘杨静远。即以函示袁公。[7]

9月9日　到校阅英文考卷[8]。

秋　女儿从美国留学归来，被武汉大学聘为外文系副教授。

9月14日　上午，到文学院访吴宓。

---

1 《吴宓日记（1946—1948）》，第408—409页。
2 《吴宓日记（1946—1948）》，第412页。
3 《吴宓日记（1946—1948）》，第413页。
4 《吴宓日记（1946—1948）》，第419页。
5 《吴宓日记（1946—1948）》，第420页。
6 据武汉大学档案馆藏件。
7 《吴宓日记（1946—1948）》，第424页。
8 《吴宓日记（1946—1948）》，第425页。

晨8:30入校，阅卷。办公。与袁昌英商定杨静远所授《美国文学史》课，宓从袁意定为三小时、六学分，二、三、四年级选修。[1]

9月24日　上午，与外文系助教盛丽生访吴宓，商讨许海兰改课事[2]。

10月2日　与杨端六赴邓启东夫妇晚宴，刘永济、吴宓等人也在[3]。

10月3日　胡适与考古学家李济到武汉大学讲学。胡适在武汉住了3天，讲演10次[4]。

10月4日　中午，武汉大学在会议厅款待胡适、李济，校主要职员、教员陪宴。下午，胡适和李济在大礼堂分别讲《两个世界两种文化》和《青铜时代之殷文化》[5]。

10月5日　邀苏雪林到大礼堂听胡适演讲《廿九年后看五四》[6]。

10月11日　女儿回到家中。

10月12日　下午，苏雪林来访。

九时到理学院访吕步青，未见。乃到印刷所访王先生，将国殇篇取出，先改题，继改文，又加一段文字，乃到吕步青先生〔家〕购买胡李讲学照片，兰子所介绍也，余亦在其中，诸人以余为最好，故欲多购几张以备送人。到文学院会见兰子，闻其女公子静子已于昨夜到达，余约下午去访。兰子言渠将率女先来访我，强之不得，只有允许。……下午……三时许，……余乃换衣亲赴袁家。其母女均在家，见静子较前高而面貌则较黄瘦，谈美国风光及生活。静子送我原子笔一枝，甚为感谢。四时许辞归……[7]

---

1 《吴宓日记（1946—1948）》，第428页。

2 《吴宓日记（1946—1948）》，第435页。

3 《吴宓日记（1946—1948）》，第440页。

4 胡适：《胡适日记全编（1938—1949）》第7卷，安徽教育出版社2001年10月版，第718页。

5 《吴宓日记（1946—1948）》，第442页。

6 成功大学中国文学系苏雪林作品集编辑小组主编：《苏雪林作品集·日记卷》第1册，成功大学教务处出版组1999年4月版，第3页。下文仅著录书名、册数和页码。

7 《苏雪林作品集·日记卷》第1册，第8页。

10月14日　上午，在文学院与吴宓商议女儿自请由副教授改任讲师事，吴宓主张不改[1]。

敬启者：

顷自美国归来，奉读聘书，敬悉任为本校文学院副教授，不胜铭感。惟静远自问年轻学浅，对于母校，理宜尽心服务，名义之高低，在所不计。特恳钧座酌改为讲师，是所至祷。附上原聘书一份，敬祈查收。此上

校长

杨静远谨上

十月十四日[2]

我回国的决定太仓促，来不及在京沪等地觅职，便由武大聘为外文系教师。依当时惯例，留学得博士学位的任正教授，获硕士学位的任副教授。我接到了副教授的聘书。我只有25岁，自感才疏学浅，当不起这个称号，便自请降为讲师。校长周鲠生接受了我的请求，但薪俸仍维持原状，为副教授最低级，讲师最高级。我担任美国文学和基本英文两门课。[3]

10月15日　下午，携女儿访吴宓。

杨静远函呈校长，自愿退为讲师。校长及济嘉许，改发聘书。下午袁昌英率女杨静远来舍谒宓。宓力加鼓励，命仍授《美国文学史》，不可改动。[4]

10月16日　下午，苏雪林来访。

余赴杨家，约静子吃饭，则明日渠全家渡江，晚间到杨润余家吃饭。[5]

---

1 《吴宓日记（1946—1948）》，第452页。

2 原件藏武汉大学档案馆。

3 《写给恋人》，第351—352页。

4 《吴宓日记（1946—1948）》，第452页。

5 《苏雪林作品集·日记卷》第1册，第10页。

10月21日 上午，遇吴宓，欲尽购汉口信义书局新到之*Modern Library*（现代丛书）书籍。

今日袁公忽欲尽购汉口信义书局新到之Modern Library书籍，不问其有用或重复本校已有。与否。宓力劝，不听。二十二日晨，袁径率盛丽生过江，至信义，选定若干册，值一百八十余元美金。二十三日上午，来命校系拨款。丝毫不解且不顾学校机关办事之规程手续，如主人之命奴仆，一时意欲如何便如何。前者宓欲购薇书，袁则靳之。今则率尔径行，不求委员会核准。一若袁募来之捐款便是袁之私产者。昨袁又欲为其女杨静远改钟点，不问宓等之便利与否。宓拒之，乃罢。宓为武大外文系极思尽力，整理完善，诸务俱办，而后去之。然袁等之横逆时来，校长与济，皆不闻不问，殊废然也！[1]

袁公无知擅权，纵情行事，在汉口信义书局所选购之一批书籍，大都为本校或本系图书馆所已有者，或为国内极易廉价购得者（如“Sketch Book”及*Rip Van Winkle*之类）。而妄费$186余元美金，使宓之计划不成，岂不大可憾可叹！……济与余公虽赞成宓计划，劝再与袁磋商，而皆不能亦未肯为宓助，则亦徒唤奈何而已。”[2]

10月23日 上午，将书单给吴宓，“命即付款取书”[3]。

10月25日 上午，苏雪林来访。

乃到兰子家，托其老朱买猪油，余家猪油久已断绝，吃香油上火，故不得不设法购买。但兰子恰要出门送信，乃与之同归。送信讫，到合作社询问萧杰病况，良久始回余家。[4]

1 《吴宓日记（1946—1948）》，第458—459页。

2 《吴宓日记（1946—1948）》，第461页。

3 《吴宓日记（1946—1948）》，第460页。

4 《苏雪林作品集·日记卷》第1册，第16页。

10月26日　昨遇吴宓，答应酌退在信义书局所订购之书，今天又欲全购。

袁公昨夕遇，允酌退其所定购之书。今晨又反其言，必欲全购。且陈氏捐款罄后，尚欲宓另筹款为袁购置《易卜生集》等书。宓只得尽购袁所定信义之书，去存款之半。而以其半购欧洲古代、近代名著读本，30部减为10部或5部矣。袁又以杨静远为言，视学校如家庭，纵娇女而害公益，亦可羞哉！[1]

10月29日　上午，与刘永济夫人访苏雪林。

兰子偕刘弘度夫人来，均以时局为焦念，……所怕者，撤退时之混乱，且一声撤退，仅走一光身，性命即苟全，将来如何生活？[2]

10月31日　校庆日。到文学院午餐，后与苏雪林同到理学院、农学院看展览。

今日为本校校庆，举行盛大庆祝。上午余在家中作画，十一时许始到文学院应校友聚餐之请。余到时略早，遂在文学院院长室中等候。俄而来客纷集，余乃与吴雨僧先生同登三楼，见校友到者甚多，与余周旋。彼认识我而我不认识彼，大是可笑。今日菜肴颇丰，吃完时尚委余数大盘，伺候工友可以大享馂馀矣。偕兰子到理学院看吴步青摄影展，览毕，与兰子、晏先生等，赴农学院参观种种展览，增进知识尔。与兰晏二人回家吃茶，休息久之，始散。余伴兰子到其屋下乃归，则暮色苍然矣。[3]

11月8日　武汉大学召开全体教授会议，决定自即日起停教一星期[4]。

11月11日　上午，访苏雪林。

1 《吴宓日记（1946—1948）》，第462页。

2 《苏雪林作品集·日记卷》第1册，第19页。

3 《苏雪林作品集·日记卷》第1册，第19—20页。

4 《以行动向政府要求温饱 武大教授停教一星期》，汉口《大刚报》1948年11月10日第3940号第2版。

上午在家作画，系临元吴镇峦光送爽图。十时许，兰子来访，神色仓皇，谓大局严重，嘱余将书箱、衣服、粮食，设法收拾，以免临时忙乱。兰子自己早于数日前收拾妥帖，端六先生将应广西大学讲学之约，顺便去观察光景，若风声不好，则兰子全家均将入桂。又到润余家少坐，乃辞归。余伴送到其山脚下而归，则已到午餐时候矣。午餐后，欲睡未果，起来饮茶待报。报于三时许始到，见徐州战况似不甚利，国军撤退郯城等四城。又徐州某司令谈话，似兵变属实，民心固去，军心亦已瓦解，大局果然万分危险。余决计明日开始照兰子之嘱，将各物整理一过，以免临时慌乱。[1]

11月22日　下午，苏雪林来访，未遇[2]。

11月23日　上午，访苏雪林。

本拟偕兰子同到余家小坐，兰子要去取款，余乃先赴杨家湾买黄豆，则黄豆须下午乃到。归家前在商务取得天问、三神话样本三份，此本于上月廿九日由沪寄出，今日始到，在途将一月矣。开始校阅时，兰子来闲话片刻而去。[3]

11月27日　上午，访苏雪林[4]。

11月28日　苏雪林两次来访，均未遇[5]。

11月29日　上午，访苏雪林。下午，苏雪林来访。

兰子来，闲坐一会，约下午到其家游耍。午餐后，想睡未果，乃起身饮茶看报。宿县仍未攻取，而秦皇岛、榆关均撒〔撤〕守，想平津难保矣。到兰子家，适有某生在问书，剌剌不休，余看《观察》二份，乃向兰子借一锯，黄嫂持刀相随。到曹操庙附近锯断巨藤数条，以拯松树。……旋兰

1 《苏雪林作品集·日记卷》第1册，第27页。

2 《苏雪林作品集·日记卷》第1册，第32页。

3 《苏雪林作品集·日记卷》第1册，第33页。

4 《苏雪林作品集·日记卷》第1册，第35页。

5 同上。

子亦来，闲行道上，遇刘廼诚，话及时局，彼言华中决无关系。又到刘南垓〔陔〕家略坐即归。[1]

11月30日　下午，访苏雪林。

余回家时遇兰子，盖渠恰到余家访我也。因话及稻子事，渠亦要买，遂伴其前去……[2]

12月4日　自城中归。

兰子自城中归，盖将箱柜寄存汉口也。闻徐州已撒〔撤〕退，蚌埠失而复克，则军心瓦解，南京之陷落不过阳历年内事。兰子决计携家逃往湖南，继逃桂林。[3]

12月6日　学生复课。

12月13日　上午，苏雪林来访。

余昨夜又失眠，甚觉疲乏，故到一区访兰子，赠送糯米酒一盅，因在其家盘桓。午餐餐后，又小睡，邀杨家到余家煮咖啡饷之。[4]

12月17日　下午，出席武汉大学第463次校务会议[5]。

12月18日　下午，访苏雪林[6]。

12月21日　上午，吴宓“与袁昌英谈杨静远命学生打印讲义事。甚矣袁公一家人之多事而纵恣也”[7]。

1《苏雪林作品集·日记卷》第1册，第36页。

2《苏雪林作品集·日记卷》第1册，第37页。

3《苏雪林作品集·日记卷》第1册，第39页。

4《苏雪林作品集·日记卷》第1册，第43页。

5　据武汉大学档案馆藏件。

6《苏雪林作品集·日记卷》第1册，第46页。

7《吴宓日记（1946—1948）》，第488页。

同日　下午，访苏雪林[1]。

12月25日　上午，吴宓"遇袁公，似益不悦于宓者"[2]。

12月26日　下午，吴宓"陪导周景俞及妻妹，往谒袁昌英，遇于途"[3]。

同日　下午，访苏雪林。

余用四川连史纸及毛笔写一信与善神父，未写完而兰子来，如此大雪，渠居然出门，可见其兴味之厚，盖御长统橡皮鞋，故可以涉冰雪及泥泞也。少坐后，同去访燕树堂〔棠〕，谈时局一小时而归，将致善神父信写完。[4]

12月28日　下午，访苏雪林。

回家午餐，餐后，小睡起来，饮茶看报，兰子来少坐，闻林彪率二纵队南下，已过郑州，有直趋武汉之势，故兰子甚为惊慌，有逃赴桂林之意。[5]

12月31日　上午，偕杨润余访苏雪林。下午，送子女赴湘粤。

兰子与润余来，云今日下午送子女赴湘粤，润余将余所领薪给三百五十元尽行搜去，云已购车票，明后日还我。[6]

午饭后，见宓宅门前武大大卡车，满载济及刘廼诚、袁昌英、杨润余、石琢、袁雍等之衣箱书箱、笼被杂物，方纷纷舁运装载上车。济之女婿、女及文学院两徐仆斯融、焕彩，又少年多人，从事舁装。而济与袁昌英等，则伫立监视。……宓不胜感愤！夫周校长以团结聚守，不离不散，保全学校，兼保身家为号召。我等亦诚心留此，竭力拥护校长，为学生表率，努

1 《苏雪林作品集·日记卷》第1册，第47—48页。

2 《吴宓日记（1946—1948）》，第491页。

3 同上。

4 《苏雪林作品集·日记卷》第1册，第52页。

5 《苏雪林作品集·日记卷》第1册，第53页。

6 《苏雪林作品集·日记卷》第1册，第55页。

力职守，持示镇静，思与武大同人共患难，以至最后之大变来临。而此衮衮诸公，为武大开创之元勋，为周校长腹心密友，老成硕望，众所瞻依，平日居高位，执校政，享特权，威福自恣；今值风云紧急，乃先众逃避，各为私人、身家、财产、安全之谋，不顾摇动人心，破坏校局。又何怪学生之无心读书，剿总之有意驻兵本校也哉！[1]

本年度　担任第一外国语委员会主任委员、女生指导委员会主任委员、住宅管理委员会委员、群育委员会委员[2]。

是年　指导外文系四年级孙法理毕业论文。

1 《吴宓日记（1946—1948）》，第494页。

2 《国立武汉大学三十七年度各委员会名单》，《国立武汉大学周刊》1948年11月1日第389期。

1949年

56岁

1月1日　下午，访苏雪林[1]。

1月5日　下午，苏雪林两次来访，均未遇。

下午三时半赴杨家，则兰子母女均不在，改赴刘院长宅，相商买新文学书事，无结果。又转回杨家，兰子仍未返，余饥寒不可忍，乃径归。[2]

1月6日　下午，访苏雪林。

下午四时许，兰子与润余来余家。煮咖啡饮之，并与共赴一区山下而别。[3]

1月7日　下午，苏雪林来访。

润余下课后，邀赴兰子家晚餐，吃熏腌野鸭，颇香松可口。饭后闲谈时局，余因兰子批评政府种种不是，力与辨论，对渠不免触犯。九时半始归……[4]

1月10日　下午，与方壮猷夫人访苏雪林，"闲谈一切，久久不去"[5]。

1月12日　晚餐后，苏雪林邀杨润余来访。[6]

---

1 《苏雪林作品集·日记卷》第1册，第57页。

2 《苏雪林作品集·日记卷》第1册，第60页。

3 同上。

4 《苏雪林作品集·日记卷》第1册，第61页。

5 《苏雪林作品集·日记卷》第1册，第62页。

6 《苏雪林作品集·日记卷》第1册，第63页。

1月14日　访苏雪林。[1]

1月17日　上午，访苏雪林[2]。

1月20日　下午，偕杨润余访苏雪林。

兰子下午与杨雪可来，两天未来，来则杂拉一顿作为补偿不可，可见兰子自患耳鸣以后，心思散漫，专爱走人家也。[3]

1月21日　晚餐后，苏雪林来访[4]。

1月23日　下午，访苏雪林。

兰子下午来访，云蒋总统虽下野，战事恐仍不能避免，故渠仍拟率女儿女婿赴桂林一行，余闻之又愁然心忧。[5]

1月24日　中午，在陆维亚家聚餐。

又赴陆家，则兰子及女儿女婿均到，俄而杨润余亦到，旋即上桌。冷盘四色：为腌鸡、南京板鸭、肚子、卤肉。热菜四色：为肉鱼、笋圆炒肉片、红烧桂鱼、牛肉汤、及素菜一色。菜虽样数不多而丰洁，此陆家特色也。三时许散归。……兰子及杨润余明日动身赴桂穗，脱离危险地带，甚好！[6]

1月25日　上午，赴长沙。1948年冬，杨端六受留学伦敦大学同学、时任广西大学校长陈剑修之邀到桂林广西大学做短期讲学。在去桂林之前，袁昌英与杨端六带儿子到湖南长沙小住，后转道广西，住在桂林南郊将军桥一教授宿舍里。

---

1 《苏雪林作品集·日记卷》第1册，第64页。

2 《苏雪林作品集·日记卷》第1册，第65页。

3 《苏雪林作品集·日记卷》第1册，第67页。

4 《苏雪林作品集·日记卷》第1册，第68页。

5 同上。

6 《苏雪林作品集·日记卷》第1册，第69页。

今日天未明即起，到雪可家送行，因代为收拾行李，将行李一件一件搬到余家。八时许，兰子等始到，将行李搬上车子，人亦争上，旋即开行，但愿和谈能真正成功，武汉不遭兵燹，则开学后，渠姑嫂自然回来。[1]

2月8日　下午，苏雪林得袁昌英及其儿子信。

接兰子信及其子弘远信一封，〈上午查谦夫人来访，言兰子曾致渠一函，为其未来女婿严国柱在东湖中学谋事〉兰子到广西大学，许多人共挤一室之中，当然比不上珞珈快乐，其急于想回难怪。又闻弘远在衡阳失去被卷一个，损失不赀，余若昧然迁徙，亦将受许多无谓损失也。回兰子一信，计写四页，又回弘远一页。[2]

2月14日　在桂林城一家饭馆为女儿举行婚礼。

寒假期间，借父亲在广西大学讲学之机，我们全家去桂林。在桂林的一个月，家里为我们筹办了简单的婚事。……1949年2月14日（碰巧是西方的“情人节”），我们在桂林城里一家饭馆举行了毫无浪漫色彩的婚礼。证婚人广西大学校长陈剑修，来宾是几位素不相识的教职员。除家人外，在座的唯一亲属，就是任《广西日报》记者的远房表弟俞润泉。[3]

2月18日　苏雪林乘船前往上海。

我初离武大，兰子夫妇就桂林大学之聘，去作短期讲学，兰子若在珞珈，我是走不脱的。我到了上海，兰子信仍雪片飞来，劝我回校。及我到真理学会，她的信便稀少了。那时她信中暗示你既在香港谋得职业不回武大也好。我因学会工作太辛苦，有时悔有出走之事，偶或动回校之念，得

1 《苏雪林作品集·日记卷》第1册，第69页。

2 《苏雪林作品集·日记卷》第1册，第78页。

3 《写给恋人》，第352页。

兰子的信便知情况不佳，回校之念遂绝。[1]

4月12日　苏雪林致信袁昌英，“告以近况，并嘱其将国殇乃无头兵神解寄回，以便抄录一份，其实将以寄文藻或中国传教士也”[2]。

4月13日　上午，苏雪林“将袁昌英函航空寄出”[3]。

4月17日　下午，苏雪林得袁昌英信[4]。

4月18日　上午，苏雪林致信袁昌英[5]。

4月19日　上午，苏雪林致信袁昌英[6]。

5月上旬　从桂林回武汉。

5月13日　出席武汉大学第467次校务会议[7]。

5月16日　下午，出席武汉大学第468次校务会议[8]。

5月17日　武汉解放。

5月17日，我们和全体武大师生员工夹道欢呼，迎来了列队进校园的四野部队，迎接了武大的新生。[9]

5月22日　武汉大学师生与驻武昌人民解放军某师官兵在体育馆举行军民联欢晚会，师政治部主任发言，希望大家为建设新中国而努力工作和学习。

5月24日　武汉大学教职工发表时局宣言，郑重指出：“一、我们支持中国共产党领袖毛泽东先生一月十四日的八项主张，支持四月中旬中共和谈代表向国民党提出的和平协定，支持四月二十一日毛泽东先生、朱德将军向人民解放

1　苏雪林:《苏雪林自传》，江苏文艺出版社1996年12月版，第129页。

2《苏雪林作品集·日记卷》第1册，第118页。

3《苏雪林作品集·日记卷》第1册，第119页。

4《苏雪林作品集·日记卷》第1册，第122页。

5《苏雪林作品集·日记卷》第1册，第123页。

6　同上。

7　据武汉大学档案馆藏件。

8　同上。

9《写给恋人》，第353页。

军颁布的进军命令的全部内容。二、我们支持新民主主义的政治、经济和文化建设，我们愿意贡献全部的知识和能力。在课堂，在研究室，在实验室，在办公室，在医院，在工厂和农场，为建设独立自由、民主富强统一的新中国而努力”[1]。

6月10日　武汉大学接管工作正式开始。武汉军事管制委员会文教接管部部长潘梓年带领军事代表朱凡和贺泳等6名联络员到校接管。

8月20日　下午，出席武汉大学第476次校务会议[2]。

同日　武汉大学中文系教授李儒勉、蒋师道赴英国学术交流。回国前，受学校当局指派，专程到香港真理学会探访苏雪林，力劝其回武汉大学任教。苏雪林表示绝不回去，并称昨日收到袁昌英来信，拟托二人带一份礼物给袁昌英[3]。

8月25日　武汉大学校务委员会在大礼堂召开成立大会。

同日　苏雪林“约李儒勉及蒋石二君本星期六来此吃便餐”，“将托李带一信与袁兰子，并拟将前日所购衣料一件带去”[4]。

8月27日　苏雪林给袁昌英写了两封信。

> 八时一刻到达真理学会……写一长信与兰子，荏苒间已到十时半矣。乃动手翻译近五、六百字，又写第二信与兰子。十二时一刻石声泰先生来访，见蒋、李未到，翻身复去坚道寻觅，一时许回来，言蒋先生不知何处去？李亦难以寻觅，余乃与石先进饭厅，一时三刻李始来到，自购饭票，饭毕，余托其带致袁兰子信，衣料则不肯，谓恐被海关检查扣去也。余不得已，将第二信从封中取出，另换一信封，将信托其带去。[5]

8月　女儿辞武汉大学教职，与丈夫顾耕（即严国柱，顾耕为笔名）北上。

---

1 《武大全体教职员发表对时局宣言支持中共政策建立新中国》，汉口《大刚报》1949年5月26日第4127号第2版。

2 据武汉大学档案馆藏件。

3 《苏雪林作品集·日记卷》第1册，第198页。

4 《苏雪林作品集·日记卷》第1册，第202页。

5 《苏雪林作品集·日记卷》第1册，第202—203页。

我在性格上不是适合当教师的材料。这就是我后来决心离开武大的一个原因。另一原因是，我不愿继续在父母营造的巢里做一只小鸟，我想凭自己的双翅飞向广阔天空。……8月，我和顾耕离开武大，北上去闯自己的路。[1]

9月3日　上午，苏雪林得杨润余信，“言兰子已赴湖南”[2]。

9月15日　苏雪林“今日下午六时，赴仰安寓会见杨东莼先生，得知武大周鲠生、杨端六夫妇确已被逐，现主校政者为邬保良”[3]。

10月1日　中华人民共和国成立。

10月16日　上午，苏雪林致信袁昌英[4]。

10月24日　汉口《大刚报》第4287号第4版刊登消息《武大教授筹组新政治学研究会》：

武汉大学名教授周鲠生、徐懋庸、邬保良、查谦、沈敏荪、何定杰、董子通、杨端六、周新民、张培刚、余长河、袁昌英、李崇淮、谭崇台、桂质廷等八十九位，感于置身于此新的伟大人民时代，应随时能掌握新的政治问题。为期对于新的政治问题能随时共同研讨交换意见起见，特发起筹备“新政治学研究会”。该会的筹备启事上说：“凡本校教职员及同学对政治有兴趣者，均请自由参加”。现该会已定于本月二十四日在武大法学院举行第一次座谈会。预计该会成立后，对武大人一般政治水平，当可提高。

11月23日　苏雪林得袁昌英信。

今日出乎意外，居然接得袁昌英女士信，报告武大近况，言武大经过接管后，去职者五人：为叶雅各、曹胜之、朱萃濬、韦润珊、赣家学。[5]

---

1 《写给恋人》，第352—353页。

2 《苏雪林作品集·日记卷》第1册，第206页。

3 《苏雪林作品集·日记卷》第1册，第212页。

4 《苏雪林作品集·日记卷》第1册，第225—226页。

5 《苏雪林作品集·日记卷》第1册，第239页。

11月29日 在文学院101教室听徐懋庸演讲《职员学习问题》。

12月2日 填写《国立武汉大学教职员调查表》[1]。

1 原件藏武汉大学档案馆袁昌英档案内。

1950年

57岁

2月18日　苏雪林致信袁昌英[1]。

3月1日　苏雪林致信袁昌英[2]。

3月13日　苏雪林得袁昌英信，“将余《国殇乃无头兵〔战〕神说》寄回，余获之不胜之喜”[3]。

3月15日　上午，苏雪林致信袁昌英[4]。

3月　为响应中南区教育工作会议关于缩减教育经费的号召，武汉大学发起自愿减薪运动，袁昌英夫妇各减162分[5]。

5月　参加武汉市第一次文学艺术工作者代表大会，并在大会上发言。

6月19日　发表《一双眼睛两个世界》，载汉口《大刚报·新妇女》第4期。

6月27日　发表散文《我在经过圣火的洗礼》，载《新武大·珞珈山》第5期。

8月12日　下午，苏雪林致信袁昌英[6]。

9月5日　苏雪林“下午写信……并将袁昌英君信附入，嘱经国加封分寄”[7]。

9月　儿子杨弘远从私立武昌东湖中学毕业，考入武汉大学生物系。1954年毕业，留校任教。

10月28日　作《商讨“日耳曼”命名的来源》，载《翻译通报》月刊1950年

1　财团法人苏雪林教授学术文化基金会主编:《苏雪林作品集·日记补遗》，苏雪林文化基金会2010年9月版，第25页。下文仅著录书名和页码。

2　《苏雪林作品集·日记补遗》，第31页。

3　《苏雪林作品集·日记补遗》，第37页。

4　《苏雪林作品集·日记补遗》，第38页。

5　《武大减薪运动中的典型例子》，汉口《大刚报》1950年3月14日第4413号第4版。

6　《苏雪林作品集·日记补遗》，第100页。

7　《苏雪林作品集·日记补遗》，第115页。

11月15日第1卷第5期，文末署“一九五〇，十，二十八日”。

10月　国家教育部发布通知，取消大学名称中的“国立”二字。

11月11日　作杂感《放眼看当前》，载《新武大》第14期，文末署“一九五〇.十一.十一.草于珞珈山”。收入中南文艺界抗美援朝宣传委员会编《开展抗美援朝的创作运动》(抗美援朝文艺丛刊)，中南人民出版社1950年12月初版，文末署“一九五〇，十一、十七草于珞珈山武大”。

11月26日　汉口《大刚报》第4675号第4版刊登陈海燕的《我们反对收听“美国之音”——记武汉大学教授们的谈话》。节录如下：

袁昌英教授说：“作为一个人民，我们要认清敌友，分别是非：‘美国之音’是美帝所谓‘神经战’的中枢，它不但欺骗全世界，而且也欺骗他本国的人民，它的目的就是麻醉人民，使人民丧失反帝的斗志，如果因为收听‘美国之音’而使自己心神不安，情绪不宁，精神上受威胁，那真是太不合算也太愚蠢了，解放前我偶尔也曾听听‘美国之音’，觉得即令是它所播送的音乐也是怪腔怪调，靡靡之音不堪入耳的，这也就是它文化侵略的一部分，不说别的，就只说为了自己精神上不受腐蚀，我们也应拒听‘美国之音’，我主张武大开一个反对收听‘美国之音’的座谈会，同时也希望全武汉全中南展开一个反对收听‘美国之音’的运动。以宣传的力量来使大家都不听‘美国之音’。”

11月29日　陈海燕发表《美帝给中国学生的“教育”——访武汉大学袁昌英教授》，载汉口《大刚报》1950年11月29日第4678号第4版。全文如下：

武汉大学外文系教授袁昌英先生生动地向记者叙述了她所见到的美帝国主义在“文化”、“教育”等幌子下侵略中国的种种罪行。

袁先生首先说明，她幼时曾在上海一个美国人办的教会学校“中西女塾”里读书，这个学校的校长和绝大多数教员都是美国人，完全施行着“美国式”的教育。学生读的书全部是英文的，连中国史中国地理也是英文。中文每周不过二小时，是由一个很老很老的先生教的，教的都是些诗云子曰之类不中用的东西。

在那种教育之下，学生根本学不到一点中国的东西，一般的人连一封中文信也不会写，说起中国话来也都结结巴巴的；他们只晓得一点英文，会话是英文，写字是英文，上课自然更不用说也是英文。

袁先生说：“就如我罢，直到现在我对一些地方的中文名字都还是很生疏的，我对他们的英文字却很熟悉，在我知道Yokohama和Tokyo的时候，我是不知道横滨和东京的；对于一些最普通的地名如台湾和朝鲜，我也是首先知道它们的英文名字Fumorsa和Korea，而后才知道他们的中文名字。”

袁先生继续说，中西女塾使学生们完全与自己的祖国的语言文字相隔绝还不过是次要的事情，主要的是那些美国教师们在精神上思想上对年幼无知的学生们的麻醉和毒化。比如说，美国教师总是告诉学生，日本原来是野蛮落后的，只是因为美国的“帮助”才变得“文明”、“进步”；菲律宾原来是弱小、“无自治能力”的，只是因为美国的“帮助”才有可能“独立”；中国是“野蛮”、“腐朽”、“愚蠢”的，现在美国人也正在“帮助”她、“教育”她。总之，美国是“伟大”的、“文明”的、“慈善为怀”的，中国等国家则半文不值，离开了美国的“帮助”仿佛就不能生存。这些小小的孩子知道甚么，那经得日复一日的“教育”，自然就信以为真了。所以中西女塾（包括其他教会学校）出来的学生都是有着根深蒂固的“亲美”“崇美”“恐美”思想的，这就是美帝国主义“教育”的“成绩”！

美国教育行政制度，表面上看，好似民主，其实帝国主义的本质是专制蛮横的。谈到中西女塾的行政制度，袁先生更表示无限痛心，她说：“那完完全全是专制的，独裁的，法西斯的和奴役主义的。”她举一个事实说：“中西女塾的学生平日行动和言语都不自由，晚上自修时更不准做一句声，有一次一个同学在自修时笑了一声，旁边一个同学无意中问了一声‘你笑甚么？’美国教师马上便追问话是谁说的，另一个同学答说：‘我们也不知道是谁说的，请不必追问吧！’不料横蛮的美国校长竟因此要开除这个答话的同学，虽经全校同学抗议也无效。后来全体同学为这件事全体退学，但终以当时上海没有别的学校可进，而一般家长又怕事，僵持两月后只好又复学了。复学的时候，美国人作威作福，要每个人写悔过书，缴五块现洋的罚款，学生经过这种折磨，自尊心完全没有了，民族意识也消除无余。”袁昌英先生愤恨地说：“美帝国主义就是要摧残我们的精神，毁损我们的人格，借以达到他奴役我们的目的呀！”

借中西女塾的例子，袁先生总括地说出了他〔她〕对美帝假“教育”之名而行文化侵略之实的意见，她表示，一般缺乏认识的人总以为美帝国主义坏虽然坏，但总算替中国造就了不少的人才，殊不知美帝之所以搞“教育”、办“学校”，根本就是为他自己服务的。造出一些人才来，也不过是一些忘记了祖国的，“洋化”了的，忠心替美帝服务的奴才。袁先生指出，中国留美女学生何止两三千，但是她们回国后对中国的贡献却不大，其原因就是因为美帝根本不给这些学生学到有利于中国的东西；至于那些自命为高等华人的人，她们学到的更只是满口英文，一脑子“摩登”和美国腐化的奢侈、繁华及一切享受，她们回国后只能在上海之类的大城市里卖膏药，而不能到内地去，因为内地不能供给他们享受，而他们又连中文也不会说！至于他们受美帝毒化了的思想则更糟糕，一切是美国好，鄙视中国，鄙视中国的人民，鄙视中国的一切。袁先生最后郑重地说：“想想一个纯洁的中国孩子或中国青年被美国‘教育’成了这末一种连祖国也忘记了的‘人才’，这是何等可怕的事实！看到了这可怕的事实难道我们还不认识美帝文化侵略的毒辣和危险，难道我们还有所留恋不奋起参加抗美援朝的伟大行列吗？”

12月8日　汉口《大刚报》第4687号第2版刊登陈海燕的《把仇恨化为力量！——记武大师生员工控诉美帝罪行大会》。节录如下：

袁昌英教授进行控诉时显得非常激动，她控诉的是三十多年前她在美帝侵略工具上海“中西女塾”读书时所身受的奴役教育；她揭露了美帝毒化中国学生思想的种种阴谋，如不让学生读中文以消灭其祖国观念，吹嘘“美国生活方式”和毁谤中国人民以树立其洋奴心理，施行法西斯管制以打击其反抗情绪等。袁先生最后热情地说：“几十年来，这些怨愤一直积累在我的心头上，我无时无刻不记着它们；今天，我觉得非把它说出来不可了；我要让大家知道，美帝国主义是怎样对待我们中国学生的；我要让帝国主义知道，我们中国学生是怎样痛恨他们，怎样坚决打击他们！”

12月　雷海宗发表《翻译中的小问题一束（二）》，载《翻译通报》月刊第1卷第6期。此文“附论”部分如下：

本文第一则（德意志与日耳曼）在本刊第四期发表后，承袁昌英先生对“日耳曼”命名来源的问题提出商讨（本刊第五期第十二页），笔者非常感激。对于袁先生提出的一点，谨简单奉答如下：

（1）袁先生所提出的意为表亲的法文字germain，在英文中及欧洲多数属于拉丁体系的语言中也有，都来自拉丁文中的germanus一字，为“同胞兄弟姊妹”之意。

（2）在古拉丁文中，除第一字母大写或小写的分别外，这一个字同时有“日耳曼人”与“同胞”两个完全不同的意义。

（3）古拉丁文中“日耳曼”一词的来源，是欧洲学者曾作过不少专门的反复讨论的一个问题。这种讨论的性质与过程，此处无需介绍。总的结论可分两方面讲：积极方面，认为是来历不明；消极方面，认为同一字的大写与小写，只是一种巧合，并无任何字源上的关系。这种情形，在所有的文字中，尤其是在拼音的文字中，都是可以遇到的事。或出偶然，或出误会与附会，两个字极相近似，甚至完全相同，而实际毫无关系。

（4）袁先生所想到的，无意中与古人不谋而合，远在二千年前罗马人就已感到此事的可怪。在古典拉丁文的作品中，就已有人把这大写与小写的两个字，作为行文时的谐语去应用。

1951年

58岁

1月15日　发表论文《对叶译“法斯托给苏联作家的信”的几点商榷》，载《翻译通报》月刊第2卷第1期。

1月22日　中午，苏雪林得香港“戚神父转兰子信一封，知兰子每周上课三门，共为八小时，每门皆有课卷要阅，故甚辛苦，惟痔疮割去，共休养二个月云”[1]。

1月24日　下午，苏雪林致信袁昌英[2]。

3月6日　苏雪林得袁昌英信。

> 接袁兰子及宏〔弘〕远信各一封，其中附有剪报多份。兰子谓十一月廿日寄我信，何以未接到复函，甚为焦灼，故写此信。余甚为感动，答以法文信，以避免检查之烦也[3]。

3月8日　上午，苏雪林致信袁昌英，因“信件检查严厉，乃用法文写之，居然写了两页”[4]。

3月26日　参加武汉市第二次文学艺术工作者代表大会。

5月15日　发表论文《翻译工作的组织问题》，载《翻译通报》月刊第2卷第5期。

8月22日　苏雪林致信袁昌英[5]。

秋　杨静远患肺病，带刚出生的女儿严崇到武汉大学休养。外孙女一直陪

---

1 《苏雪林作品集·日记卷》第1册，第268—269页。

2 《苏雪林作品集·日记卷》第1册，第270页。

3 《苏雪林作品集·日记卷》第1册，第300—301页。

4 《苏雪林作品集·日记卷》第1册，第301页。

5 《苏雪林作品集·日记卷》第1册，第396页。

伴在袁昌英身旁，直至1962年被杨静远接回北京上学。

10月19日 汉口《大刚报》第4999号第5版刊登消息《武汉大学全体教授、讲师、助教联名来信 坚决反对美制非法对日和约 决心做好教学研究工作，热烈地参加抗美援朝等三大爱国民主运动》。袁昌英列名“来信”中。

1952年

59岁

1月12日至5月26日　武汉大学开展“三反”运动。

5月26日至9月5日　武汉大学开展“思想改造”及“交待关系”运动。

6月15日　发表论文《对英译〈实践论〉的几点意见》(与许海兰合署)，载《翻译通报》月刊第3卷第6期。文后附人民中国社答复，全文如下：

《人民中国》英文版去年五月所发表的《实践论》译文，蒙袁昌英、许海兰两先生提出了许多文字上和对于毛主席著作的翻译原则上的宝贵意见，我们表示由衷的感谢。

我们去年所发表的译文是未定稿，发表后负责翻译的同志们又作了不少的修改，并且还准备修改，所以至今尚未定稿。负责翻译的同志们看了袁、许两先生的意见以后都认为这些意见在修改工作上有极大的帮助。其中有些意见是和他们在修改过程中所发现的不约而同的；这就鼓励了他们对于修改的信心；有些是他们自己没有见到的，是一个很好的启发，他们准备吸取这些宝贵的意见。

由于负责翻译《实践论》的同志们目前还不能定稿，因此，对于袁、许两先生所提意见的详细项目，一时不能作具体的、确定的书面答复。但是，我们是竭诚欢迎更多的批评和建议的。

四月十八日

7月22日　《思想改造快报》(武汉大学思想改造学习委员会办公室宣传组编)第24期公布第二批“群众认为检讨满意或基本上满意予以通过者”名单，袁昌英在列。

9月10日　填写《高等学校教师登记表》[1]。

是年　写有一本读书笔记[2]。

1　原件藏武汉大学档案馆袁昌英档案内。

2　原件藏湖南省醴陵市袁昌英纪念园。

1953年

60岁

是年 全国进行院系大调整。到1953年10月，武汉大学院系调整工作顺利完成。文学院的中文系和历史系无变动，哲学系1952年合并到北京大学，外文系的英文组并入中山大学，俄文组与南昌大学等校俄文系合并成立武汉大学俄文系。袁昌英由外文系调到中文系，讲授外国文学。袁昌英和杨端六都被评为四级教授。

> 武大原外文系撤消，合并到中山大学，她则调到中文系讲外国文学。为了译介先进的苏联资料，她经过几年苦学，基本学会了俄文。为了表达对领袖的敬爱，她把毛主席诗词译成英文。那几年，家庭气氛充溢着少有的和谐温馨。[1]

1 杨静远:《母亲袁昌英》,《飞回的孔雀——袁昌英》，人民文学出版社2002年1月版，第73页。

1954年

61岁

3月1日 发表译作《我的创作经验》(苏联恰可夫斯基原著),载《长江文艺》3月号。

3月24日 《新武大》第110期刊登消息《在为教学服务的原则下 中文系教师开始了科学研究工作》,称“袁昌英、张月超先生在讲授‘外国文学(一)’,几个月来已写了十数万字以上的讲稿”。

11月11日 晚上,参加中国作家协会武汉分会召集的关于批判《红楼梦》研究的错误观点座谈会,并在会上发言[1]。

11月13日 《新武大》第129期刊登《袁昌英教授的发言》(系袁昌英在关于批判《红楼梦》研究的错误观点座谈会上的发言)。

12月1日 发表评论《砍断前进中的绊脚绳索》,载《长江文艺》12月号,收入华东作家协会资料室编印《红楼梦研究资料集刊》,作家出版社1954年版。此文即袁昌英在关于批判《红楼梦》研究的错误观点座谈会上的发言。

12月25日 参加武汉市第三届文学艺术工作者代表大会。

12月29日 《长江文艺》编辑部邀请袁昌英、刘绶松、程千帆等参加武汉市第三届文代会的部分专业文艺工作者和工人作者30余人举行座谈会,听取他们对《长江文艺》各方面工作的批评。其中,“袁昌英同志认为《长江文艺》在组织、发表翻译稿件方面缺乏计划性。有时主动和编辑部联系,提出翻译计划,编辑部也置之不理”[2]。

是年 加入中国作家协会,会员证编号为“0021”。

---

1 《新武大》1954年12月31日第135期。

2 记者:《对〈长江文艺〉底缺点和错误的批评——武汉市第三届文代会代表座谈会上对〈长江文艺〉的意见》,《长江文艺》1955年2月号。

1955年

62岁

2月23日 参加中国作家协会武汉分会举行的关于开展对胡风资产阶级唯心主义文艺思想批判的座谈会[1]。

2月27日 上午，参加武汉大学中文系教师及学生代表在办公大楼会议厅举行的批判胡风“资产阶级文艺思想”座谈会[2]。

5月27日 下午，武汉大学中文系教师和学生代表举行声讨胡风“反党集团”座谈会。袁昌英在会上发言[3]。

8月 武汉大学开展“肃反”运动，至1956年6月26日结束。

11月8日 填写《干部履历表》[4]。

12月25日 政协全国委员会视察小组贺贵严、王瑶、孙荪荃三人来武汉大学访问，李达校长及李剑农、袁昌英、刘永济、燕树棠等教授参加接待和座谈。

是年 与潘耀瑔合编讲义《外国文学（一）》。

---

1 何奇:《湖北省、武汉市开展对胡风文艺思想的批判》,《光明日报》1955年3月7日第2065号第2版。

2 《中文系教师举行批判胡风资产阶级文艺思想座谈会》,《新武大》1955年3月5日第144期。

3 《中文系师生举行座谈会 声讨胡风反党集团罪行》,《新武大》1955年6月4日第156期。

4 原件藏武汉大学档案馆袁昌英档案内。

1956年

63岁

4月10日至14日　参加中国人民政治协商会议湖北省第一届委员会第二次全体会议并发言，被增选为湖北省政协第一届委员会特邀委员，被推选为文电起草委员会委员[1]。

5月12日　发表散文《参观苏联展览会的感想》，载《新武大》第192期。

6月30日　申请加入中国民主同盟，介绍人为周大璞、许俊千。8月28日，周大璞所在民盟小组审查通过其申请："袁昌英同志历史上有污点，但已交代清楚。解放后要求进步，能认真学习政治理论和新的业务知识，工作积极热情。缺点是心境有些狭隘，对人容易有成见，考虑问题有些片面。我们同意她入盟的申请。"[2]9月19日、29日，中国民主同盟武汉市委员会、中国民主同盟湖北省委员会先后批准、同意吸收其为民盟盟员。11月4日，袁昌英在中国民主同盟《誓词》上签字。

9月23日　致信中国青年出版社。信封上寄信人地址为"武昌珞珈山武大二区十六号"，收信地址及收信者为"北京东四区十二条老君堂十一号中国青年出版社"。中国青年出版社收信时间为1956年9月27日。

中国青年出版社负责同志：

顷接你社外国古典文学读物选题（草案），细心阅读之后，觉得这个规划很好。这样一批读物一一出版后，给我们青年对于西欧、东欧、亚洲各国古典文学打下一个相当雄厚基础，对于将来深入一步读外国古典文学就有比较广泛的根柢。

1 《湖北省政协历史资料选编（1950.10—1988.4）》，中国人民政治协商会议湖北省委员会办公厅1991年4月编印，第190—191页。

2 据湖南省醴陵市袁昌英纪念园袁昌英生平业绩陈列馆展件（原件复制品）。

可是我认为法国古典作家那芳滕的寓言（*Fables*—La Fontaine[1]）应该加入在这个规划中。他这个一百多个寓言，不特故事有趣，艺术高超，而且反映当时社会（法国十七世纪）生活，讽刺意义尖锐，人民性特别强。他这些寓言诗译成诗体颇不容易，我认为最好译成简洁的散文体比较适宜。这个不成熟的意见，请考虑一下，谢谢！此致

敬礼

袁昌英

九月二十三日

是年 杨端六参加中国国民党革命委员会。

1 今通译拉封丹寓言。

1957年

64岁

2月26日　发表《看京戏“伍子胥”有感》，载上海《文汇报》“笔会”栏。

3月27日至4月3日　参加中国人民政治协商会议湖北省第一届委员会第三次全体会议，被推选为决议起草委员会委员[1]。

4月26日　即日起，武汉大学根据上级要求，开展“整风”运动。

5月7日　在武汉大学参加由《光明日报》编辑部组织的座谈会，会上对党群关系问题和高等教育问题发表了意见。

> 武汉大学教授袁昌英先生说：
>
> 别的学校的先生说，在他们那里，党群之间有一垛墙，在武汉大学，就不是一垛普通的墙，而是铜墙铁壁。有人说，这座铜墙铁壁是以前徐懋庸在这里筑起的，可是徐懋庸离开武大已经四年，而这座铜墙铁壁依然屹立不动，原因何在。
>
> 我感觉到，武大党群之间的铜墙铁壁，徐懋庸，有“功劳”，但总的说来，是有些党员的特权阶级的作风筑成的。比如平日在我们非党的先生之间，见了面总是点头招呼，话话家常，谈谈工作，人情味很重。可是党员见了我们，便正襟危坐，两眼朝天，显出一付党员样子。见了面有时还略一点头，有时连头也不点。根本不同我们接近，大约是怕与我们这些“落后”的人接近，失掉“党性”吧。他们既然以冷脸对人，知识分子也有知识分子的性格，也难热脸相向。这样，在党群之间怎能不有一座铜墙铁壁。
>
> 有人说，武大这座铜墙铁壁，把人分作三个方面了：党员是甲方人员，党外的知识分子是乙方人员，还有一些积极分子是丙方人员。这些积极分

---

1 《湖北省政协历史资料选编（1950.10—1988.4）》，中国人民政治协商会议湖北省委员会办公厅1991年4月编印，第230页。

子是铸墙的积极分子，因为党员从来不与党外的知识分子接近，只是依靠这些积极分子来了解党外知识分子的思想情况，而这些积极分子汇报的，又不是真实情况，而是为着表示自己积极的情况，这样一来，这垛墙壁自然是愈来愈是加深加厚了。

在武大，党员的特权阶级作风，随处可以看到，随便举一个小例子，有一次，家属委员会检查各住宅的防火工作，检查到人事处一位党员家里，这位党员却大声叫骂，把那位负检查责任的女同志骂得哭着出来了。大家只好摇头叹息，有什么办法。又如各家有客人留宿，必须到保卫委员会去报告一下。可是有的党员家里来了客人，要他去报告，便说他不必报告，说他们党员家里来的客人，没有什么靠不住的人。这当然难怪人家把党员看作特权阶级了。

我觉得，在武大，民主空气非常不够，谁提意见，便会被扣上一顶大帽子。有一次，我们住宅区的合作社要撤销，大家感到买菜等等要上坡下坡，非常不便，请求不要撤销，没有允许，于是大家便签名上书再一次要求考虑不要撤销，可是结果不但事情没有办到，还扣上了一顶大帽子，说这是请愿，是“反党、反领导”。这真是把大学教授当作小孩子来吓虎了。“长期共存、互相监督”的方针提出来以后，学校党的领导叫大家提意见，我当时心里有顾虑，但觉得不提又不好，就提了些小意见，不敢提大意见。后来又怎样呢？有些党员不高兴了，说“袁昌英意见可多哪！”

我认为，解放起到“百花齐放、百家争鸣”方针提出来以前，那才是初春天气，乍暖乍寒，正合着“四月八，冻煞鸭”的一句俗话，知识分子一方面心里非常欢喜，一方面又有些畏寒，自从听了毛主席的讲话，这才感到是春暖花开的时季了。要把武大搞好，必须打破这垛铜墙铁壁，党员有责任，群众也有责任。党团领导不能自视为特殊人物，应当把群众，把党外知识分子看作一家。不过，现在离这个要求还远得很，还是希望而已[1]。

武汉大学教授袁昌英先生说，她是讲授西洋文学的，有时候在讲课中

1 《武汉知识界谈党群关系问题》，《光明日报》1957年5月17日第2855号第3版。

引用一句英文或法文的句子，就被学生批评这是资产阶级的。……

……

武汉大学教授袁昌英先生希望报纸替她叫一叫，问一问高教部。她说：高等教育部在院系调整的时候，随随便便把武汉大学的外文系取消了，当时对外文系的先生和学生来说，是一个莫大的打击。有一位老先生听到这个消息，当场就气得吐了血。去年说要恢复英文专业，大家很高兴，叫我做计划，很快便做好了。可是送上去，却石沉大海。问学校，学校也说不知道。希望高教部给一个明确的指示，到底办不办？不办，又是什么理由？[1]

5月16日、17日 两天下午，李达校长邀请刘永济、桂质廷、谭戒甫、杨端六、燕树棠、曾昭安、袁昌英、刘迺诚8位老教授举行小型座谈会，畅谈学校人民内部矛盾问题。袁昌英的发言刊登在《学习简报》（武汉大学政治学习委员会编）1957年5月24日第3期，题为《袁昌英教授说：某些党员有老爷作风 有些人的潜力没有得到发挥》。

7月2日、3日 晚上，参加民盟武汉大学支部召开的全体盟员大会并发言[2]。

7月19日 上午，武汉大学中文系继续揭发批判程千帆“反党反社会主义”的罪行。会议在第一会议室举行，到会的除中文系全体教工、研究生，还有九三学社的社员和许多大字报记者。程千帆检讨后，周大璞、王文生、张月超、袁昌英等相继发言[3]。

1 《武汉地区一部分教授在本报座谈会上说：请高等教育部听听我们的声音》，《光明日报》1957年5月19日第2857号第3版。

2 《民盟支部连日来举行会议 揭露和批判反党、反社会主义的言行》，《学习简报》1957年7月6日第17期。

3 《在全校师生员工愤怒声讨下 右派“元帅”程千帆作初步检讨 但对于许多重要交代问题避重就轻仍不老实》，《学习简报》1957年7月20日第33期。

1958年

65岁

1月3日　被划为“极右分子”[1]。杨端六也被划为右派。儿子杨弘远在政治高压下，与父母分居并划清界限。

弟弟和父母的聚散离合，随着政治风云的变换起伏，几十年中几经波折，最后演成“文革”中的彻底决裂。这是一幕人间悲剧，而悲剧的酿成，不能全由个人负责，更不是一个个人品质问题。这是一个时代的悲剧，社会的悲剧，是那个时代不可胜数的类似的家庭悲剧中的一桩。

不幸的弟弟和我不同。我由于远走高飞，受父母的牵连较少。而他，还是一个十几岁的孩子，就因“和反动家庭划不清界限”而屡受批评“帮助”。不断重复的词语和它所携带的观念，像重锤一样不住地敲击他单纯的头脑，像烧红的磙子一样来回碾压他稚嫩的心，烙进他的意识，化为血肉和思想。1957年的变故后不久，已毕业于武大并留校任助教的弟弟，在高压下与父母分居。[2]

5月31日　湖北省政协举行第三十次常委（扩大）会议，通过关于撤销右派分子袁昌英等29人的湖北省政协委员资格的决议。

关于撤销右派分子戴今生等二十九人的委员的资格的决议

中国人民政治协商会议湖北省第一届委员会常务委员会第三十次会议根据中国人民政治协商会议章程第五条的规定，决定撤销右派分子戴今生、晏勋甫、皮宗石、耿伯钊、雷济东、廖若平、李肇基、王一蛟、程千帆、汤文选、陈子荣、袁定九、陆华柏、庄开熙、赵春珊、李殿卿、邓介松、

1　据武汉大学档案馆所藏《极右分子袁昌英的定案结论书》。

2　杨静远：《咸宁干校一千天》，长江文艺出版社2000年1月版，第194页。

李素民、李赋京、燕树棠、袁昌英、章锡昌、王文瀛、章裕昆、贺觉非、田竺僧、章导、粟寄沧、陈明治等二十九人的中国人民政治协商会议湖北省委员会委员的资格。（以上戴今生等二十九人被错定为右派分子问题，均已改正，恢复名誉）[1]

12月16日　湖北省高级人民法院宣判袁昌英为“历史反革命”，开除公职，作出管制2年的刑事判决。因当时袁昌英年老体弱，没有遣送外地劳改，留在武汉大学校园内，由街道干部监督，清扫街道。

是年　全国进入“大跃进”时期。武汉大学“拔白旗”运动在七八月达到高潮，并深入各个学科领域，一批老教授、专家学者遭到学生批判、贬斥。袁昌英、刘永济、胡国瑞等教师被点名批评。

1959年

66岁

10月　儿子杨弘远在武汉大学生物系小组会上发言，谈到“家庭问题”时说：“母亲是右派又划为历史反革命分子，思想包袱就重了，和家庭关系不知如何处理好 。”[2]

是年　侄孙袁德香每逢节假日住进袁昌英家，并得到姑婆婆袁昌英的关照。日后，袁德香对袁昌英夫妇的生活多有帮助。

---

1 《湖北省政协历史资料选编（1950.10—1988.4）》，中国人民政治协商会议湖北省委员会办公厅1991年4月编印，第269页。

2 据武汉大学档案馆藏件。

1961年

68岁

8月25日 吴宓到武汉大学访刘永济，得知袁昌英等为右派分子，认为他们是“咎由自取”。

> 夕5:00荆门轮船抵汉江汉码头停泊……甫出码头界线，即有呼“吴伯伯”者……直导宓至校内老二区19号刘弘度兄家中，见弘度兄、黄惠君嫂……然后宓与弘度兄对坐谈，互述改造、工作、生活之大概，并及若干熟人之遭遇及变迁（兹不及一一记）。旧外文系中袁昌英、顾绶昌夫妇、徐东学、盛丽生皆右派分子，朱君允亦获重咎，但免列右派，程会昌为大右派，今以病归，每日放牛，居沈祖棻家。皆咎由自取。[1]

是年 袁昌英应武汉市统战部要求，写过两篇对台演讲稿，号召在台亲友为大陆效力。

1 《吴宓日记续编（1961—1962）》第5册，生活·读书·新知三联书店2006年4月版，第149—150页。

1962年
69岁

年初 杨静远携6岁儿子前往武汉大学探望父母，劝说与父母划清界限的弟弟回到父母身边。杨弘远一家搬回特二区16号，与父母住在一起。

> 1962年，国家饱尝了“大跃进”失败导致的三年经济困难苦果而进入“调整巩固”期，政治空气一度趋于和缓宽松。
>
> 这一年，父亲的最后一部专著《清代货币金融史稿》由三联书店出版。母亲已解除了街道管制，不再扫街，而是在家闲居，进个城过个江也无需请示批准。年初，我带着6岁的儿子去武大探望父母，我抓住时机，协同几位亲友，对弟弟进行劝说，终于使他一家重又搬回特二区16号，和父母同住。母亲虽然还要等待两年才被摘掉“帽子”，但创伤多少平复，儿子又回到身边，日子好过多了。这趟探亲，解决了家中迁延数年的大难题，老人生活有了照顾，我感到十分欣慰。又过了两年，母亲头上那顶磐石般的帽子终于搬掉，虽没有恢复职务，但至少可以作为一个普通百姓、一个家属，平平静静生活在珞珈山上。[1]

是年 国家进入调整巩固时期，政治气氛趋于和缓宽松。袁昌英被解除管制，不再扫街，在家闲居，进城过江无须请示批准。

---

1 杨静远:《咸宁干校一千天》，长江文艺出版社2000年1月版，第195页。

1964年

71岁

是年 “右派”帽子被摘除，未恢复职务。

是年 侄女杨宜福从长沙到武昌参加会议，会后乘车到珞珈山看望袁昌英夫妇。杨端六身体状况不好，患腰疾，行走艰难吃力。

> 1964年，我从长沙去武昌参加一个会议，会后便乘车到珞珈山武大宿舍看望伯父母，他们是和儿子弘远住在一栋楼房，见到我非常欢喜，十几年未见，两位老人家都老了许多，端六伯父因有腰疾，行走缓慢而吃力，见此，我的心情颇感沉重，当晚，我就住在他们家中，和昌英伯母同睡一床，两人轻轻絮语直到夜半。
>
> 昌英伯母自1957年被错划为右派后，身处逆境，承受着精神上的种种打击，但在言谈中，我感觉得到，她的意志并未消沉，她将竭尽全力，再投身于她所喜爱的外国文学研究工作。
>
> 谈到端六伯父，伯母不由得锁起双眉。伯父有腰疼的毛病，每逢疼痛发作，行动十分困难，不但起床、睡下要人帮助，就是站起坐下也需伯母搀扶，伯父既高也胖，对身材瘦小的昌英伯母来说，是很感吃力的。一次，端六伯父腰疼病发作，夜间昌英伯母扶他起床往靠近床边的便桶大小便，伯父坐下时，昌英伯母力乏支撑不住而坐歪了，将便桶打翻，端六伯父跌坐在地上动弹不得，急得伯母忙将在她们家帮佣多年的老崔妈唤醒，两人用力，好不容易才将伯父扶到椅上，待她俩将伯父安顿好睡下，将室内收拾干净时，东方已渐发白了。[1]

1 杨宜福:《回忆伯母袁昌英》，杨静远编:《飞回的孔雀——袁昌英》，人民文学出版社2002年1月版，第127—128页。

1966 年
73 岁

9月5日 杨端六病故，并被作为“反革命分子”处理，不留骨灰。杨弘远因迫于压力，再次与母亲划清界限，而这次是更彻底的决裂[1]。

是年 “文化大革命”开始。

1968 年
75 岁

是年 被学校赶出特二区16号，指令住到一区4号一间8平方米小屋。靠原保姆及远房侄子袁洪才、侄孙袁德香隔三差五帮她干点买煤、装炉子等体力活。女婿单位的造反派来找她外调，偶然看到一本小书上有乱画的字迹，硬逼着她承认是反动标语。袁昌英再三解释不是她画的，造反派不由分说，狠狠打了她一耳光，还要扭送派出所，直到邻居家小孩主动说是他画着玩的，才解了围。

> 母亲那年75岁，过度的悲苦使她变得衰老，再也不是那精力充沛神采奕奕的老教授了。她已没有生活自理的能力。一直在我家帮工的保姆崔妈，现在给一区几家做钟点工，每天过来帮她干些家务。住在武昌的侄子洪才和侄孙德香，每隔一段时间上山来帮她做些体力活，如钉个木架、装炉子、买煤。[2]

1 杨静远：《咸宁干校一千天》，长江文艺出版社2000年1月版，第196页。

2 同上。

1969年
76岁

1月 因破“四旧”，上交银圆、白银、黄金等物，折合人民币545.21元，由武汉大学转存中国人民银行武昌区解放路办事处[1]。

9月底 女儿杨静远下放到湖北省咸宁“五七”干校[2]。

秋 林彪“第一号令”下达，各城市为战备而驱逐“五类分子”。袁昌英也在被逐之列。

---

1 据武汉大学档案馆藏件。

2 杨静远:《咸宁干校一千天》，长江文艺出版社2000年1月版，第1页。

1970年
77岁

元旦期间 杨静远自咸宁“五七”干校到武汉大学看望袁昌英。

是年 袁昌英被遣返到其出生地湖南醴陵。杨静远联系湖南老家的远亲袁星山，获其同意，接袁昌英去他家长住。袁昌英在老家骆家坳，靠女儿每月汇寄的20元维持生活。

> 1970年元旦，文化部咸宁五七干校放假两天，允许学员请假外出探亲访友。我趁机去武汉看母亲。12月31日下午，我带上13岁的儿子小小，在汀泗镇乘火车北上，傍晚时分上了珞珈山，见到了母亲，和她一起度过了两天。
>
> ……
>
> 这次看母亲，并不是一般的探视，而是要处理一件要事。早在1969年秋，林彪的第一号命令公布后，各城市就为战备而驱逐所有的“五类分子”，名单中自然少不了袁昌英。
>
> 出路有两条，一是由政府分派到任何一个农村；一是遣返到出生地湖南醴陵乡间投亲靠友。第二条显然比第一条好。为此，洪才和德香在我来之前就同老家的一位远亲袁星山取得联系并获同意，接母亲去他家长住。
>
> 在母亲的小房里，我和星山、洪才、德香一起谈妥，由于我不能再请假出来，路上的一切委托星山办理，路费及其他费用我出，下乡后，由我按月汇去生活费20元。[1]

2月 外孙女严崇在其母亲杨静远建议下，趁赴干校探亲之机，前往醴陵看望袁昌英。

---

1 杨静远：《咸宁干校一千天》，长江文艺出版社2000年1月版，第196—198页。

1971年
78岁

春节 杨静远向干校请假，带儿子前往醴陵看望袁昌英。

1971年新年，干校放假3天。我又多请两天假，带着儿子小小同下湖南。那时去醴陵没有直达车，得在长沙转车。元旦是在长沙过的，参观了毛主席旧居等革命圣地。第二天一早改乘浙赣路，9点到达醴陵县城，星山已在车站等候。先沿着渌水江边公路步行一个多小时。然后进入山区，顺着山道又走了一个多小时，中午时分，才到达骆家坳的袁星山家。母亲在房前翘首等待，见到我和小小，脸上露出带哭的笑。[1]

1972年
79岁

春节前 杨静远与长沙堂兄杭伯商议，由袁星山护送袁昌英到堂兄家小住，但所在公社不准。

6月12日 杨静远向连里请假10天，前往醴陵看望袁昌英。这是她与母亲最后一次见面。杨静远帮母亲剪短头发，晾晒箱子里的冬衣，整理散乱堆在桌子上和箱子里的书籍。

1 杨静远：《咸宁干校一千天》，长江文艺出版社2000年1月版，第212页。

1973年

80岁

3月19日　致信杨静远夫妇。

国柱、静远：你们好！

我来农村已有三年多了。目前我患腰痛病，一来由于我住农村不习惯，二来我在侄儿家已麻烦多年了，我一定想来京和你们一起过生活，不过要请你们到北京市公安机关领取接受证，迅即寄来，再由醴陵公安局拨迁移证方可。但是你办手续来不及，那就我叫侄儿先送我来你处也可。事不多写，来京面谈。信到请回音或回电，否则我就先来亦可。

母昌英

19/3[1]

4月28日　离开人世。

杨静远突发急性阑尾炎，住院治疗，无法前往醴陵，遂托付袁星山处理安葬事宜。袁昌英安葬于其父袁家普墓旁，墓址在湖南醴陵西向约7公里转步口骆家坳落凤山上。

就在小小报名插队的头一天，一封加急电报自醴陵来："母故速来醴。"

这封电报给我的感受，我已记不清，也不想再去回味。只记得，我没有哭，哭不出。万种纷乱无序的感觉中，有一种感觉是明确的：她解脱了，再也没有什么能伤害她。我只回了一个电报："因病不能去立即安葬余候信。"

收到电报的次日，4月30日，星山的信来了。信很长，是在母亲去世几

1　原件藏袁昌英后人处。

天前写的（这信我后来转寄给了弟弟，但他没有退还我，我便失去了这封重要的函件）。大意是：上级机关研究了母亲的问题，为她落实了政策，定为人民内部矛盾。正式文件尚未下达，但已个别通知了她。母亲闻讯异常高兴，说："现在我自由了，可以去静远那里了。"又说，母亲患了感冒，正延医治疗。

仅仅几天，她的病情转重，带着美好的愿望离开了人世。弥留时，身边竟无一人。[1]

经她的请求以及根据她在乡下的表现，公社党委终于在1973年给她落实了政策，认为1964年既已摘帽，就不存在所谓摘帽右派的问题。并通知她，她的问题属于人民内部矛盾。在得到通知的那晚，姑母格外激动，彻夜不眠，不断对我们说，共产党好！共产党英明！并连夜向北京的女儿、女婿及其他亲人写信报喜，还准备上北京与亲人团聚。但是这个通知太晚了，因长期折磨，姑母生命力已经耗尽，终因感冒而带发旧病，卧床不起。我急忙去请医师，医师未到，她即离开了人世。乡亲们对姑母的去世都非常惋惜，敲锣打鼓热热闹闹安排了她的后事。姑母逝世的三天前，曾要求我扶她到她父亲的坟前看看，她说："如果我死在乡下，就把我葬在这里。"我遵照她的遗愿，把她安葬在她父亲的墓前，让这只金凤凰安息在家乡的落凤坡上。[2]

1 杨静远：《母亲袁昌英》，《咸宁干校一千天》，长江文艺出版社2000年1月版，第231页。

2 单先太：《袁昌英教授晚年在醴陵》，《株洲文史》第10辑，中国人民政治协商会议湖南省株洲市委员会文史资料研究委员会1986年12月版，第164页。

谱后

1973年

4月30日　袁星山将袁昌英信转寄给北京的女儿杨静远。从信中可知袁昌英最后的境况。袁昌英在去世前，已收到个别通知，上级机关经过研究，为她落实政策，定为人民内部矛盾，不日正式文件将会下达。袁昌英非常高兴，还念叨着："现在我自由了，可以去静远那里了。"但是造化弄人，袁昌英因患感冒引发旧病，不久病情恶化，孤独地死去。袁昌英逝世一年后，其存款12000元被解冻。杨静远从中拨出1000元赠给袁星山一家，4000元赠给骆家坳生产队，生产队用这笔钱买了一台手扶拖拉机[1]。

9月19日　在台湾的苏雪林接美国杨安祥信，得知袁昌英病逝，悲痛不已[2]。

9月22日　苏雪林致信凌叔华，报告袁昌英噩音[3]。

1　杨静远:《母亲袁昌英》,《咸宁干校一千天》，长江文艺出版社2000年1月版，第231—232页。

2　成功大学中国文学系苏雪林作品集编辑小组主编:《苏雪林作品集·日记卷》第6册，成功大学教务处出版组1999年4月版，第346页。

3　成功大学中国文学系苏雪林作品集编辑小组主编:《苏雪林作品集·日记卷》第6册，成功大学教务处出版组1999年4月版，第347页。

1979年

8月13日　中共武汉大学委员会向湖北省文教办公室党组、湖北省高级人民法院党组提交《关于袁昌英问题改正的请示报告》[1]。

8月31日　湖北省文教办公室党组对《关于袁昌英问题改正的请示报告》做出批复，同意中共武汉大学委员会关于袁昌英问题改正的请示报告[2]。

10月9日　湖北省高级人民法院下达刑事判决书，撤销1958年12月16日对袁昌英“判处管制二年的刑事判决”。

湖北省高级人民法院刑事判决书

鄂法（79）刑再字第63号

袁昌英，女，生于一八九四年，家庭出身官僚地主，本人成分教员。湖南省醴陵县人，原系武汉大学中文系教授。因反革命一案，一九五八年十二月十六日经本院判处管制二年。已于一九七四〔三〕年病故。

现经本院再审查明：袁昌英解放前曾充当过国民党中央宣传部专门委员、三青团中央评议员、伪国大代表。上述历史问题袁已于一九五一年、一九五二年陆续交待，肃反中未作审查对象。一九五七年整风运动中划为极右分子，联系历史问题以反革命罪判处管制二年。现武汉大学对其右派问题进行了复查，认为属于错划，已经改正。

根据上述情况，本院认为，袁昌英的历史问题肃反前已作交待，右派已经改正，故对其再以反革命判处管制不当，据此，特判决如下：

撤销本院一九五八年十二月十六日对袁昌英判处管制二年的刑事判决。对袁昌英不追究刑事责任。

一九七九年十月九日[3]

1　原件藏武汉大学档案馆。

2　同上。

3　杨静远：《咸宁干校一千天》，长江文艺出版社2000年1月版，第232—233页。

1981年

5月4日　武汉大学函请武汉市武昌区财政局批转中国人民银行武昌区解放路办事处办理袁昌英所存退款[1]。

5月12日　中共武汉大学委员会审批袁昌英《查抄财物退还审批表》，并“统一退还”[2]。

5月29日　中共武汉大学委员会统战部作出《关于袁昌英杨端六被抄财物退还收据保存说明》[3]。

1983年

2月　剧作集《孔雀东南飞及其他独幕剧》由台湾商务印书馆修订一版，苏雪林编订并序。其中，独幕剧《结婚前的一吻》改题为《文魂》。书后附苏雪林所作《哭兰子》和《谈袁兰子的晚景》。

6月1日　胡乔木对《中国新文学大系》有关编选人员谈话时说：“袁昌英写过《孔雀东南飞》，也是应该注意的，‘文革’前她人还在。”[4]

1　原件藏武汉大学档案馆。

2　同上。

3　同上。

4　《胡乔木传》编写组编:《胡乔木谈文学艺术》修订本，人民出版社2015年1月版，第252页。

1984年

6月4日　中共武汉大学委员会向中共湖北省委科教部提交《关于袁昌英同志右派问题的重新复查结论》，“决定去掉原改正结论中的‘尾巴’”[1]。

7月12日　中共湖北省委科教部作出《〈关于袁昌英同志右派问题的重新复查结论〉的批复》，同意中共武汉大学委员会对袁昌英的重新复查结论[2]。

1　原件藏武汉大学档案馆。

2　同上。

1985年

5月 《袁昌英作品选》由湖南人民出版社出版。内收剧本:《孔雀东南飞》《活诗人》《究竟谁是扫帚星》《前方战士》《结婚前的一吻》《人之道》《文坛幻舞》;小说:《玫君》《我也只好伴你消灭……》《毁灭》《琳梦湖上》;随笔:《巴黎的一夜》《模〔朴〕朗吟教授》《游新都后的感想》《再游新都的感想》《漫谈友谊》《忙》《成都·灌县·青城山纪游》《关于〈莎乐美〉》;附录:《作家、学者袁昌英》(李杨)。

7月16日 苏雪林在台湾收到凌叔华寄自英国的长信,内中写道:"我天天想念你。尤其记得我们在武汉末年及乐山末一年,彼此甘苦相关,可哀可乐的情况,尤其思念兰子,她是情感很深沉的人,她常常含了泪来报告战争情况,又来替朋友们担心,其实她已是自顾不暇了!"[1]

12月 三幕剧《孔雀东南飞》收入上海文艺出版社版《中国新文学大系(1927—1937)》第15集(戏剧集一)。

1 成功大学中国文学系主编:《逝水浮云曾照影 名家与苏雪林书信选》,成功大学中国文学系2007年10月版,第177—178页。

1986年

1月 《袁昌英文选》由台北洪范书店出版，苏雪林编并序。内收《巴黎的一夜》《毁灭》《琳梦湖上》《朴朗吟教授》《游新都后的感想》《再游新都的感想》《新春感言》《行年四十》《爱美》《成都·灌县·青城山纪游》《文学的使命》《论戏剧创作》《沙士比亚的幽默》《歇洛克》《关于〈莎乐美〉》《墨特林的静默观》《短篇小说家契呵夫》《妥玛斯·哈代》和《庄士皇帝与赵阎王》。

1991年

2月 《袁昌英散文选集》由天津百花文艺出版社出版，王之平编并序言；2004年8月再版；2009年6月3版。内收《论女子留学的必要》《巴黎的一夜》《模〔朴〕朗吟教授》《关于〈莎乐美〉》《游新都后的感想》《再游新都的感想》《生死》《漫谈友谊》《在法律上平等》《成都·灌县·青城山纪游》《行年四十》《爱美》《忙》。

1994年

5月 散文集《山居散墨》列为“中国现代小品经典丛书”之一种，由河北教育出版社重印。

1997年

纽约哥伦比亚大学出版社出版《现代中国女作家》(*Writing Women in Modern China*, Amy D. Dooling和Kristina M. Torgeson主编),收有《孔雀东南飞》英译本。

2012年

4月 《巴黎的一夜》由江苏文艺出版社出版。内收小说:《玫君》《我也只好伴随你消灭》《毁灭》《琳梦湖上》;随笔:《巴黎的一夜》《朴朗吟教授》《游新都后的感想》《再游新都的感想》《漫谈友谊》《忙》《成都·灌县·青城山纪游》《关于〈莎乐美〉》《论女子留学的必要》《生死》《在法律上平等》《行年四十》《爱美》《何迷斯》《新春感言》;论著与评论:《创作与批评》《短篇小说家契诃夫》《法国近十年来的戏剧新运动》《易卜生的野鸭》《妥玛斯·哈代》《皮兰得罗》《读王独清君〈诗人谬塞之爱的生活〉》《庄士皇帝与赵阎王》《歇洛克》;其他:《释梦》《伟大的戏剧产生在伟大的时代》《灵魂之探险》《剧作者的胚胎工作》;附录:《作家、学者袁昌英》。

2014年

10月28日　武汉大学文学院、湖南株洲市文联、醴陵市委市政府联合主办袁昌英诞辰120周年纪念活动。当天，在醴陵袁昌英旧居举行袁昌英纪念碑揭幕仪式，并拜谒袁昌英墓，后在株洲市召开座谈会。

2017年

12月24日　作为湖南民盟传统教育基地之一——袁昌英纪念园正式开园。该纪念园位于醴陵市仙岳山街道办事处江源村枫树塘组黎家冲。

附录

袁昌英著译年表

大学男女同校说（书信）

1920年1月12日作于英国爱丁堡大学，载上海《太平洋》双月刊1920年6月5日第2卷第5号，后附李剑农复信。

致《新青年》记者（书信）

1920年3月19日作，见《胡适遗稿及秘藏书信》第31卷，黄山书社1994年12月版。

论女子留学的必要（论文）

1920年7月23日作于巴黎，载上海《太平洋》双月刊1920年12月5日第2卷第8号。

女权论（论文）

载上海《时事新报·时事新报五千号纪念增刊》，署名杨袁昌英；又载奉天《盛京时报》1922年1月1日第4543号第11版，署名杨袁昌英。

释梦（论文）

载上海《太平洋》双月刊1922年2月第3卷第4号，署名杨袁昌英。

创作与批评（译作，法国莫泊三Maupassant原著）

载上海《太平洋》双月刊1922年6月第3卷第6号，署名杨袁昌英。

敬告新当选之女议员（杂感）

载上海《妇女杂志》月刊1922年7月1日第8卷第7号。

《两老》引论（序言）

1922年7月15日作，载上海《太平洋》双月刊1922年12月第3卷第8号，署名杨袁昌英。《两老》（*Les Vieux*），法国A.Daudet原著，杨润余译。

公意之源（杂感）

1922年11月2日作于北京女子高等师范学校，载上海《太平洋》双月刊1922年12月第3卷第8号，署名杨袁昌英；又载上海《兴华报》周刊1923年1月31日第20卷第5期，署名杨袁昌英。

中国妇女参政运动之前途（论文）

1922年11月17日作于北京女子高等师范学校，载上海《妇女杂志》月刊1923年1月第9卷第1号，署名杨袁昌英。

法兰西文学（专著）

列为王岫庐主编“百科小丛书”第1辑第12种。上海商务印书馆1923年1月初版，1923年10月再版，1926年8月三版。署名杨袁昌英。本书目次：“第一章 概论”“第二章 诗词”“第三章 戏曲”“第四章 散文”和“参考书”。

改进中国女子教育之计划（议案）

与刘吴卓生、朱其慧合拟，载上海《新教育》月刊1923年2月第6卷第2期，署名杨袁昌英；又载北京高等师范《教育丛刊》1923年第3卷第7、8集合刊，题为《改进中国女子教育之计划草案》。收入《妇女年鉴》第1回第1册（梅生编），上海新文化书社1924年6月初版。

顾仲起君的《最后的一封信》（读后感）

载上海《小说月报》1923年9月10日第14卷第9号，署名昌英。

灵魂之探险（译作，法国法朗士Anatole France原著）

载上海《太平洋》双月刊1923年12月5日第4卷第4号，署名杨袁昌英。

顾仲起君的《归来》（读后感）

载上海《小说月报》1923年12月10日第14卷第12号，署名昌英。

磨坊里的威罗（*Will of the Mill*）（小说译作，英国史蒂文生Robert Louis Stevenson原著）

载上海《太平洋》双月刊1924年4月5日、6月5日第4卷第6号、第7号，署名杨袁昌英。

短篇小说家契诃夫（Chekhov）（论文）

载上海《太平洋》双月刊1924年12月第4卷第9号，署名杨袁昌英。收入《女作家散文选》（张立英编），上海开华书局1933年12月初版。

觉悟与时机（致《现代评论》记者）（书信）

1924年1月17日作于上海，载北京《现代评论》周刊1925年2月7日第1卷第9期，署名杨袁昌英。后附有S女士写给她的信。

玫君（小说）

载上海《小说月报》1925年3月10日第16卷第3号，署名杨袁昌英。

生存的时间（独幕剧译作，奥地利显尼志劳原著）

载上海《东方杂志》半月刊1925年7月10日第22卷第13号，署名杨袁昌英。

最后的假面孔（独幕剧译作，奥地利显尼志劳原著）

载上海《东方杂志》半月刊1925年12月25日第22卷第24号，署名杨袁昌英。

智识主观说（论文）

载北京《现代评论》周刊1926年1月1日第一周年增刊，署名杨袁昌英。

寂寥似的（*Lonesome-like*）（独幕剧译作，英国勃拉得霍士原著）

载上海《东方杂志》半月刊1926年5月10日第23卷第9号，署名杨袁昌英。

读王独清君《诗人谬塞之爱的生活》（书评）

1926年11月19日作于巴黎，载北京《现代评论》周刊1927年1月1日第5卷第108期，署名杨袁昌英。

致胡适（书信）

1926年12月8日作，见《胡适来往书信选（上）》，中华书局1979年版，署名杨袁昌英。

一只手（小说译作，Georges Eugene Bertin原著）

1926年12月5日作于巴黎，载北京《现代评论》周刊1927年1月1日第二周年纪念增刊。

黑〔墨〕特林的静默论（论文）

载上海《现代评论》周刊1927年12月31日第7卷第160期。初收入《山居散墨》。

妥玛斯·哈底（论文）

1928年作于上海，载上海《现代评论》周刊1928年3月17日第7卷第171期。初收入《山居散墨》。

皮兰得罗（论文）

1928年作于上海，载上海《现代评论》周刊1928年3月31日第7卷第173期。初收入《山居散墨》。

跳舞的哲理观（论文）

载上海《现代评论》周刊1928年4月7日第7卷第174期。初收入《山居散墨》。

游新都后的感想（散文）

1928年春作，载上海《现代评论》周刊1928年4月21日第7卷第176期。初收入《山居散墨》。另收入《现代女作家随笔选》（俊生编），上海仿古书店1936年5月初版。

红蛋（译作，法国作家法朗士原著）

载上海《中央日报·文艺思想特刊》1928年5月3日、10日第4卷第21号、第22号。

前方战士（独幕剧）

载上海《现代评论》周刊1928年5月12日第7卷第179期。收入《孔雀东南飞及其他独幕剧》。

法国近十年来的戏剧新运动（论文）

1928年作于上海，载上海《现代评论》周刊1928年6月第三周年增刊。初收入《山居散墨》。

致胡适（书信）

1928年7月16日作，见《胡适遗稿及秘藏书信》第31卷，黄山书社1994年12月版。

时间是梦幻（剧本译作，H. R. Lenonrmard原著）

载上海《现代评论》周刊1928年9月29日、10月6日、10月13日、10月20日、10月27日第8卷第199期、第200期、第201期、第202期、第203期。

结婚前的一吻（独幕剧）

载上海《现代评论》周刊1928年12月29日第9卷第209期。收入《孔雀东南飞及其他独幕剧》。另收入《戏曲甲选》（谢燕子编），上海群众图书公司1935年10月版。

究竟谁是扫帚星（独幕剧）

载上海《真美善》1929年1月1日一周年纪念号外“女作家号”，署名昌英女士。收入《孔雀东南飞及其他独幕剧》。

法兰西文学（专著）

列为王云五主编“万有文库”第1集。上海商务印书馆1929年10月初版，1933年3月国难后一版。本书目次：“第一章　概论”“第二章　诗词”“第三章　戏曲”“第四章　散文”“参考书”。

玛婷：痛苦的灵魂（剧本译作，法国斑拿原著）

“现代文艺丛书”之一，上海商务印书馆1930年8月初版，1934年1月国难后1版。本书目次：（一）《约翰·夏克·斑拿传（*Jean Jacques Bernard*）》（保罗·伯郎夏著）；（二）《玛婷（*Martine*）》（五幕）；（三）《痛苦的灵魂（*L'Ame en Peine*）》（三幕）。

孔雀东南飞及其他独幕剧（剧作集）

“现代文艺丛书”之一，上海商务印书馆1930年10月初版，1933年3月国难后1版，1935年1月国难后2版，1940年1月长沙国难后3版。长沙版为36开本，其他为32开本。本书收三幕剧《孔雀东南飞》及独幕剧《活诗人》《究竟谁是扫帚星》《前方战士》《结婚前的一吻》《人之道》6个剧本。书首有作者序2篇。

何迷斯（散文）

载南京《文艺月刊》1931年1月30日第2卷第1号。初收入《山居散墨》。

致罗家伦

1931年5月10日作，见罗久芳编著《文墨风华罗家伦珍藏师友书简》，北方文艺出版社2014年7月版。

Shylock（论文）

载武昌《新时代半月刊》1931年5月15日第1卷第2期，初收入《山居散墨》，改题名为《歇洛克》；又载国立戏剧学校1937年6月编印《介绍莎士比亚纪念特刊》。

我也只好伴你消灭于这一切的黑暗中了（小说）

载上海《小说月报》1931年10月10日第22卷第10号。

文学的使命（论文）

1932年2月作，载武昌《新时代半月刊》1932年10月2日第3卷第4期。初收入《山居散墨》。

庄士皇帝与赵阎王（书评）

1932年10月作，载北平《独立评论》周刊1932年11月20日第27号。初收入《山居散墨》。

为庄士皇帝与赵阎王答彦祥先生（评论）

载南京《旁观》旬刊1933年1月11日第8期。初收入《山居散墨》。

笑（独幕剧）

载上海《大陆杂志》月刊1933年3月1日第1卷第9期。

致胡适（书信）

1933年3月3日作，载《胡适来往书信选（中）》，中华书局1979年版，署名昌英。

论戏剧创作（论文）

1934年2月作，载武昌《国立武汉大学文哲季刊》1934年2月第3卷第2号。初收入《山居散墨》。

巴黎的一夜（散文）

载武昌《中兴周刊》1934年4月21日第41期（第2卷第16期）。初收入《山居散墨》。

琳梦湖上（短篇小说）

载北平《文学季刊》1934年7月1日第1卷第3期。初收入《山居散墨》。

绳子（剧本译作，攸勤·奥尼尔U.O'Neill原著）

1934年9月作于南京。载上海《现代》月刊1934年10月1日第5卷第6期“现代美国文学专号”。

再游新都的感想（散文）

1934年9月作，载天津《大公报·文艺副刊》1934年12月1日第124期。初收入《山居散墨》。

春雷之夜（独幕剧）

载南京《文艺月刊》1935年1月1日第7卷第1期。

沙斯比亚的幽默（论文）

1935年2月作，载武昌《国立武汉大学文哲季刊》1935年第4卷第2号。初收入《山居散墨》。

文坛幻舞（独幕剧）

载南京《文艺月刊》1935年4月1日第7卷第4期。

毁灭——纪念一个诗人（小说）

载《武汉日报·现代文艺》1935年4月19日第10期；又载新京《大同报》1935年5月19日、22日第1157号、第1160号第9版《大同俱乐部》。

究竟谁在胡说（评论）

载《武汉日报·鹦鹉洲》1935年5月20日第1691号。

关于“举案齐眉”事致编者先生（书信）

载《武汉日报·鹦鹉洲》1935年6月16日第1718号。

苹果妇人（*Apple Women*）（小说译作，H.A.Manhood原著）

载《武汉日报·现代文艺》1935年7月5日第21期。

为《孔雀东南飞》答毕露先生（书信）

载武昌《文艺》月刊1935年8月15日第1卷第5、6期合刊。

意中的家（*The Home of Vision*）（剧本译作，Constance Holme原著）

载《武汉日报·现代文艺》1935年8月23日、8月30日第28期、第29期。

绕有妙趣的九月之晨的摄影（散文）

载上海《摄影画报》周刊1935年10月19日第11卷第33期。

新春感言（散文）

载《武汉日报》1936年1月1日“元旦增刊”第1张第1版。初收入《山居散墨》。

战时妇女的工作

载《武汉日报·国难特刊》1936年2月29日第3号。

玄武湖滨——一首独幕剧体的散文诗（诗剧）

1936年9月2日作，载天津、上海《大公报·文艺》1936年11月8日第245期。

易卜生的野鸭（论文）

1936年作，载上海《文学时代》月刊1936年4月10日第1卷第6期。初收入《山居散墨》。

新的交响曲奏演在东亚（散文）

载《武汉日报·武汉日报元旦特刊》1937年1月1日第1张第4版。

现阶段所需要的文学（论文）

载武昌《文艺》月刊1937年1月15日第4卷第1期“民族文艺专号”。收入《民族文学》第1册，国民党湖北省党部1937年印。

伟大的戏剧产生在伟大的时代（论文）

载武汉《奔涛》半月刊1937年3月16日第1卷第2期。

山居散墨（散文集）

上海商务印书馆1937年3月初版，1937年5月再版。本书前有《献词》(1937年2月作)和《引言》(1936年5月作)。内收“论著”:《论戏剧创作》《沙斯比亚的幽默》《文学的使命》《墨特林的静默论》《跳舞的哲理观》;“批评”:《法国近十年的戏剧新运动》《易卜生的野鸭》《妥玛斯·哈底》《皮兰得罗》《读王独清君〈诗人谬塞之爱的生活〉》《庄士皇帝与赵阎王》《为庄士皇帝与赵阎王答彦祥先生》《歇洛克》;“随笔”:《巴黎的一夜》《毁灭》《琳梦湖上》《何迷斯》《朴朗吟教授》《游新都后的感想》《再游新都的感想》《新春感言》。

剧作者的修养（论文）

载南京《文艺月刊》1937年5月1日第10卷第4、5期合刊。

剧作者的胚胎工作（论文）

载上海《宇宙风》半月刊1937年6月1日第42期。

我的双十（杂感）

载汉口《战斗画报》周刊1937年10月10日第4期“双十特号”。

《双十节献词》（散文）

载《武汉日报·武汉日报双十节增刊》1937年10月10日第2版。

致××（书信）

1938年2月22日作，见虞山平衡编辑，吴门徐亮校订《作家书简》，万象图书馆1949年2月版。

建设的新认识（评论）

1938年1月28日作于重庆南岸，载重庆《新民族》周刊1938年2月23日创刊号。

抗战与信赖（评论）

载汉口《扫荡报》1938年3月24日第1894号第1版“专论”栏；又载汉口《半月文摘》1938年3

月25日第2卷第3期。

我在四川所见到的奇迹（散文）

载广州《宇宙风》半月刊1938年7月16日第71期。

临别（小说）

1939年1月30日作于乐山，载重庆《新民族》周刊1939年2月13日第3卷第11期。

致陆丹林（书信）

载香港《大风》旬刊1939年9月25日第49期，题名为《嘉音》。

生死（散文）

1940年1月作。初收入《行年四十》。后收入散文集《生死与人生三部曲》（与苏雪林合著，新评论社1941年版），题名为《漫谈生死》。又收入散文集《人生境界》（冯友兰、袁昌英、苏雪林合著，新评论社1945年3月版），题名为《漫谈生死》。

成都・灌县・青城山纪游（游记）

1940年6月10日作，载上海《宇宙风乙刊》半月刊1940年9月1日第28期。初收入《行年四十》。

致胡适（书信）

1940年10月15日作，见《胡适遗稿及秘藏书信》第31卷，黄山书社1994年12月版。

听了教育部长的谈话以后（杂感）

载重庆《星期评论》周刊1941年1月26日第11期。初收入《行年四十》。

行年四十（散文）

1941年3月作，载重庆《星期评论》周刊1941年4月11日第19期。初收入《行年四十》。

在法律上平等（论文）

载重庆《星期评论》周刊1941年8月5日第33期；又载《贵州日报》1941年9月15日第2427号第2、第3版。初收入《行年四十》。另收《抗战以来妇女问题言论集》，陈庭珍编，青年出版社1945年版。

“不言而教”（演讲）

1941年12月作，载重庆《读书通讯》半月刊1942年1月1日第2卷第33期。

友谊是怎样一回事——漫谈友谊之一（散文）

1942年3月作，载南京《中央周刊》1942年5月14日、21日第4卷第40期、41期。后载兰州《西北日报・绿洲》1942年8月19日、21日第15号、第17号“文摘”栏；又载兰州《西北日报・绿洲》1942年9月28日第35号“文摘”栏，题为《友情？爱情?》。初收入《行年四十》，题为《漫谈友谊》。

致立人（书信）

1942年6月22日作，载重庆《中央周刊》1942年8月27日第5卷第3期。

关于《莎乐美》（论文）

1942年11月27日作，载乐山《峨眉丛刊》1943年1月1日创刊号。初收入《行年四十》。

致胡适（书信）

1943年2月9日作，见《胡适遗稿及秘藏书信》第31卷，黄山书社1994年12月版，署名昌英。

生死・友谊（散文集）

储安平主编“袖珍丛书”十种之一，湖南安化1943年油印。

生死与人生三部曲（散文集）

新评论社1943年版。

现代法国文学派别（论文）

载重庆《民族文学》月刊1944年1月第1卷第5期。

现代女作家书简（书信）

载上海《风雨谈》文艺月刊1944年4月第11期。

法国文学（专著）

王云五主编“复兴丛书”之一。商务印书馆1944年8月重庆初版，1945年5月重庆再版。商务印书馆1946年3月上海初版。本书目录：“序”（1944年1月3日作）、“第一章　概论”、“第二章　诗歌”、“第三章　戏剧”、“第四章　小说与散文”；书末有“附注”和“重要参考书目”。

作家生活自述（散文）

1944年作，载桂林《当代文艺》月刊1944年4月1日第1卷第4期“作家生活自述特辑”。初收入《行年四十》，改题名为《忙》。

我们的新乐园（散文）

载昆明《中央日报》1944年10月10日第1976号第9版“文艺专页”。

行年四十（散文集）

“现代文艺丛书”之一。商务印书馆1945年4月重庆初版，商务印书馆1946年8月上海初版。内收《生死》《漫谈友谊》《行年四十》《关于莎乐美》《爱美》《忙》《成都・灌县・青城山纪游》《抗战与信赖》《听了教育部长的谈话以后》和《在法律上平等》。

青年文艺（广播稿）

载重庆《女青年》半月刊1945年5月15日第1卷第9期。又载青岛《军民日报·文艺》1947年1月10日第371号，题为《青年与文艺》。

谈建国中的心理建设（论文）

载乐山《大陆评论》1946年4月15日第4、5期合刊；又载青岛《战斗与改造半月刊》1947年1月1日创刊号第1期。

法国文学自序（序文）

载上海《世界晨报》1946年5月22日新第158号第3版。

饮马长城窟（五幕剧）

“青年守则剧本”之一，国立编译馆主编，上海正中书局1947年1月初版。

谈谣言（杂感）

载上海《观察》周刊1947年5月24日第2卷第13期。

致赵清阁（书信）

1947年5月28日作，收入《无题集——现代中国女作家小说专集》（赵清阁主编），上海晨光出版公司1947年10月版。

致周鲠生（书信）

1947年10月25日作，藏武汉大学档案馆。

致周鲠生（书信）

1947年11月21日作，藏武汉大学档案馆。

牛（小说）

收入《无题集——现代中国女作家小说专集》（赵清阁主编），上海晨光出版公司1947年10月版。前有作者像、手迹及小传。

一颗微妙的心（散文）

1948年3月23日作于珞珈山，载上海《观察》周刊1948年4月10日第4卷第7期。

一双眼睛两个世界（散文）

载汉口《大刚报·新妇女》1950年6月19日第4期。

我在经过圣火的洗礼（散文）

载《新武大·珞珈山》1950年6月27日第5期。

商讨"日耳曼"命名的来源（论文）

1950年10月28日作，载《翻译通报》1950年11月15日第1卷第5期。

放眼看当前（杂感）

载《新武大》1950年11月11日第14期；收入中南文艺界抗美援朝宣传委员会编《开展抗美援朝的创作运动》（抗美援朝文艺丛刊），中南人民出版社1950年12月版。

对叶译"法斯托给苏联作家的信"的几点商榷（论文）

载《翻译通报》1951年1月15日第2卷第1期。

致凌叔华、陈源（书信）

1951年1月20日作，原件由陈烈收藏，见陈烈《双佳楼往事：时代风云中的陈西滢与凌叔华》，中华书局（香港）有限公司2021年1月版。

翻译工作的组织问题（论文）

载《翻译通报》1951年5月15日第2卷第5期。

对英译《实践论》的几点意见（论文）

载《翻译通报》1952年6月15日第3卷第6期，与许海兰合署。

我的创作经验（译作，苏联恰可夫斯基原著）

载《长江文艺》1954年3月1日3月号。

袁昌英教授的发言（发言稿）

载《新武大》1954年11月13日第129期；又载《长江文艺》1954年12月1日12月号，题为《砍断前进中的绊脚绳索》。收入《红楼梦研究资料集刊（第二集）》（内部期刊），华东作家协会资料室1954年12月编印。

参观苏联展览会的感想（散文）

载《新武大》1956年5月12日第192期。

看京戏《伍子胥》有感（评论）

载上海《文汇报》1957年2月26日《笔会》副刊。

致杨静远（书信）

1973年3月19日作。见杨静远《母亲袁昌英》，《咸宁干校一千天》，长江文艺出版社2000年1月版。

袁昌英研究资料目录

杨袁昌英的《玫君》读后感

莺嗔，载北京《京报副刊》日刊1925年4月24日第128号。

《诗人谬塞之爱的生活》——致现代评论记者

王独清，载北京《现代评论》周刊1927年2月5日第5卷第113期。

袁昌英女士

载上海《今代妇女》月刊1928年7月1日第2期。

《孔雀东南飞》

李健吾，载北平《华北日报副刊》1931年2月21日第399号。

后记—关于袁昌英的《孔雀东南飞》

黄英（阿英），《现代中国女作家》，上海北新书局1931年8月初版。

孔雀东南飞及其他

浩文（邵洵美），载上海《新月》月刊1931年10月第3卷第12期。

法兰西文学

费鉴照，载天津《大公报·文学副刊》1932年8月8日第240期。

赵阎王与庄士皇帝

马彦祥，载天津《益世报·戏剧与电影》1932年12月7日第5期。

再谈庄赵问题——答袁昌英先生

马彦祥，载天津《益世报·戏剧与电影》1933年1月25日第12期、2月1日第13期。

袁昌英拥护女权

某生者，载天津《益世报·语林》1933年5月26日第215号；又载奉天《盛京时报》1933年6月1日第6版。

袁昌英女士的戏剧

费鉴照，载南京《旁观》旬刊1933年5月第20期。

袁昌英的《孔雀东南飞》及其他

苏雪林，《新文学研究》，国立武汉大学1934年印。

《孔雀东南飞》剧本及其上演成绩的批评

雪林，载《武汉日报·鹦鹉洲》1935年4月8日第1649号、4月9日第1650号。

关于演剧并致雪林先生

培良，载《武汉日报·鹦鹉洲》1935年4月12日第1653号。

演剧问题答向培良先生

雪林，载《武汉日报·鹦鹉洲》1935年4月16日第1657号。

再答雪林先生

培良，载《武汉日报·鹦鹉洲》1935年4月26日第1667号、4月27日第1668号。

胡说——从胡适说到《孔雀东南飞》

周梦萍，载《武汉日报·鹦鹉洲》1935年5月4日第1675号。

谈谈“举案齐眉”——读袁昌英先生《究竟谁在胡说》以后

洪薇，载《武汉日报·鹦鹉洲》1935年5月26日第1697号。

谈袁昌英的《孔雀东南飞》

毕露（胡绍轩），载武昌《文艺》月刊1935年6月15日第1卷第4期。

明星公司的《女性的仇敌》与袁昌英先生作品的版权问题

敬一，载《中央日报·中央副刊》1935年6月20日第264号。

武汉话剧联合公演追记——向培良大骂袁昌英，苏雪林怒打抱不平

沙菲，载上海《戏世界》1935年11月4日、5日、6日、7日、8日第230号、第231号、第232号、第233号、第234号第3版。

向培良斗袁昌英

载上海《社会日报》1935年11月12日第1858号第3版。

与张道藩袁昌英二先生论戏剧的“独白”

胡绍轩，载武昌《文艺》月刊1936年7月1日第3卷第3期。

读袁昌英的《孔雀东南飞》

吴坤炳，载海口《琼崖民国日报·副刊》1936年10月8日第24期。

袁昌英的《孔雀东南飞及其他》

夔风，载上海《申报》1936年12月24日、31日第22864号、第22871号，1937年1月21日、28日第22889号、第22896号；又载天津《大中时报》1936年12月28日第8版，题名为《袁昌英的〈孔雀东南飞〉新剧》。

记袁昌英女士

苏雪林，载上海《宇宙风》半月刊1937年3月1日第36期。

武大教授袁昌英捐巨金购救债

载汉口《大公报》1937年10月10日第12284号第3版。

再答培良先生

苏雪林，《青鸟集》，北京商务印书馆1938年7月初版。

编辑漫谈

陈铨，载重庆《民族文学》月刊1944年1月第1卷第5期。

中国女剧作家论

田禽，《中国戏剧运动》，商务印书馆1944年11月重庆初版。

《法国文学》

章敬梓，载重庆《出版界》月刊1944年12月第1卷第11、12期合刊。

记袁昌英教授

丁宁，载重庆《文化新闻》周刊1945年3月10日第230号第3版。

湘人对于新文学运动的贡献

沈从文，载上海《大公报·文艺》1946年7月30日第43期。

袁昌英:《孔雀东南飞》使她成名，教书负责使学生欢喜

丁宁，载《成都晚报》1946年8月21日、22日第1027号、第1028号第4版。

《孔雀东南飞》的剧作者——袁昌英先生

孙耕，载北平《妇声半月刊》1946年12月15日第1卷第6期。

现代中国女作家剪影（二）

孙复，载北平《华北日报·妇女》1947年1月21日第3期。

袁昌英《行年四十》

芝，载北平《华北日报·华北副刊》1947年1月30日第285期。

留法前辈袁昌英

沈深，载上海《大公报》1947年10月30日第15803号《大公园》；又载成都《现实文摘》周刊1948年5月22日第2卷第10期。

留英前辈袁昌英

陈骏，载南京《中央日报》1947年11月24日第6991号第6版《中央副刊》；又载兴宁《时事日报》1948年1月19日第4版。

美帝给中国学生的“教育”——访武汉大学袁昌英教授

陈海燕，载汉口《大刚报》1950年11月29日第4版。

作家、学者袁昌英

李杨，载《新文学史料》1981年第4期。

哭兰子

苏雪林，《孔雀东南飞及其他独幕剧》，台湾商务印书馆1983年2月版。

谈袁兰子的晚景

苏雪林，《孔雀东南飞及其他独幕剧》，台湾商务印书馆1983年2月版。

袁昌英的《孔雀东南飞》

苏雪林，《中国二三十年代作家》，台湾纯文学出版社1983年10月版。

忆外祖母袁昌英

严崇，载《株洲文史》1986年12月第10辑。

袁昌英教授晚年在醴陵

单先太，载《株洲文史》1986年12月第10辑。

回忆我的母亲袁昌英教授

杨静远，载《株洲文史》1986年12月第10辑。

湖南最早的现代女作家袁昌英

俞润泉，载《株洲文史》1986年12月第10辑。

略谈袁昌英的话剧创作

谢韵梅，载《黄石教育学院学报》1987年第1期。

"五四"以来女作家群的女性文学

李兴民，载《社会科学研究》1987年第4期。

试论袁昌英的剧作

谢韵梅，载《求索》1988年第5期。

我的知己袁兰子

苏雪林，《遁斋随笔》，中央日报出版部1989年7月版。

简论袁昌英

康咏秋，载《求索》1989年第6期。

忆母亲袁昌英的二三事

杨静远，载《醴陵文史》1990年7月第7辑。

融新思潮于传统的女作家袁昌英

康化夷，载《湖南党史月刊》1990年第10期。

女学者的悲喜剧——论袁昌英的戏剧创作

胡德才，载《社会科学战线》1991年第4期。

袁昌英和她的散文创作

倪墨炎，载《散文》1991年第12期。

与生命同构的戏剧艺术——试论白薇、袁昌英话剧创作

朱伟华，载《中国现代文学研究丛刊》1992年第1期。

《孔雀东南飞》话剧改编本的比较研究

丁芳芳，载《戏剧艺术》1992年第4期。

婚恋问题的艺术思考——早期女剧作家袁昌英

乔以钢，《中国女性的文学世界》，湖北教育出版社1993年10月版。

中国早期女作家戏剧创作论

陈方，《戏剧艺术》1993年第4期。

婚恋问题的艺术思考——现代女作家袁昌英的创作

乔以钢，载《河南教育学院学报（哲学社会科学版）》1994年第4期。

袁昌英和莎士比亚

杨静远，载《外国文学研究》1994年第4期。

中国现代女作家袁昌英与莎士比亚

金洁，载《中外文化交流》1994年第6期。

《我也只好伴你消灭……》细节描写初探——袁昌英作品艺术特色赏析之二

癸申、白莲，载《湘潭大学学报（哲学社会科学版）》1995年第3期。

论中国女性文学纵深意识的演进

余斌，载《云南教育学院学报》1995年第6期。

珞珈三女杰

皮公亮，载《武汉春秋》1996年第6期。

让庐旧事（上、下）——记女作家袁昌英、苏雪林、凌叔华

杨静远，载《新文学史料》1997年第3期、第4期。

融新思潮于传统文化的袁昌英

康文青，载《船山学刊》1999年第2期。

《孔雀东南飞》：从古代到现代，从诗到剧——一个典型文学现象的剖析

朱伟华，载《文学评论》2000年第6期。

现代喜剧的价值

陈思和，载《解放日报》2000年11月18日。

改写与还原：对三幕剧《孔雀东南飞》的女性主义解读

王爽，载《海南师范学院学报（人文社会科学版）》2001年第1期。

略论袁昌英散文的语言特色

陈玉莲，载《湘潭大学社会科学学报》2001年第2期。

化为灰烬的“火凤凰”袁昌英

陶宗令，载《深圳法制报》2001年9月23日。

飞回的孔雀——袁昌英

杨静远编选，人民文学出版社2002年1月版。

袁昌英等：道德批判

乐铄，《中国现代女性创作及其社会性别》，郑州大学出版社2002年6月版。

丁西林、袁昌英与20年代的喜剧创作

郭富民，《插图中国话剧史》，济南出版社2003年8月版。

袁昌英先生著译目录

陆颖隽，载《武汉大学学报（人文科学版）》2003年第6期。

感怀袁昌英

村之，载《中国文艺》2004年第2期。

中国莎学史上的双子星座——杰出的莎士比亚研究专家袁昌英和孙家琇

李伟民，载《传记文学》2004年第5期。

在爱与死的焦灼中奔突——五四时期的女性戏剧

宋宝珍，载《戏剧文学》2004年第7期。

袁昌英笔下的女性形象——立足于中西文化交融的管窥

周密，载《安徽理工大学学报（社会科学版）》2004年第3期。

中西合璧的戏剧创作之路：袁昌英戏剧艺术手法

周密，载《河北理工学院学报（社会科学版）》2004年第3期。

论袁昌英作品的现代意识

彭彩云，载《湖南文理学院学报（社会科学版）》2005年第2期。

徐志摩和袁昌英

杨静远，载《芳草地》2005年第12期。

袁昌英："苦斗着，忍耐着，努力自己的职务"

陈虹，《日军炮火下的中国作家》，天津古籍出版社2006年1月版。

你能帮我解开这个谜团吗

杨静远，载《山西文学》2006年第1期。

袁昌英确实不是小脚

杨静远，载《山西文学》2006年第5期。

袁昌英：中西文化的交融与调和

黎跃进等，《湖南20世纪文学对外国文学的接受与超越》，湖南文艺出版社2006年5月版。

袁昌英戏剧的女性意识探源

邹言九，载《湘潭师范学院学报（社会科学版）》2007年第1期。

现代女戏剧家第一人：袁昌英

蔡登山，载《全国新书资讯月刊》2007年第2期。

不能承受身份之重

火源，载《中国图书商报》2007年3月27日。

袁昌英：早期现代戏剧的探索者

唐旭君，《中国现代女性作家创作论》，湖南人民出版社2007年8月版。

袁昌英：东归的孔雀

张莉，载《中国教育报》2007年12月7日。

一抔净土掩风流——“四级教授”袁昌英

张昌华，载《新民晚报》2008年4月19日。

论现代学者型女作家袁昌英的文学创作

周睿，载《邵阳学院学报（社会科学版）》2008年第2期。

珞珈三杰

张昌华，载《学习博览》2008年第2期。

袁昌英著译年表

陈建军，载《淮阴师范学院学报（哲学社会科学版）》2008年第3期。

善求新声于异邦——论袁昌英对精神分析学说的译介与运用

王仲平，载《湖南省社会主义学院学报》2008年第3期。

“五四”及1920年代女性文学综论

常彬，载《河北大学学报（哲学社会科学版）》2008年第3期。

才女袁昌英在乐山

陈舜婷，载《三江都市报》2008年7月4日。

白薇、袁昌英和濮舜卿

陈白尘、董健主编,《中国现代戏剧史稿：1899—1949》，中国戏剧出版社2008年9月版。

袁昌英：当年之美

张伟，载《中国青年报》2008年11月5日。

英国式“淑女”袁昌英

载《长沙晚报》2009年4月1日。

修为人间才女夫——《让庐日记》中“珞珈三杰”

秦燕春，载《书屋》2009年第4期。

为了不能忘却的纪念——从湘籍女作家袁昌英两篇散文引发的议论

易允武，载《理论与创作》2009年第3期。

袁昌英对中西文化的选择与接受

刘馨，载《安顺学院学报》2009年第4期。

袁昌英作《关于莎乐美》

陈建军，载《博览群书》2010年第1期。

袁昌英：20世纪初期中西合璧的文学才女

载《长江日报》2010年3月5日。

现代知识女性的角色困境与突围策略——以陈衡哲、袁昌英、林徽因等女性学者为例

夏一雪，载《小说评论》2010年第A1期。

珞珈三杰

陈学勇，载《新文学史料》2010年第2期。

试论袁昌英的女性意识及其中和之美

杨小波，载《钦州学院学报》2010年第3期。

一片慧心入蜀来——袁昌英的《成都·灌县·青城山纪游》

马力，载《中国旅游报》2011年2月21日。

性别视角和时代精神辐射下的恶母形象——话剧《孔雀东南飞》和《原野》中的焦母形象比较

姚慧，载《河南理工大学学报（社会科学版）》2011年第2期。

“四级教授”袁昌英

张昌华，载《新快报》2011年5月26日。

别样的生活：白薇、袁昌英和1930年代的社会戏剧

颜海平，《中国现代女性作家与中国革命：1905—1948》，北京大学出版社2011年6月版。

记袁兰子在共区悲惨的晚景

苏雪林，《苏雪林作品集》第6册，成功大学2011年12月版。

袁昌英教授《孔雀东南飞及其他独幕剧》介绍

苏雪林，《苏雪林作品集》第6册，成功大学2011年12月版。

珞珈女杰的四川生涯

林芷，载《成都日报》2012年2月6日。

珞珈女杰袁昌英的四川生涯

林芷，载《西部时报》2012年4月17日。

论袁昌英话剧中的女性观

于元明，载《短篇小说（原创版）》2012年第4期。

论《孔雀东南飞》和《来客》中女性心理的潜意识表现

陈达红，载《戏剧文学》2012年第10期。

纪念袁昌英老师

孙法理，载《江淮文史》2013年第1期。

批评的在场与角色的缺席：对“五四”至1930年代中国女性文学批评的批评

王纯菲，载《文艺争鸣》2013年第1期。

钟敬文、方令孺、袁昌英的游记

刘勇、邹红，《中国散文通史（下）》现代卷，安徽教育出版社2013年1月版。

袁昌英：女学者的悲喜剧

胡德才，《中国现代喜剧文学史》，中国社会科学出版社2013年1月版。

被遗忘的民国才女袁昌英

载《株洲晚报》2013年9月5日。

"珞珈三杰"与外国文学关系研究综述

崔诗晨，载《中国石油大学胜利学院学报》2013年第3期。

珞珈三杰的历史与传奇——苏雪林与袁昌英、凌叔华关系研究

李灵，载《昌吉学院学报》2013年第5期。

论袁昌英戏剧的现代意识

罗惜春，载《湖南社会科学》2014年第1期。

袁昌英：民国才女

载《株洲日报》2014年3月7日。

袁昌英爱美教师的身世浮沉

载《武汉晚报》2014年3月28日。

株洲纪念"醴陵孔雀"袁昌英

载《湖南日报》2014年10月29日。

社会各界纪念"醴陵孔雀"袁昌英

载《株洲日报》2014年10月29日。

"醴陵孔雀"袁昌英：华彩长留历史天空

载《株洲晚报》2014年10月29日。

醴陵的孔雀——袁昌英

黄绍纯，湖南人民出版社2014年10月版。

各界纪念袁昌英诞辰120周年

载《武汉大学报》2014年11月7日。

湖南纪念袁昌英诞辰120周年

载《新文学史料》2015年第1期。

论袁昌英作品的女性意识

罗惜春，载《湖南科技大学学报（社会科学版）》2015年第4期。

袁昌英评传

罗惜春，湘潭大学出版社2015年9月版。

五四新女性作为“人”的觉醒

刘世浩，载《牡丹》2016年第12期。

茅盾、袁昌英书信关爱顾仲起

彭伟，载《如皋日报》2016年7月12日。

袁昌英对唯美主义的译介和选择性接受

王仲平，载《海南师范大学学报（社会科学版）》2016年第7期。

现代西方文化对袁昌英戏剧作品的影响研究

徐海潆，载《名作欣赏》2016年第27期。

论“五四”话剧戏剧冲突的内化——以两部《孔雀东南飞》话剧为考察对象

林树帅，载《山东师范大学学报（人文社会科学版）》2016年第5期。

“母亲”形象的开创性意义——论袁昌英改剧《孔雀东南飞》

金玉娇，载《山西青年》2017年第2期。

袁昌英作品中的女性形象分析

罗惜春，载《大众文艺（上半月）》2017年第4期。

浅谈袁昌英散文的艺术风格

罗惜春，载《北方文学》2017年第5期。

由袁昌英《孔雀东南飞》公演而引发的一场笔战

汪巧秀，载《湖北师范大学学报（哲学社会科学版）》2018年第3期。

中西文化交汇视野下的袁昌英戏剧

程敏敏、叶李，载《职大学报》2019年第4期。

袁昌英《孔雀东南飞》中的女性意识分析

沈逸，载《名作欣赏》2019年第36期。

袁昌英及其大剧《饮马长城窟》

陈学勇，载《文汇报》2020年2月24日。

后　记

我系统搜集袁昌英资料，大概始于2000年。当资料累积到一定程度时，便萌发了编一部《袁昌英年谱》的念头，但人事栗碌，一直无暇动笔。我的硕士研究生戚慧，自从在课堂上听了我讲袁昌英的故事之后，也注意搜罗袁昌英的资料。2015年，她把近10万字的《袁昌英年谱》初稿交给了我。我在其基础上，补充了一些内容。2017年，戚慧考上了博士，我们又通过各种途径，陆续查找到许多有关袁昌英的资料，终使年谱增加到近40万字。2019年9月，我申请了武汉大学文学院的学术著作出版资助，并与商务印书馆签订了出版合约。

《袁昌英年谱》即将印行，遗憾的是，袁昌英的女儿杨静远先生和儿子杨弘远先生永远不能看到了。

2005年5月，我给静远先生写了第一封信，并寄了一份《袁昌英著译目录》。7月23日，她在来信中充分肯定了我的工作："你多年关注和搜集我母亲的遗作，而且极为认真，不遗余力，是我从未想到的。可惜早没有和你联系上，否则前几年我去武大时一定会去拜访并从你获得我所不知道的许多信息。你的《目录》，比我在《飞回的孔雀》上列出的更详尽，例如独幕剧《笑》，我从未听说过，建国后的文章我也从未查到过……"在2015年静远先生以93岁高龄驾鹤西去之前，她一共给我写过七封信，同时随信寄了几篇她在报刊上发表的文章，如《徐志摩和袁昌英》《砖塔胡同梦寻》《又见"小脚"》《莎士比亚在中国迟来的春天》等。静远先生曾给我寄过一本由河南人民出版社于1999年2月出版的《写给恋人（1945—1948）》，忘了签名，后特地签在一张纸条上，叫我粘贴在扉页上。静远先生视力不好，写的字如芝麻般大小，字迹也不算工整，可是非常干净，几乎没有涂改的痕迹。每当收到她的信后，我在感动之余，总会在心里警告自己：再也不要打扰她老人家了。

静远先生是著名的翻译家，译有《马克思传》《马克思恩格斯传》《勃朗特姐妹全集》等。同时，她还致力于袁昌英研究，撰写了《回忆我的母亲袁昌英教授》《忆母亲袁昌英的二三事》《袁昌英和莎士比亚》等一系列文章。她的《让庐日记》《咸宁干校一千天》等，虽然不是袁昌英研究专著，却是研究袁昌英所无法绕开的重要参考文献。《袁昌英年谱》中，就大量引用了其中的材料。

也是在2005年，我拜访了杨弘远先生。记得是7月初，我头天跟弘远先生通电话，他约我第二天上午到武汉大学生命科学学院他的办公室里见面。那天，他坐在办公桌前，我坐在旁边的沙发上。弘远先生是中国科学院院士，言谈举止之间，尽显儒雅之风。我与他聊了大约两个小时，但他讲的少，而我说的多。印象至深的是，他说正中书局1947年1月出版的五幕剧《饮马长城窟》，最后一句不是他母亲写的，是编辑加上去的。临别时，弘远先生从书柜里拿出一本由武汉大学出版社于2003年7月出版的《勤思集》，签名后，送给了我。前几年，我想再访弘远先生。可是，上网一查，他已于2010年不幸病逝了。

杨家姐弟若是健在，我当第一时间将《袁昌英年谱》出版消息告诉他们。他们知道后，也许都很高兴吧。

老实讲，在与戚慧合作编写《袁昌英年谱》的过程中，我的心情并非总是愉快的，特别是在翻看了袁昌英的交代材料和揭发、批判袁昌英的文章之后，反而有些沉重。袁昌英的后半生极其悲惨：被划为“右派”、被定为“极右分子”、被打成“反革命分子”、被开除公职、在监督下清扫街道、被遣送原籍湖南醴陵、死时身边无一亲人……我曾在一篇文章中说：“研究中国现代知识分子的命运，袁昌英也是一个非常典型的案例。”仅从这一方面来看，编撰、出版一部《袁昌英年谱》是相当有意义的，至少可以警示我们：以史为鉴，绝不能让历史悲剧重演！

为某一作家编撰一部内容翔实、可靠的年谱，需要尽可能地占有第一手资料。而这些资料的获得，则需要仰仗各有关单位、各方友朋的大力支持和无私帮助。感谢武汉大学图书馆、档案馆、校史馆、中国传统文化研究中心，让我们查阅了苏雪林遗留下来的日记手稿和稀见的《国立武汉大学周刊》《学习简报》《思想改造快报》《新武大》及其他档案材料。感谢武汉大学中国传统文化研究中心周荣教授和台湾成功大学陈益源教授，为我们提供了不少线索或获取材料的路径。感谢湖南省醴陵市袁昌英纪念园杨大秋先生，为我们拍摄了袁昌英生平业绩陈列馆的展品图片。感谢刘弋嵩、吴乐为两位同学。他俩都是武汉大学的本科毕业生，弋嵩现在伦敦大学攻读硕士学位，乐为现在爱丁堡大学攻读硕士学位。乐为从爱丁堡大学档案馆为我们复制了袁昌英的入学考试成绩单、主修课程记录表、当年的校历和《苏格兰人报》《晚间电讯报》《中国学生杂志》上面有关袁昌英的报道等。

感谢我的博士生沈瑞欣！瑞欣曾在长江文艺出版社工作多年，是畅销书《红星照耀中国》的责任编辑，有比较丰富的编辑经验。她受商务印书馆邀请，审校了《袁昌英年谱》的后半部分并提出了一些合理性建议。

感谢我的博士研究生导师陈国恩先生！之所以请先生赐序，主要是想为我们三代之间的学术情谊留下一份珍贵的记忆。

感谢责任编辑林烟霞女史！此前，我在商务印书馆出版的《远山：徐志摩佚作集》和《说不尽的废名》都是由她责编的。女史功底厚实，认真负责，《袁昌英年谱》能再次由她担纲责编，我是万分放心的。

我曾在一篇文章中说过："为某一作家编写一部尽如人意的年谱，单靠个人的力量显然是不够的，需要同行、专家、学者、读者的帮助、补正和指谬。惟有如此，才有可能使其臻于完善。"《袁昌英年谱》肯定存在诸多不足之处，希望各位同行、专家、学者、读者不吝赐教。

陈建军

2022年仲夏于珞珈山麓

图书在版编目（CIP）数据

袁昌英年谱 陈建军，戚慧著. — 北京 商务印书馆，2022（2025.11重印）

ISBN 978－7－100－21219－9

Ⅰ.①袁… Ⅱ.①陈… ②戚… Ⅲ.①袁昌英（1894-1973）— 年谱 Ⅳ.①K825.6

中国版本图书馆 CIP 数据核字（2022）第091748号

袁 昌 英 年 谱

陈建军 戚 慧 著

商 务 印 书 馆 出 版

（北京王府井大街36号 邮政编码 100710）

商 务 印 书 馆 发 行

山西人民印刷有限责任公司印刷

ISBN 978－7－100－21219－9

2023年1月第1版 开本 787×1092 1/16

2025年11月第2次印刷 印张 26

定价：118.00元